本书出版得到

国家重点文物保护专项补助经费资助

# 兰坪玉水坪

云南省文物考古研究所
怒 江 州 文 物 管 理 所　编著
兰 坪 县 文 物 管 理 所

文物出版社

**图书在版编目（CIP）数据**

兰坪玉水坪/云南省文物考古研究所,怒江州文物管理所,
兰坪县文物管理所编著. -- 北京:文物出版社,2020.8
ISBN 978-7-5010-6732-9

Ⅰ.①兰…　Ⅱ.①云…　②怒…　③兰…　Ⅲ.①洞穴遗
址－发掘报告－兰坪白族普米族自治县 Ⅳ.①K878.35

中国版本图书馆CIP数据核字（2020）第135809号

# 兰坪玉水坪

编　　著：云南省文物考古研究所
　　　　　怒江州文物管理所
　　　　　兰坪县文物管理所


封面设计：李　红
责任编辑：乔汉英
责任校对：陈　婧
责任印制：苏　林

出版发行：文物出版社
社　　址：北京市东直门内北小街2号楼
邮　　编：100007
网　　址：http://www.wenwu.com
邮　　箱：web@wenwu.com
经　　销：新华书店
印　　刷：北京荣宝艺品印刷有限公司
开　　本：889mm×1194mm　1/16
印　　张：20
版　　次：2020年8月第1版
印　　次：2020年8月第1次印刷
书　　号：ISBN 978-7-5010-6732-9
定　　价：320.00元

# Yushuiping Site of Lanping County

*Compiled by*

Yunnan Provincial Institute of Cultural Relics and Archaeology

Administration Bureau of Cultural Relics of Nujiang Prefecture

Administration Bureau of Cultural Relics of Lanping County

Cultural Relics Press

# 目　录

# 插图目录

# 彩版目录

# 第一章 绪 论

## 第一节 地理环境

兰坪白族普米族自治县位于云南省西北部的怒江傈僳族自治州东部，地理位置为北纬26°06′~27°04′，东经98°58′~99°38′，东西最大横距68千米，南北最大纵距117千米。整体轮廓呈向东弧出下弦月似的半圆形，全县总面积4388.5平方千米。地处中国西南的横断山脉，世界自然遗产——"三江并流"的南大门，是全国唯一的白族普米族自治县。东北与玉龙纳西族自治县为邻，东部与剑川县接壤，南接云龙县，西部由南向北分别与泸水县、福贡县接壤，北面紧接维西傈僳族自治县。治所驻地金顶镇江头河距州府六库镇207千米，距省城昆明631千米。兰坪县辖金顶、拉井、营盘3镇，通甸、河西、中排、石登、兔峨5乡[1]（图一）。

兰坪居住着白族、普米族、傈僳族、彝族、怒族、汉族、藏族、纳西族等19个民族，占全省26个民族的53%。他们在劳动之余将生产生活的感悟融汇到歌舞、习俗、喜庆活动中，创造了灿烂的少数民族文化艺术。

### 一 地质地貌

县域位于青藏高原东南边缘三江地槽褶皱系中的维西褶皱带。褶皱带分别被东部西北—东南走向的叶枝—雪龙山断裂和西部近乎南北走向的史普力断裂分为维西褶皱束、兰坪—思茅中凹陷和澜沧江褶皱束三部分，境内主要位于其中部的兰坪—思茅中凹陷构造带的北部收敛部位。县域境内出露的地层以中生界最为发育，其次是新生界和古生界，属于前寒武纪的苍山群和时代不明的变质岩系仅有少量出露。岩性的分布上与相邻的维西、剑川、云龙、澜沧等地有许多相同的地方。

兰坪为山原峡谷地形，北部与康藏高原比邻，属于著名的横断山脉中段。由于喜山期掀升性线形隆起强烈，山脉、河流走向与区域构造线基本一致，致使境内呈现山河相间展布，南北纵列的地势格局。

---

[1] 云南省兰坪白族普米族自治县志编委会：《兰坪白族普米族自治县志》，云南民族出版社，2003年，第2页。

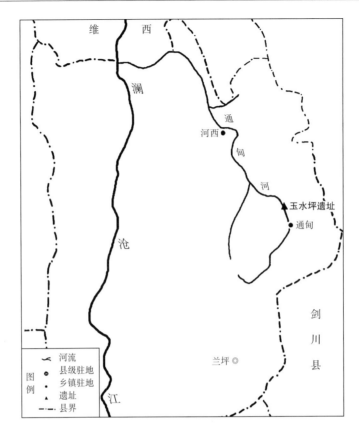

图一　兰坪玉水坪遗址位置示意图

县境总体地势为北高南低（通甸槽地为南高北低）、东高西矮。境内海拔最高点位于怒山山脉的老窝山山峰，海拔4435.4米，海拔最低点处于澜沧江出境与云龙交界的江面上，海拔1360米。境内地貌类型中峡谷地形以西部地带最为典型，高原地形则以东部地带较为明显。其中，山地面积占全县总面积的95%以上，而地势较为平坦的槽谷以及河流阶地面积不足总面积的5%。兰坪县现代地貌的形成大致可分为三个发展阶段。第一阶段，白垩纪至第三纪初燕山运动的末期，全县地貌呈不均匀的有规律的隆起，由西向东倾斜，地表开始了剥蚀夷平作用。第二阶段，第三纪至第四纪初，一直到渐新世末，剥夷作用达到了平衡阶段。中新世晚期，境内发生了承袭性褶皱，伴随有碱性岩浆活动，东西向隆起强烈。第三阶段，第四纪以来，喜山运动最为活跃，形成了突出于高原的山峰和沿薄弱断裂带下切的河流，西部形成形态单一的深切峡谷。近代地壳急剧上升，河流强烈下切，并普遍向东侧蚀，形成不对称的2~3级河谷侵蚀台面和阶地。

境内山脉均属横断山脉，以澜沧江为界分属两大山系，以东为云岭山系，以西为怒山山脉。各山脉主体走向呈南北向纵列全境，山势北高南低。

境内主要有澜沧江河谷和通甸、金顶槽地。通甸槽地俗称通甸坝子，南起黄木，北至通甸河电站引水坝，全长18千米，海拔2348~2566米，东西最宽处约4千米，为境内面积最大、地形最为开阔的坝子。坝子为云岭中、西支脉之间典型的山间陷落槽地，与南部剑川上兰、马登坝子连为一体，同属于一个槽地，通称通兰槽地。由于受东西向构造的影响，致使槽地中间形成一个分水岭，造成通甸坝子的地势南高北低，从南向北倾斜。通甸槽谷呈典型的"U"形谷，谷底相对比较平坦，东侧谷坡较缓，西侧谷坡受断裂及岩性的影响，往往比东坡陡，个别地段还留有断层壁。通甸河由南向北穿过坝子中部，沿河一带发育有2~3级河流阶地，尤其以一级阶地比较发育，在支流注入地常形成冲积扇，使谷地豁然开阔。

组成地层的岩石有紫色砂岩、紫色页岩、石灰岩、泥岩、页岩、石英砂岩、安山岩、片麻岩、砾岩等22种，形成了坡积、冲积、冲—洪积、残积等母质。县域属中亚热带常绿阔叶林红、黄壤地带，土壤的垂直地带性分布显著。组成地层的岩石多变，地貌类型多样，因母质的来源不同，故有水稻土、石灰岩土、紫色土、红壤、黄棕壤、棕壤、暗棕壤、针叶林暗棕壤、亚高山草甸土9个土类。境内高低悬殊大，兼具寒、温两带的植被类型，植被的垂直地带性分布显著。东部从海拔2100米的云南松林依次垂直向上过渡到针阔叶混交林、针叶林（海拔高度在3200~4100米）—高山灌丛林（海拔高度4100~4200米）—高山寒漠（海拔在4200米以上），森林覆盖率为42.4%。境内树种资源十分丰富，有79科204属553种。构成森林的树种有云南松、华山松、铁杉、云杉、冷杉。主要经济树种有核桃、花椒、木瓜、漆树、依主梨，主要粮食作物有水稻、玉米、小麦、大麦、蚕豆、芸豆等，经济作物有油菜、芝麻、花生、大麻药材等，蔬菜薯芋类有马铃薯、芋头、芭蕉芋、黄薯、红薯、白薯、山药[1]。

## 二　河流水系

境内河网发育，江河、溪沟遍布全县，径流总面积4317平方千米，大小河流共93条。其中流域面积在13平方千米以上的河流有40余条，除沘江在云龙县境内注入澜沧江外，其余大大小小的山溪沟箐相互构成"非"字形水系，即澜沧江水系。

境内澜沧江段自维西县流入，至兔峨乡果力箐内小河沟流入云龙县，流程长130千米，集水面积3758平方千米，江面宽60~140米。境内澜沧江流域多年平均侵蚀总量为455.29万吨，侵蚀模数为每年每平方千米1041.77吨，年侵蚀深0.83毫米。

通甸河为注入澜沧江的第一大支流。源于通甸东南部的老君山西麓和西南部雪盘山脉上的剪羊毛处与火山垭口之间的两支流在通甸南1千米处相汇合，由东南向西北方经河边村流入河西乡境内，至热水塘村后折向向南方向经中排乡的碧玉河村，在多依村北注入澜沧江。全长81.4千米，流域面积1388平方千米，天然落差573米，年平均流量4.5立方米/秒，河床宽5~40米，是沿河农田及电力用水的主要水利资源。通甸河在上游通甸乡境内接纳了九条支流注入，水量大增，下游中排乡境内河段，河谷呈"U"字形，两岸悬崖绝壁，很少有大的支流汇入，水量增加不大。

境内天然湖泊均为高山冰蚀、冰碛湖，面积小，蓄水量少。全县约有40个大小湖泊，面积

---

[1] 云南省兰坪白族普米族自治县志编委会：《兰坪白族普米族自治县志》，云南民族出版社，2003年，第35~50页。

在 50 平方米以上的有 11 个[1]。

## 三　气候

兰坪县所处地理位置的独特性，决定了气候的复杂性和垂直差异性，季风的形成又很独特，这就形成境内气候的三大特征：复杂性、立体性和季风的独特性。

气候类型复杂，"立体气候"显著。由于地形因素对气温、降水的影响，导致境内澜沧江河谷至高山山顶（海拔 4000 米以上）依次出现中亚热带、北亚热带、暖温带、中温带、寒温带、高山寒带六个温度带；降水一般是随海拔的升高而增加，迎风坡降水多，背风坡降水少，形成湿润、半湿润地区。这样不同的温度带和干湿地区的组合，造成境内气候类型的多样性。同时，也正体现了"立体气候"的显著性。

独特的高原山地季风气候。兰坪县是典型的季风气候，即四季不明显（海拔 1800 米以下地带才有夏季，大部分地区没有真正的夏季可言），但干、湿季节却很显著，一般 11 月~次年 5 月为干季，6~10 月为湿季。与东亚、南亚季风气候相似性主要表现在：第一是降水的季节分配不均，夏季高温多雨，雨热同期，降水主要集中在夏秋两季；第二是夏季风来自海洋，水汽含量充分，带来丰沛的降水，冬季风来自内陆（西亚的伊朗高原和印度的干燥地区），空气湿度小，天气干燥。全县季风的独特性主要表现在：第一，盛行风向无较大的季节性偏转，无论冬夏季节，皆以西南风为主，只是夏季更为偏南，冬季更为偏西；第二，冬季温和，无寒潮天气，由于受青藏高原和横断山脉的阻挡，北方南下强冷空气很难到达境内，冬季天气显得比较暖和，一月平均气温在 2.9℃~12.4℃，极端最低气温为 -12℃（通甸）；第三，季风气候具有高原性特点，气温的年较差偏小（14.6℃），日较差偏大（13.9℃）[2]。

## 四　动物类型与种类

在动物区系组成上大体介于中国东部耐温动物群、内蒙古和新疆地区耐旱动物群及青藏高原耐寒动物群的交错地带，属于高地森林草原—草甸草原寒漠动物群，主要由高原型区系成分所组成。区系复杂，种类繁多，资源丰富。

据口碑、史料记载，新中国成立初期，野猪、野牛、狼、豹、熊等经常出没山林，后因毁林开荒，致使野生动物种群数量日渐减少。1995 年，境内列入国家一级保护的兽类动物有滇金丝猴、金钱豹、云豹 3 种，国家二级保护动物有黑熊、马来熊、豺、小灵猫、大灵猫、斑羚、穿山甲、小熊猫、苏门羚、金猫、林麝、马鹿、猕猴、水獭共 14 种。此外还有花面狸、豹猫、野猪、马麝、林麝、黑麝、云南兔、狼、豹、复齿鼯鼠、红腹松鼠、暗褐竹鼠、豪猪、云南攀鼠、黑家鼠、滇绒鼠等

[1]云南省兰坪白族普米族自治县志编委会：《兰坪白族普米族自治县志》，云南民族出版社，2003 年，第 50~54 页。

[2]云南省兰坪白族普米族自治县志编委会：《兰坪白族普米族自治县志》，云南民族出版社，2003 年，第 57~69 页。

41 种。爬行类动物主要有树蜥、蜥虎、蟒蛇、地龟等。两栖类主要有树蛙、蟾蜍等。鸟类较多，约有 102 种[1]。

# 第二节　历史沿革

在 1984 年开展的全县文物普查中，在金顶马鞍山和通甸玉水坪两处发现的新石器文化遗址中出土的，以及境内西部澜沧江沿岸发现的大量新石器时期的石器、陶器、各种动物骨骼、饰品和铜器等文物来看，与新石器晚期向夏商、春秋、战国等各阶段发展的历史脉络连贯，证实与澜沧江中游地区和洱海地区发现的新石器时代的文物有相似之处，具有澜沧江文化和洱海文化的特征。证明早在距今 4000 年前，兰坪先民就在此繁衍生息。

西汉元封二年（公元前 109 年）置永昌郡比苏县，县域属之。西晋永嘉年间（307~313 年）县域属河阳郡比苏县。东晋咸和年间（326~334 年），由河阳郡划出比苏、成、建安三县设置西河阳郡，县域仍属比苏县。南北朝梁末（556 年），废比苏县。唐麟德元年（664 年），在县域东部置眉邓州，西部（今营盘一带）置洪郎州，两州都在羁縻十三州之内，属姚州都督府。开元二十六年（738 年），眉邓、洪郎二州直属南诏地方政权宁北节度管辖。乾符年间（874~879 年），南诏并宁北、铁桥二节度地设剑川节度。县域分罗眉川（东部）、牟郎共城（今营盘一带）、若耶（又称若耶井）、韦溺（又称韦溺井）四个区域，均属剑川节度。后晋天福二年（937 年），段思平建立大理国地方政权，大理国将南诏时期设立的罗眉川、牟郎共城、若耶、韦溺四个区改为兰溪郡，属谋统府（治所在今鹤庆县）。南宋宝祐元年（1253 年），忽必烈率军征服大理国。二年（1254 年），么些酋长率部归附，立茶罕章管民官。兰溪郡跟么些同期归附，隶属茶罕章管民官管辖。元至元八年（1271 年），改茶罕章管民官为茶罕章宣尉司。十二年（1275 年），改兰溪郡为兰州，隶属不变。十三年（1276 年），改宣尉司为丽江路，置丽江路军民总管府，兰州属军民总管府管辖。二十二年（1285 年），改称丽江路军民宣抚司，兰州一直隶属之。明洪武十五年（1382 年）春，明军攻克大理、鹤庆、丽江诸路，设鹤庆府和丽江府，兰州归属鹤庆府。十七年（1384 年），授罗克为世袭兰州土知州，同时改属丽江府。三十一年（1398 年）十一月，改丽江府为丽江军民府。清顺治十六年（1659 年）六月，丽江军民府土知府木懿归附清朝。十七年（1660 年），丽江军民府改称丽江府，裁通安、宝山、兰州、巨津四州和临西县，由丽江府直接管辖。雍正元年（1723 年），丽江府改土归流，将土知府降为通判，将土司官府改为流官府，县域属地归丽江府直接管理。乾隆三十五年（1770 年），在丽江下设丽江县，原兰州属地归丽江县。民国元年（1912 年），从丽江县所属的 27 里中划出兰州、通甸、山后、西你罗、江东、江西六里，新置兰坪州治，治所设山后里白地坪。民国三年（1914 年）改州为县，石登弹压委员改称县佐。

---

[1] 云南省兰坪白族普米族自治县志编委会：《兰坪白族普米族自治县志》，云南民族出版社，2003 年，第 83~84 页。

1949 年 5 月 10 日兰坪解放，隶属滇西北人民行政专员公署。1950 年置丽江专区，兰坪属丽江专区。是年 2 月，原兔峨土司所属的怒地乡划归碧江县。1950 年 4 月，县城驻地迁往拉井。1956 年 7 月，第二区的上兰片划归剑川县。1957 年，自治区改为自治州，兰坪改属怒江傈僳族自治州至今。1958 年 10 月，第二区通甸片的利苴管理区划归利苴县。1965 年 12 月，将维登划归维西傈僳族自治县。1985 年 8 月，县城驻地又由拉井迁往金顶区江头河。1987 年 11 月 27 日，经国务院批准，撤销兰坪县建制，设立兰坪白族普米族自治县，原行政区划不变。1995 年，全县辖三镇、五乡，有 104 个村公所 801 个自然村。人口 182927 人，居住着白、普米、傈僳、彝、汉、怒等 19 个民族，少数民族人口 171113 人，占全县总人口的 93.5%，其中白族 88415 人、普米族 13088 人、傈僳族 62846 人[1]。

# 第三节　发掘概况

## 一　遗址简介

遗址所在地属通甸乡下甸村民委员会。通甸乡在县境东部，位于北纬 26° 34′ ~26° 50′，东经 98° 20′ ~ 99° 38′。东与丽江市的石头乡交界，南与金顶镇及剑川县上兰乡接壤，西同拉井镇和石登乡相连，北连河西乡。土地总面积 520.7 平方千米。全乡分布在云岭支脉老君山与雪盘山之间的通甸槽地上，总体地势南高北低。海拔 2237~3688.3 米，通甸河流经全境，最后向北流入河西乡。通甸乡历年极端最高气温 29.5℃，极端最低气温 –12℃，多年平均气温 10.7℃。通甸乡治所距县城约 36 千米[2]。

下甸村委会辖下甸、玉水坪等 13 个村民小组。现有农户 669 户，共 2960 人，主要以白族、傈僳族、普米族为主。海拔 2586 米，年平均气温 14℃，年降水量 1175 毫米。适合种植玉米、小麦、马铃薯等农作物，主要矿产资源有铅锌矿、铜矿等。现有林地面积 60206 亩，耕地面积 3649 亩，人均耕地 1.26 亩。农民收入以种植、养殖为主。下甸村境内的玉水坪古文化遗址曾发现大量旧石器时代及新石器时代遗物，2006 年被列为省级文物保护单位。

遗址在玉水坪村通甸河东岸，通甸至河西乡公路的右侧上方金鸡岩上，洞口高出通甸河面约 20 米。洞穴发育在二叠系灰岩层面中，属溶洞类型。洞口高 1.5、宽 1.55、洞内宽 4.7、进深 8.8 米，洞口面向东南（彩版一）。

原洞口为崩塌物堵塞，1976 年修河堤开山取石时，洞口堆积物被爆炸震动松落，出现洞口，民工进洞发现大量动物骨骼堆积，误认为是龙骨，纷纷争抢，将骨骼掠劫一空。后来，玉水坪村

---

［1］云南省兰坪白族普米族自治县志编委会：《兰坪白族普米族自治县志》，云南民族出版社，2003 年，第 1~2 页。
［2］云南省兰坪白族普米族自治县志编委会：《兰坪白族普米族自治县志》，云南民族出版社，2003 年，第 113~114 页。

村民又将文化层堆积当肥料挖去施放在玉米地里。1984 年 10 月 8 日，文物普查队根据线索前往实地调查，在洞口边缘发现除堆积层（属河床冲积层）外，文化层为黑褐色，厚约 0.65 米，有灰色碎块、火烧岩砾石夹杂其内，绝大部分文化遗物及动物骨骼出自此层。动物骨骼初步辨认有马、熊、鹿、野猪、鼠、羊、獐等，还有红烧土面及火塘等遗迹。采集到的遗物中，有骨饰品 7 件（属獐牙），根部钻孔；石器有石斧 1 件、石锛 2 件，皆梯形，磨制，砾石质和硬砂石质；陶片为夹砂陶，仅三四片。洞穴边缘部分文化层已被钟乳凝结，经省博物馆专家鉴定，年代距今 7000 年以上。1986 年 6 月 20 日，经县政府批准公布为县级文物保护单位。1989 年 5 月，经怒江州人民政府批准为州级文物保护单位，2006 年被列为省级文物保护单位[1]，2013 年被列为国家级文物保护单位。

## 二 工作概况

玉水坪遗址于 1976 年开山取石时发现，1984 年 10 月第二次全国文物普查期间进行实地调查，采集到一些实物标本。在洞口边缘的断面上发现除堆积层外，文化层为黑褐色，厚约 0.65 米，有灰色碎块、火烧岩砾石夹杂其内，绝大部分文化遗物及动物骨骼出自此层[2]。

2001 年 5 月，云南省文物考古研究所杨德聪、刘旭、闵锐等一行到怒江州选点发掘，在兰坪县实地调查了马鞍山和玉水坪遗址，分析认为玉水坪遗址可以先进行发掘，当时认为该遗址是新石器时代遗址。

2004 年向国家文物局进行申报发掘，2005 年获批后，云南省

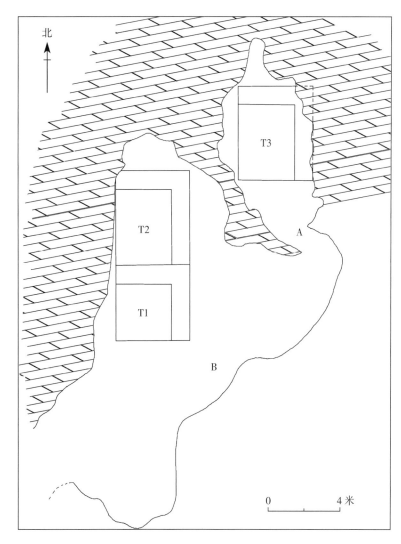

图二 玉水坪遗址发掘区平面图
A. 洞口 B. 台地

［1］云南省兰坪白族普米族自治县志编委会：《兰坪白族普米族自治县志》，云南民族出版社，2003 年，第 920~921 页。
［2］云南省兰坪白族普米族自治县志编委会：《兰坪白族普米族自治县志》，云南民族出版社，2003 年，第 920~921 页。

文物考古研究所、怒江州文物管理所、兰坪县文物管理所组成联合考古队于10~11月对遗址进行发掘。本次发掘依据洞内外的地形布方，于洞内靠中部位置布4米×5米探方一个，在洞外岩厦下西部布4米×4米、4米×5米探方各一个，南部探方编号T1，T1北部的探方编号为T2，洞内探方编号为T3（图二）。

发掘前，发掘者认为该遗址是一个新石器时代遗址，按传统发掘方法进行发掘，根据土质土色和包含物的不同划分地层。随着发掘工作的推进，发现遗址的新石器时代文化堆积已被破坏，下部堆积为更早期的堆积，所以后期没有增加发掘面积，为34平方米。每个探方内的出土，从表土开始，都经过2毫米网眼筛的筛选，除大的骨骼、石片、石块被收集外，细小的动物牙、骨骼碎片、小石片都被收集。

本次发掘项目负责人为闵锐，参加发掘的人员有李炳涛、成应辉、周龙三、杨淑芝、和中华、杨嗣宝、尹域等；参加整理工作的有闵锐、刘建辉、王欢、段灿英、李文静等。

本次发掘为怒江州有史以来进行的第一次科学考古发掘工作，有较大的收获，具有里程碑意义（彩版二，1）。

# 第二章　地层堆积

## 一　T1 地层堆积

地层堆积自上而下可分为 4 层（图三）。

第 1 层：黄褐色土，近现代文化层。厚
5~40 厘米。土质松软、干燥，含近现代瓷片、
河卵石、碎石片等。

第 2 层：黄色土，新石器文化层。距地
表深 5~20 厘米，厚 0~60 厘米。土质硬，含
少量动物骨骼和残碎石块、一件磨制石斧残
片。

第 3 层：深黄色土，新石器文化层。距
地表深 25~50 厘米，厚 25~75 厘米。土质较硬，
含少量动物骨骼碎片、河卵石等。

第 4 层：浅黄色土，旧石器文化层。距
地表深 60~120 厘米，厚 12~16 厘米。土质稍软，
有炭屑，其他包含物较少。

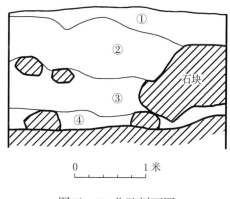

图三　T1 北壁剖面图

## 二　T2 地层堆积

地层堆积自上而下可分为 8 层（图四；
彩版二，2）。

第 1 层：花土，现代扰土层。厚 5~30 厘米。
土质较杂。内有石器、骨器、陶片及现代垃圾。

第 2 层：红褐色土。距地表深 10~25 厘米，
厚 125~160 厘米。硬度不一。包含有石器、骨器、
动物牙齿及炭屑等。

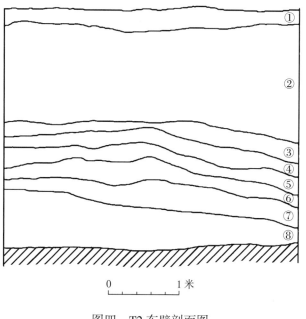

图四　T2 东壁剖面图

第3层：褐色土。距地表深150~175厘米，厚5~15厘米。土质松软。有石器、骨器及炭屑等。

第4层：黄褐色土。距地表深165~200厘米，厚5~20厘米。土质略硬。包含有石器及骨器等。

第5层：灰褐色土。距地表深180~220厘米，厚5~30厘米。土质略硬。内有石器、骨器及炭屑等。

第6层：灰褐色土。距地表深205~245厘米，厚10~35厘米。土质松软。包含有石器、骨器及动物牙齿等。

第7层：黄褐色土。距地表深225~260厘米，厚10~35厘米。土质松软。有石器、骨器等。

第8层：黄褐色土。距地表深235~285厘米，厚18~78厘米。土质略硬，钙化严重。出土有少量石器、骨制品。

因第6层中出现了磨刃技术，将T2划分为上、下两个文化层。第2~6层为上文化层，第7、8层为下文化层。第1层为扰土层。

## 三　T3地层堆积

地层堆积自上而下可分为4层（图五；彩版二，3）。

第1层：灰褐色土，现代扰土层。厚8~45厘米。土质松软，包含有石器、骨器及陶片。

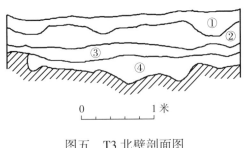

0　　　　　　1米

图五　T3北壁剖面图

第2层：灰色土、砂石各半。距地表深15~20厘米，厚0~38厘米。土质坚硬，钙化严重。包含有大量石器、骨器。

第3层：褐色土，有少量砂石。距地表深40~50厘米，厚0~30厘米。土质较坚硬，钙化严重。内有石器、骨器。

第4层：红褐色土。距地表深55厘米，厚0~35厘米。土质较坚硬。有少量动物骨骼碎片。

# 第三章　新石器时代遗存

属新石器时代的地层为遗址的上层堆积，上层堆积在 20 世纪 70 年代已经被破坏。遗址上采集到的新石器时代遗存有磨制石器、陶片和牙器。

## 第一节　磨制石器

采集到磨制石器 4 件，均为石锛。均为先打制加工成型后磨制而成。

**石锛**　4 件。

CJ：08，花白色石英岩。梯形，顶为自然弧面，偏锋。磨制光滑。长 98、宽 72、厚 20 毫米，重 265.2 克（图六，1；彩版三，1）。

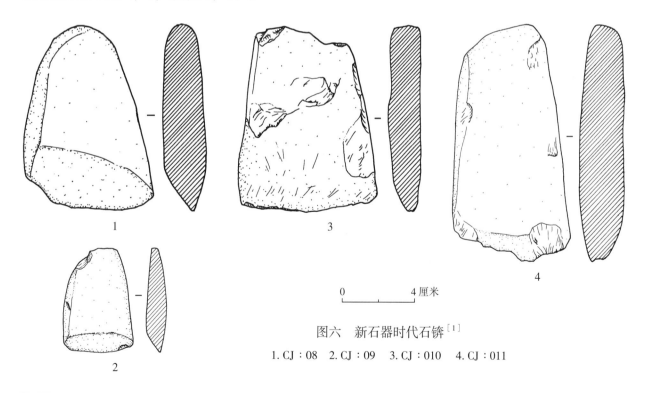

0 _____ 4 厘米

图六　新石器时代石锛[1]

1. CJ：08　2. CJ：09　3. CJ：010　4. CJ：011

---

[1] 未注明时代者为旧石器时代。

CJ：09，黄灰色硅质岩。梯形，顶为自然弧面，偏锋，顶部和刃部略残。磨制光滑。长 55、宽 38、厚 11 毫米，重 44 克（图六，2；彩版三，2）。

CJ：010，青灰色硅质岩。梯形，顶部残，偏锋。磨制不光滑。残长 97、宽 75、厚 18 毫米，重 248.4 克（图六，3；彩版三，3）。

CJ：011，青灰色硅质岩。长条形，顶为自然弧面，偏锋，刃部残。磨制光滑。残长 125、宽 65、厚 22 毫米，重 397.7 克（图六，4；彩版三，4）。

## 第二节　陶片

遗址 T3 第 1 层共出土陶片 4 片，火候一般，下面分别进行描述。

T3①：9-1，夹砂灰褐陶。外表饰抹痕和压印斜条纹。残长 51、宽 33、厚 5 毫米（彩版三，5）。

T3①：9-2，夹砂褐陶，内呈灰黑色。素面。残长 54、宽 46、厚 5 毫米（彩版三，6）。

T3①：9-3，夹砂陶，外灰褐，内呈橙黄色。素面。残长 43、宽 40、厚 6 毫米（彩版三，6）。

T3①：9-4，夹砂陶，外灰褐，内呈橙黄色。素面。残长 40、宽 28、厚 6 毫米（彩版三，6）。

## 第三节　牙器

牙饰共 8 件，其中 7 件为 1984 年采集，一件为 T3 第 1 层出土。均用动物长牙加工，在根部进行两面钻眼成孔。

**牙饰**　8 件。

T3①：22，前部残断。残长 41、宽 10、最厚 5、孔径 3 毫米（彩版四，1）。

CJ：01，钻有两孔，后部一孔残。长 70、宽 8、最厚 40、孔径 3 毫米（彩版四，2）。

CJ：02，残长 50、宽 8、最厚 4、孔径 3 毫米（彩版四，3）。

CJ：03，钻有两孔，后部一孔残。残长 60、宽 8、最厚 4、孔径 3 毫米（彩版四，4）。

CJ：04，钻有两孔，后部一孔残。长 57、宽 8、最厚 4、孔径 3 毫米（彩版四，5）。

CJ：05，钻有两孔，后部一孔残。残长 65、宽 8、最厚 5、孔径 3~5 毫米（彩版四，6）。

CJ：06，残断。残长 45、宽 7、最厚 4 毫米（彩版四，7）。

CJ：07，残断。残长 42、宽 7、最厚 4 毫米（彩版四，8）。

# 第四章　旧石器时代遗存

属旧石器时代的地层为遗址的第 1 层以下堆积，T2 探方分为第 1~8 层。出土遗物有石器、骨角制品及动物骨骼。

石器制作所用石料以细碧岩为主，居第二的石料是石英砂岩，还有泥质灰岩、安山玢岩、正长岩、石英和玛瑙等；石器包括石核、石片、一类工具（制作石器的工具，有石锤、石砧）、二类工具（石片未经加工直接使用者，即使用石片，有砍砸器、刮削器）、三类工具（直接将片状或块状毛坯经过加工修理者，如修刃、修形和修理把手，有砍砸器、刮削器、尖刃器、雕刻器、钻器、铲形器及手镐）；锤击法为主要剥片方法；加工方式以复向加工为主，其次为正向加工，有少量的反向、错向加工（附表一～三）。

骨制品大都用动物的长骨片制成，其制作似已形成一定的加工工序。先打碎或劈裂动物的肢骨，选其中的可用材料，截取所需长度，对原材料进行打击加工，少量再经刮削加工，使尖刃部锋利，器身相对平滑。器形主要有锥、铲、镞形器、矛头形器、钩形器等。

玉水坪哺乳动物化石均为中国南方大熊猫—剑齿象动物群常见的种类，多为东洋界动物的典型属种。兰坪玉水坪的哺乳动物群经初步鉴定，共 7 科 8 属 12 种。

## 第一节　石器

### 一　T2 石器

本探方出土石器 304 件，分层介绍。

（一）第 1 层

出土石器 10 件，包括石核、石片、断块和工具。原料石英砂岩及细碧岩各占 50%（表一）。

（二）上文化层（第 2~6 层）

出土石器 162 件，原料以细碧岩及石英砂岩为主，分别占 50.6%、33.3%；安山玢岩占 8.6%；

### 表一　T2 第 1 层石器分类测量与统计表

| 项目＼分类 | | 石核 | 石片 | 断块 | 一类工具（石锤） | 二类工具 | 刮削器 | 尖刃器 | 分类统计 | 百分比（%） |
|---|---|---|---|---|---|---|---|---|---|---|
| 原料 | 细碧岩 | | 1 | 1 | 1 | | 1 | 1 | 5 | 50 |
| | 石英砂岩 | 1 | | 2 | 1 | 1 | | | 5 | 50 |
| 毛坯 | 片状毛坯 | | | | | 1 | | | 1 | 25 |
| | 块状毛坯 | | | | | 1 | 1 | 1 | 3 | 75 |
| 加工方向 | 复向加工 | | | | | | 1 | | 1 | 50 |
| | 错向加工 | | | | | | | 1 | 1 | 50 |
| 长度（毫米） | | 231 | 63 | 62.7 | 158 | 72.5 | 88 | 107 | | |
| 宽度（毫米） | | 187 | 46 | 58 | 106 | 55.5 | 54 | 57 | | |
| 厚度（毫米） | | 108 | 17 | 24 | 51 | 27 | 35 | 31 | | |
| 重（克） | | 8000 | 44 | 113.3 | 1176.8 | 105.3 | 150.2 | 216.8 | | |
| 石片角（°） | | | 118.5 | | | | | | | |
| 边刃角（°） | | | | | | 59.3 | 57.2 | | | |
| 尖刃角（°） | | | | | | | | 88.5 | | |
| 分类小计 | | 1 | 1 | 3 | 1 | 2 | 1 | 1 | 10 | |
| 百分比（%） | | 10 | 10 | 30 | 10 | 20 | 10 | 10 | | 100 |

注：表格中测量数据为均值。

泥质灰岩占 4.9%；少量流纹岩及正长岩。

本文根据标本的最大长度，大致将石制品划分为微型（小于 20 毫米）、小型（大于等于 20 毫米且小于 50 毫米）、中型（大于等于 50 毫米且小于 100 毫米）、大型（大于等于 100 毫米且小于 200 毫米）、巨型（大于等于 200 毫米）5 个等级。从总体来看，石器以中型为主，有 78 件，占 48.15%；其次为小型，占 27.16%；大型占一定比重，达 18.52%；微型和巨型极少。从分类统计来看，石核以大型为主，少量中型；石片以小型为主，少量中型，也有一定数量的微型；一类工具有中型和大型两种；二类工具仅见中型；三类工具中型较多，占 20.99%，小型和大型比例相当。有一件小型的磨刃工具（表二）。

从石器重量统计来看，以 100~1000 克所占比例最重，占 36%；其次为小于 20 克的占 29%，20~50 克的石器占 12%，50~100 克的占 14%，大于 1000 克的占 9%。石器在各重量段都有一定分布（图七）。

表二 T2上文化层石器大小统计表 （长度单位：毫米）

| 石器类型 \ 尺寸大小 | <20 | | 20~50 | | 50~100 | | 100~200 | | ≥200 | |
|---|---|---|---|---|---|---|---|---|---|---|
| | 数量 | 百分比（%） | 数量 | 百分比（%） | 数量 | 百分比（%） | 数量 | 百分比（%） | 数量 | 百分比（%） |
| 石核 | | | | | 1 | 0.62 | 11 | 6.79 | 3 | 1.85 |
| 石料 | | | | | | | 2 | 1.23 | | |
| 石片 | 6 | 3.70 | 29 | 17.90 | 9 | 5.55 | 1 | 0.62 | | |
| 断块 | 1 | 0.62 | 7 | 4.32 | 18 | 11.11 | 4 | 2.47 | | |
| 一类工具 | | | | | 11 | 6.79 | 4 | 2.47 | | |
| 二类工具 | | | | | 4 | 2.47 | | | | |
| 三类工具 | | | 8 | 4.94 | 34 | 20.99 | 8 | 4.94 | | |
| 磨刃工具 | | | | | 1 | 0.62 | | | | |
| 总计 | 7 | 4.32 | 44 | 27.16 | 78 | 48.15 | 30 | 18.52 | 3 | 1.85 |

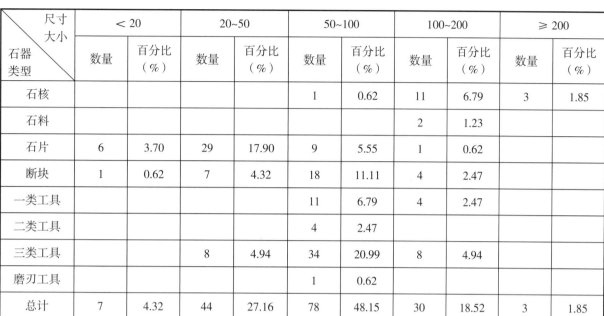
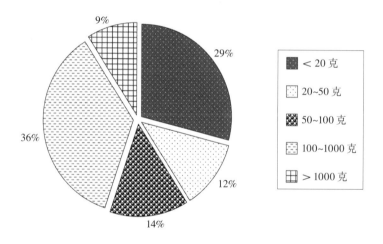

图七 T2上文化层出土石器重量百分比示意图

## 1. 石核

15件。其中石英砂岩9件，安山玢岩5件，细碧岩1件。8件单台面石核，5件双台面石核，2件多台面石核。长66~309毫米，平均长152.3毫米；宽60~220毫米，平均宽109.6毫米；厚34~105毫米，平均厚69.2毫米；重245.2~7000克，平均重1793.1克。风化程度较高。除T2③：14外，其余均为锤击石核，剥片成功率较低。

T2③：14，原料为灰白色石英砂岩。主要由砾石平坦一面向另一面剥片，最大一剥片长144、宽68毫米，台面角为68.9°。根据石核特征推测，其可能为碰砧石核。长116、宽22、厚62毫米，重1651.4克（图八，1；彩版五，1）。

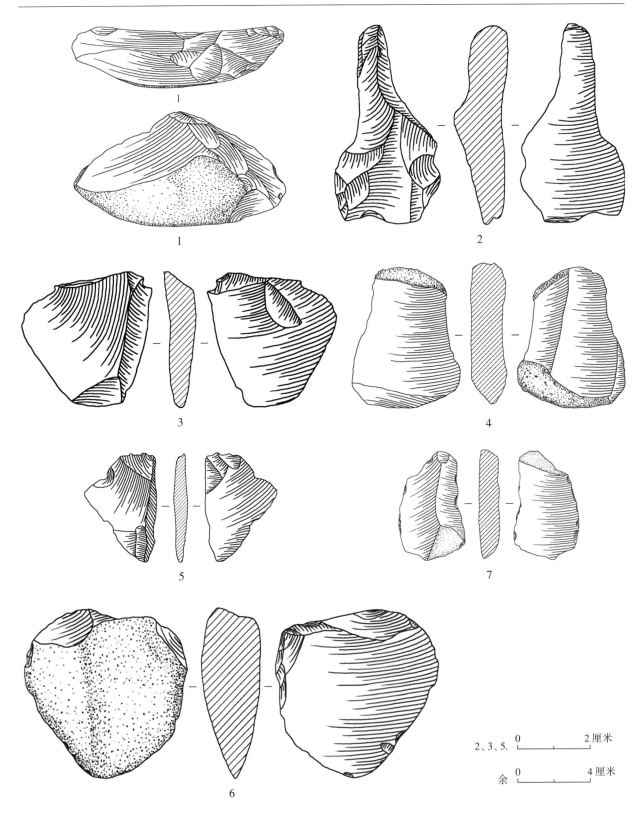

图八　T2 上文化层出土石器

1. 石核（T2③：14）　　2、3. 完整石片（T2⑤：16、T2⑥：31）　　4. 横向断片（T2④：18）　　5. 砸击石片（T2⑥：35）
6. 砍砸器（T2②：15）　　7. 刮削器（T2⑤：11）

**2. 石料**

2 件。石英砂岩、安山玢岩各 1 件。长分别为 146、170 毫米，宽为 110、113 毫米，厚为 76、89 毫米，重为 1496、1556.6 克。不见打击痕迹，有一定程度的风化。

**3. 石片**

45 件。分锤击石片、砸击石片及废片。

（1）锤击石片

39 件。分完整石片及断片。

**完整石片**　8 件。其中细碧岩 6 件，流纹岩、泥质灰岩各 1 件；有疤台面 5 件，素台面 2 件，自然台面 1 件。长 16~91 毫米，平均长 49.9 毫米；宽 21~100 毫米，平均宽 41.5 毫米；厚 5~28 毫米，平均厚 13.6 毫米；重 2.4~176.2 克，平均重 45.1 克。

T2⑤：16，原料为细碧岩。素台面，台面角为 114.5°。背面有一纵脊，全疤；劈裂面弯曲。长 53、宽 29、厚 15 毫米，重 13.4 克（图八，2；彩版五，2）。

T2⑥：31，原料为灰色细碧岩。有疤台面，台面长 11、宽 26 毫米，台面角为 126.3°。背面全疤；劈裂面打击点集中，半锥体突出，有一小的锥疤。长 36、宽 36、厚 10 毫米，重 13 克（图八，3；彩版五，3）。

**断片**　31 件。分横向及纵向断片。

**横向断片**　28 件。其中安山玢岩 3 件，泥质灰岩 2 件，石英砂岩 3 件，细碧岩 20 件；近端断片 11 件，中段 12 件，远端断片 5 件。长 12~75 毫米，平均长 32.8 毫米；宽 10~71 毫米，平均宽 29 毫米；厚 3~21 毫米，平均厚 9.8 毫米；重 0.6~99.2 克，平均重 16.4 克。

T2④：18，近端断片。自然台面，台面长 21、宽 37 毫米，台面角为 118.5°。背面保留部分砾石面；劈裂面较平坦。残长 75、宽 59、厚 20 毫米，重 90.6 克（图八，4；彩版五，4）。

**纵向断片**　3 件。其中细碧岩 2 件，安山玢岩 1 件；左侧断片 2 件，右侧断片 1 件。长 16~58 毫米，平均长 34 毫米；宽 16~47 毫米，平均宽 29.7 毫米；厚 3~12 毫米，平均厚 7.7 毫米；重 0.8~33.4 克，平均重 13.2 克。

（2）砸击石片

2 件。原料均为细碧岩。

T2⑥：35，两端薄锐，中间微弧起。近端两面留有砸击产生的疤痕。长 29、宽 20、厚 4 毫米，重 1.8 克（图八，5；彩版五，5）。

（3）废片

4 件。其中泥质灰岩、细碧岩各 2 件。长 12~22 毫米，平均长 18 毫米；宽 10~14 毫米，平均宽 12.3 毫米；厚 4~7 毫米，平均厚 6 毫米；重 0.6~1.4 克，平均重 1.2 克。

**4. 断块**

30 件。其中流纹岩 1 件，石英砂岩 15 件，细碧岩 13 件，正长石 1 件。长 10~156 毫米，平均长63.5毫米；宽7~101毫米，平均宽47.1毫米；厚5~56毫米，平均厚26.8毫米；重1~770.8克，平均重148.8克。

**5. 工具**

69件。可分为一、二、三类工具及磨刃工具。

（1）一类工具

15件。可分为石锤及石砧。

**石锤**　14件。其中石英砂岩12件，细碧岩、安山玢岩各1件。长52~129毫米，平均长82.9毫米；宽26~126毫米，平均宽65.4毫米；厚17~64毫米，平均厚38.4毫米；重34.8~852.4克，平均重314.6克。均为单端石锤。风化严重，打片形成的疤痕较浅。

**石砧**　1件。

T2②：4，原料为安山玢岩。风化严重。长173、宽123、厚92毫米，重3250克。

（2）二类工具

4件。均为片状毛坯。分砍砸器及刮削器。

**砍砸器**　1件。

T2②：15，原料为灰色细碧岩。片状毛坯。薄锐一端疤痕细小，不连续，为使用刃缘，刃长为150毫米，刃角为54.1°。背面为砾石面，隆起；劈裂面平坦。长90、宽90、厚34毫米，重306克（图八，6；彩版五，6）。

**刮削器**　3件。其中细碧岩2件，石英砂岩1件。长58~90毫米，平均长71.7毫米；宽36~57毫米，平均宽49毫米；厚12~36毫米，平均厚23毫米；重22.4~108.6克，平均重70.2克。

T2⑤：11，原料为灰白色细碧岩。左右两侧疤痕细小，不连续，为使用刃缘，左侧刃微凸，右侧刃稍凹。刃长分别为38、43毫米，刃角分别为21°、42.5°。背面为一倒"Y"字形脊，远端保留少量砾石面；劈裂面放射线清晰可见。长58、宽36、厚12毫米，重22.4克（图八，7；彩版六，1）。

（3）三类工具

50件。分砍砸器、刮削器、尖刃器及钻器。

**砍砸器**　9件。其中石英砂岩5件，细碧岩3件，安山玢岩1件；片状毛坯4件，块状毛坯2件，砾石毛坯3件。长57~147毫米，平均长92.2毫米；宽75~135毫米，平均宽100.6毫米；厚25~64毫米，平均厚43.7毫米；重156.8~956.6克，平均重475.7克。风化均较严重。

T2②：19，原料为灰白色石英砂岩。砾石一端正向加工，修理出一刃，刃长50毫米，刃角为65°，疤痕层叠，大小不一。长85、宽91、厚46毫米，重463克（图九，1；彩版六，2）。

**刮削器**　25件。分单刃及双刃刮削器。

**单刃**　20件。分直刃、凸刃及凹刃。

**直刃**　7件。其中细碧岩6件，安山玢岩1件。均为片状毛坯。长35~76毫米，平均长54.6毫米；

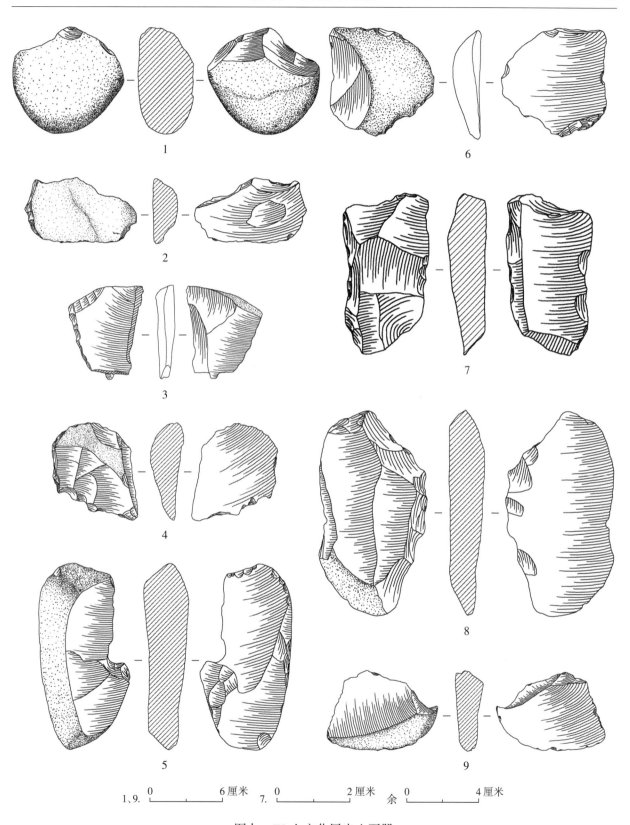

图九　T2 上文化层出土石器

1. 砍砸器（T2②:19）　　2~5. 单刃刮削器（T2④:40、T2⑤:13、T2⑥:20、T2②:21）　　6~8. 双刃刮削器（T2③:3、T2⑥:23、T2⑥:4）　　9. 尖刃器（T2④:1）

宽29~83毫米，平均宽55.1毫米；厚9~28毫米，平均厚17.4毫米；重14.6~147.4克，平均重65克。

T2④：40，原料为灰白色细碧岩。直刃刮削器，片状毛坯。远端薄锐处有连续的大小不一的疤痕，为使用刃缘，刃长40毫米，刃角为36.9°；近端手握处经修理，疤痕连续。背面为平坦的砾石面；劈裂面打击点集中，半锥体隆起，有一锥疤。长35、宽61、厚14毫米，重31.6克（图九，2；彩版六，3）。

T2⑤：13，原料为细碧岩。以右侧断片为毛坯。右侧反向加工成一直刃，刃长34毫米，刃角为43°，刃缘平齐，疤痕连续。劈裂面较平坦。长50、宽41、厚11毫米，重24.4克（图九，3；彩版六，4）。

T2⑥：20，原料为灰绿色安山玢岩。石片远端薄锐处正向加工成刃，刃长49毫米，刃角为38.1°，刃缘凹凸不齐，疤痕连续，大小深浅不一。左侧及近端稍加修理。背面保留部分砾石面；劈裂面平坦。长52、宽47、厚18毫米，重53.4克（图九，4；彩版六，5）。

凸刃　11件。其中细碧岩6件，石英砂岩4件，泥质灰岩1件；片状毛坯9件，块状毛坯2件。长29~99毫米，平均长67.7毫米；宽20~94毫米，平均宽58.5毫米；厚6~41毫米，平均厚20.7毫米；重4.6~288.8克，平均重99.5克。

T2②：21，原料为细碧岩。块状毛坯。左侧为一凸刃，刃长13.1毫米，刃角62.1°，疤痕不连续。保留部分砾石面。长99、宽50、厚25毫米，重125.4克（图九，5；彩版六，6）。

凹刃　2件。均为细碧岩的片状毛坯加工而成。

双刃　5件。其中片状毛坯4件，块状毛坯1件。长38~109毫米，平均长58.2毫米；宽24~60毫米，平均宽49.2毫米；厚11~24毫米，平均厚18.8毫米；重13.8~484克，平均重147.8克。

T2③：3，原料为灰色细碧岩。左侧为一直刃，刃长38毫米，刃角48.9°，疤痕细小，不连续；右侧为一凸刃，刃长87毫米，刃角为37.9°，疤痕大小不一，不连续。背面保留大量砾石面，劈裂面半锥体突出，可见放射线。长57、宽52、厚16毫米，重55克（图九，6；彩版六，7）。

T2⑥：23，原料为灰白色泥质灰岩。截面近平行四边形。为双直刃刮削器。复向加工，左右两侧近平行。左刃长34毫米，刃角为69.5°，疤痕连续；右刃长33毫米，刃角为70°。背面布满疤痕；劈裂面较平坦。长43、宽24、厚11毫米，重13.8克（图九，7；彩版七，1）。

T2⑥：4，原料为灰绿色细碧岩。双凸刃刮削器。远端疤痕细小，不连续，系使用刃缘，长54毫米，刃角为65°；左侧正向加工，形成一凸刃，刃长98毫米，刃角为69.5°。背面仅远端保留少量砾石面；劈裂面打击点集中。长109、宽60、厚20毫米，重155.2克（图九，8；彩版七，2）。

尖刃器　15件。其中细碧岩12件，石英砂岩2件，泥质灰岩1件；片状毛坯13件，块状毛坯2件。尖刃器有单尖尖刃器12件，双尖尖刃器2件，多尖尖刃器1件。长29~114毫米，平均长75.7毫米；宽19~92毫米，平均宽56.2毫米；厚9~39毫米，平均厚23.5毫米；重8.8~213.4克，平均重109.7克。

　　T2④：1，原料为细碧岩。远端及左侧薄锐处修理成刃，刃长分别为81、48毫米，刃角分别为41.2°、21.7°，疤痕细小而连续，两刃组成一尖，尖刃角为111.7°。背面保留部分砾石面；劈裂面半锥体突出。长64、宽92、厚24毫米，重104.6克（图九，9；彩版七，3）。

　　T2⑤：4，原料为灰绿色细碧岩。片状毛坯。左侧三次打片，远端形成一尖刃，尖刃角为95.1°，近端疤痕层叠。背面保留部分砾石面；劈裂面不平坦。形似手斧，但是加工技术有所不同，近端疤痕应为剥片时产生，劈裂面部分疤痕可能是因为石料质地不均匀，为剥片时崩裂。长114、宽70、厚25毫米，重199.8克（图一〇，1；彩版七，4）。

　　T2⑥：1，原料为灰色细碧岩。以石片远端为毛坯。两侧凸刃有不连续的细小疤痕，系使用刃缘，刃长分别为85、76毫米，刃角分别为50.3°、48.4°；两刃在远端组成一尖角，尖刃角为129.5°；近端经细致反向修理，疤痕细密层叠，便于把握。背面为弧起的砾石面。劈裂面向内凹，标本边缘可见因力的传导形成状如放射线的凹槽。长91、宽58、厚19毫米，重112.4克（图一〇，2；彩版七，5）。

　　**钻器**　1件。

　　T2④：36，原料为石英砂岩。片状毛坯。两侧复向加工，与背面突起的脊在石片远端形成一尖，尖刃角为64.9°，疤痕连续细密，大小不一。背面左侧为砾石面和解理面；劈裂面远端向内弧起。

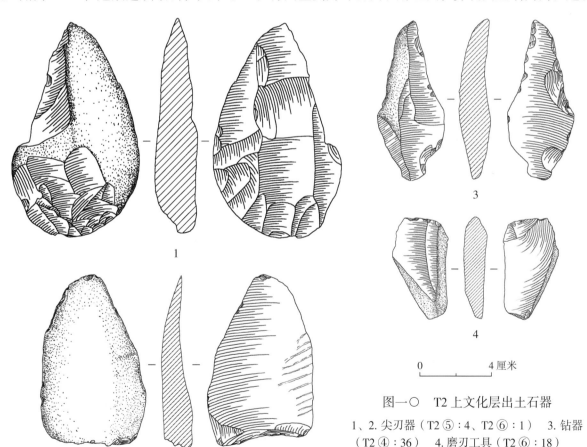

0　　　　4厘米

图一〇　T2上文化层出土石器

1、2. 尖刃器（T2⑤：4、T2⑥：1）　3. 钻器
（T2④：36）　4. 磨刃工具（T2⑥：18）

长 85、宽 37、厚 18 毫米，重 34.2 克（图一〇，3；彩版八，1）。

（4）磨刃工具

1 件。

T2⑥：18，原料为灰色细碧岩。片状毛坯。石片左侧劈裂面上有磨制痕迹。背面有一块细石叶阴疤，两边近平行，保留部分砾石面；劈裂面打击点集中。长 54、宽 31、厚 13 毫米，重 21.4 克（图一〇，4；彩版八，2）。

**6. 上文化层文化特征**

1）上文化层发现石器 162 件，原料以细碧岩及石英砂岩为主，分别占 50.6%、33.3%；安山玢岩占 8.6%；泥质灰岩占 4.9%；少量流纹岩及正长岩。除第 2 层以石英砂岩石器为主外，其他各层都以细碧岩为主要原料，比重均超过 50%。

2）上文化层中石器类型多样，包括石核、石料、石片、断块、一类工具（石锤、石砧）、二类工具（砍砸器、刮削器）、三类工具（砍砸器、刮削器、尖刃器、钻器）及磨刃工具。其中以三类工具及石片为主，分别占石器总数的 30.9%、27.8%；其次为断块，占石器总数的 18.5%；石核与石料共占 10.5%，石锤也占 8.6%（表三）。

3）石器以中型为主，有 78 件，占 48.15%；其次为小型，占 27.16%；大型占一定比重，达 18.52%；微型和巨型极少。从石器重量统计来看，以 100~1000 克所占比例最重，占 36%，其次为小于 20 克的占到 29%，20~50 克的石器占 12%，50~100 克的占有 14%，大于 1000 克的占 9%。石器在各重量段都有一定分布。

**表三　T2 上文化层石器分类与分层统计**

| 层位 类型 | 第 2 层 | | 第 3 层 | | 第 4 层 | | 第 5 层 | | 第 6 层 | | 合计 | |
|---|---|---|---|---|---|---|---|---|---|---|---|---|
| | 数量 | 百分比（%） | 数量 | 百分比（%） | 数量 | 百分比（%） | 数量 | 百分比（%） | 数量 | 百分比（%） | 数量 | 百分比（%） |
| 石核 | 6 | 26.1 | 6 | 33.3 | 1 | 2.4 | 1 | 3.7 | 1 | 18.9 | 15 | 9.3 |
| 石片 | 1 | 4.3 | | | 6 | 14.6 | 11 | 40.8 | 27 | 50.9 | 45 | 27.8 |
| 断块 | 5 | 21.8 | 3 | 16.7 | 12 | 29.3 | 3 | 11.1 | 7 | 13.2 | 30 | 18.5 |
| 石料 | | | 2 | 11.1 | | | | | | | 2 | 1.2 |
| 石锤 | 6 | 26.1 | | | 5 | 12.2 | 2 | 7.4 | 1 | 1.9 | 14 | 8.6 |
| 石砧 | 1 | 4.3 | | | | | | | | | 1 | 0.6 |
| 二类工具 | 1 | 4.3 | | | | | 3 | 11.1 | | | 4 | 2.5 |
| 三类工具 | 3 | 13.1 | 7 | 38.9 | 17 | 41.5 | 7 | 25.9 | 16 | 30.2 | 50 | 30.9 |
| 磨刃工具 | | | | | | | | | 1 | 1.9 | 1 | 0.6 |
| 合计 | 23 | 100 | 18 | 100 | 41 | 100 | 27 | 100 | 53 | 100 | 162 | 100 |

4）石器特征表明，剥片以锤击法为主，出现少量砸击法。并出现一件碰砧石核。工具修理均为锤击法。加工方式以复向为主，占 76%，兼有正向、反向加工。第 6 层出现磨刃工具。

5）二类和三类工具以片状毛坯为主，占 80%，有少量的块状毛坯和砾石毛坯。

## （三）下文化层（第 7、8 层）

出土石器 131 件，包括第 7 层和第 8 层。原料以细碧岩为主，占 74.05%，其次为石英砂岩，占 12.98%，安山玢岩和泥质灰岩比例相当，分别占 6.11% 和 4.58%，还有少量纯灰岩和流纹岩。

T2 下文化层石器从总体来看，小型占绝对优势，有 83 件，占 63.36%；其次为中型，占 27.48%；大型占 6.11%；少量微型和巨型。从分类统计来看，石核为大型和巨型；石片以小型为主，少量中型，个别微型；断块多为小型和中型，个别巨型；一类工具为中型；二类工具以中型为主，个别小型；三类工具中型较多，少量小型和大型（表四）。

### 表四　T2 下文化层石器大小统计表

| 尺寸大小<br>石器类型 | < 20 毫米 | | 20~50 毫米 | | 50~100 毫米 | | 100~200 毫米 | | ≥ 200 毫米 | |
|---|---|---|---|---|---|---|---|---|---|---|
| | 数量 | 百分比（%） | 数量 | 百分比（%） | 数量 | 百分比（%） | 数量 | 百分比（%） | 数量 | 百分比（%） |
| 石核 | | | | | | | 1 | 0.76 | 2 | 1.53 |
| 石片 | 1 | 0.76 | 72 | 54.96 | 13 | 9.92 | | | | |
| 似细石叶 | | | 1 | 0.76 | | | | | | |
| 断块 | | | 4 | 3.05 | 4 | 3.05 | | | 1 | 0.76 |
| 一类工具 | | | | | 1 | 0.76 | | | | |
| 二类工具 | | | 1 | 0.76 | 5 | 3.82 | | | | |
| 三类工具 | | | 5 | 3.82 | 13 | 9.92 | 7 | 5.34 | | |
| 总计 | 1 | 0.76 | 83 | 63.36 | 36 | 27.48 | 8 | 6.11 | 3 | 2.29 |

从石器重量统计来看，石器以小于 20 克的为主，占 64%，20~50 克和 100~1000 克的比例相当，分别占 12%、11%，50~100 克和大于 1000 克的比重较小，分别占 9%、4%（图一一）。

**1. 石核**

3 件。均为安山玢岩。长 134~228 毫米，平均长 195 毫米；宽 25~190 毫米，平均宽 125.7 毫米；厚 78~132 毫米，平均

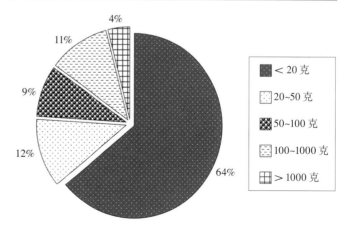

图一一　T2 下文化层出土石器重量百分比示意图

厚 105.3 毫米；重 1124.4~7500 克，平均重 5208.1 克。

**2. 石片**

86 件。分完整石片、断片及废片。

**完整石片**　20 件。其中细碧岩 15 件，石英砂岩 3 件，安山玢岩、纯灰岩各 1 件；素台面 8 件，有疤台面 10 件，自然台面 2 件。长 19~67 毫米，平均长 39.3 毫米；宽 19~61 毫米，平均宽 35 毫米；厚 6~20 毫米，平均厚 10.7 毫米；重 4~67.8 克，平均重 15.4 克。

T2 ⑦：10，原料为灰色细碧岩。刃状台面。背面由四周向中央剥片，保留少量砾石面；劈裂面向内弧起，可见同心波、放射线。长 66、宽 61、厚 14 毫米，重 47.6 克（图一二，1；彩版八，4）。

T2 ⑧：1，原料为石英砂岩。素台面。台面长 6、宽 17 毫米，台面角为 103.5°。背面有一脊，沿脊的方向剥片，远端弯曲。左侧为砾石面；劈裂面打击点集中。长 66、宽 55、厚 16 毫米，重 35.6 克（图一二，2；彩版八，3）。

**断片**　56 件。分横向断片及纵向断片。

**横向断片**　48 件。分近端、中段及远端。

**近端**　21 件。素台面 10 件，有疤台面 6 件，自然台面 5 件；长 14~89 毫米，平均长 35.4 毫米；宽 18~66 毫米，平均宽 35.3 毫米；厚 5~22 毫米，平均厚 10.2 毫米；重 2.4~102.2 克，平均重 18 克。

T2 ⑦：64，原料为灰白色石英砂岩。素台面，台面长 9、宽 23 毫米，台面角为 116.5°。劈裂面打击点集中，半锥体突出。残长 42、宽 47、厚 15 毫米，重 32 克（图一二，3；彩版八，5）。

**中段**　12 件。细碧岩 10 件，安山玢岩、流纹岩各 1 件。长 14~36 毫米，平均长 21.2 毫米；宽 14~34 毫米，平均宽 24.8 毫米；厚 5~8 毫米，平均厚 6.3 毫米；重 1~6.4 克，平均重 3.2 克。

**远端**　15 件。细碧岩 13 件，安山玢岩 2 件。长 18~65 毫米，平均长 34.4 毫米；宽 20~61 毫米，平均宽 34.1 毫米；厚 5~20 毫米，平均厚 9.9 毫米；重 1.8~66.4 克，平均重 16.8 克。

T2 ⑦：17，原料为灰白色细碧岩。背面保留部分砾石面。长 31、宽 39、厚 8 毫米，重 10 克（图一二，4；彩版八，6）。

**纵向断片**　8 件。原料均为细碧岩。分为左侧断片及右侧断片。

**左侧断片**　5 件。其中素台面 4 件，自然台面 1 件。长 24~32 毫米，平均长 29.2 毫米；宽 13~18 毫米，平均宽 14.8 毫米；厚 7~12 毫米，平均厚 8.6 毫米；重 2.6~11 克，平均重 5.3 克。

T2 ⑦：94，原料为细碧岩。素台面。台面长 7、宽 14 毫米，台面角为 109°。劈裂面可见同心波。长 30、宽 15、厚 7 毫米，重 3.4 克（图一二，5；彩版八，7）。

**右侧断片**　3 件。其中素台面、有疤台面、自然台面各 1 件。长 29~45 毫米，平均长 35 毫米；宽 13~17 毫米，平均宽 15.3 毫米；厚 8~11 毫米，平均厚 9 毫米；重 3.2~6 克，平均重 4.3 克。

**废片**　10 件。均为细碧岩。长 19~50 毫米，平均长 34.8 毫米；宽 10~39 毫米，平均宽 20.6 毫米；厚 9~23 毫米，平均厚 13.5 毫米；重 1.8~39 克，平均重 9.7 克。

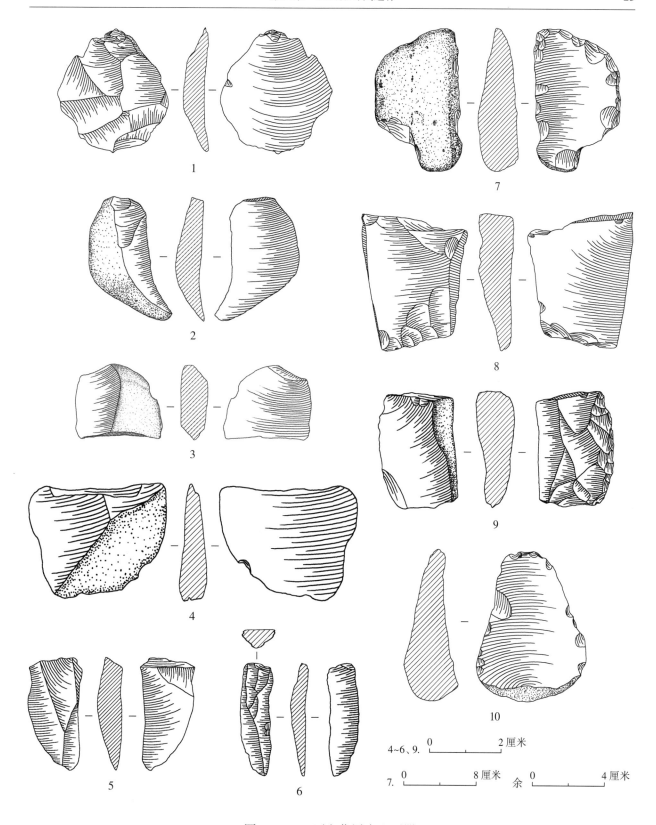

图一二　T2下文化层出土石器

1、2.完整石片（T2⑦：10、T2⑧：1）　　3、4.横向断片（T2⑦：64、T2⑦：17）　　5.纵向断片（T2⑦：94）　　6.似细石叶（T2⑦：50）　　7.砍砸器（T2⑦：12）　　8、9.单刃刮削器（T2⑦：19、T2⑦：125）　　10.双刃刮削器（T2⑦：26）

### 3. 似细石叶

1 件。

T2 ⑦ : 50，原料为浅紫色石英砂岩。两侧边近平行，背面有一条纵脊；劈裂面较平坦。打击点集中。锤击剥片。长 30、宽 9、厚 5 毫米，重 1.2 克（图一二，6；彩版八，8 ）。

### 4. 断块

9 件。其中细碧岩 7 件，石英砂岩 2 件。长 20~200 毫米，平均长 63.7 毫米；宽 15~97 毫米，平均宽 42.3 毫米；厚 7~65 毫米，平均厚 23.1 毫米；重 2.2~1598.8 克，平均重 220.9 克。

### 5. 工具

32 件。分为一类、二类及三类工具。

（1）一类工具

**石锤**　1 件。

T2 ⑦ : 30，原料为石英砂岩。长 58、宽 58、厚 23 毫米，重 92.4 克。

（2）二类工具

6 件。其中细碧岩 5 件，石英砂岩 1 件；均为片状毛坯。均作刮削器使用。长 12~80 毫米，平均长 60.3 毫米；宽 33~84 毫米，平均宽 61.3 毫米；厚 8~24 毫米，平均厚 18 毫米；重 24.6~112 克，平均重 73.6 克。

（3）三类工具

25 件。分砍砸器、刮削器、尖刃器及铲形器。

**砍砸器**　4 件。其中细碧岩 2 件，流纹岩、石英砂岩各 1 件；片状毛坯 2 件，块状毛坯 2 件。长 102~152 毫米，平均长 125 毫米；宽 70~134 毫米，平均宽 101.5 毫米；厚 39~87 毫米，平均厚 57.5 毫米；重 385.4~1416.6 克，平均重 776.85 克。

T2 ⑦ : 12，原料为浅紫色石英砂岩。片状毛坯。薄锐一侧复向修理成一凸刃，刃长 11 毫米，刃角为 71.8°，近端正向加工出手握处。背面为砾石面，劈裂面平坦。长 152、宽 96、厚 45 毫米，重 673 克（图一二，7；彩版九，1 ）。

**刮削器**　16 件。分单刃及双刃。

*单刃*　15 件。分直刃及凸刃。

*直刃*　7 件。其中细碧岩 3 件，石英砂岩 1 件，泥质灰岩 3 件；片状毛坯 6 件，块状毛坯 1 件。长 42~73 毫米，平均长 52.6 毫米；宽 33~69 毫米，平均宽 51.6 毫米；厚 10~25 毫米，平均厚 15.7 毫米；重 16.2~105.2 克，平均重 49.1 克。

T2 ⑦ : 19，原料为灰白色泥质灰岩。以右侧断片为毛坯。远端加工成直刃，刃长 40 毫米，刃角为 40.5°，疤痕连续，浅平。劈裂面打击点集中，半锥体突出。长 73、宽 58、厚 20 毫米，重 83.6 克（图一二，8；彩版九，2 ）。

*凸刃*　8 件。其中细碧岩 4 件，石英砂岩、泥质灰岩各 2 件；均为片状毛坯。长 20~72 毫米，

平均长 44.1 毫米；宽 28~101 毫米，平均宽 49 毫米；厚 7~21 毫米，平均厚 14.4 毫米；重 5.2~126 克，平均重 48.3 克。

T2 ⑦：125，原料为灰色细碧岩。正向加工为主，在右侧形成一凸刃，疤痕细密层叠，刃缘较平齐，刃长 30 毫米，刃角为 43.1°。保留部分砾石面；劈裂面半锥体突出，可见放射线。长 31、宽 22、厚 11 毫米，重 7.8 克（图一二，9；彩版九，3）。

**双刃**　1件。

T2 ⑦：26，原料为安山玢岩。双直刃刮削器。片状毛坯反向加工而成。两边刃刃长分别为 65、66 毫米，刃角分别为 69.1°、50.8°。疤痕大小不一。背面为砾石面。长 80、宽 61、厚 29 毫米，重 124.2 克（图一二，10；彩版九，4）。

**尖刃器**　均为单尖。4件。其中细碧岩、石英砂岩各 2 件；均为片状毛坯。长 57~112 毫米，平均长 80.3 毫米；宽 24~63 毫米，平均宽 45 毫米；厚 11~39 毫米，平均厚 20.8 毫米；重 16.2~313.6 克，平均重 117.1 克。

T2 ⑦：6，原料为灰色细碧岩。双凸刃正尖尖刃器。片状毛坯。两侧刃缘疤痕不连续，大小不一，刃长分别为 79、70 毫米，刃角分别为 49.2°、45.3°；两刃于远端组成一尖刃，尖刃角为 108.5°。近端手握处经复向修理。背面为砾石面；劈裂面可见放射线。长 92、宽 58、厚 20 毫米，重 113.0 克（图一三，1；彩版九，5）。

**铲形器**　1件。

T2 ⑦：18，原料为泥质灰岩。风化严重。近矩形，片状毛坯，远端复向加工成一凸刃，刃长为 72 毫米，刃角为 71.1°。背面为砾石面；劈裂面不平坦。长 110、宽 69、厚 28 毫米，重 268.8 克（图一三，2；彩版九，6）。

**6. 下文化层文化特征**

1）本文化层共出土石器 131 件。原料以细碧岩为主，占到 74.05%，其次为石英砂岩，占 12.98%，安山玢岩和泥质灰岩比例相当，分别占 6.11% 和 4.58%，还有少量纯灰岩和流纹岩。

2）石器类型多样，包括石核、石片、断块、一类工具（石锤）、二类工具、三类工具（砍砸器、刮削器、尖刃器、铲形器）。其中石片数量最多，占石器总数的 65.6%，其中完整石片占总数的 15.3%。其次为三类工具，占总数的 19.1%，断块占 6.9%。

3）石器从总体来看，小型占绝对优势，有 83 件，占 63.36%，这与本层以石片为主体有关；其次为中型，占 27.48%；大型占 6.11%；少量微型和巨型。石片以小型为主，占本层石器总数的 54.96%，中型占 9.92%，个别微型。从石器重量统计来看，石器以小于 20 克为主，占 64%，20~50 克和 100~1000 克的比例相当，分别占 12%、11%，50~100 克和大于 1000 克的比重较小，分别占 9%、4%。

4）石器特征表明，剥片技术为锤击法，虽然发现似细石叶石器，但是不能肯定存在间接剥片技术。工具修理均为锤击法。加工方式以复向加工为主，占 64%，兼有正向、反向加工。工具

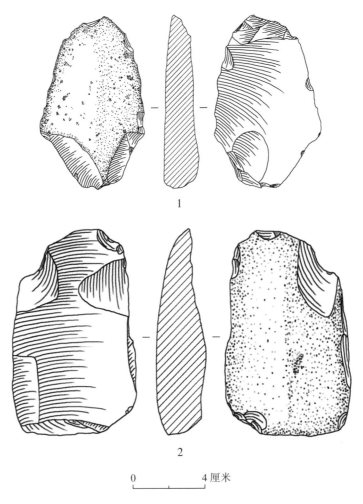

0 |————| 4 厘米

图一三　T2 下文化层出土石器

1. 尖刃器（T2 ⑦：6）　2. 铲形器（T2 ⑦：18）

以片状毛坯为主，占 93.5%。

## （四）小结

T2 为洞外岩厦部分，根据第 6 层新出现磨刃技术，将其划分为上下两个文化层，两个文化层具有紧密的承继关系。

从原料上看，两个文化层变化不大，都是以细碧岩为主，石英砂岩占重要地位，而细碧岩的地位在上文化层有所下降，石英砂岩比例有所上升。其次原料为泥质灰岩，还有少量的安山玢岩、流纹岩。下文化层中的纯灰岩在上文化层并未发现，而出现了个别以正长岩为原料的石器。

从石器类型上来看，两个文化层石器类型大体相同，石片占有重要地位，但是在上文化层中，石片的比例下降了 37.87%，地位有所下降；三类工具升为主要类型，占 30.86%；石核和断块在绝对数量与比例上都有所上升；一类工具的比例上升较大，上升了 8.5%；二类工具的比例稍有下

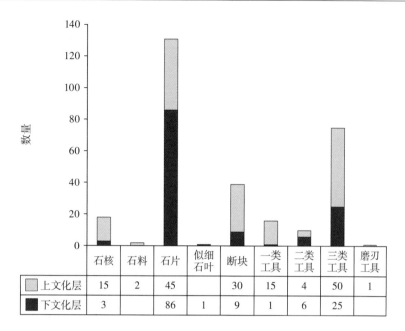

| | 石核 | 石料 | 石片 | 似细石叶 | 断块 | 一类工具 | 二类工具 | 三类工具 | 磨刃工具 |
|---|---|---|---|---|---|---|---|---|---|
| 上文化层 | 15 | 2 | 45 | | 30 | 15 | 4 | 50 | 1 |
| 下文化层 | 3 | | 86 | 1 | 9 | 1 | 6 | 25 | |

图一四　T2 石器类型示意图

降。上文化层出现了石料及磨刃工具（图一四）。

　　两个文化层的工具都以片状毛坯为主，上文化层比例有所下降。从加工方向上看，都是以复向为主，兼有正向、反向加工，到上文化层时复向加工比例由 64% 升至 76%。

　　从石器重量统计来看，下文化层以小于 20 克为主，占 64%，20~50 克和 100~1000 克比例相当，分别占 12%、11%，50~100 克和大于 1000 克的比重较小，分别占 9%、4%。上文化层石器以 100~1000 克所占比例最重，占 36%，其次为小于 20 克，占到 29%，20~50 克的石器占 12%，50~100 克的也占 14%，大于 1000 克的占 9%。

　　在剥片方法上，下文化层石器特征均表现为锤击剥片，上文化层出现了仍以锤击法为主，也出现砸击法产生的石片及碰砧剥片石核。在修理方法上，两个文化层都表现为硬锤修理，未发现明显的其他修理方法。

　　T2 以石片为主，下文化层石片个体较小。从对完整石片的统计看（表五），两个文化层石片是以有疤台面为主，素台面其次，自然台面最少；素台面的比例下降，有疤台面比例上升。背面类型上看，两个文化层石片都以全疤的背面为主，上文化层比例有所上升，其次为半疤半自然面的石片，比例变化不大，自然面的石片比例降低。对断片的统计显示（表六），两个文化层断片台面、背面各种类型所占地位与完整石片基本相同。以素台面为主，其次为自然台面；到上文化层时比例都有所下降，自然台面的比例稍有上升。背面类型以全疤为主，比例稍有下降，其次为半疤半自然面，比例有所上升，自然面的比例变化不大。剥片方法上在上文化层出现了砸击法，相应的出现了刃状台面。

　　上下两个文化层的石器在大小上出现差异，这与石片所占的比例不同有关。下文化层小型石

表五　T2 完整石片统计表

| | | | 数量 | 最大值 | 平均值 | 最小值 |
|---|---|---|---|---|---|---|
| 计量统计数值 | 长（毫米） | 上文化层 | 8 | 91 | 49.9 | 16 |
| | | 下文化层 | 20 | 67 | 39.3 | 19 |
| | 宽（毫米） | 上文化层 | 8 | 100 | 41.5 | 21 |
| | | 下文化层 | 20 | 61 | 35 | 19 |
| | 厚（毫米） | 上文化层 | 8 | 28 | 13.6 | 5 |
| | | 下文化层 | 20 | 20 | 10.7 | 6 |
| | 重（克） | 上文化层 | 8 | 176.2 | 45.1 | 2.4 |
| | | 下文化层 | 20 | 67.8 | 15.4 | 4 |
| | 台面长（毫米） | 上文化层 | 8 | 29.5 | 13.5 | 4 |
| | | 下文化层 | 20 | 32 | 9.4 | 2 |
| | 台面宽（毫米） | 上文化层 | 8 | 37 | 21.8 | 6 |
| | | 下文化层 | 20 | 46 | 18.2 | 5 |
| | 石片角（°） | 上文化层 | 8 | 126.3 | 91.2 | 38 |
| | | 下文化层 | 20 | 137.5 | 105.9 | 67.3 |

| | | 数量 | 自然 | 有疤 | 素 |
|---|---|---|---|---|---|
| 台面类型 | 上文化层 | 8 | 1 | 5 | 2 |
| | 百分比（%） | 12.5 | 62.5 | 25 | |
| | 下文化层 | 20 | 2 | 10 | 8 |
| | 百分比（%） | 10 | 50 | 40 | |

| | | 数量 | 自然面 | 全疤 | 半疤半自然面 |
|---|---|---|---|---|---|
| 背面类型 | 上文化层 | 8 | 1 | 4 | 3 |
| | 百分比（%） | 12.5 | 50 | 37.5 | |
| | 下文化层 | 20 | 4 | 9 | 7 |
| | 百分比（%） | 20 | 45 | 35 | |

| | | 数量 | 锤击 |
|---|---|---|---|
| 剥片方法 | 上文化层 | 8 | 8 |
| | 百分比（%） | 100 | |
| | 下文化层 | 20 | 20 |
| | 百分比（%） | 100 | |

## 表六　T2 断片统计表

| | | | 数量 | 最大值 | 平均值 | 最小值 |
|---|---|---|---|---|---|---|
| 计量统计数值 | 长（毫米） | 上文化层 | 33 | 75 | 32.8 | 12 |
| | | 下文化层 | 56 | 89 | 31.5 | 14 |
| | 宽（毫米） | 上文化层 | 33 | 71 | 28.6 | 10 |
| | | 下文化层 | 56 | 66 | 29.5 | 9 |
| | 厚（毫米） | 上文化层 | 33 | 21 | 9.2 | 3 |
| | | 下文化层 | 56 | 22 | 9 | 5 |
| | 重（克） | 上文化层 | 33 | 99.2 | 15.2 | 0.6 |
| | | 下文化层 | 56 | 102.2 | 12.4 | 1 |
| | 台面长（毫米） | 上文化层 | 11 | 21 | 11.2 | 4 |
| | | 下文化层 | 21 | 20 | 8.1 | 2 |
| | 台面宽（毫米） | 上文化层 | 11 | 42 | 27 | 1.6 |
| | | 下文化层 | 21 | 39 | 19.7 | 7 |
| | 石片角（°） | 上文化层 | 11 | 128 | 102.7 | 88 |
| | | 下文化层 | 21 | 121.8 | 106.1 | 72.1 |

| | | 数量 | 自然 | 有疤 | 素 |
|---|---|---|---|---|---|
| 台面类型 | 上文化层 | 11 | 3 | 2 | 6 |
| | 百分比（%） | | 27.3 | 18.2 | 54.5 |
| | 下文化层 | 21 | 5 | 6 | 10 |
| | 百分比（%） | | 23.8 | 28.6 | 47.6 |

| | | 数量 | 自然面 | 全疤 | 半疤半自然面 |
|---|---|---|---|---|---|
| 背面类型 | 上文化层 | 33 | 6 | 16 | 11 |
| | 百分比（%） | | 18.2 | 48.5 | 33.3 |
| | 下文化层 | 56 | 11 | 31 | 14 |
| | 百分比（%） | | 19.6 | 55.4 | 25.0 |

| | | 数量 | 锤击 | 砸击 |
|---|---|---|---|---|
| 剥片方法 | 上文化层 | 33 | 31 | 2 |
| | 百分比（%） | | 93.9 | 6.1 |
| | 下文化层 | 56 | 56 | |
| | 百分比（%） | | 100 | |

注：台面类型统计标本为近端断片。

器占绝对优势，占 63.36%；其次为中型，占 27.48%；大型占 6.11%；少量微型和巨型。上文化层以中型石器为主，占 48.15%；其次为小型，占 27.16%；大型占 18.52%；微型和巨型极少。

## 二 T3 石器

本探方出土石器 629 件，分层介绍。

### （一）第 1 层

本层发现石器 24 件，包括石核、石片、断块和工具。原料以细碧岩为主，占 87.5%；少量石英砂岩。为现代扰土层（表七）。

表七　T3 第 1 层石器分类测量与统计表

| 分类　　　项目 | | 石核 | 石片 | | | 断块 | 工具 | | | | 分类统计 | 百分比（%） |
| | | | 完整 | 断片 | | | 二类工具 | 三类工具 | | | | |
| | | | | 中段 | 远端 | | | 砍砸器 | 刮削器 | 尖刃器 | | |
| 原料 | 细碧岩 | | 2 | | 1 | 3 | 3 | 2 | 8 | 2 | 21 | 87.5 |
| | 石英砂岩 | 1 | | 1 | | | | | 1 | | 3 | 12.5 |
| 片状毛坯 | | | | | | | 3 | 2 | 9 | 2 | 16 | 100 |
| 复向加工 | | | | | | | | 2 | 9 | 2 | 13 | 100 |
| 长度（毫米） | | 123 | 40.5 | 36 | 16 | 33.6 | 81.3 | 112 | 73.4 | 80 | | |
| 宽度（毫米） | | 96 | 51.5 | 17 | 22 | 15 | 90.3 | 95.5 | 71.9 | 75.5 | | |
| 厚度（毫米） | | 58 | 14.5 | 4 | 6 | 7 | 19 | 29 | 23.3 | 26 | | |
| 重（克） | | 601.6 | 88.9 | 3.6 | 1.8 | 2.9 | 115.1 | 344.1 | 174.8 | 174.4 | | |
| 石片角（°） | | | 109.75 | | | | | | | | | |
| 边刃角（°） | | | | | | | 36.5 | 49 | 53.9 | | | |
| 尖刃角（°） | | | | | | | | | | 109.8 | | |
| 分类小计 | | 1 | 2 | 1 | 1 | 3 | 3 | 2 | 9 | 2 | 24 | |
| 百分比（%） | | 4.17 | 8.33 | 4.17 | 4.17 | 12.5 | 12.5 | 8.33 | 37.5 | 8.33 | | 100 |

注：表格中测量数据为均值。

### （二）第 2 层

本文化层发现石器 430 件，包括石核、石片、断块和工具。原料并不复杂，以细碧岩为主，占 54.7%；石英砂岩占 20.7%；泥质灰岩占 16%；安山玢岩占 6.7%；还有少量的纯灰岩及流纹岩。

　　根据对石器大小的统计，总体来看本层石器以中型为主，占 65.81%；其次为小型，占 26.75%；少量大型，不见巨型及微型。通过分类统计来看，石核以中型为主，有少量的大型；石片仅见小型；断块及三类工具与总体趋势相同，但是不见微型；一类工具仅有大型；二类工具以小型为主，中型其次，少量大型（表八）。

　　对重量的测量和统计表明，石器重量多集中于 100~1000 克，占到 36%；50~100 克及 20~50 克所占比例相当，分别占到 25%、24%；小于 20 克数量最少，占 15%（图一五）。

**表八　T3 第 2 层石器大小统计表**

| 尺寸大小<br>石器类型 | < 20 毫米 | | 20~50 毫米 | | 50~100 毫米 | | 100~200 毫米 | | ≥ 200 毫米 | |
|---|---|---|---|---|---|---|---|---|---|---|
| | 数量 | 百分比（%） | 数量 | 百分比（%） | 数量 | 百分比（%） | 数量 | 百分比（%） | 数量 | 百分比（%） |
| 石核 | | | | | 9 | 2.09 | 1 | 0.23 | | |
| 石片 | | | 4 | 0.93 | | | | | | |
| 断块 | | | 17 | 3.95 | 27 | 6.28 | 3 | 0.70 | | |
| 一类工具 | | | | | | | 2 | 0.47 | | |
| 二类工具 | | | 11 | 2.56 | 8 | 1.86 | 1 | 0.23 | | |
| 三类工具 | | | 83 | 19.31 | 239 | 55.58 | 25 | 5.81 | | |
| 总计 | | | 115 | 26.75 | 283 | 65.81 | 32 | 7.44 | | |

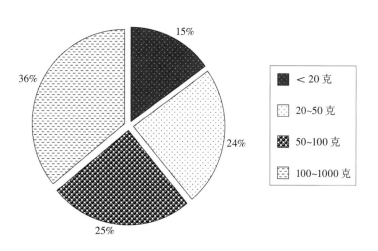

图一五　T3 第 2 层出土石器重量百分比示意图

**1. 石核**

10 件。可分为石片石核和石叶石核。

**石片石核**　7 件。原料均为细碧岩。2 件双台面石核，5 件多台面石核。长 34~134 毫米，平均长 75.6 毫米；宽 50~116 毫米，平均宽 74.4 毫米；厚 38~62 毫米，平均厚 47.6 毫米；重

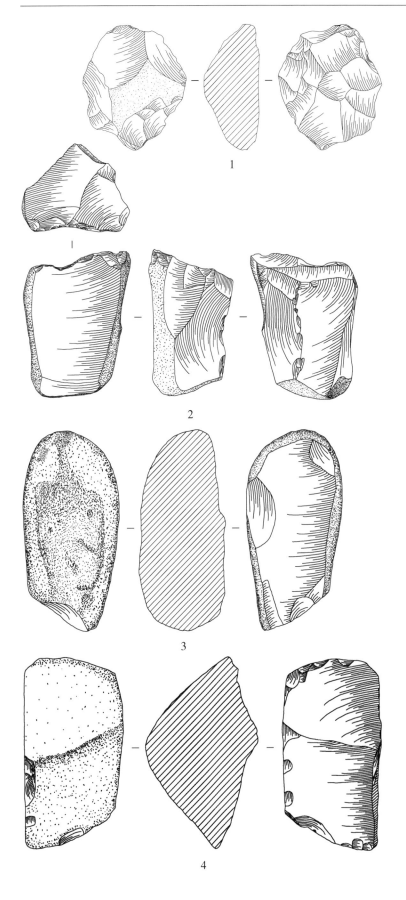

117.7~446.4 克，平均重 262.8 克。

　　T3 ②：232，原料为灰绿色细碧岩。双台面石片石核，近椭圆形，截面近梯形。两面锤击向中央剥片。以砾石面为台面有 7 次较大剥片，再以此工作面为台面进行剥片。一较完整剥片疤长 44、宽 59 毫米，台面角为 95°。保留部分砾石面。为盘状石核。长 134、宽 116、厚 62 毫米，重 446.4 克（图一六，1；彩版一〇，1）。

　　**石叶石核**　3 件。细碧岩 2 件，泥质灰岩 1 件。长 52~78 毫米，平均长 65.7 毫米；宽 52~61 毫米，平均宽 57.3 毫米；厚 34~47 毫米，平均厚 39.3 毫米；重 132~251.9 克，平均重 172 克。

　　T3 ②：11，原料为灰色细碧岩。整体近梯形，截面近三角形。修理台面，台面近缘疤痕细密，连续。台面角为 77.5°，有一较大剥片，长 66、宽 49 毫米。利用此剥片形成的脊进行两次剥片，但均不成功。背面复向加工出一条纵脊，疤痕连续细密。保留少量

1.　0━━━━━━━8 厘米

余　0━━━━━━━4 厘米

图一六　T3 第 2 层出土石器

1. 石片石核（T3 ②：232）　2. 石叶石核（T3 ②：11）　3. 石锤（T3 ②：220）　4. 砍砸器（T3 ②：283）

砾石面。此石核应是刚进入使用阶段。长 78、宽 59、厚 47 毫米，重 251.9 克（图一六，2；彩版一〇，2）。

### 2. 石片

4 件。可分为近端、中段及远端。细碧岩 3 件，石英砂岩 1 件。长 15~32 毫米，平均长 24.5 毫米；宽 22~47 毫米，平均宽 29 毫米；厚 6~12 毫米，平均厚 8 毫米；重 3.2~18.6 克，平均重 7.5 克。

### 3. 断块

47 件。细碧岩 18 件，泥质灰岩 14 件，石英砂岩 10 件，安山玢岩 4 件，纯灰岩 1 件。长 9~116 毫米，平均长 56.9 毫米；宽 20~102 毫米，平均宽 45.5 毫米；厚 8~56 毫米，平均厚 27.2 毫米；重 1.6~452.2 克，平均重 107.8 克。

### 4. 工具

369 件。可分为一、二、三类工具。石器工具分类方法：一类，制作石器的工具（石锤、石砧）；二类，石片未经加工直接使用者（使用石片）；三类，直接将片状或块状毛坯经过加工修理者（修刃、修形和修理把手）。

（1）一类工具

**石锤** 2 件。石英砂岩及细碧岩各 1 件。

T3 ②：220，原料为灰白色石英砂岩。以砾石纵断的一侧为毛坯，一端残。与纵断劈裂面相对的砾石面布满散漫的坑疤。长 107、宽 53、厚 50 毫米，重 379.4 克（图一六，3；彩版一〇，3）。

（2）二类工具

20 件。有砍砸器、刮削器。

**砍砸器** 3 件。其中细碧岩、石英砂岩及安山玢岩各 1 件；片状毛坯 1 件，块状毛坯 2 件。长 70~102 毫米，平均长 88 毫米；宽 55~80 毫米，平均宽 68 毫米；厚 39~63 毫米，平均厚 49 毫米；重 221.2~406.2 克，平均重 310.8 克。

T3 ②：283，原料为灰白色石英砂岩。块状毛坯。薄锐一端有连续、大小不一的疤痕，为使用刃缘，刃长 57 毫米，刃角为 67.8°。背面为砾石面，中部有一横脊，便于把握。长 102、宽 55、厚 63 毫米，重 406.2 克（图一六，4；彩版一〇，4）。

**刮削器** 17 件。根据刃缘数量，分单刃及双刃两种。

单刃 15 件。根据刃口形状，分直刃及凸刃。

直刃 14 件。其中细碧岩 10 件，石英砂岩 2 件，泥质灰岩、安山玢岩各 1 件；片状毛坯 13 件，块状毛坯 1 件。长 23~78 毫米，平均长 44.9 毫米；宽 16~64 毫米，平均宽 32.6 毫米；厚 6~27 毫米，平均厚 15.1 毫米；重 3.6~90.9 克，平均重 30.1 克。

T3 ②：463，原料为灰色细碧岩。近矩形，片状毛坯。左侧为不连续的细小疤痕，应为直接使用形成。刃长 49 毫米，边刃角为 94.3°。背面有一纵脊，左侧为砾石面；劈裂面半锥体突出。长 59、宽 38、厚 20 毫米，重 47.2 克（图一七，1；彩版一〇，5）。

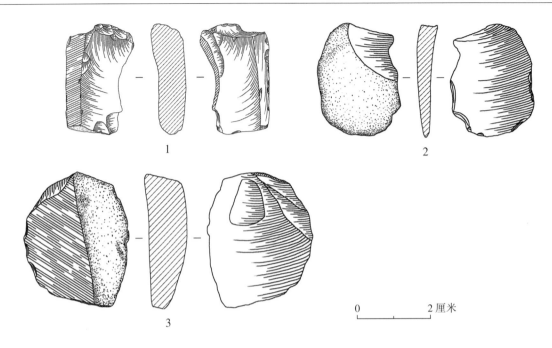

图一七 T3第2层出土石器

1、2.单刃刮削器（T3②：463、T3②：503） 3.双刃刮削器（T3②：194）

凸刃 1件。

T3②：503，原料为灰色细碧岩。片状毛坯。远端及左右两侧有不连续的细小疤痕，为使用刃缘。刃长62毫米，刃角为38.2°。长30、宽23、厚6毫米，重4.6克（图一七，2；彩版一一，1）。

双刃 2件。均为细碧岩，双凸刃。

T3②：194，原料为灰白色细碧岩。近圆形，片状毛坯。左右两侧有细小的不连续疤痕。刃长分别为22、32毫米，刃角分别为35.3°、47.3°。背面有一纵脊，左侧为解理面，右侧为砾石面；劈裂面弧起，有一锥疤。长36、宽29、厚12毫米，重12克（图一七，3；彩版一一，2）。

（3）三类工具

347件。有砍砸器、刮削器、尖刃器、雕刻器、钻器、铲形器及手镐。

砍砸器 30件。均为单刃。根据刃口形状，分为直刃、凸刃两种（表九）。

直刃 20件。其中细碧岩9件，石英砂岩4件，安山玢岩3件，泥质灰岩、流纹岩各2件；片状毛坯15件，块状毛坯5件。长53~114毫米，平均长80.3毫米；宽47~115毫米，平均宽87.5毫米；厚21~61毫米，平均厚37.5毫米；重176.2~458.2克，平均重305.6克。

T3②：223，原料为灰色石英砂岩。以大石片近端为毛坯。石片薄锐一侧复向修理成直刃，刃长78毫米，刃角为61.8°，疤痕连续细密，较规整。相对一侧手握处正向修整。背面为砾石面；劈裂面打击点集中，半锥体突出。长92、宽103、厚35毫米，重418.5克（图一八，1；彩版一一，3）。

T3②：227，原料为浅灰绿色细碧岩。片状毛坯。薄锐一侧疤痕连续，大小不一，刃缘两端

表九 T3 第 2 层砍砸器（30 件）统计表

| 原料类别 | | 安山玢岩 | 流纹岩 | 泥质灰岩 | 石英砂岩 | 细碧岩 |
|---|---|---|---|---|---|---|
| | 数量 | 3 | 2 | 3 | 6 | 16 |
| | 百分比（%） | 10 | 6.67 | 10 | 20 | 53.33 |
| 形态 | | 宽厚型 | | 宽薄型 | 窄薄型 | 窄厚型 |
| | 数量 | 2 | | 24 | 3 | 1 |
| | 百分比（%） | 6.67 | | 80 | 10 | 3.33 |
| 毛坯 | | 片状 | | | 块状 | |
| | 数量 | 23 | | | 7 | |
| | 百分比（%） | 76.67 | | | 23.33 | |
| 修理方法 | | 锤击 | | | | |
| | 数量 | 30 | | | | |
| | 百分比（%） | 100 | | | | |
| 加工方向 | | 正向 | | 反向 | 复向 | |
| | 数量 | 3 | | 2 | 25 | |
| | 百分比（%） | 10 | | 6.67 | 83.33 | |
| 刃部形态 | | 直刃 | | | 凸刃 | |
| | 数量 | 20 | | | 10 | |
| | 百分比（%） | 66.67 | | | 33.33 | |
| 加工后刃角 | | 直 | 陡 | 中等 | 斜 | |
| | 数量 | 4 | 10 | 15 | 1 | |
| | 百分比（%） | 13.34 | 33.33 | 50 | 3.33 | |

注：形态划分依据标本的长宽指数和宽厚指数、应用黄金分割率（0.618）划分为4种类型。卫奇：《〈西侯度〉石制品之浅见》，《人
　　类学学报》2000 年第 19 卷第 2 期。
　　刃角划分标准：直（大于 85°）；陡（71°~85°）；中等（46°~70°）；斜（25°~45°）。

疤痕较大，应为使用刃缘，刃长 91 毫米，刃角为 50.5°。手握处经细致的复向修理，疤痕层叠，大疤痕浅平，其上小疤打击点集中，疤痕较深。两面均保留有砾石面。长 101、宽 115、厚 56 毫米，重 446.4 克（图一八，2；彩版一一，4）。

　　凸刃 10件。其中细碧岩7件，石英砂岩2件，泥质灰岩1件；片状毛坯8件，块状毛坯2件。长 57~143 毫米，平均长 91.7 毫米；宽 51~101 毫米，平均宽 84.7 毫米；厚 24~56 毫米，平均厚 38.7 毫米；重 139.8~446.4 克，平均重 300.7 克。

　　T3②：7，原料为灰色细碧岩。片状毛坯。远端复向加工成凸刃，长 131 毫米，刃角为

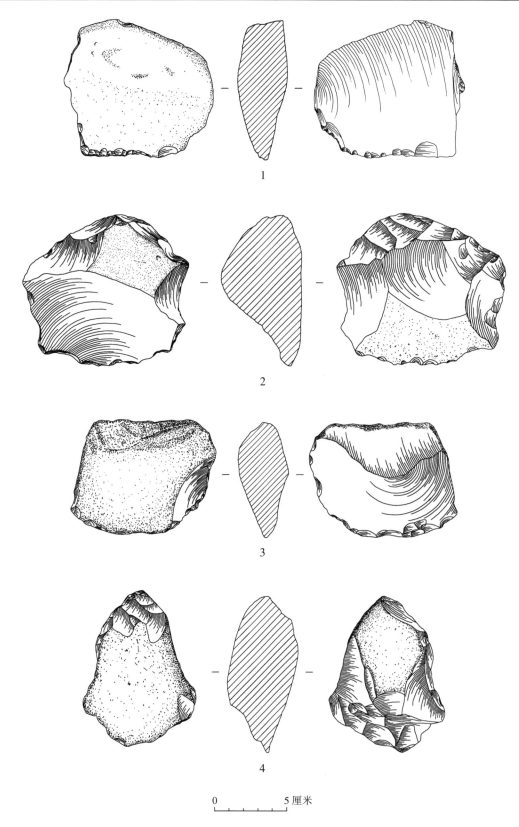

0        5 厘米

图一八　T3 第 2 层出土石砍砸器

1、2. 直刃砍砸器（T3②：223、T3②：227）　　3、4. 凸刃砍砸器（T3②：7、T3②：393）

69.7°，疤痕连续细密。手握处琢制修理。背面为砾石面；台面角为 141.2°，劈裂面弧起。长 77、宽 101、厚 35 毫米，重 301.7 克（图一八，3；彩版一一，5）。

T3 ②：393，原料为黄绿色细碧岩。以石块为毛坯，复向加工。一端硬锤修理形成较薄的刃，呈扇形，刃长为 98 毫米，刃角为 78.2°，多层连续修疤，大小不一；相对一端较厚，便于把握，左侧双面修理出一尖，尖角为 113.5°。两面均保留大量砾石面。长 104、宽 79、厚 49 毫米，重 445.2 克（图一八，4；彩版一一，6）。

**刮削器** 192 件。根据刃缘数量，分单刃、双刃及复刃三种（表一○）。

**单刃** 135 件。根据刃口形状，分直刃、凸刃及凹刃。

**直刃** 40 件。其中细碧岩 17 件，石英砂岩 10 件，泥质灰岩 7 件，安山玢岩 5 件，纯灰岩 1 件；

### 表一○ T3 第 2 层刮削器（192 件，265 个刃部）统计表

| 原料类别 | | 安山玢岩 | 纯灰岩 | 泥质灰岩 | 石英砂岩 | 细碧岩 |
|---|---|---|---|---|---|---|
| | 数量 | 17 | 3 | 38 | 41 | 93 |
| | 百分比（%） | 8.85 | 1.56 | 19.79 | 21.35 | 48.44 |

| 形态 | | 宽厚型 | 宽薄型 | 窄薄型 | 窄厚型 |
|---|---|---|---|---|---|
| | 数量 | 18 | 151 | 15 | 8 |
| | 百分比（%） | 9.38 | 78.65 | 7.81 | 4.16 |

| 毛坯 | | 片状 | 块状 |
|---|---|---|---|
| | 数量 | 167 | 25 |
| | 百分比（%） | 86.98 | 13.02 |

| 修理方法 | | 锤击 |
|---|---|---|
| | 数量 | 192 |
| | 百分比（%） | 100 |

| 加工方向 | | 正向 | 反向 | 错向 | 复向 |
|---|---|---|---|---|---|
| | 数量 | 37 | 12 | 1 | 142 |
| | 百分比（%） | 19.27 | 6.25 | 0.52 | 73.96 |

| 刃部形态 | | 单直刃 | 单凸刃 | 单凹刃 | 双直刃 | 直凸刃 | 双凸刃 | 凹凸刃 | 复刃 |
|---|---|---|---|---|---|---|---|---|---|
| | 数量 | 40 | 76 | 19 | 17 | 11 | 7 | 6 | 16 |
| | 百分比（%） | 20.83 | 39.58 | 9.90 | 8.85 | 5.73 | 3.65 | 3.13 | 8.33 |

| 加工后刃角 | | 直 | 陡 | 中等 | 斜 |
|---|---|---|---|---|---|
| | 数量 | 9 | 72 | 157 | 27 |
| | 百分比（%） | 3.39 | 27.17 | 59.25 | 10.19 |

片状毛坯34件，块状毛坯6件。长26~89毫米，平均长55.6毫米；宽19~85毫米，平均宽48.2毫米；厚10~44毫米，平均厚22.7毫米；重7.6~225.8克，平均重77.6克。

　　T3②：43，原料为灰色细碧岩。近菱形，片状毛坯，石片薄锐一侧复向加工成刃，刃长52毫米，边刃角50.4°，单层修疤，疤痕连续；相对较厚一侧，正向修理，便于把握。背面为砾石面；劈裂面打击点集中，半锥体突出，放射线清晰。长84、宽55、厚21毫米，重99.9克（图一九，1；彩版一二，1）。

　　T3②：301，原料为灰色细碧岩。平面和截面均近矩形，片状毛坯。复向加工成刃，刃长37毫米，刃角82°，三层修疤，细密连续。背面为砾石面，弧起；劈裂面微向内凹。长67、宽43、厚23毫米，重105克（图一九，2；彩版一二，2）。

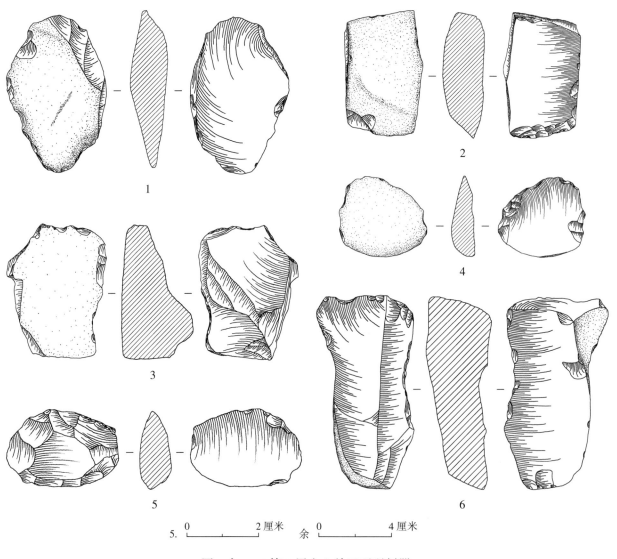

图一九　T3第2层出土单刃石刮削器

1. T3②：43　2. T3②：301　3. T3②：251　4. T3②：456　5. T3②：504　6. T3②：510

T3②：251，原料为灰色细碧岩。块状毛坯。复向加工，左侧疤痕连续层叠，形成直刃，长57毫米，刃角为72°。背面为砾石面；相对面隆起。长72、宽55、厚40毫米，重138.4克（图一九，3；彩版一二，3）。

凸刃　76件。其中细碧岩31件，石英砂岩19件，泥质灰岩16件，安山玢岩9件，纯灰岩1件；片状毛坯65件，块状毛坯11件。长21~93毫米，平均长53.8毫米；宽20~93毫米，平均宽50.4毫米；厚6~38毫米，平均厚20.6毫米；重4.8~170克，平均重70.8克。

T3②：456，原料为灰白色石英砂岩。片状毛坯。反向加工成一段凸刃，刃长47毫米，刃角53.8°，两层修疤，疤痕连续，大小不一。背面为砾石面。长43、宽48、厚13毫米，重31克（图一九，4；彩版一二，4）。

T3②：504，原料为灰白色石英砂岩。片状毛坯。周边复向加工，一侧刃缘薄锐，刃长为39毫米，刃角为52°，另一侧较钝，应为手握处。劈裂面弧起。长21、宽31、厚9毫米，重6.3克（图一九，5；彩版一二，5）。

凹刃　19件。其中细碧岩9件，泥质灰岩6件，石英砂岩2件，安山玢岩、纯灰岩各1件；片状毛坯14件，块状毛坯5件。长33~103毫米，平均长56.1毫米；宽20~75毫米，平均宽45.2毫米；厚10~44毫米，平均厚22.9毫米；重10.8~258克，平均重74.4克。

T3②：510，原料为黄绿色石英砂岩。以石片薄锐一侧正向加工成刃，刃长57毫米，刃角为58.7°，单层疤痕连续细密；相对一侧为砾石面。背面有一突起的纵脊；劈裂面略向内凹。长103、宽59、厚36毫米，重117.8克（图一九，6；彩版一二，6）。

双刃　41件。根据刃口形状，分为双直刃、直凸刃、双凸刃及凹凸刃。

双直刃　17件。其中细碧岩10件，石英砂岩4件，泥质灰岩2件，安山玢岩1件；片状毛坯16件，块状毛坯1件。长32~84毫米，平均长64.3毫米；宽31~82毫米，平均宽54.4毫米；厚10~39毫米，平均厚22毫米；重19.1~164.4克，平均重84.2克。

T3②：206，原料为灰色细碧岩。截面呈三角形，片状毛坯。周边均经修理。两边复向加工成直刃，刃长分别为60、59毫米，刃角分别为64.5°、51.3°，疤痕层叠连续，大小不一。背面有一纵脊，两侧有修理的疤痕，右侧保留有砾石面。长69、宽52、厚34毫米，重126.6克（图二〇，1；彩版一三，1）。

直凸刃　11件。其中细碧岩7件，石英砂岩2件，泥质灰岩、安山玢岩各1件；均为片状毛坯。长32~82毫米，平均长57.1毫米；宽17~59毫米，平均宽44.8毫米；厚13~32毫米，平均厚21.6毫米；重8.4~123.9克，平均重67.4克。

T3②：19，原料为灰色细碧岩。复向加工。左侧为直刃，刃长40毫米，边刃角为49.8°；远端为凸刃，刃长55毫米，刃角42.5°。疤痕层叠，大小不一。背面左侧保留少量砾石面。长51、宽50、厚16毫米，重48.1克（图二〇，2；彩版一三，2）。

双凸刃　7件。细碧岩5件，泥质灰岩2件；片状毛坯5件，块状毛坯2件。长32~81毫米，

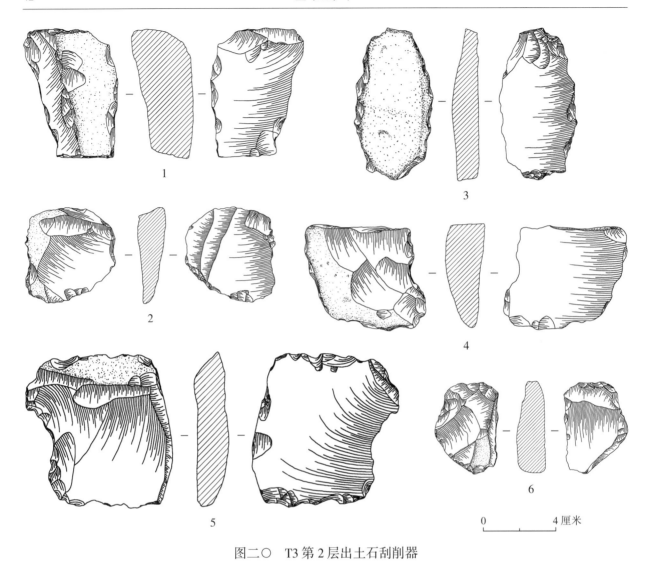

图二〇　T3 第 2 层出土石刮削器

1~4.双刃刮削器（T3 ②：206、T3 ②：19、T3 ②：204、T3 ②：203）　5、6.复刃刮削器（T3 ②：9、T3 ②：452）

平均长 59.9 毫米；宽 26~63 毫米，平均宽 46.1 毫米；厚 14~30 毫米，平均厚 19.7 毫米；重 16~82.4 克，平均重 57.8 克。

　　T3 ②：204，原料为灰色细碧岩。柳叶形。周边复向加工，以石片两边加工成凸刃，刃长分别为 85、72 毫米，刃角分别为 66.8°、63.7°，疤痕层叠连续，大小不一。背面为砾石面；劈裂面打击点集中，半锥体突出。长 81、宽 43、厚 15 毫米，重 77.8 克（图二〇，3；彩版一三，3）。

　　凹凸刃　6 件。其中细碧岩 3 件，石英砂岩 2 件，泥质灰岩 1 件；均为片状毛坯。长 44~82 毫米，平均长 60.7 毫米；宽 35~76 毫米，平均宽 53.8 毫米；厚 14~28 毫米，平均厚 19.8 毫米；重 23.4~186 克，平均重 78.9 克。

　　T3 ②：203，原料为灰白色石英砂岩。以石片远端为毛坯。复向加工。右侧为一段凹刃，长 51 毫米，刃角为 62.7°；远端形成一凸刃，长 95 毫米，刃角 50.7°；左侧较厚处，正向修理。疤痕连续，大小不一。背面左侧保留砾石面。长 56、宽 67、厚 21 毫米，重 186 克（图二〇，4；彩版一三，4）。

**复刃**　16 件。其中细碧岩 11 件，石英砂岩 2 件，泥质灰岩 3 件；均为片状毛坯。长 30~82 毫米，平均长 55.5 毫米；宽 35~81 毫米，平均宽 57.2 毫米；厚 13~32 毫米，平均厚 21.1 毫米；重 11~160.8 克，平均重 77.1 克。

T3②：9，原料为黄绿色石英砂岩。近方形。上端为复向加工形成的直刃，长 54 毫米，刃角为 51.8°；下端反向加工成直刃，长 57 毫米，刃角为 62.7°，两刃为单层连续疤痕，较深，大小不一。左侧为正向加工的凹刃，长 49 毫米，刃角为 56.7°，疤痕层叠，连续细密。保留少量砾石面；劈裂面半锥体突出，放射线清晰。长 82、宽 81、厚 19 毫米，重 160.8 克（图二〇，5；彩版一三，5）。

T3②：452，原料为灰色细碧岩。周边均经复向加工。上端和右侧为直刃，刃长分别为 28、39 毫米，刃角分别为 55.5°、66.1°；右侧为一凸刃，刃长 52 毫米，刃角为 75.5°。背面保留少量砾石面；劈裂面放射线清晰。长 49、宽 35、厚 16 毫米，重 21.3 克（图二〇，6；彩版一三，6）。

**尖刃器**　99 件。根据尖刃数量，分为单尖、双尖及多尖三种（表一一）。

**单尖**　64 件。根据组成尖刃的刃缘形态，分为双直刃、直凸刃、双凸刃、直凹刃及凹凸刃单尖。

**双直刃**　39 件。其中细碧岩 19 件，石英砂岩 11 件，泥质灰岩 5 件，安山玢岩 3 件，流纹岩 1 件；片状毛坯 36 件，块状毛坯 3 件。长 32~100 毫米，平均长 62.4 毫米；宽 25~100 毫米，平均宽 49.8 毫米；厚 10~29 毫米，平均厚 20.2 毫米；重 6.3~262.2 克，平均重 76.8 克。

T3②：378，原料为灰绿色石英砂岩。呈三角形，片状毛坯。近端复向加工形成一尖刃，尖刃角 56.8°；远端正向加工为主，单层疤痕连续，大小不一。背面保留部分砾石面；劈裂面放射线清晰。长 49、宽 43、厚 10 毫米，重 19.2 克（图二一，1；彩版一四，1）。

T3②：178，原料为浅紫色流纹岩。片状毛坯。复向修理。两边近乎平行，布满细密层叠的疤痕，刃长分别为 33、67 毫米，刃角分别为 62.8°、77.5°；远端也经修理，与右侧刃组成一尖，边刃长 32 毫米，边刃角 77.2°，尖刃角 63.3°。背面为一 "Y" 字形脊，左侧保留砾石面；劈裂面打击点集中，半锥体突出。是遗址出土的加工较细致的精品。长 71、宽 36、厚 24 毫米，重 56.8 克（图二一，2；彩版一四，2）。

T3②：394，原料为灰色细碧岩。片状毛坯。远端和右侧复向加工，形成直刃，组成一尖刃，尖刃角为 100.2°，刃长分别为 42、57 毫米，边刃角分别为 71.2°、61.7°，疤痕连续，大小不一。背面为砾石面和解理面；劈裂面放射线清晰。长 73、宽 53、厚 27 毫米，重 122.4 克（彩版一四，3）。

**直凸刃**　7 件。其中细碧岩 5 件，石英砂岩、纯灰岩各 1 件；均为片状毛坯。长 53~89 毫米，平均长 71.9 毫米；宽 35~65 毫米，平均宽 50.4 毫米；厚 16~30 毫米，平均厚 21.9 毫米；重 34.6~102.2 克，平均重 78.9 克。

T3②：31，原料为细碧岩。复向加工。左侧直刃与右侧凸刃相交于石片远端，组成一尖刃，两侧刃长分别为 70、94 毫米，刃角分别为 71.8°、61.8°，疤痕连续，大小不一；尖刃有使用产

表一一 T3 第 2 层尖刃器（99 件，149 个尖刃）统计表

| 原料类别 | | 安山玢岩 | 纯灰岩 | 流纹岩 | 泥质灰岩 | 石英砂岩 | 细碧岩 |
|---|---|---|---|---|---|---|---|
| | 数量 | 3 | 1 | 1 | 9 | 22 | 63 |
| | 百分比（%） | 3.03 | 1.01 | 1.01 | 9.09 | 22.22 | 63.64 |
| 形态 | | | 宽厚型 | | 宽薄型 | 窄薄型 | 窄厚型 |
| | 数量 | | 2 | | 72 | 16 | 9 |
| | 百分比（%） | | 2.02 | | 72.73 | 16.16 | 9.09 |
| 毛坯 | | | | 片状 | | 块状 | |
| | 数量 | | | 89 | | 10 | |
| | 百分比（%） | | | 89.9 | | 10.1 | |
| 修理方法 | | | | 锤击 | | | |
| | 数量 | | | 99 | | | |
| | 百分比（%） | | | 100 | | | |
| 加工方向 | | | 正向 | 反向 | | 错向 | 复向 |
| | 数量 | | 12 | 3 | | 3 | 81 |
| | 百分比（%） | | 12.12 | 3.03 | | 3.03 | 81.82 |
| 刃部形态 | | | 单尖 | | 双尖 | | 多尖 |
| | 数量 | | 64 | | 25 | | 10 |
| | 百分比（%） | | 64.65 | | 25.25 | | 10.10 |
| 加工后刃角 | | | < 80° | | 80°~100° | | ≥ 100° |
| | 数量 | | 26 | | 54 | | 69 |
| | 百分比（%） | | 17.45 | | 36.24 | | 46.31 |

生的细小疤痕，尖刃角为 60.7°。背面为砾石面；劈裂面有一较大锥疤，可见放射线。长 76、宽 61、厚 16 毫米，重 91 克（图二一，3；彩版一四，4）。

双凸刃 9 件。其中石英砂岩 4 件，细碧岩 3 件，泥质灰岩 2 件；均为片状毛坯。长 47~128 毫米，平均长 74.9 毫米；宽 20~115 毫米，平均宽 54.9 毫米；厚 11~31 毫米，平均厚 19.2 毫米；重 18~334 克，平均重 117.4 克。

T3 ②：25，原料为灰色细碧岩。周边均经复向加工，两侧成凸刃，在近端组成一尖刃，两侧刃分别长 75、72 毫米，刃角为 84°、75.3°，尖刃角 97.5°，疤痕连续，大小深浅不一。远端保留部分砾石面；劈裂面略微弧起。长 71、宽 73、厚 23 毫米，重 106.7 克（图二一，4；彩版一四，5）。

直凹刃 6 件。其中细碧岩 5 件，泥质灰岩 1 件；块状毛坯 1 件，其余均为片状毛坯。长

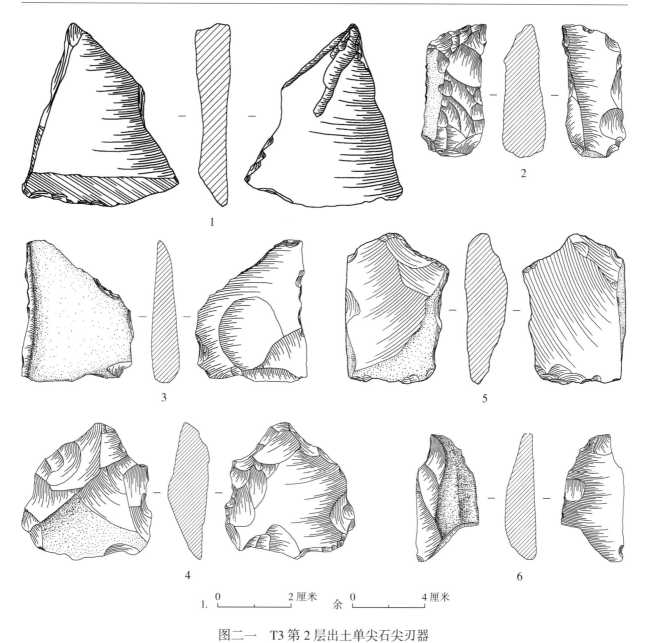

图二一　T3 第 2 层出土单尖石尖刃器

1. T3 ②：378　2. T3 ②：178　3. T3 ②：31　4. T3 ②：25　5. T3 ②：139　6. T3 ②：320

43~80 毫米，平均长 59.2 毫米；宽 33~57 毫米，平均宽 42 毫米；厚 14~31 毫米，平均厚 21.5 毫米；重 31.4~139.3 克，平均重 72.15 克。

　　T3 ②：139，原料为灰色细碧岩。近矩形。石片远端正向加工成一直刃，与一侧复向加工而成的凹刃相交，组成一尖刃，尖刃角为 103.9°。背面保留少量砾石面；自然台面，半锥体突出。长 80、宽 57、厚 24 毫米，重 139.3 克（图二一，5；彩版一四，6）。

　　凹凸刃　3 件。原料均为细碧岩；其中片状毛坯 2 件，块状毛坯 1 件。长 48~68 毫米，平均长 59.3 毫米；宽 35~70 毫米，平均宽 49 毫米；厚 17~29 毫米，平均厚 22 毫米；重 34~92 克，平均重 55.3 克。

T3②：320，原料为灰色细碧岩。复向加工。左侧凹刃与右侧凸刃于石片远端组成一喙嘴形尖刃，疤痕较大，浅平，尖刃角为 91°。尖刃相对端有一弧形凹缺，便于手握。背面有一脊，右侧为砾石面；劈裂面微向内凹。长 68、宽 35、厚 17 毫米，重 34 克（图二一，6；彩版一五，1）。

双尖　25 件。根据组成尖刃的刃缘形态可分为直直 / 直直刃、直凸 / 直凸刃、凸凸 / 凸凸刃、直直 / 直凹刃及直凹 / 直凹刃双尖。

直直 / 直直刃　17 件。其中细碧岩 13 件，石英砂岩 3 件，泥质灰岩 1 件；片状毛坯 13 件，块状毛坯 4 件。长 30~96 毫米，平均长 62.8 毫米；宽 24~73 毫米，平均宽 45.2 毫米；厚 9~35 毫米，平均厚 21.4 毫米；重 9.2~131.2 克，平均重 68.5 克。

T3②：18，原料为灰色细碧岩。复向加工。两边近乎平行，刃长分别为 41、54 毫米，刃角分别为 84.8°、70.3°。远端两直刃组成一尖刃，尖刃角为 112.8°，远端左侧形成一角尖，尖刃角

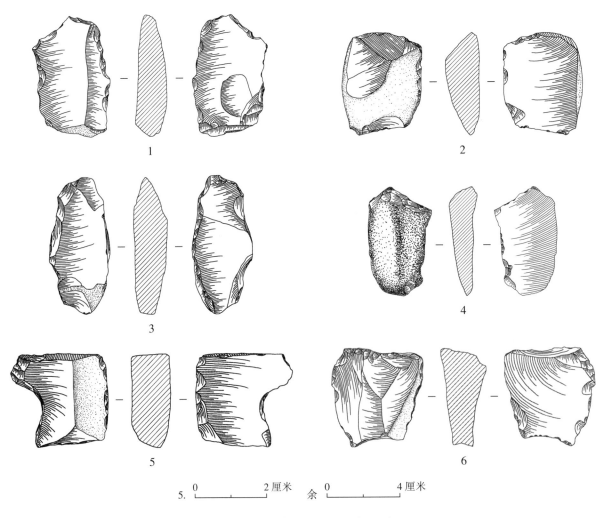

图二二　T3 第 2 层出土石尖刃器

1~5. 双尖尖刃器（T3②：18、T3②：202、T3②：338、T3②：47、T3②：241）　6. 多尖尖刃器（T3②：23）

为 111.8°。三边均经修理，疤痕层叠，排列紧密。背面有一纵脊；劈裂面打击点集中，半锥体突出，有一锥疤。长 65、宽 42、厚 18 毫米，重 56.7 克（图二二，1；彩版一五，2）。

直凸 / 直凸刃　4 件。其中细碧岩 3 件，石英砂岩 1 件；均为片状毛坯。长 51~78 毫米，平均长 63.8 毫米；宽 31~59 毫米，平均宽 43.8 毫米；厚 17~27 毫米，平均厚 20.5 毫米；重 20.4~117 克，平均重 62.9 克。

T3②：202，原料为灰色细碧岩。近方形，片状毛坯。近端、远端及右侧复向加工，刃长分别为 21、32、40 毫米，刃角分别为 67.5°、56.3°、55°，三刃相交组成两角尖，尖刃角分别为 100.3°、114.8°。背面保留大量砾石面，劈裂面打击点集中，半锥体突出。长 54、宽 43、厚 19 毫米，重 62.8 克（图二二，2；彩版一五，3）。

凸凸 / 凸凸刃　1 件。

T3②：338，原料为灰色细碧岩。片状毛坯。呈柳叶形，两边复向加工成凸刃，在两端相交成尖刃，尖刃角分别为 96.1°、97.2°，左侧疤痕较大，右侧疤痕细密。保留少量砾石面；劈裂面弧起。长 73、宽 34、厚 19 毫米，重 55.2 克（图二二，3；彩版一五，4）。

直直 / 直凹刃　2 件。细碧岩、石英砂岩各 1 件；均为片状毛坯。

T3②：47，原料为灰色石英砂岩。以长石片为毛坯。近端经细致正向修理，疤痕连续，层叠。与右侧直刃组成一尖刃，刃角为 97°；远端右侧错向加工成一尖刃，尖刃角为 108°。背面为砾石面；劈裂面平坦。长 116、宽 69、厚 31 毫米，重 235.3 克（图二二，4；彩版一五，5）。

直凹 / 直凹刃　1 件。

T3②：241，原料为灰色细碧岩。以石片中段为毛坯。周边复向加工。左侧为凹刃，与上下两端形成两尖，尖刃角分别为 112.1°、78.8°；右侧为直刃，刃长 22 毫米，刃角为 51.3°。背面有一纵脊，右侧为砾石面。长 25、宽 27、厚 11 毫米，重 8.3 克（图二二，5）。

多尖　10 件。其中细碧岩 9 件，石英砂岩 1 件；片状毛坯 9 件，块状毛坯 1 件。长 23~101 毫米，平均长 48 毫米；宽 21~80 毫米，平均宽 43.7 毫米；厚 6~29 毫米，平均厚 17.5 毫米；重 3.8~246.5 克，平均重 55 克。

T3②：23，原料为灰色石英砂岩。截面近梯形，片状毛坯。周边经复向加工，远端和左右两刃组成两尖角，尖刃角分别为 92.3°、90.8°，刃长分别为 28、54、42 毫米，刃角为 79.1°、66.2°、59.3°；背面有一突出纵脊，利用此脊在石片近端形成一尖刃，尖刃角为 103.7°。疤痕连续细密。背面保留部分砾石面；劈裂面微向外凸，放射线清晰。长 53、宽 50、厚 25 毫米，重 59.4 克（图二二，6；彩版一五，6）。

**雕刻器**　7 件。其中细碧岩 5 件，石英砂岩、泥质灰岩各 1 件；均为片状毛坯。长 30~74 毫米，平均长 54.7 毫米；宽 22~80 毫米，平均宽 38.6 毫米；厚 10~25 毫米，平均厚 17.4 毫米；重 8~167.8 克，平均重 47.9 克。

T3②：309，原料为浅紫色石英砂岩。一端复向加工，右侧由背面斜向打下一块石片，形成尖刃，尖刃角为84.2°；另一端正向加工，形成一尖，尖刃角为108.3°。疤痕浅平，排列紧密。背面为砾石面。长 69、宽 28、厚 18 毫米，重 33 克（图二三，1；彩版一六，1）。

T3②：332，原料为灰色细碧岩。柳叶形。近端由劈裂面斜向打下一石片，与左侧复向加工形成的凸刃组成一尖刃，尖刃角85.1°，疤痕连续，大小不一。背面平坦，劈裂面半锥体突出。长 52、宽 31、厚 10 毫米，重 19.2 克（图二三，2；彩版一六，2）。

**钻器**　11 件。其中细碧岩 8 件，泥质灰岩 2 件，石英砂岩 1 件；均为片状毛坯。长 26~85 毫米，

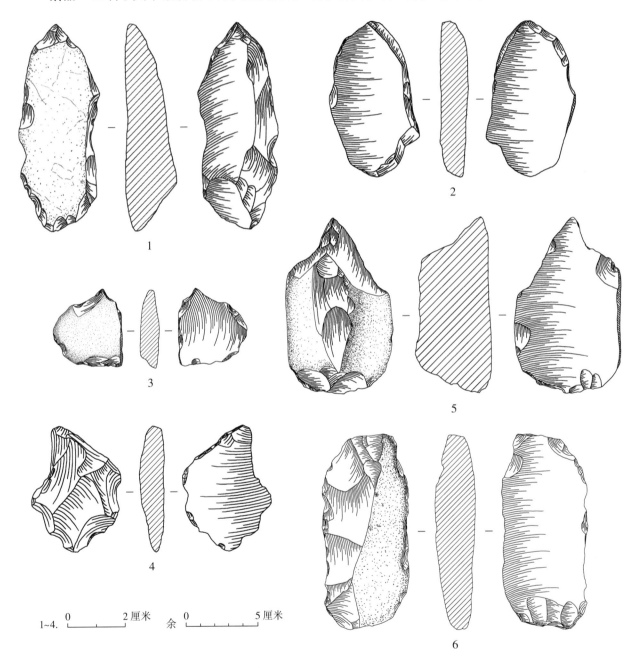

图二三　T3 第 2 层出土石器

1、2. 雕刻器（T3②：309、T3②：332）　3、4. 钻器（T3②：168、T3②：236）　5. 手镐（T3②：249）　6. 铲形器（T3②：49）

平均长 49.2 毫米；宽 24~74 毫米，平均宽 36.6 毫米；厚 7~28 毫米，平均厚 17.4 毫米；重 5.8~151.7 克，平均重 39.5 克。

T3②：168，原料为灰白色细碧岩。周边复向加工，顶端形成一尖，尖刃角为 66.9°，疤痕连续，层叠细密。背面为砾石面。长 26、宽 24、厚 7 毫米，重 5.8 克（图二三，3；彩版一六，3）。

T3②：236，原料为灰白色细碧岩。正向加工为主，周边均经加工。一端形成一尖刃，刃角为 94.6°；另一端薄锐，呈锯齿形，刃长为 54 毫米，刃角为 40.4°。背面布满疤痕，劈裂面较平坦。长 42、宽 31、厚 9 毫米，重 11.6 克（图二三，4；彩版一六，4）。

**手镐**　1件。

T3②：249，原料为黄绿色石英砂岩。截面呈三角形。以大石片为毛坯，正向加工，在石片远端形成三棱锥状的尖刃，尖刃角 77.8°。手握处经修理。背面保留大量砾石面，中间有一纵脊；劈裂面向中间隆起。长 117、宽 74、厚 52 毫米，重 446.6 克（图二三，5；彩版一六，5）。

**铲形器**　7件。其中细碧岩 5件，石英砂岩 2件；均以长石片或石叶为毛坯。长 88~130 毫米，平均长 101.3 毫米；宽 47~60 毫米，平均宽 52.9 毫米；厚 20~34 毫米，平均厚 25.4 毫米；重 111.4~249.9 克，平均重 173.6 克。

T3②：49，原料为灰色细碧岩。以长石叶为毛坯复向加工。两侧刃近平行，远端残。刃长分别为 121、123 毫米，刃角分别为 60.3°、55.2°。背面有一纵脊，右侧为砾石面；劈裂面较平坦，有较深锥疤。长 130、宽 60、厚 28 毫米，重 249.9 克（图二三，6；彩版一六，6）。

**5. 文化特征**

1）T3 第 2 层共出土石器 430 件。其中包括石核、石片、断块、一类工具、二类工具（砍砸器、刮削器）、三类工具（砍砸器、刮削器、尖刃器、雕刻器、钻器、铲形器及手镐）。以三类工具为主，其中刮削器占石器总数的 44.7%，尖刃器占 23.0%。石片数量少，仅 4 件，占石器总数 0.93%；均为小型。

2）原料较为单纯，以细碧岩为主，占 54.7%；石英砂岩占 20.7%；泥质灰岩占 16%；安山玢岩占 6.7%，有少量的纯灰岩及流纹岩。

3）石器以中型为主，有 283 件，占 65.81%；其次为小型，有 115 件，占 26.75%；少量大型，不见微型、巨型。石器重量多集中于 100~1000 克，占 36%；50~100 克及 20~50 克所占比例相当，分别占 25%、24%；小于 20 克数量最少，占 15%。

4）石核共有 10 件，包括石叶石核和石片石核。出现了典型的盘状石核。具有修理台面的技术。从台面角不大来看，石核还可以继续剥片。

5）三类工具砍砸器共 30 件，占本层石器总数的 6.98%。原料以细碧岩为主，其次为石英砂岩，分别占 53.33% 及 20%。从形态的定量分析上看，以宽薄型为主，占到了 80%，其次为窄薄型。加工后刃角多为中等，占到 50%，陡刃也占到一定比重，达 33.33%（见表九）。

6）刮削器为本层石器的主体，共 192 件。可分为单直刃、单凸刃、单凹刃、双直刃、直凸刃、双凸刃、凹凸刃和复刃。原料以细碧岩为主，泥质灰岩和石英砂岩比例相当。形态上以宽薄型为主，宽厚型、窄薄型比例相当，不到10%。加工后刃角中等占一半以上，其次为陡刃，占27.17%，少量斜刃，直刃最少（见表一〇）。

7）尖刃器共99件，以细碧岩为原料的占63.64%，其次为石英砂岩。形态上宽薄型为主，占72.73%，窄薄型占16.16%。加工后刃角以大于100°为主，占46.31%，其次为80~100°，占36.24%（见表一一）。

8）二类工具包括砍砸器和刮削器两类，刮削器数量较多，占本层石器总数的3.95%，可分为单直刃、单凸刃和双刃。毛坯以片状毛坯为主。

9）石器特征表明，剥片技术为锤击法，未发现明显的其他剥片技术。工具修理均为锤击法。加工方式以复向加工为主。兼有正向、反向及错向加工。三类工具以片状毛坯为主。工具有少量二次利用现象。

## （三）第3层

本层发现石器175件，包括石核、石片、断块和工具。原料以细碧岩和石英砂岩为主，分别占47.4%、28.6%；泥质灰岩占13.1%；有少量的安山玢岩、正长岩、石英、流纹岩和玛瑙。

T3第3层石器从总体来看，中型占绝对优势，有110件，占62.86%；其次为小型，占28%；大型占6.85%；微型和巨型极少。从分类统计来看，石核均为中型；石片以小型为主，少量中型；一类工具有中型和大型两种；二类工具小型比例比中型稍重；三类工具中型占近一半，小型占16%，少量大型，极个别巨型（表一二）。

从石器重量统计来看，50~100克和100~1000克的所占比重相当，均为28%，其次为20~50克，占24%，小于20克的也占有19%，大于1000克的数量少（图二四）。

### 表一二　T3第3层石器大小统计表

| 尺寸大小<br>石器类型 | < 20 毫米 | | 20~50 毫米 | | 50~100 毫米 | | 100~200 毫米 | | ≥ 200 毫米 | |
|---|---|---|---|---|---|---|---|---|---|---|
| | 数量 | 百分比（%） | 数量 | 百分比（%） | 数量 | 百分比（%） | 数量 | 百分比（%） | 数量 | 百分比（%） |
| 石核 | | | | | 2 | 1.14 | | | | |
| 石片 | | | 8 | 4.57 | 1 | 0.57 | | | | |
| 断块 | 3 | 1.72 | 7 | 4.00 | 12 | 6.86 | | | | |
| 一类工具 | | | | | 4 | 2.29 | 2 | 1.14 | | |
| 二类工具 | | | 6 | 3.43 | 4 | 2.29 | | | | |
| 三类工具 | | | 28 | 16.00 | 87 | 49.71 | 10 | 5.71 | 1 | 0.57 |
| 总计 | 3 | 1.72 | 49 | 28.00 | 110 | 62.86 | 12 | 6.85 | 1 | 0.57 |

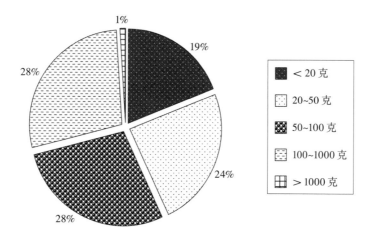

图二四　T3 第 3 层出土石器重量百分比示意图

### 1. 石核

2 件。细碧岩及玛瑙各 1 件。

T3 ③：142，原料为灰色细碧岩。单台面石片石核。由四周向中央锤击剥片，有 4 个较大剥片，均被远端折断的小而深的剥片叠压；以此工作面为台面向另一面剥片，有 5 次较大剥片，一较完整剥片疤长 55、宽 39 毫米，台面角为 77.8°。长 95、宽 68、厚 62 毫米，重 372.9 克（图二五，1；彩版一七，1）。

### 2. 石片

9 件。分为完整石片和断片。其中细碧岩 4 件，石英砂岩及泥质灰岩各 2 件，石英 1 件。长 15~55 毫米，平均长 34.1 毫米；宽 12~48 毫米，平均宽 27.7 毫米；厚 4~17 毫米，平均厚 10.4 毫米；重 1.8~42.4 克，平均重 16.9 克。

### 3. 断块

22 件。其中石英砂岩 9 件，细碧岩 7 件，泥质灰岩 3 件，石英 2 件，流纹岩 1 件。长 14~96 毫米，平均长 50.2 毫米；宽 10~79 毫米，平均宽 44 毫米；厚 6~48 毫米，平均厚 21.5 毫米；重 0.8~251.4 克，平均重 91.7 克。

### 4. 工具

142 件。可分为一、二、三类工具。

（1）一类工具

**石锤**　6 件。原料均为石英砂岩。长 63~152 毫米，平均长 99.8 毫米；宽 43~92 毫米，平均宽 65.3 毫米；厚 21~65 毫米，平均厚 43.7 毫米；重 77~1315.2 克，平均重 501.2 克。

T3 ③：108，原料为灰白色石英砂岩。横截面近矩形。单端石锤，一端坑疤散漫；另一端破损面呈立壁状；较平一面也有分散、较浅的坑疤。推测也做石砧使用。长 152、宽 92、厚 65 毫米，重 1315.2 克（图二五，2；彩版一七，2）。

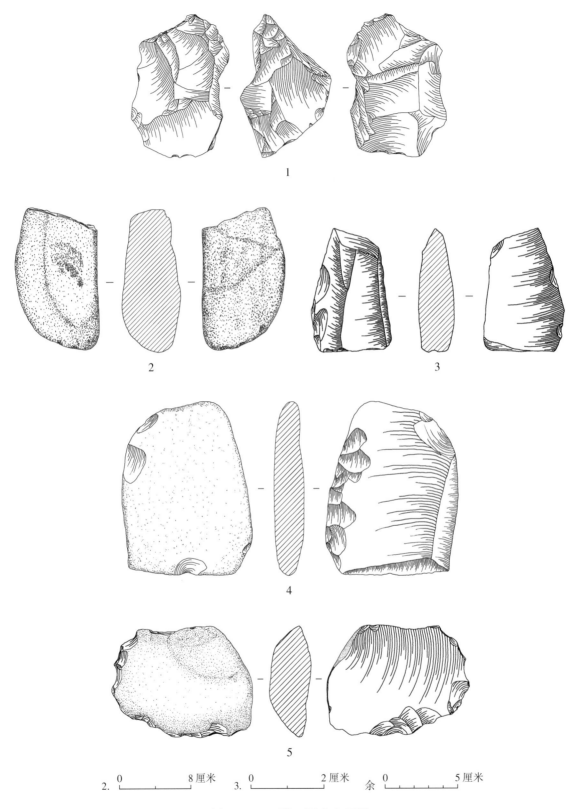

图二五　T3 第 3 层出土石器

1. 石核（T3③:142）　2. 石锤（T3③:108）　3. 刮削器（T3③:228）　4. 直刃砍砸器（T3③:156）
5. 凸刃砍砸器（T3③:117）

（2）二类工具

10件。均为刮削器。其中细碧岩8件，石英砂岩、泥质灰岩各1件；片状毛坯9件，块状毛坯1件。长24~67毫米，平均长43.9毫米；宽12~88毫米，平均宽36.5毫米；厚5~27毫米，平均厚15.2毫米；重1.4~95克，平均重34.5克。

T3③：228，原料为黄绿色细碧岩。以石片中段为毛坯。截面近梯形。左侧边缘疤痕大小不一、不连续，为使用刃缘，刃长36毫米，刃角为61.8°。长33、宽22、厚10毫米，重9克（图二五，3；彩版一七，3）。

（3）三类工具

126件。可分为砍砸器、刮削器、尖刃器、雕刻器及钻器五类。

**砍砸器**　13件。可分为直刃和凸刃两种。

直刃　3件。原料均为石英砂岩；均为片状毛坯。长78~116毫米，平均长91.7毫米；宽83~91毫米，平均宽87毫米；厚22~35毫米，平均厚28.7毫米；重249.8~377克，平均重294.2克。

T3③：156，原料为黄色石英砂岩。石片近端截断，形成一斜刃，长75毫米，刃角为66.2°，有使用造成的疤痕，刃缘中部形成较大崩疤。左侧反向加工形成连续的层叠疤痕，右侧刃缘相对一端两面稍加修理，疤痕大而深。背面保留砾石面。表面附着一层白色的钙质沉积物。长116、宽91、厚22毫米，重377克（图二五，4；彩版一七，4）。

凸刃　10件。其中石英砂岩3件，泥质灰岩3件，细碧岩2件，安山玢岩、流纹岩各1件。长45~224毫米，平均长92.9毫米；宽31~155毫米，平均宽86.7毫米；厚16~36毫米，平均厚28.7毫米；重34.8~1261.2克，平均重314.5克。

T3③：117，原料为灰色泥质灰岩。近矩形。在石片较薄锐一侧两面加工，形成疤痕连续而大小不一的凸刃。长85毫米，刃角为69.2°。另一侧及近端均较厚，便于把握。石片远端及手握处稍加修理。背面为砾石面；劈裂面打击点集中，半锥体突出。长74、宽98、厚30毫米，重286.4克（图二五，5；彩版一七，5）。

**刮削器**　55件。根据刃缘数量可分为单刃、双刃及复刃三种（表一三）。

单刃　41件。根据刃口形状，分直刃、凸刃及凹刃。

直刃　17件。其中石英砂岩、细碧岩各5件，泥质灰岩4件，安山玢岩3件；片状毛坯13件，块状毛坯4件。长30~75毫米，平均长52.2毫米；宽29~58毫米，平均宽40.8毫米；厚11~26毫米，平均厚19.94毫米；重8.4~121.6克，平均重53.7克。

T3③：226，原料为灰绿色安山玢岩。片状毛坯。一端经反向修理，疤痕连续，紧密细小。形成一直刃，刃长29毫米，刃角为54.7°。背面为弧起的砾石面；劈裂面较平坦。长30、宽32、厚12毫米，重19.8克（图二六，1）。

凸刃　21件。其中细碧岩10件，石英砂岩7件，泥质灰岩、安山玢岩各2件；片状毛坯18件，块状毛坯3件。长39~89毫米，平均长62.4毫米；宽20~75毫米，平均宽47.7毫米；厚10~49毫米，

表一三　T3 第 3 层刮削器（55 件，66 个刃部）统计表

| 原料类别 | | 安山玢岩 | 正长岩 | 泥质灰岩 | 石英砂岩 | 细碧岩 |
|---|---|---|---|---|---|---|
| | 数量 | 6 | 1 | 7 | 13 | 28 |
| | 百分比（%） | 10.91 | 1.82 | 12.73 | 23.63 | 50.91 |

| 形态 | | 宽厚型 | 宽薄型 | 窄薄型 | 窄厚型 |
|---|---|---|---|---|---|
| | 数量 | 3 | 38 | 10 | 4 |
| | 百分比（%） | 5.46 | 69.09 | 18.18 | 7.27 |

| 毛坯 | | 片状 | 块状 |
|---|---|---|---|
| | 数量 | 46 | 9 |
| | 百分比（%） | 83.64 | 16.36 |

| 修理方法 | | 锤击 |
|---|---|---|
| | 数量 | 55 |
| | 百分比（%） | 100 |

| 加工方向 | | 正向 | 反向 | 复向 |
|---|---|---|---|---|
| | 数量 | 12 | 5 | 38 |
| | 百分比（%） | 21.82 | 9.09 | 69.09 |

| 刃部形态 | | 单直刃 | 单凸刃 | 单凹刃 | 双直刃 | 直凸刃 | 双凸刃 | 复刃 |
|---|---|---|---|---|---|---|---|---|
| | 数量 | 17 | 21 | 3 | 4 | 7 | 1 | 2 |
| | 百分比（%） | 30.91 | 38.18 | 5.45 | 7.27 | 12.73 | 1.82 | 3.64 |

| 加工后刃角 | | 直 | 陡 | 中等 | 斜 |
|---|---|---|---|---|---|
| | 数量 | 3 | 30 | 32 | 1 |
| | 百分比（%） | 4.55 | 45.45 | 48.48 | 1.52 |

平均厚 23.7 毫米；重 10.6~163.3 克，平均重 77.9 克。

T3③：126，原料为灰色细碧岩。以左侧断片为毛坯。正向加工，左侧形成一长 52 毫米、刃角为 50.5° 的凸刃。疤痕细密连续。石片远端及手握处正向修理。背面保留部分砾石面；劈裂面放射线清晰。长 76、宽 39、厚 20 毫米，重 65.2 克（图二六，2；彩版一七，6）。

T3③：148，原料为灰色细碧岩。片状毛坯，近扇形。远端正向加工，疤痕层叠，形成一凸刃，刃长 61 毫米，刃角为 87.2°。两侧也经修整。右侧保留部分砾石面；劈裂面半锥体突出，可见放射线。为端刃刮削器。长 76、宽 64、厚 32 毫米，重 151.6 克（图二六，3；彩版一八，1）。

凹刃　3 件。其中细碧岩 2 件，石英砂岩 1 件；均为片状毛坯。长 35~58 毫米，平均长 45.3 毫米；宽 19~50 毫米，平均宽 35.3 毫米；厚 13~15 毫米，平均厚 14.3 毫米；重 10.4~51.8 克，平均重 31.5 克。

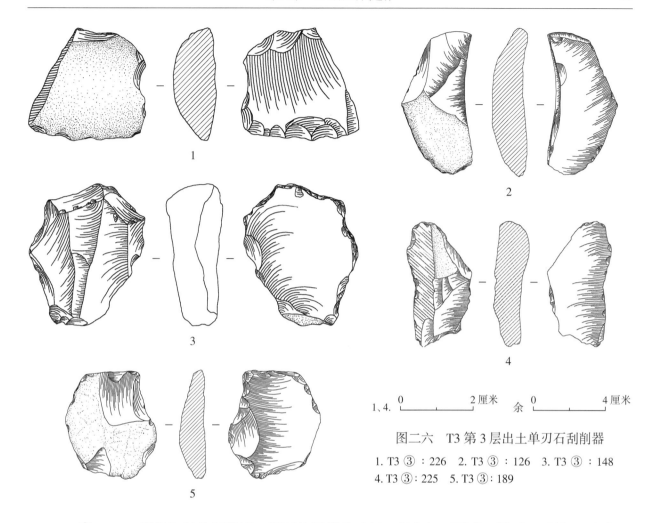

图二六　T3 第 3 层出土单刃石刮削器

1. T3 ③：226　2. T3 ③：126　3. T3 ③：148
4. T3 ③：225　5. T3 ③：189

T3 ③：225，原料为灰色细碧岩。以石片远端为毛坯。复向加工形成一凹刃，刃长 12 毫米，刃角为 74°。疤痕连续，大小不一。另一侧及近端经修理，形成一角尖，尖刃角为 82.5°。背面保留砾石面和解理面；劈裂面可见同心波。长 35、宽 19、厚 10.5 毫米，重 10.4 克（图二六，4；彩版一八，2）。

T3 ③：189，原料为灰色细碧岩。片状毛坯。近端右侧背面有两次较大剥片，反向加工在劈裂面形成连续的大小不一的单层疤痕，组成凹刃，刃长 28 毫米，刃角为 63.7°。表面附着白色钙质沉积物，有一定程度的风化，边缘钝。长 58、宽 50、厚 15 毫米，重 51.8 克（图二六，5）。

**双刃**　12 件，根据刃口形状，分双直刃、直凸刃和双凸刃。

**双直刃**　4 件。其中细碧岩 3 件，正长岩 1 件；均为片状毛坯。长 27~93 毫米，平均长 51.8 毫米；宽 14~64 毫米，平均宽 41 毫米；厚 8~27 毫米，平均厚 16.5 毫米；重 4.4~176.5 克，平均重 57.3 克。

T3 ③：174，原料为灰色细碧岩。近梯形，截面为平行四边形。以石片中段为毛坯。复向加工，在两侧形成直刃，刃长分别为 31、24 毫米，刃角为 74.3°、61°。疤痕细密连续。长 39、宽 26、厚 13 毫米，重 23.8 克（图二七，1）。

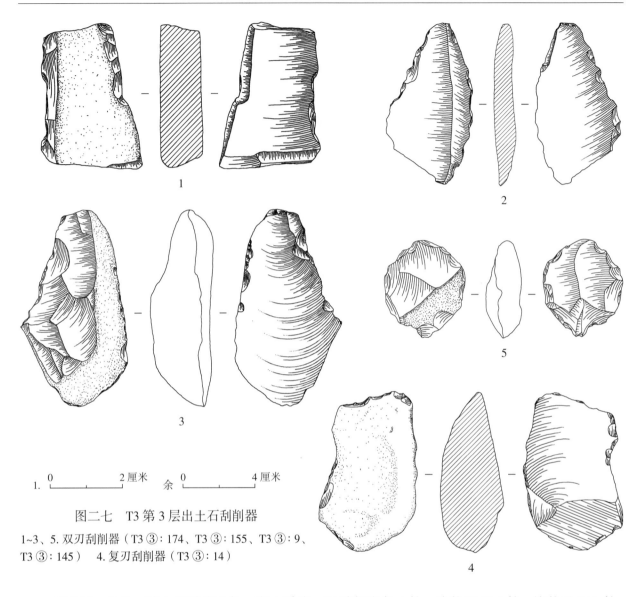

1. |————0————2厘米————|　余　|————0————4厘米————|

图二七　T3 第 3 层出土石刮削器

1~3、5. 双刃刮削器（T3 ③：174、T3 ③：155、T3 ③：9、
T3 ③：145）　4. 复刃刮削器（T3 ③：14）

　　直凸刃　7 件。其中细碧岩 5 件，安山玢岩、泥质灰岩各 1 件；片状毛坯 6 件，块状毛坯 1 件。
长 34~105 毫米，平均长 62 毫米；宽 36~61 毫米，平均宽 47.6 毫米；厚 12~34 毫米，平均厚 20.4
毫米；重 20.8~200 克，平均重 69.1 克。

　　T3 ③：155，原料为灰色细碧岩。近三角形。以左侧断片为毛坯。左侧复向加工形成一直刃，
刃长 62 毫米，刃角为 34.8°，疤痕连续，大小不一；右侧正向加工形成一凸刃，刃长 68 毫米，刃
角为 57.2°，疤痕细密连续。背面有一突脊，横截面为三角形。长 86、宽 47、厚 12 毫米，重 64 克（图
二七，2；彩版一八，3）。

　　T3 ③：9，原料为灰色细碧岩。左侧正向加工为主，三层修疤，形成一直刃，刃长 61 毫米，
刃角为 59°；右侧复向加工形成一凸刃，刃长 89 毫米，刃角为 70.7°，疤痕连续、层叠。背面保
留部分砾石面；劈裂面打击点集中，半锥体突出，可见放射线。长 105、宽 61、厚 34 毫米，重
200 克（图二七，3；彩版一八，4）。

双凸刃　1 件。

T3 ③：145，原料为细碧岩。块状毛坯。复向加工。左侧刃长 68 毫米，刃角为 60.3°，右侧刃长 61 毫米，刃角为 65.5°，疤痕连续，大小深浅不一，刃缘曲折。右侧保留部分砾石面。标本形似双半月形刮削器。长 52、宽 44、厚 20 毫米，重 44.1 克（图二七，5；彩版一八，5）。

复刃　2 件。原料均为细碧岩；均为片状毛坯。

T3 ③：14，薄锐处均复向加工成刃。两端为直刃，刃长分别为 40、23 毫米，刃角分别为 68.8°、61.9°；左侧为一凹刃，刃长 42 毫米，刃角为 62°。疤痕小而连续。近端较厚。背面为砾石面；劈裂面可见放射线。长 84、宽 55、厚 35 毫米，重 164.2 克（图二七，4；彩版一八，6）。

尖刃器　46 件。根据尖刃数量，分单尖、双尖及多尖（表一四）。

### 表一四　T3 第 3 层尖刃器（46 件，77 个尖刃）统计表

| 原料类别 | | 安山玢岩 | 正长岩 | 泥质灰岩 | 石英砂岩 | 细碧岩 |
|---|---|---|---|---|---|---|
| | 数量 | 3 | 2 | 6 | 11 | 24 |
| | 百分比（%） | 6.52 | 4.35 | 13.04 | 23.91 | 52.18 |
| 形态 | | 宽厚型 | | 宽薄型 | 窄薄型 | 窄厚型 |
| | 数量 | 3 | | 32 | 7 | 4 |
| | 百分比（%） | 6.52 | | 69.56 | 15.22 | 8.70 |
| 毛坯 | | 片状 | | | 块状 | |
| | 数量 | 42 | | | 4 | |
| | 百分比（%） | 91.30 | | | 8.70 | |
| 修理方法 | | 锤击 | | | | |
| | 数量 | 46 | | | | |
| | 百分比（%） | 100 | | | | |
| 加工方向 | | 正向 | 反向 | 错向 | 转向 | 复向 |
| | 数量 | 4 | 2 | 4 | 2 | 34 |
| | 百分比（%） | 8.70 | 4.35 | 8.70 | 4.35 | 73.90 |
| 刃部形态 | | 单尖 | | 双尖 | | 多尖 |
| | 数量 | 27 | | 11 | | 8 |
| | 百分比（%） | 58.70 | | 23.91 | | 17.39 |
| 加工后刃角 | | < 80° | | 80~100° | | ≥ 100° |
| | 数量 | 20 | | 9 | | 48 |
| | 百分比（%） | 25.97 | | 11.69 | | 62.34 |

单尖　27件。根据组成尖刃的刃缘形态，分双直刃、双凸刃、直凸刃、直凹刃、凹凸刃。

双直刃　16件。其中细碧岩8件，石英砂岩4件，泥质灰岩3件，安山玢岩1件；片状毛坯12件，块状毛坯4件。长17~113毫米，平均长57.6毫米；宽25~79毫米，平均宽47.1毫米；厚8~48毫米，平均厚23.1毫米；重4.4~258.9克，平均重82.3克。

T3③：130，原料为石英砂岩。片状毛坯。远端正向加工，形成一尖刃，尖刃角113.5°。右侧薄锐。刃长67毫米，刃角为50.2°。背面为砾石面；劈裂面放射线清晰。长91、宽73、厚29毫米，重189.8克（图二八，1；彩版一九，1）。

T3③：119，原料为细碧岩。整体近三棱锥，块状毛坯。复向加工而成，疤痕连续，但不规则，大小深浅不一。尖刃角为71°，两侧直刃长分别为55、105毫米，刃角分别为54°、69.7°。保留部分砾石面。为二次利用形成。长113、宽50、厚48毫米，重258.9克（图二八，2；彩版一九，2）。

双凸刃　3件。石英砂岩2件，正长岩1件；均为片状毛坯。长66~92毫米，平均长80.7毫米；宽54~87毫米，平均宽67毫米；厚18~49毫米，平均厚32毫米；重104.9~291.1克，平均重169.1克。

T3③：136，原料为石英砂岩。呈心形。左侧凸刃疤痕较深、较大，层叠连续，刃长69毫米，刃角为57.5°；右侧疤痕较小，不连续，刃长74毫米，刃角为50.8°；两刃形成一尖，尖刃角为110.2°。背面隆起。长66、宽60、厚29毫米，重104.9克（图二八，3；彩版一九，3）。

直凸刃　2件。原料均为石英砂岩。

T3③：18，原料为石英砂岩。片状毛坯。复向加工。左侧为一凹刃，刃长52毫米，刃角为61.3°；右侧为凸刃，刃长108毫米，刃角为55.2°。两刃形成一尖角，因使用变钝，尖刃角为76.5°。背面有一纵脊，右侧保留砾石面；劈裂面打击点集中，可见同心波。长111、宽59、厚31毫米，重218.8克（图二八，4；彩版一九，4）。

直凹刃　3件。原料均为细碧岩；均为片状毛坯错向加工而成。长34~57毫米，平均长44.3毫米；宽28~54毫米，平均宽38毫米；厚17~25毫米，平均厚20.3毫米；重18.4~53克，平均重31.9克。

T3③：217，原料为细碧岩。近矩形，片状毛坯。右侧错向加工形成一尖刃，背面疤痕较大，腹面疤痕小，尖刃角为73.3°。保留部分砾石面。长42、宽28、厚17毫米，重53克（图二八，5；彩版一九，5）。

凹凸刃　3件。其中泥质灰岩、石英砂岩、正长岩各1件；均为片状毛坯。长69~113毫米，平均长84.7毫米；宽42~90毫米，平均宽60.3毫米；厚17~22毫米，平均厚19.3毫米；重56.6~176克，平均重111.8克。

T3③：124，原料为石英砂岩。以石叶为毛坯。左侧为凸刃，刃长102毫米，刃角为57.8°，疤痕细小，不连续，应为使用产生；右侧为凹刃，刃长104毫米，刃角为64°。背面有一纵脊，远端为一尖刃，刃角117°。左侧为砾石面。长113、宽42、厚22毫米，重102.8克（图二八，6；彩版二〇，1）。

T3③：131，原料为正长岩。片状毛坯。近梯形，左侧经简单的复向加工，形成一突出尖刃，

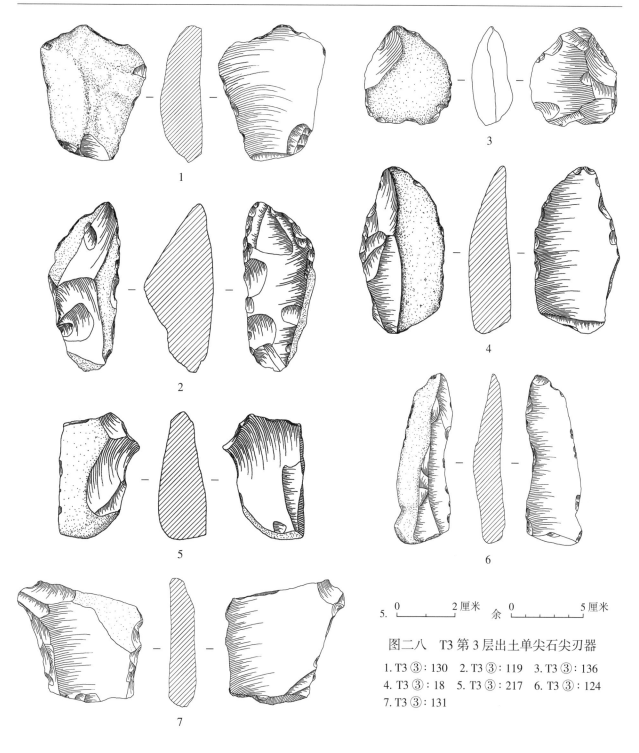

5. 0 — 2厘米　余 0 — 5厘米

图二八　T3 第 3 层出土单尖石尖刃器

1. T3 ③：130　2. T3 ③：119　3. T3 ③：136
4. T3 ③：18　5. T3 ③：217　6. T3 ③：124
7. T3 ③：131

形如喙嘴，尖刃角为 86.1°。两侧经修理，疤痕连续，排列紧密，保留少量砾石面。长 72、宽 90、厚 19 毫米，重 176 克（图二八，7；彩版二〇，2）。

双尖　11 件。根据组成尖刃的刃缘形态，分为直直 / 直直刃、直凸 / 直凸刃、直直 / 凸凸刃、凸凹 / 凸凸刃、直凹 / 直凹刃、凸凸 / 凸凸刃双尖。

直直 / 直直刃　4 件。其中安山玢岩及细碧岩各 2 件；均为片状毛坯。长 26~111 毫米，平均长 69.8 毫米；宽 19~73 毫米，平均宽 43.3 毫米；厚 9~35 毫米，平均厚 21.5 毫米；重 5.4~201.5 克，平均重 95.2 克。

T3③：16，原料为浅绿灰色安山玢岩。片状毛坯。呈三角形，三边均经复向加工，近端尖刃角为 70.3°，远端左侧尖刃角为 72.8°，右侧稍残。修理简单，疤痕多短宽层叠，大小不一。保留部分砾石面。长 85、宽 73、厚 26 毫米，重 146.3 克（图二九，1；彩版二○，3）。

T3③：235，原料为细碧岩。以中段断片为毛坯。周边正向加工，形成两角尖，尖刃角分别为 88.7°、104°。长 26、宽 20、厚 9 毫米，重 5.4 克（图二九，2；彩版二○，4）。

直凸 / 直凸刃　2 件。石英砂岩及细碧岩各 1 件；均为片状毛坯复向加工。长分别为 106、90 毫米，宽为 70、44 毫米，厚为 29、15 毫米，重为 233.7 克、80.2 克。

直直 / 凸凸刃　2 件。其中石英砂岩、细碧岩各 1 件；均为片状毛坯，以正向加工为主。长分别为 75、55 毫米，宽为 46、38 毫米，厚为 21、17 毫米，重为 84.9、46 克。

T3③：205，原料为灰色细碧岩。中间微隆，两侧呈弧形，接近对称。复向加工，疤痕不规整，在两端形成尖刃，刃角分别为 99.4°、170.8°。背面及左侧保留大量砾石面。长 55、宽 38、厚 17 毫米，重 46 克（图二九，3；彩版二○，5）。

T3③：127，原料为灰色石英砂岩。正向加工为主，两侧凸刃相交在石片远端形成一尖刃，尖刃角为 86.2°。疤痕连续而大小不一，层叠。近端稍加修整，形成角尖，尖刃角为 109°。背面为砾石面；劈裂面可见放射线。长 75、宽 46、厚 21 毫米，重 84.9 克（图二九，4；彩版二一，1）。

凸凹 / 凸凸刃　1 件。

T3③：112，原料为细碧岩。长 77、宽 46、厚 20 毫米，重 88.6 克。

直凹 / 直凹刃　1 件。

T3③：198，原料为细碧岩。长 65、宽 45、厚 20 毫米，重 42.6 克。

凸凸 / 凸凸刃　1 件。

T3③：121，原料为泥质灰岩。长 60、宽 59、厚 28 毫米，重 109.3 克。

多尖　8 件。其中细碧岩 7 件，泥质灰岩 1 件；均为片状毛坯。长 39~90 毫米，平均长 60.3 毫米；宽 29~67 毫米，平均宽 49 毫米；厚 10~30 毫米，平均厚 20.8 毫米；重 23.2~135 克，平均重 77.3 克。

T3③：19，原料为灰色细碧岩。复向加工，形成四尖，尖刃角分别为 114.1°、59.8°、58.4°、72.8°，两边接近对称。疤痕层叠，不规整，大小深浅不一。背面仅右侧保留少量砾石面；劈裂面放射线清晰。长 49、宽 60、厚 22 毫米，重 74.3 克（图二九，5；彩版二一，2）。

**雕刻器**　1 件。

T3③：146，原料为灰色细碧岩。片状毛坯。周边均经修理，近端左侧正向加工形成一凹刃；右侧复向加工成一直刃，刃长 54 毫米；石片近端由背面向右侧斜向打下一石片，形成尖刃，尖刃角为 75.8°。劈裂面打击点集中，半锥体突出，放射线清晰可见。长 69、宽 39、厚 19 毫米，重 32.9 克（图二九，6；彩版二一，3）。

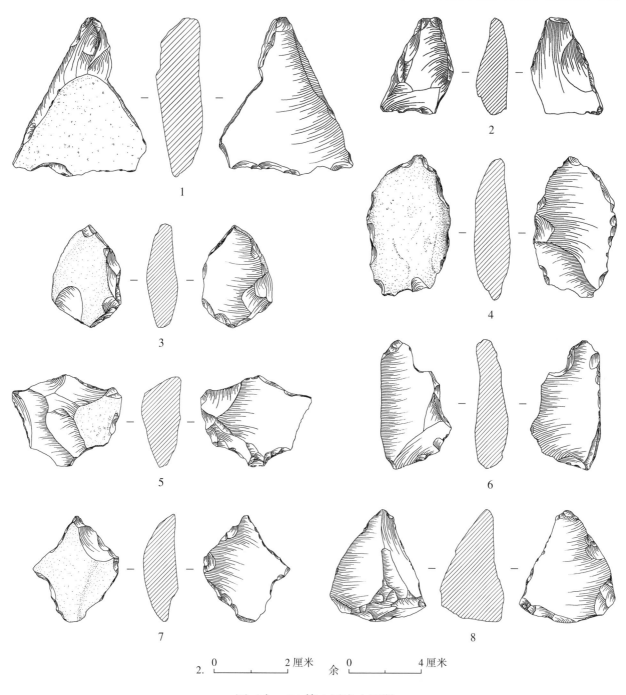

图二九　T3 第 3 层出土石器

1~4. 双尖尖刃器（T3 ③：16、T3 ③：235、T3 ③：205、T3 ③：127） 5. 多尖尖刃器（T3 ③：19） 6. 雕刻器
（T3 ③：146） 7、8. 钻器（T3 ③：109、T3 ③：10）

**钻器** 11 件。其中细碧岩 8 件，石英砂岩 2 件，泥质灰岩 1 件；均为片状毛坯。长 34~75 毫米，平均长 51.3 毫米；宽 15~68 毫米，平均宽 38.5 毫米；厚 7~36 毫米，平均厚 16 毫米；重 4.2~94.9 克，平均重 38.1 克。

T3 ③：109，原料为灰色细碧岩。近菱形。复向加工，周边均经修理。形成两尖，尖角分别为56°、76.4°。疤痕层叠，大小不一。背面为砾石面；劈裂面打击点集中，可见放射线。长57、宽47、厚19毫米，重41.8克（图二九，7；彩版二一，4）。

T3 ③：10，原料为灰色细碧岩。整体呈三棱锥形。背面有一脊与两侧直刃组成一尖，尖刃角为78.8°，使用痕迹明显。两刃分别长57、55毫米，边刃角分别为94.8°、50.7°。疤痕细密、连续。长60、宽53、厚36毫米，重94.9克（图二九，8；彩版二一，5）。

**5. 文化特征**

1）本层发现石器175件，包括石核、石片、断块和工具。以三类工具为主，占石器总数的72%，其中刮削器占总数的31.4%，尖刃器占26.3%，有少量钻器和雕刻器，片状毛坯占88.9%；二类工具均为刮削器，占5.7%，以片状毛坯为主；石片数量少，占石器总数的5.1%；有少量石核、一类工具（石锤）、断块等。

2）原料较单纯，以细碧岩和石英砂岩为主，分别占47.4%、28.6%；泥质灰岩占13.1%；有少量安山玢岩、正长岩、石英、流纹岩和玛瑙。

3）T3第3层石器从总体来看，中型占绝对优势，有110件，占62.86%；其次为小型，占28%；大型占6.85%；微型和巨型极少。从石器重量统计来看，50~100克和100~1000克所占比重相当，均为28%，其次为20~50克，占24%，小于20克的也占有19%，大于1000克的数量少。

4）三类工具刮削器占石器比重最大，共55件，可分为单直刃、单凸刃、单凹刃、双直刃、直凸刃、双凸刃及复刃，其中单凸刃占38.18%。以细碧岩为原料的占到一半。从形态定量统计来看，主要是宽薄型，其次为窄薄型，宽厚型和窄厚型所占比例低。加工后刃角以中等为主，陡刃也占有很大比例，达45.45%，再次为直刃，个别为斜刃（见表一三）。

5）尖刃器共46件，可分为单尖、双尖和多尖。以单尖为主，占58.70%，双尖占23.91%，多尖占17.39%，比重相当。原料以细碧岩为主，占52.18%，其次为石英砂岩。形态上，宽薄型占主导地位，占69.56%，其次为窄薄型，占15.22%。加工方向较为多样，以复向为主，占73.90%，其次为正向和错向，占8.70%，反向及转向加工各占4.35%。加工后刃角以大于100°为主，占62.34%，小于80°的占25.97%，80~100°最少（见表一四）。

6）石器特征表明，剥片技术为锤击法，未发现明显的其他剥片技术。工具修理均采用锤击法。加工方式以复向加工为主，兼有正向、反向、转向及错向加工。工具有二次利用现象，占工具总数5.6%。

（四）小结

玉水坪石器的大部分出自T3，共出土石器629件，T3两个文化层基本上代表了玉水坪遗址的主体文化。从石器特征看，两个文化层之间联系紧密，具有连续性。

制作石器所用石料基本相同，都是以细碧岩为主，比例占到50%左右，第2层较第3层比例稍有上升；位居第二的石料是石英砂岩，第 3 层以石英砂岩为原料的石器占到 28.6%，第 2 层比重稍有下降，为 20.7%；另一主要原料泥质灰岩的比例在第 2 层时有所上升；安山玢岩所占比例由 5.7% 上升到 6.7%；第 3 层有少量正长岩、石英和玛瑙，在第 2 层石器中并没有发现，出现了少量以纯灰岩为原料的石器。

两个文化层的三类工具都以片状毛坯为主，占到 80% 以上；从加工方向上看，都以复向加工为主，其次为正向加工，有少量的反向、错向加工。第 2 层较第 3 层加工方式更为单纯，没有第 3 层尖刃器中出现的转向加工，复向加工的比例上升（表一五）。

从器类上看，两个文化层石器类型大体相同，占前三位的分别为三类工具、断块及二类工具。但是也有一定的变化，石核的绝对数量增加了，比例也有所上升，第 2 层还出现了石叶石核；石片比例下降；断块在两文化层中比例相当，变化不大；一类工具在数量和比重上都下降了；二类工具所占比例稍有下降；三类工具的比例上升（图三〇）。

从工具组合上来看，两个文化层工具都以三类刮削器及尖刃器为主，第 2 层的工具类型更加多样。第 3 层三类刮削器和尖刃器都占工具总数的 30% 以上。第 2 层三类刮削器超过半数，比例明显上升；雕刻器在第 2 层比例上升；除这两类工具外，其他原有的工具类型所占比例都有不同程度的下降，其中石锤和钻器的下降幅度较大。在第 2 层中新出现了二类砍砸器、手镐和铲形器的器形（图三一）。

从对石器大小的统计上看，两个文化层石器都以中型为主，第 3 层占 62.86%，第 2 层比例稍有上升，占 65.81%；其次为小型，两个文化层的比例相当；第 2 层不见微型，这与石片比例的降低有关；大型石器比例有所上升，但是已不见巨型。

两个文化层的石器重量多集中于 100~1000 克，第 2 层所占比例由 28% 上升到 36%；50~100

**表一五　T3 三类工具毛坯及加工方向统计表**

| | | 数量 | | 片状 | | 块状 | |
|---|---|---|---|---|---|---|---|
| 毛坯 | 第 2 层 | 347 | | 305 | | 42 | |
| | | 百分比（%） | | 87.9 | | 12.1 | |
| | 第 3 层 | 126 | | 112 | | 14 | |
| | | 百分比（%） | | 88.9 | | 11.1 | |
| | | 数量 | 正向 | 反向 | 错向 | 转向 | 复向 |
| 加工方向 | 第 2 层 | 347 | 56 | 18 | 4 | — | 269 |
| | | 百分比（%） | 16.1 | 5.2 | 1.2 | — | 77.5 |
| | 第 3 层 | 126 | 22 | 9 | 5 | 2 | 88 |
| | | 百分比（%） | 17.5 | 7.1 | 4.0 | 1.6 | 69.8 |

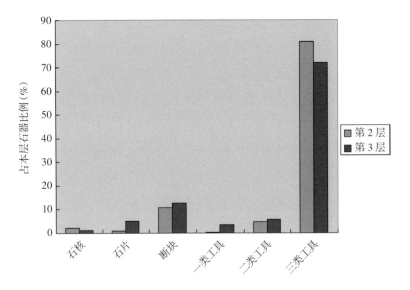

图三〇　T3第2层与第3层出土石器不同类型所占比例示意图

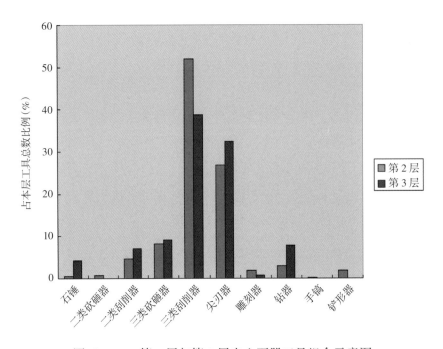

图三一　T3第2层与第3层出土石器工具组合示意图

克比例有所下降；两文化层20~50克所占比例相当，均为24%；小于20克的比例由19%下降到15%；第2层不见大于1000克的石器。

## 三　总结与讨论

　　T2以石片为主，如表一六所示，两个文化层石片背面以全疤为主，自然面者较少；台面类型主要是素台面及有疤台面，说明多为连续剥片，具有调整台面技术。

表一六　T2 完整石片及断片背面类型、台面类型统计表

| | | 数量 | 自然面 | 全疤 | 半疤半自然面 |
|---|---|---|---|---|---|
| 背面类型 | 上文化层 | 41 | 7 | 20 | 14 |
| | | 百分比（%） | 17.1 | 48.8 | 34.1 |
| | 下文化层 | 76 | 15 | 40 | 21 |
| | | 百分比（%） | 19.8 | 52.6 | 27.6 |
| | | 数量 | 自然 | 有疤 | 素 | 刃状 |
| 台面类型 | 上文化层 | 24 | 7 | 7 | 8 | 2 |
| | | 百分比（%） | 29.2 | 29.2 | 33.3 | 8.3 |
| | 下文化层 | 49 | 9 | 17 | 23 | |
| | | 百分比（%） | 18.4 | 34.7 | 46.9 | |

T2 工具加工较简单，多单层修疤。

T3 位于洞内，T2 位于洞外岩厦。石器制作原料基本相同，均为就近取材。从个体大小来看，T2 石器明显较大，有较大的石核，而 T3 石核较小。在石器类型上，T2 以石片为主，占 44.7%，石核、石锤也占一定比重；T3 以各类工具为主。器形侧重上的差异可能反映了两个地点功能上的不同。

由于埋藏环境不同，T3 所出石器上多附着有钙质沉积物，T2 所出石器则风化较严重。

通过遗址中出土所有石器的测量、统计及观察，对遗址的石器工业特征做出以下分析：

**1. 原料的使用与开发策略**

遗址中出土石器的原料中，细碧岩占有主导地位。在两个探方的不同文化层都显示这一现象。细碧岩是一种隐晶质、富钠贫钙、含钠质斜长石的基性火山岩，形成于海底，以水下熔岩流和枕状熔岩产出，粒度细。其次，石英砂岩和泥质灰岩的使用比例也较高，这几种材料占石器原料的绝大多数。遗址中出土的巨型石器多为石核，与总体趋势不同，巨型石核的材质均为安山玢岩，大型石核也以安山玢岩和石英砂岩为主，其上剥片较少。虽然安山玢岩的石核较多，但是它在整个遗址中所占比重不大，可能与其石核的利用率较低有关。遗址中还出现了纯灰岩、流纹岩、正长岩、石英、玛瑙等材质的石器，但比重较轻（图三二）。

遗址石器原料均来自距离遗址仅 30 米的通甸河中。在遗址中发现的巨型、大型石核说明，当时人类把选择好的砾石石料从河滩搬到遗址附近，然后再加工成各类石器。正是因为这些石料获取较容易，遗址中石核的利用率不高。

**2. 石器的组合分析（图三三）**

T3 第 2 层共出土石器 430 件。其中包括石核、石片、断块、一类工具、二类工具（砍砸器、刮削器）、三类工具（砍砸器、刮削器、尖刃器、雕刻器、钻器、铲形器及手镐）。以三类工具为主，

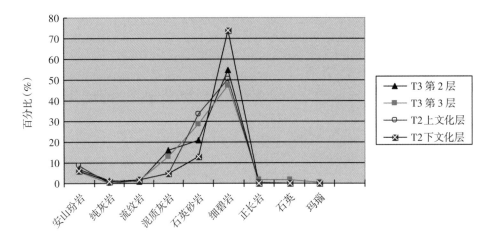

图三二　遗址石器原料使用频率图

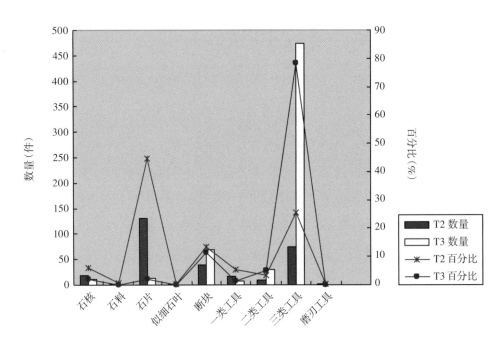

图三三　T2 与 T3 出土石器组合对比图

占总数的 80.70%。

T3 第 3 层发现石器 175 件，包括石核、石片、断块，一类、二类和三类工具。以三类工具为主，占石器总数的 72%，包括砍砸器、刮削器、尖刃器和少量钻器、雕刻器。

第 2 层和第 3 层石器类型大体相同，占前三位的分别为三类工具、断块及二类工具。两个文化层工具都以三类刮削器及尖刃器为主，第 2 层的工具类型更加多样。在第 2 层工具中新出现了二类砍砸器、手镐和铲形器等器形，工具类型更加复杂。第 2 层新出现了台面预制修理的石叶石核。

T2 上文化层中出土石器 162 件，包括石核、石料、石片、断块、一类工具（石锤、石砧）、二类工具（砍砸器、刮削器）、三类工具（砍砸器、刮削器、尖刃器、钻器）及磨刀工具。其中以三类工具及石片为主，分别占石器总数的 30.9%、27.8%。

T2 下文化层出土石器 131 件，包括石核、石片、断块、一类工具（石锤）、二类工具、三类工具（砍砸器、刮削器、尖刃器、铲形器）。其中石片数量最多，占石器总数的 65.6%。

两个文化层石器类型大体相同，石片占有重要地位，但是在上文化层中，石片的地位有所下降；三类工具升为主要类型，占 30.86%。二类工具的比例稍有下降。出现了石料及磨刃工具等器形。

### 3. 工具的修理方法和加工方式分析

T3 反映的剥片技术较单一，均为锤击法，未发现明显的其他剥片技术。T2 也以锤击法为主要剥片方法，同时在上文化层发现有平面垂直砸击石片及碰砧石核。

T3 第 3 层和第 2 层的工具都以片状毛坯为主，占到 80% 以上，第 2 层比重稍有下降。T2 两个文化层的工具也都以片状毛坯为主，上文化层比例有所下降。

T3 两个文化层工具修理均为锤击法。加工方式都以复向加工为主，其次为正向加工，有少量的反向、错向加工。第 2 层较第 3 层加工方式更为单纯，没有第 3 层尖刃器中出现的转向加工。T2 工具修理也均为锤击法。在下文化层虽然发现似细石叶石器，但数量极少，推测可能为硬锤剥片时偶然产生。上下两个文化层加工方式都以复向为主，兼有正向、反向加工。在第 6 层时出现磨刃工具。

### 4. 石器的定性与定量分析

T3 石器以中型为主，第 2 层与第 3 层比例都占到 60% 以上，其次为小型，占到 27% 左右；少量大型；在第 2 层不见巨型和微型，第 3 层二者量极少。T2 上下两个文化层的石器在大小上出现差异，上文化层石器以中型为主，占 48.15%，其次为小型，大型占一定比重，微型和巨型极少。下文化层小型占绝对优势，占 63.36%；其次为中型，占 27.48%；大型占 6.11%；少量微型和巨型。

从石器重量统计来看，T3 第 2 层和第 3 层的石器重量多集中于 100~1000 克，次为 50~100 克，两文化层 20~50 克所占比例相当，均为 24%，位居第三，小于 20 克的较少，第 2 层不见大于 1000 克的石器。T2 上文化层石器以 100~1000 克所占比例最重，占 36%，其次为小于 20 克。下文化层以小于 20 克为主，20~50 克和 100~1000 克的比例相当，50~100 克和大于 1000 克的比重较小。

# 第二节　骨、角制品

骨制品均用动物的长骨片制成，其制作似已形成一定的加工工序。先打碎或劈裂动物的肢骨，选其中的可用材料，截取所需长度，对原材料进行打击加工，少量再经刮削加工，使尖刃部锋利，器身相对平滑。多数骨器标本，在一侧或两侧、一端或两端可见多个骨片疤，而且相连，表明是连续打击的，可排除是敲骨取髓所致。部分器物为直接使用打制成型的骨片。角制品多数用鹿角打制而成。

器形主要有锥、铲、镞形器、矛头形器、钩形器等（附表四）。

# 一　T2 骨、角制品

## （一）第5层

**骨铲**　65 件。按大小不同，分三型。

A 型　6 件。大型，长度在 100 毫米以上。按尖刃部的不同，分两亚型，不能定亚型的 3 件。

Aa 型　2 件。单尖。

T2⑤：112，半月形，角尖，尖刃部残。用大型动物的骨片打制加工成型，尖刃部内侧经刮削加工。骨壁较厚。长 157、宽 53、厚 26 毫米[1]，重 100.2 克（图三四，1；彩版二二，1）。

T2⑤：69，长方形，圭形尖。用大型动物的骨片打制加工成型，尖刃部一侧经刮削加工，刃部为三面打制而成，骨壁一面被刮削平滑，尾端打成燕尾形。骨壁较厚。长 125、宽 56、厚 17 毫米，重 91.6 克（图三四，2；彩版二二，2）。

Ab 型　1 件。双尖。

T2⑤：633，长条形，双角尖，尖刃在一个方向。用大型动物的长骨打制加工成型，断面经刮削，尖部一侧经刮削加工。骨壁较厚。长 220、宽 40、厚 20 毫米，重 159.4 克（彩版二二，3）。

B 型　22 件。中型，长度在 60~100 毫米。按尖刃部的不同，分两亚型，不能定亚型的 15 件。

Ba 型　6 件。单尖。

T2⑤：410，长条三棱形，正尖，圆钝形尖刃。用大型动物的长骨打制加工成型，断面经刮削。骨壁较厚。长 67、宽 22、厚 20 毫米，重 19.8 克（图三四，3；彩版二三，1）。

T2⑤：483，长条形，尖刃部残。用动物的长骨打制加工成型，一侧断面经刮削加工而平滑，尖部一侧经刮削加工。长 64、宽 12、厚 12 毫米，重 7 克（图三四，4；彩版二三，2）。

T2⑤：361，三角形，正尖，斜刃。用动物的长骨片打制成型，尖刃部两侧经刮削加工，尾端打制成尖形，尖残。长 63、宽 14、厚 14 毫米，重 7.8 克（图三四，5；彩版二三，3）。

T2⑤：56，长条形，角尖，尖部锋锐。用动物的长骨片打制成型，尖部内壁和两侧经刮削加工，锥身一侧经刮削加工，尾端为弧形。长 94、宽 20、厚 6 毫米，重 15.4 克（图三四，6；彩版二三，4）。

T2⑤：331，三角形，正尖，尖部锋锐，有刃。用动物的长骨片打制成型，尖刃部一侧为刮削加工，尾端打制不齐。长 60、宽 14、厚 9 毫米，重 7 克（彩版二三，5）。

T2⑤：221，三角形，角尖，尖部锋锐，有刃。用动物的长骨片打制成型，尖刃部一侧为刮削

---

[1] 骨器因测量角度与绘图角度有差别，数据不一致属正常情况。

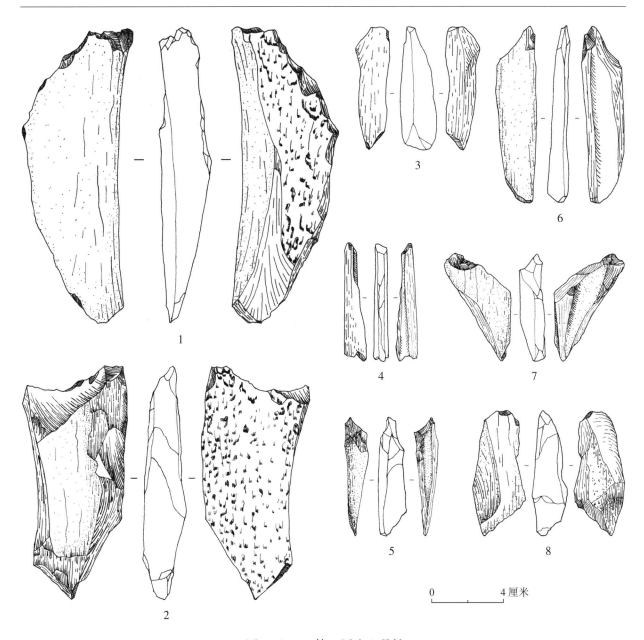

图三四　T2 第 5 层出土骨铲

1、2. Aa 型（T2 ⑤：112、T2 ⑤：69）　　3~7. Ba 型（T2 ⑤：410、T2 ⑤：483、T2 ⑤：361、T2 ⑤：56、T2 ⑤：221）
8. Bb 型（T2 ⑤：65）

加工，尾端呈斜形。长 63、宽 26、厚 9 毫米，重 15.2 克（图三四，7；彩版二三，6）。

　　Bb 型　1 件。双尖。

　　T2 ⑤：65，长形，一尖刃为圭形，一尖刃为圆钝形。用大型动物的骨片打制加工成型，断面经刮削，圆钝刃一侧经刮削加工。骨壁较厚。长 65、宽 29、厚 20 毫米，重 25.4 克（图三四，8；彩版二四，1）。

　　C 型　37 件。小型，长度在 60 毫米以下。

T2⑤：387，长条形，角尖，尖刃部呈弧形。用动物的骨片打制加工成型，尖刃部内侧经刮削加工，变薄成刃。长55.4、宽23、厚9.6毫米，重10.2克（彩版二四，2）。

**骨锥**　501件。按大小不同，分三型。

A型　4件。大型，长度在100毫米以上。

T2⑤：95，长条形，正尖，尖部锋锐。用动物的长骨片打制成型，尖部为打制加工而成，锥身一侧经刮削加工，尾端基本打平。长115、宽19、厚21毫米，重37.6克（图三五，1；彩版二四，3）。

B型　53件。中型，长度在60~100毫米。按尖刃部的不同，分两亚型。

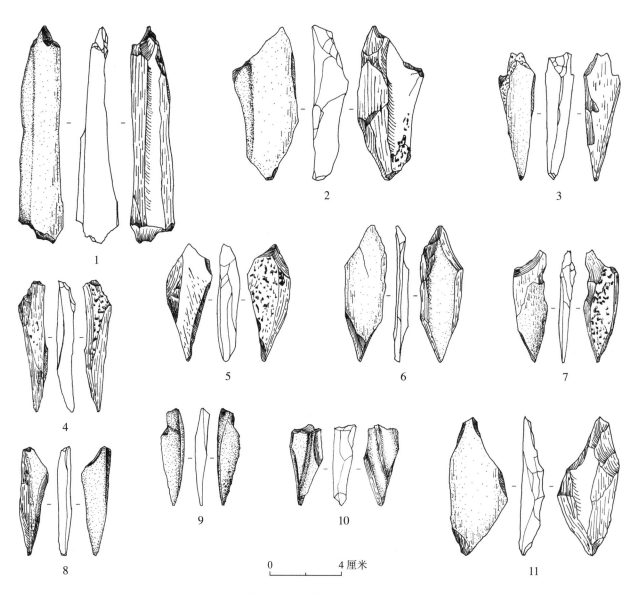

图三五　T2第5层出土骨锥

1. A型（T2⑤：95）　2~4、11. Ba型（T2⑤：516、T2⑤：40、T2⑤：165、T2⑤：521）　5、6. Bb型（T2⑤：105、T2⑤：277）　7~10. Ca型（T2⑤：525、T2⑤：540、T2⑤：297、T2⑤：205）

Ba 型　34 件。单尖。

T2⑤：521，三角形，正尖，尖部锋锐。用动物的长骨片打制成型，尖部为打制加工而成，尾端为角尖形。长 73、宽 31、厚 10 毫米，重 18.4 克（图三五，11；彩版二四，4）。

T2⑤：516，三角形，正尖，尖部锋锐。用大型动物的长骨片打制成型，尖刃部两侧为刮削加工，尾端为打制的圆钝尖形。长 80、宽 33、厚 18 毫米，重 27.2 克（图三五，2；彩版二四，5）。

T2⑤：40，三角形，角尖，尖部残。用动物的肋骨片打制成型，尖部一侧经刮削加工，后端打制不规整。长 68、宽 20、厚 14 毫米，重 8.2 克（图三五，3；彩版二四，6）。

T2⑤：165，三角形，三棱形正尖，尖部锋锐。用动物的长骨片打制成型，尖部两侧经刮削加工，后端打平。长 70、宽 15、厚 16 毫米，重 7.2 克（图三五，4；彩版二五，1）。

Bb 型　19 件。双尖。

T2⑤：105，三角形，双正尖，一圭形尖，一圆锥形尖。用动物的骨片打制成型，刃尖部两侧经刮削加工。长 62、宽 26、厚 12 毫米，重 15.4 克（图三五，5；彩版二五，2）。

T2⑤：277，长形，双正尖，一尖锋锐利，另一尖刃为圆钝形。用动物的长骨片打制成型，尖部一侧为打制加工而成，另一侧为刮削。长 73、宽 22、厚 5 毫米，重 8.8 克（图三五，6；彩版二五，3）。

C 型　444 件。小型，长度在 60 毫米以下。按尖刃部的不同，分两亚型。

Ca 型　316 件。单尖。

T2⑤：99，三角形，正尖，尖部锋锐。用动物的骨片打制成型，尖部一侧经刮削加工，后端打制不规整。骨壁薄。长 48、宽 20、厚 9.7 毫米，重 9.8 克（彩版二五，4）。

T2⑤：525，长条形，正尖，尖部锋锐。用动物的长骨片打制成型，尖部一侧经刮削加工，后端呈角尖形。长 59、宽 19、厚 5 毫米，重 5.6 克（图三五，7；彩版二五，5）。

T2⑤：540，三角形，正尖，尖部锋锐。用动物的长骨片打制成型，尖部一侧经刮削加工，后端打成角尖形。长 57、宽 15、厚 6 毫米，重 4.8 克（图三五，8；彩版二五，6）。

T2⑤：297，刀形，正尖，尖部锋锐，侧面有刃。用动物的骨片打制成型，尖部一侧经刮削加工，后端打平。长 52、宽 13、厚 7 毫米，重 26 克（图三五，9；彩版二五，7）。

T2⑤：205，三角形，正尖，尖部锋锐。用动物的长骨片打制成型，后端打平。长 43、宽 19、厚 8 毫米，重 5.6 克（图三五，10；彩版二五，8）。

T2⑤：181，三角形，正尖，尖部锋锐。用动物的长骨片打制成型，后端打成角尖形。长 29.7、宽 8.5、厚 3.8 毫米，重 0.6 克（图三六，1；彩版二五，9）。

T2⑤：148，三角形，正尖，尖部锋锐。用动物的长骨片打制成型，尖部两侧经刮削加工，后端打断，基本平。长 35.2、宽 17.5、厚 6.8 毫米，重 3.4 克（图三六，2；彩版二六，1）。

T2⑤：632，长条形，正尖，尖部锋锐，有刃。用动物的长骨片打制成型，尾部有刮挖痕，后端打断，基本平齐。长 48、宽 7、厚 6 毫米，重 2.4 克（彩版二六，2）。

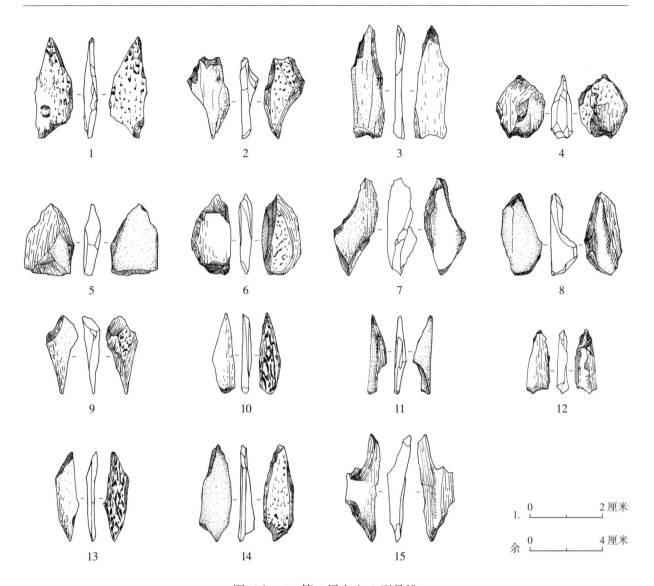

图三六　T2 第 5 层出土 C 型骨锥

1~12. Ca 型（T2⑤：181、T2⑤：148、T2⑤：158、T2⑤：416、T2⑤：199、T2⑤：133、T2⑤：160、T2⑤：116、
T2⑤：535、T2⑤：62、T2⑤：246、T2⑤：401）　　13~15. Cb 型（T2⑤：636、T2⑤：504、T2⑤：167）

　　T2⑤：158，长条形，正尖，尖部锋利。用动物的肋骨片打制成型，后端打断呈燕尾形。长
55.8、宽 30、厚 10.1 毫米，重 11.8 克（图三六，3；彩版二六，3）。

　　T2⑤：416，三角形，正尖，尖部锋锐。用动物的骨片打制成型，后端打断，基本平齐。长
32、宽 26、厚 10 毫米，重 6.8 克（图三六，4；彩版二六，4）。

　　T2⑤：199，三角形，正尖，尖部锋锐。用动物的骨片打制成型，尖部一侧经刮削加工。后端
打断，基本平齐。长 38、宽 26、厚 7 毫米，重 6.4 克（图三六，5；彩版二六，5）。

　　T2⑤：133，三角形，角尖，尖部锋锐。用动物的骨片打制成型，尖部处骨壁外经打制加工。
后端打断，基本平齐。长 44.2、宽 17.7、厚 9 毫米，重 7.2 克（图三六，6；彩版二六，6）。

T2⑤：160，三角形，正尖，尖部锋锐。用动物的骨片打制成型。尾部一侧呈弧形，尾端呈圆钝形。长52、宽22、厚4毫米，重5.6克（图三六，7；彩版二六，7）。

T2⑤：116，三角形，正尖，尖部锋锐。用动物的骨片打制成型，尖部处骨壁外经打制加工。后端打断，基本平齐。长43、宽19、厚6毫米，重5克（图三六，8；彩版二六，8）。

T2⑤：535，三角形，正尖，尖部锋锐。用动物的骨片打制成型，后端打断呈角尖形。长41、宽18、厚8毫米，重2.4克（图三六，9；彩版二六，9）。

T2⑤：62，三角形，角尖，尖部锋锐。用动物的骨片打制成型，尖部一侧经刮削加工。后端打断，基本平齐。长33.8、宽18、厚7毫米，重3.6克（图三六，10；彩版二七，1）。

T2⑤：246，三角形，角尖，尖部锋锐。用动物的肋骨片打制成型，尖部一侧经刮削加工。后端打断，基本平齐。长43、宽10、厚7毫米，重2.2克（图三六，11；彩版二七，2）。

T2⑤：401，三角形，正尖，尖部锋锐。用动物的肋骨片打制成型，后端打断，基本平齐。长34、宽12、厚4毫米，重2克（图三六，12；彩版二七，3）。

Cb型　128件。双尖。

T2⑤：114，长条形，双正尖，一尖部锋锐，一尖有平刃。用动物的骨片打制成型，有刃尖部一侧经刮削加工。长34、宽11.2、厚4.8毫米，重2克（彩版二七，4）。

T2⑤：636，长条形，双正尖，尖部锋锐。用动物的骨片打制成型，尖部一侧为刮削加工而平滑。骨壁薄。长47、宽11、厚4毫米，重2.2克（图三六，13；彩版二七，5）。

T2⑤：504，三角形，双正尖，尖部锋锐。用动物的长骨片打制成型，尖部为打制加工而成。骨壁薄。长51、宽17、厚4毫米，重3.4克（图三六，14）。

T2⑤：167，长条形，双角尖，尖部锋锐。用动物的骨片打制成型，尖部外侧经打制加工。长57、宽18、厚8毫米，重4.6克（图三六，15；彩版二七，6）。

**骨钩形器**　1件。

T2⑤：124，长条形，钩形尖，尖部锋锐。用动物的骨片打制成型，尖部一侧经刮削加工，后端打断呈圆钝形。长66、宽15.8、厚5.2毫米，重1.4克（图三七，1；彩版二七，7）。

**骨镞形器**　2件。

T2⑤：253，器形小，箭镞形，正尖，尖部锋锐。用动物的骨片打制成型，尖部为打制加工而成，尾端齐。长44、宽16、厚5毫米，重3.6克（图三七，2；彩版二七，8）。

T2⑤：147，器形小，箭镞形，双正尖，尖部锋锐。用动物的骨片打制成型，尖部为打制加工而成，不能分首尾。长36.5、宽28.5、厚16毫米，重10.6克（图三七，3；彩版二七，9）。

## （二）第6层

**骨铲**　48件。按大小不同，分两型。

A型　2件。大型，长度在100毫米以上。

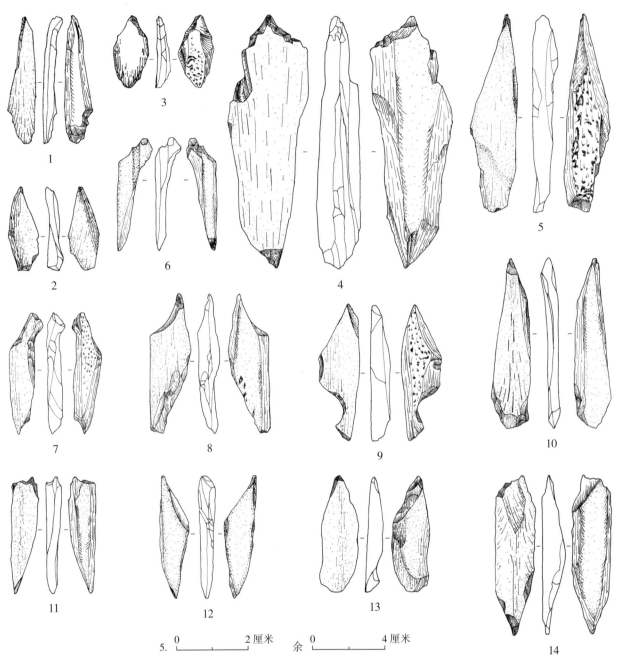

1　　　　　3

2　　　　6　　　　4　　　　5

7　　　　8　　　　9　　　　10

11　　　12　　　13　　　14

5.|0——————2厘米　　余|0——————4厘米

图三七　T2 第 5、6 层出土骨器

1. 钩形器（T2⑤：124）　　2、3. 锛形器（T2⑤：253、T2⑤：147）　　4. A 型铲（T2⑥：432）　　5. B 型铲（T2⑥：420）
6~14. Aa 型锥（T2⑥：145、T2⑥：370、T2⑥：442、T2⑥：452、T2⑥：178、T2⑥：390、T2⑥：398、T2⑥：107、
T2⑥：402）

　　T2⑥：432，三棱形正尖。用动物的长骨打制加工，一侧经刮削，骨壁厚。长 131、宽 40、
厚 23 毫米，重 80 克（图三七，4；彩版二八，1）。

　　B 型　46 件。小型，长度在 100 毫米以下。

　　T2⑥：420，三角形，刃在侧面。用动物的长骨打制加工，前端经刮削。长 49、宽 12、厚 5

毫米，重2.8克（图三七，5；彩版二八，2）。

T2⑥：229，刃部窄。用动物的长骨打制成型，一侧经刮削，略平；骨腔内壁刃部经刮削。长53、宽15、厚6毫米，重3.6克（彩版二八，3）。

**骨锥**　280件。按大小不同，分两型。

A型　42件。中型，长度在60~100毫米。按尖刃部的不同，分两亚型。

Aa型　37件。单尖。

T2⑥：145，角尖，四棱形锥尖。用动物的长骨打制而成，两断侧经刮削加工。长62、宽16、厚6毫米，重4.8克（图三七，6；彩版二八，4）。

T2⑥：370，角尖，三棱形锥尖。用动物的长骨打制而成，尾端经刮削加工。长64、宽15、厚10毫米，重6.6克（图三七，7；彩版二八，5）。

T2⑥：442，角尖，四棱形锥尖。用动物的长骨打制而成，凹侧经刮削加工。长74、宽22、厚8毫米，重9.2克（图三七，8；彩版二八，6）。

T2⑥：452，前端呈三角形，后端有一凹口为多点打击加工而成。长72、宽24、厚9毫米，重9.4克（图三七，9；彩版二九，1）。

T2⑥：402，正尖，三棱形锥尖，尖残，用动物的长骨打制成型，尖锋一侧经刮削而平滑。长84、宽22、厚6毫米，重11.2克（图三七，14；彩版二九，2）。

T2⑥：178，正尖，三棱形锥尖。用动物的长骨打制成型，两侧经刮削而平滑，骨壁外侧经打制而成尖锋。长89、宽20、厚8毫米，重10.8克（图三七，10；彩版二九，3）。

T2⑥：390，三角形，正尖，尖锋锐。用动物的长骨打制成型，锥尖一侧经刮削而平滑。长62、宽16、厚7毫米，重5.8克（图三七，11；彩版二九，4）。

T2⑥：398，正尖，三棱形锥尖。用动物的长骨打制而成，锥尖一侧经刮削加工。长65、宽16、厚6毫米，重6.6克（图三七，12；彩版二九，5）。

T2⑥：107，正尖，三棱形锥尖，尖残。用动物的长骨打制加工而成，后端一侧经刮削加工。长62、宽19、厚6毫米，重5.2克（图三七，13；彩版二九，6）。

Ab型　5件。双尖。

T2⑥：83，双正尖，三棱形锥尖。用动物的骨片打制成型，正尖内壁经刮削而薄。长62、宽21、厚9毫米，重8.8克（图三八，1；彩版三〇，1）。

T2⑥：429，双正尖，前端呈三角形。一尖的两面经刮削而平，另一面为打制；另一尖为打制而成。骨壁厚而重。长73、宽38、厚30毫米，重61.4克（图三八，4；彩版三〇，2）。

T2⑥：449，双正尖，一尖锋锐。用动物的长骨打制成型，一尖两侧经刮削而平滑，另一尖一侧经刮削。长63、宽32、厚21毫米，重20.2克（彩版三〇，3）。

B型　238件。小型，长度在60毫米以下。按尖刃部的不同，分两亚型。

Ba型　187件。单尖。

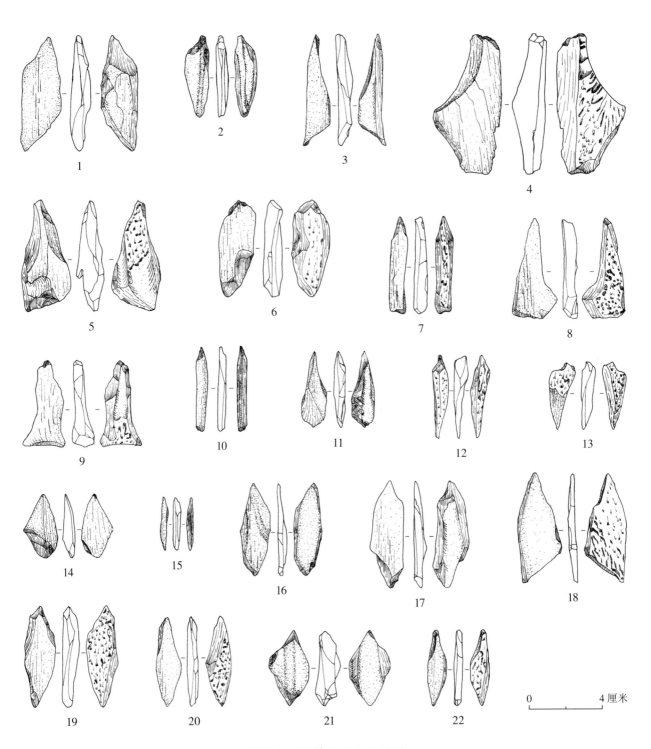

图三八　T2 第 6 层出土骨器

1、4. Ab 型锥（T2⑥：83、T2⑥：429）　2、3、5~14. Ba 型锥（T2⑥：195、T2⑥：451、T2⑥：334、T2⑥：353、T2⑥：185、T2⑥：313、T2⑥：330、T2⑥：385、T2⑥：419、T2⑥：198、T2⑥：97、T2⑥：384）　15~21. Bb 型锥（T2⑥：393、T2⑥：82、T2⑥：140、T2⑥：76、T2⑥：166、T2⑥：78、T2⑥：379）　22. 镞形器（T2⑥：375）

T2⑥：195，正尖，三棱形锥尖，尖残。用动物的长骨打制加工而成。长43、宽14、厚5毫米，重2.6克（图三八，2；彩版三〇，4）。

T2⑥：451，正尖，三棱形锥尖，尖锋锐。用动物的长骨打制而成，锥尖两侧经刮削加工。长59、宽12、厚6毫米，重3.6克（图三八，3；彩版三〇，5）。

T2⑥：334，正尖，三棱形锥尖，尖残。用动物的长骨打制成型，锥尖两侧经刮削，略平；骨壁外尖部经打制加工。长57、宽26、厚15毫米，重13.8克（图三八，5；彩版三〇，6）。

T2⑥：353，正尖，三棱形锥尖，尖残。用动物的长骨打制成型，锥尖一侧经刮削，略平；骨壁外尖部经打制加工。长52、宽21、厚9毫米，重7.2克（图三八，6；彩版三一，1）。

T2⑥：185，长条形，正尖，尖部侧面有刃，刃宽和骨壁厚度一致。用动物的长骨打制成型，尖部两侧经刮削，略平。长52、宽11、厚7毫米，重3.6克（图三八，7；彩版三一，2）。

T2⑥：313，三角形，正尖，后端一侧有肩。用动物的长骨打制成型，有肩一侧经刮削，略平。长53、宽25、厚7毫米，重6.4克（图三八，8；彩版三一，3）。

T2⑥：330，三角形，正尖，尖部不锋利。用动物的长骨打制成型，锥尖一侧经刮削，略平。长45、宽22、厚12毫米，重6克（图三八，9；彩版三一，4）。

T2⑥：385，长条形，正尖，尖残。用动物的长骨打制成型，尖部一侧经刮削，略平。长46、宽7、厚5毫米，重1.4克（图三八，10；彩版三一，5）。

T2⑥：419，三角形，正尖，尖锋锐。用动物的长骨打制成型。长40、宽13、厚6毫米，重2.6克（图三八，11；彩版三一，6）。

T2⑥：198，长条形，正尖，尖部锋利。用动物的长骨打制成型，尖部一侧经刮削平滑。长44、宽9、厚8毫米，重2克（图三八，12；彩版三一，7）。

T2⑥：97，三角形，正尖，尖锋锐。用动物骨片打制成型，锥尖一侧经刮削而略平。长35、宽14、厚9毫米，重1.4克（图三八，13；彩版三一，8）。

T2⑥：384，三角形，正尖，尖锋锐，后端残。用动物的长骨打制成型，锥尖骨壁内一侧经刮削而平滑。长34、宽17、厚7毫米，重2克（图三八，14；彩版三一，9）。

T2⑥：308，正尖，三棱形锥尖。用动物的长骨打制加工成型，尖两侧经刮削。长52、宽11、厚7毫米，重3.2克（彩版三二，1）。

Bb型 51件。双尖。

T2⑥：82，两正尖。用动物的骨片打制而成，骨壁薄。长49、宽16、厚4毫米，重2.4克（图三八，16；彩版三二，2）。

T2⑥：140，两正尖。用动物的骨片打制而成，一侧经刮削。长56、宽18、厚5毫米，重4.6克（图三六八，17；彩版三二，3）。

T2⑥：76，一正尖，一角尖。用动物的骨片打制而成，骨壁薄。长57、宽22、厚4毫米，重3.8克（图三八，18；彩版三二，4）。

T2⑥：166，两正尖，三棱形锥尖。用动物的骨片打制而成，两侧经刮削。长 53、宽 16、厚 8 毫米，重 4.6 克（图三八，19；彩版三二，5）。

T2⑥：78，两正尖，三棱形锥尖。用动物的骨片打制而成，一尖的一侧有刮削痕。长 48、宽 15、厚 5 毫米，重 2.8 克（图三八，20；彩版三二，6）。

T2⑥：379，两正尖，尖锋锐。用动物的长骨打制而成，一尖骨壁外有打切痕。长 39、宽 22、厚 6 毫米，重 5 克（图三八，21；彩版三二，7）。

T2⑥：393，两正尖，三棱形锥尖。用动物的骨片打制而成，两侧经刮削加工。长 28、宽 4、厚 3 毫米，重 0.4 克（图三八，15；彩版三二，8）。

**骨镞形器** 1 件。

T2⑥：375，用动物的骨片打制成型。长 39、宽 11、厚 4 毫米，重 1.6 克（图三八，22；彩版三二，9）。

## （三）第 7 层

**骨铲** 163 件。按大小不同，分三型，不能定型的 2 件。

A 型 1 件。长度在 100 毫米以上。

T2⑦：191，长条形，圭形尖，尖部有平刃。用大型动物的肋骨打掉一半，断面经刮削，打制加工成型，尖部一侧经刮削加工，后端一侧有刮削痕。长 124、宽 29、厚 9 毫米，重 30.6 克（图三九，1；彩版三三，1）。

B 型 53 件。中型，长度在 65~100 毫米。按尖刃部的不同，分两亚型。不能定亚型的 48 件。

Ba 型 2 件。单尖刃。

T2⑦：171，长条形，角尖，尖部锋锐。用动物的长骨片打制成型，尖部一侧经刮削加工，锥身两侧经刮削加工。长 73、宽 27、厚 11 毫米，重 18.4 克（图三九，4；彩版三三，2）。

T2⑦：196，长条形，正尖，骨壁一侧经打制加工成尖刃。用动物的长骨打制而成，侧面有刮削痕。长 71、宽 27、厚 12 毫米，重 17.2 克（图三九，3；彩版三三，3）。

Bb 型 3 件。双尖刃。

T2⑦：215，长条形，两角尖。用动物的长骨打制而成，尖部一侧经刮削平滑。长 67、宽 16、厚 8 毫米，重 8.2 克（图三九，5；彩版三三，4）。

T2⑦：713，三角形，两角尖。用动物的长骨打制成型，一尖残，一侧和骨腔壁经刮削加工；一尖为打制。长 72、宽 28、厚 15 毫米，重 20.6 克（图三九，6；彩版三三，5）。

C 型 107 件。小型，长度在 60 毫米以下。

T2⑦：394，长条形，两正尖，一尖部处薄。用动物的长骨打制而成，内壁经刮削加工而平滑，外壁有打击痕。长 47.5、宽 17.5、厚 11.8 毫米，重 6.8 克（彩版三三，6）。

T2⑦：160，长条形，角尖刃，尖刃残，圆钝。用大型动物的肋骨打制而成。长 51.5、宽

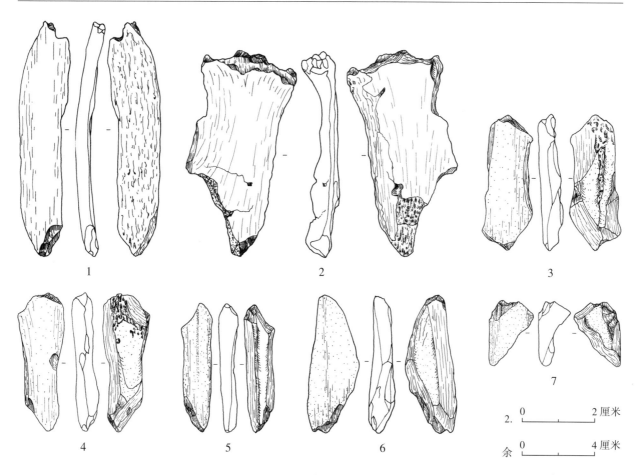

图三九　T2 第 7 层出土骨铲

1. A 型（T2⑦：191）　2、7. C 型（T2⑦：160、T2⑦：682）　3、4. Ba 型（T2⑦：196、T2⑦：171）　5、6. Bb 型（T2⑦：215、T2⑦：713）

31.2、厚 9 毫米，重 9.4 克（图三九，2；彩版三四，1）。

　　T2⑦：682，三角形，单平刃。用动物的长骨打制而成，刃部骨腔面经刮削加工。长 34、宽 25、厚 7 毫米，重 4.4 克（图三九，7；彩版三四，2）。

　　**骨锥**　533 件。按大小不同，分三型，不能定型的 3 件。

　　A 型　2 件。大型，长度在 100 毫米以上。

　　T2⑦：211，长条形，正尖，尖部圆钝。用动物的长骨片打制成型，尖部一侧经刮削，锥身侧有刮削痕。长 123、宽 19、厚 19 毫米，重 20.8 克（图四〇，1；彩版三四，3）。

　　B 型　90 件。中型，长度在 60~100 毫米。按尖刃部的不同，分两亚型。

　　Ba 型　49 件。单尖。

　　T2⑦：821，长形，角尖，尖部呈三角形，较锋利。用动物的长骨打制成型，身两侧经刮削平滑。长 93、宽 25、厚 7 毫米，重 13.6 克（图四〇，2；彩版三四，4）。

　　T2⑦：209，三角形，角尖。用动物的长骨打制成型，尖部骨壁外侧经打制成尖。长 70、宽

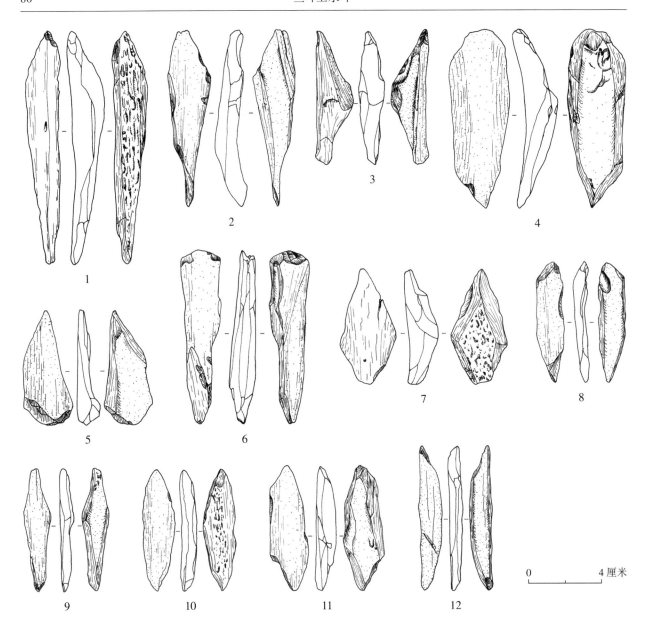

图四〇　T2 第 7 层出土骨锥

1. A 型（T2 ⑦：211）　2~7、9、10. Ba 型（T2 ⑦：821、T2 ⑦：209、T2 ⑦：391、T2 ⑦：146、T2 ⑦：185、T2 ⑦：754、T2 ⑦：298、T2 ⑦：727）　8、11、12. Bb 型（T2 ⑦：695、T2 ⑦：569、T2 ⑦：732）

20、厚 13 毫米，重 10.8 克（图四〇，3；彩版三四，5）。

　　T2 ⑦：391，三角形，正尖，尖部锋利，三棱形锥尖。用动物的长骨打制成型，尾端打制加工成弧形。长 93、宽 37、厚 9 毫米，重 28.2 克（图四〇，4；彩版三四，6）。

　　T2 ⑦：185，长条形，正尖，尖部锋利，略残。用动物的长骨打制成型，尖部经多次打击加工。通体呈灰褐色，似被火烧过。长 90、宽 21、厚 15 毫米，重 21.4 克（图四〇，6；彩版三五，1）。

　　T2 ⑦：146，三角形，正尖，尖部锋利。用动物的长骨片打制成型，尖部一侧经刮削平滑。

长61、宽26、厚6毫米，重9.4克（图四〇，5；彩版三五，2）。

T2⑦：754，三角形，角尖，尖部圆钝，三棱形锥尖。用动物的长骨片打制成型，加工痕迹明显。长62、宽31、厚14毫米，重13.6克（图四〇，7；彩版三五，3）。

T2⑦：361，长条形，正尖，尖部锋锐。用动物的长骨片打制成型，尖部两侧经刮削加工，尾端截断成角尖。长65、宽24、厚11毫米，重11.6克（彩版三五，4）。

T2⑦：298，长条形，正尖，尖部锋锐；尾端向内收小。用动物的长骨片打制成型，尖部两侧经刮削加工，尾端两侧经刮削加工。长64、宽14、厚5毫米，重4克（图四〇，9；彩版三五，5）。

T2⑦：727，长条形，正尖，尖部锋锐。用动物的长骨片打制成型，尖部一侧经刮削加工。长63、宽18、厚8毫米，重7.2克（图四〇，10；彩版三五，6）。

Bb型　41件。双尖。

T2⑦：695，长条形，双正尖，尖部锋锐。用动物的长骨片打制成型，一尖部两侧经刮削加工，另一尖为打制。长63、宽14、厚5毫米，重4.6克（图四〇，8；彩版三六，1）。

T2⑦：732，长条形，两角尖。用动物的长骨打制成型，一尖部一侧经刮削平滑；另一尖两侧经刮削，内壁处打制加工成尖刃。长75、宽12、厚6毫米，重6克（图四〇，12；彩版三六，2）。

T2⑦：569，长条形，双正尖，尖部圆钝。用动物的长骨片打制成型，两尖部再打制加工成尖。长66、宽23、厚7毫米，重10.6克（图四〇，11；彩版三六，3）。

T2⑦：179，长条形，双正尖，尖部锋锐。用动物的长骨片打制成型，一尖部一侧经刮削加工。长75、宽18、厚7毫米，重8.6克（图四一，1；彩版三六，4）。

C型　438件。小型，长度在60毫米以下。按尖刃部的不同，分两亚型，不能定亚型的4件。

Ca型　287件。单尖。

T2⑦：699，三角形，角尖，尖部锋利。用动物的长骨片打制成型，加工痕迹不明显。长41、宽34、厚11毫米，重9.4克（图四一，2；彩版三六，5）。

T2⑦：414，长条形，正尖，尖部锋利。用动物的长骨片打制成型，尖部两侧经刮削平滑，制作规整。长49、宽12、厚5毫米，重2.6克（图四一，3；彩版三六，6）。

T2⑦：785，长条形，正尖，尖部锋利。用动物的长骨片打制成型，尖部一侧经刮削平滑。长40、宽9、厚5毫米，重2.4克（彩版三七，1）。

T2⑦：614，长条形，正尖，尖部锋利。用动物的长骨片打制成型，尖部一侧经刮削加工。长53、宽12、厚9毫米，重4.4克（图四一，4；彩版三七，2）。

T2⑦：705，三角形，正尖，尖部圆钝。用动物的肋骨打制成型。长56、宽16、厚13毫米，重5.4克（图四一，5；彩版三七，3）。

T2⑦：792，三角形，正尖，尖部锋利，后端残断。用动物的肋骨片打制成型。长38、宽11、厚5毫米，重1.6克（图四一，6；彩版三七，4）。

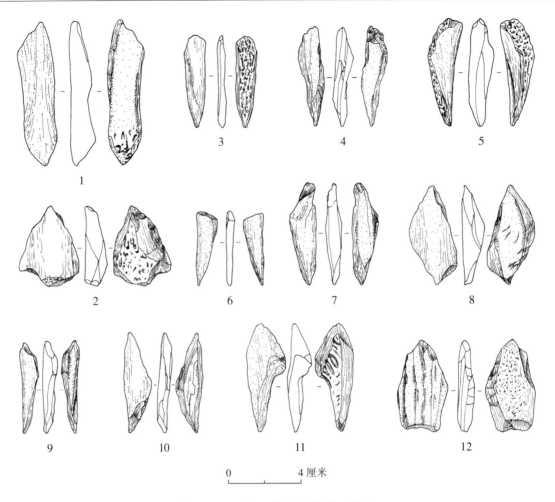

0 ————————— 4厘米

图四一　T2 第 7 层出土骨锥、角铲

1. Bb 型骨锥（T2 ⑦：179）　2~9. Ca 型骨锥（T2 ⑦：699、T2 ⑦：414、T2 ⑦：614、T2 ⑦：705、T2 ⑦：792、T2 ⑦：782、T2 ⑦：799、T2 ⑦：589）　10、11. Cb 型骨锥（T2 ⑦：758、T2 ⑦：725）　12. 角铲（T2 ⑦：371）

　　T2 ⑦：594，三角形，正尖，尖部锋利。用动物的趾骨打制成型，加工痕迹不明显。长 33、宽 17、厚 6 毫米，重 1.8 克（彩版三七，5）。

　　T2 ⑦：782，长条形，角尖，尖部锋利。用动物的长骨片打制成型，尖部两侧经刮削平滑，锥身一侧经刮削加工。长 54、宽 14、厚 8 毫米，重 4.8 克（图四一，7；彩版三七，6）。

　　T2 ⑦：799，三角形，正尖，尖部锋锐。用动物的长骨片打制成型，尖部一侧经刮削加工，后端似打成一尖形尾。长 52、宽 23、厚 7 毫米，重 7.8 克（图四一，8；彩版三八，1）。

　　T2 ⑦：589，长条形，角尖，尖部锋锐。用动物的长骨片打制成型，尖部一侧经刮削加工，后端截成角尖。长 48、宽 11、厚 10 毫米，重 2.8 克（图四一，9；彩版三八，2）。

　　T2 ⑦：781，三角形，正尖，尖部锋锐。用动物的长骨片打制成型，尖部为打制加工而成。长 40、宽 11、厚 7 毫米，重 2.4 克（彩版三八，3）。

　　Cb 型　147 件。双尖。

T2⑦：758，三角形，两角尖。用动物的长骨打制成型，一尖部两侧经刮削平滑；另一尖骨壁外侧经打制成尖，内壁处打制加工成尖刃。长 53、宽 15、厚 6 毫米，重 4.4 克（图四一，10；彩版三八，4）。

T2⑦：725，三角形，双正尖。用动物的长骨片打制而成。长 56、宽 21、厚 7 毫米，重 5.2 克（图四一，11；彩版三八，5）。

**角铲**　1 件。

T2⑦：371，三角形，正尖，尖部圆钝。用鹿角打制成型。长 46、宽 27、厚 10 毫米，重 7.6 克（图四一，12；彩版三八，6）。

## （四）第 8 层

**骨锥**　11 件。按大小不同，分三型。

A 型　2 件。大型，长度在 100 毫米以上。

T2⑧：64，双尖。用动物的长骨打制而成，断处经刮削，一尖内壁经刮削，外壁刃部也经刮削而薄。长 133、宽 37、厚 18 毫米，重 71 克（图四二，2；彩版三九，1）。

B 型　6 件。中型，长度在 60~100 毫米。按尖刃部的不同，分两亚型。

Ba 型　2 件。单尖。

T2⑧：20，正尖。用动物的长骨骨头段打制而成，断处经刮磨，尖部残。长 80、宽 56、厚 35 毫米，重 82.2 克（图四二，9；彩版三九，2）。

T2⑧：28，正尖。用动物的长骨片打制而成，向骨腔内打击，后经简单的刮削修整，刃部圆钝。长 67、宽 18、厚 6 毫米，重 5.8 克（图四二，3；彩版三九，3）。

Bb 型　4 件。双尖。

T2⑧：17，一正一偏。用动物的长骨打制而成，内壁经刮削加工。长 86.5、宽 37、厚 20.8 毫米，重 41 克（图四二，5；彩版三九，4）。

T2⑧：22，双正尖。用大型动物的肢骨打制而成，断处经刮削，一尖内壁经刮削而薄。长 77、宽 32、厚 11 毫米，重 21.6 克（图四二，6；彩版三九，5）。

T2⑧：36，三棱形尖。用动物的长骨打制而成，断处经刮削。长 62、宽 14、厚 7 毫米，重 4.6 克（图四二，10；彩版三九，6）。

T2⑧：65，双正尖。用动物的长骨打制而成，断处经刮削，一尖内壁经刮削而薄。长 66、宽 16、厚 6 毫米，重 5.4 克（彩版四〇，1）。

C 型　3 件。小型，长度在 60 毫米以下。

T2⑧：21，角尖。用动物的骨片打制而成，断处经刮削，尖部经刮削而成。长 53.8、宽 18、厚 7 毫米，重 5.2 克。

T2⑧：40，单尖，正尖。用动物的长骨片打制而成，向骨腔内打击，后经简单的刮削修整，

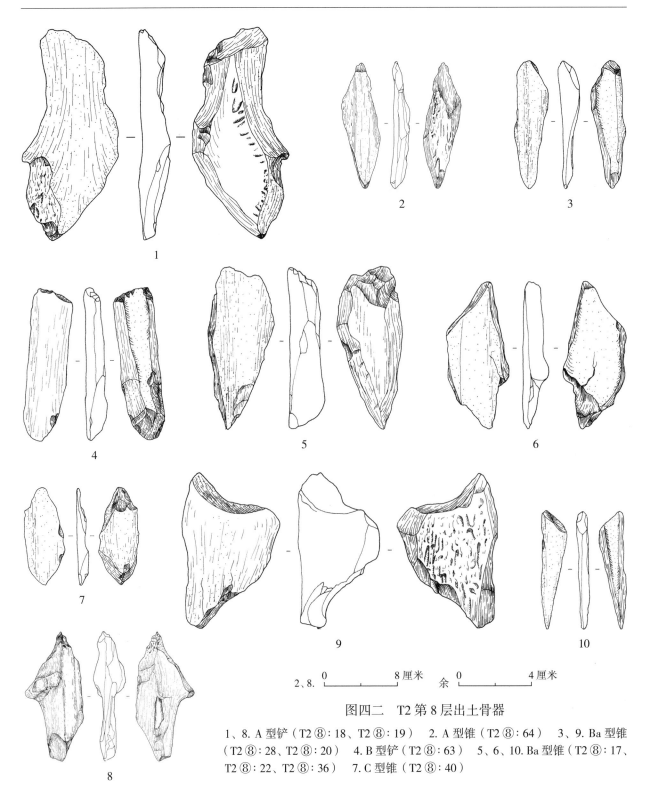

图四二　T2 第 8 层出土骨器

1、8. A 型铲（T2⑧：18、T2⑧：19）　2. A 型锥（T2⑧：64）　3、9. Ba 型锥
（T2⑧：28、T2⑧：20）　4. B 型铲（T2⑧：63）　5、6、10. Ba 型锥（T2⑧：17、
T2⑧：22、T2⑧：36）　7. C 型锥（T2⑧：40）

一刃部残，一刃部薄而锋利。长 51、宽 21、厚 6 毫米，重 5.2 克（图四二，7；彩版四〇，2）。

　　**骨铲**　5 件。按大小不同，分二型。

　　A 型　2 件。大型，长度在 100 毫米以上。

T2⑧：18，正尖。用动物的长骨骨头打制而成，内壁经刮削加工，外壁也经刮削加工。长111、宽52、厚16毫米，重54.6克（图四二，1；彩版四〇，3）。

T2⑧：19，尖锋处残。用动物的长骨骨头打制而成，断处经刮削加工，外壁也经刮削加工。长136、宽67、厚35毫米，重101.8克（图四二，8；彩版四〇，4）。

B型　3件。中型，长度在60~100毫米。

T2⑧：26，单刃，刃部钝尖。用动物的肋骨打制而成，单向打制加工成刃部。长73、宽18、厚6毫米，重7.4克（彩版四〇，5）。

T2⑧：63，单刃，刃部圆钝。用动物的长骨打制而成，内壁经刮削加工。长80、宽22、厚12毫米，重22.4克（图四二，4；彩版四〇，6）。

## 二　T3骨、角制品

### （一）第1层

**骨锥**　241件。

T3①：28，小型。三角形，正尖，尖部锋锐。用动物的长骨打制而成，一侧骨外壁经刮削加工，尾部一侧也经刮削加工。长43、宽17、厚6毫米，重5克（彩版四一，1）。

T3①：179，小型。三角形，正尖，尖部残，尖部两侧有打击疤痕，由骨腔内向外打击修理，骨壁厚实。长55、宽16、厚8.2毫米，重9.5克（彩版四一，2）。

T3①：190，小型。长条形，正尖，尖部锋锐。用动物的长骨打制成型，一侧经刮削加工。长65、宽15、厚8毫米，重5克（彩版四一，3）。

T3①：174，小型。三角形，正尖，尖部锋锐。用动物的肋骨打制成型，尖部一侧经打击加工，尾部经修理。长62、宽16、厚7毫米，重5克（彩版四一，4）。

T3①：240，小型。三角形，正尖，尖部锋锐。用动物骨片打制成型，尖部的骨腔内壁处经加工而锋锐，尾部残。长44、宽13、厚4毫米，重2.2克（彩版四一，5）。

T3①：142，小型。双尖，尖部锋锐。用动物骨片打制成型，尖部一侧经加工而锋锐。长36.5、宽8、厚4.2毫米，重1克（彩版四一，6）。

**骨矛头形器**　1件。

T3①：170，正尖，尖部锋锐。用动物骨片打制成型，尖部一侧经打击和刮削加工，尾部一侧由骨壁外向内腔打击成一缺口。长65.5、宽8、厚8.5毫米，重6.4克（彩版四一，7）。

**骨铲**　28件。

### （二）第2层

**骨铲**　193件。按大小不同，分三型。

A 型　40 件。大型，长度在 100 毫米以上。按尖刃部的不同，分两亚型，不能定亚型的 27 件。

Aa 型　8 件。单尖。

T3②：1151，近方形，正尖，刃部宽而钝。用大型动物的骨片打制成型，刃部内腔处打制加工而薄，断裂面经刮削加工而平滑，尾端内腔经刮削。骨壁厚。长 130、宽 87、厚 30.5 毫米，重 253 克（图四三，1；彩版四二，1）。

T3②：1147，长方形，正尖，尖残断。用大型动物长骨打制成型，尾部打断不齐。长 101.4、宽 38、厚 19.2 毫米，重 45 克（图四三，2；彩版四二，2）。

T3②：1389，长条形，圆钝刃。用大型动物长骨打制成型，尖刃部骨壁外侧有两打击疤痕，尾部平齐。长 108.8、宽 42.9、厚 22 毫米，重 77.2 克（图四三，3；彩版四二，3）。

T3②：1454，长方形，弧形刃，圆钝。用大型动物长骨打制成型，刃部骨腔内侧打薄，尾部残。长 136、宽 63.6、厚 40 毫米，重 160.8 克（图四三，4；彩版四二，4）。

T3②：1197，长条形，近平刃。用大型动物长骨打制成型，尖刃部骨壁外侧有两打击疤痕，尾部平齐。长 167.5、宽 40.8、厚 19.1 毫米，重 107.4 克（图四三，7；彩版四二，5）。

Ab 型　5 件。双尖。

T3②：1141，长条形，一正尖，一角尖。用大型动物长骨打制成型，正尖为打制而成，尖部不够锋锐；角尖为打制而成，骨腔内壁经刮削加工，尖刃部残。长 102、宽 40.2、厚 22.2 毫米，重 63.6 克（彩版四三，1）。

B 型　85 件。中型，长度在 60~100 毫米。按尖刃部的不同，分两亚型，不能定亚型的 68 件。

Ba 型　15 件。单尖。

T3②：1162，长条形，角尖，尖圆钝。用大型动物长骨打制成型，尾部残断。骨壁厚。长 89、宽 38.6、厚 24.3 毫米，重 48.2 克（图四三，5；彩版四三，2）。

T3②：1212，长条形，刃部圆钝。用动物长骨打制成型，刃部骨壁外侧经打击加工，骨腔内壁一侧有砍痕，尾端斜。长 85.5、宽 26.8、厚 10.5 毫米，重 18.8 克（图四三，6；彩版四三，3）。

T3②：1139，长条形，角尖，尖圆钝。用大型动物长骨打制成型，尖刃部骨腔内壁经刮削加工，身两侧经刮削加工。尾部不齐。长 78.5、宽 23、厚 13 毫米，重 18.2 克（图四四，1；彩版四三，4）。

T3②：1146，长条形，正尖，尖圆钝。用大型动物长骨打制成型，尾部基本齐平。长 76.5、宽 30、厚 12.5 毫米，重 27.4 克（图四四，2；彩版四三，5）。

T3②：1166，长条形，圆弧形刃。用大型动物长骨打制成型，尾部呈圆弧形。长 60.9、宽 27.2、厚 20.8 毫米，重 20.4 克（图四四，3；彩版四四，1）。

T3②：1406，长条形，正尖，尖侧有刃。用大型动物长骨打制成型，尖刃部骨壁外侧有两打击疤痕，尾部打成柄状，内收。长 75.7、宽 17.9、厚 14.8 毫米，重 15.8 克（图四四，4；彩版四四，2）。

T3②：1381，不规则形，平薄刃。用大型动物长骨打制成型，尾部斜齐。长 60、宽 32、厚

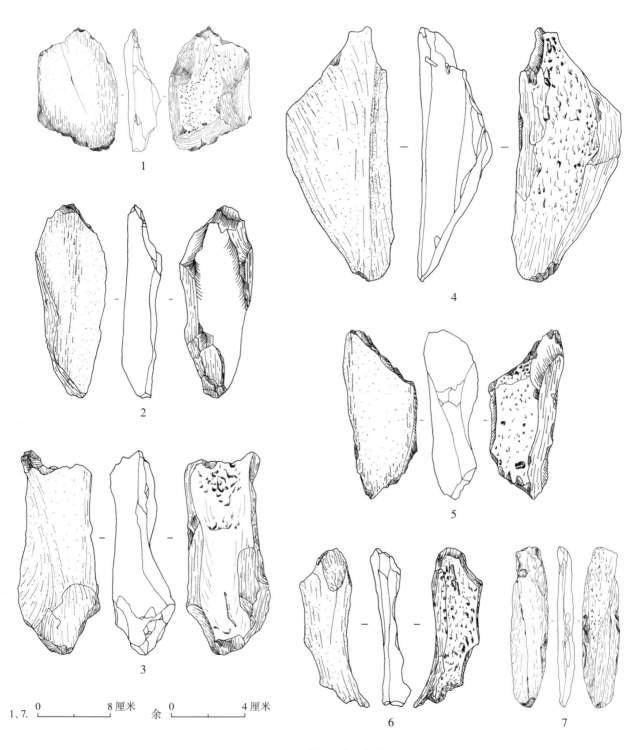

1、7. 0      8厘米　余 0      4厘米

图四三　T3 第 2 层出土骨铲

1~4、7. Aa 型（T3 ②：1151、T3 ②：1147、T3 ②：1389、T3 ②：1454、T3 ②：1197）　5、6. Ba 型（T3 ②：1162、T3 ②：1212）

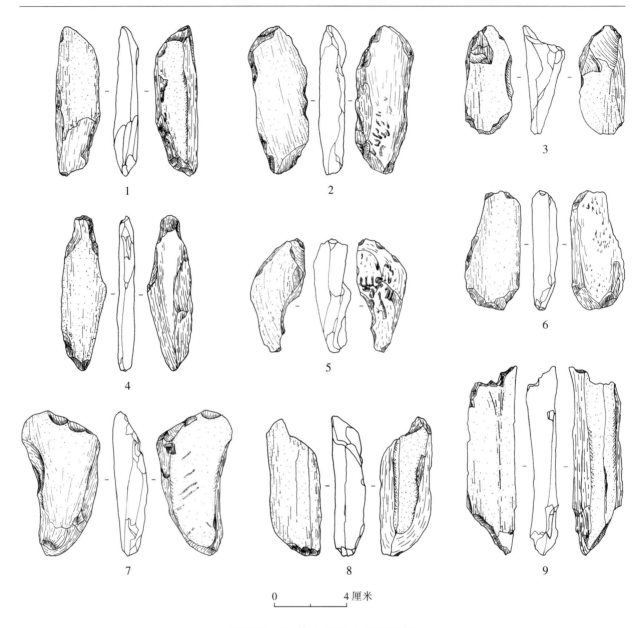

图四四　T3 第 2 层出土 B 型骨铲

1~8. Ba 型（T3 ②：1139、T3 ②：1146、T3 ②：1166、T3 ②：1406、T3 ②：1381、T3 ②：1240、T3 ②：1209、
T3 ②：1225）　9. Bb 型（T3 ②：1159）

15 毫米，重 15.8 克（图四四，5；彩版四四，3）。

　　T3 ②：1240，长条形，正尖刃，尖刃部残。用大型动物长骨打制成型，尖刃部骨壁外侧有两打击疤痕，尾部打齐。长 62、宽 29.8、厚 11.8 毫米，重 21 克（图四四，6；彩版四四，4）。

　　T3 ②：1209，三角形，圆钝刃。用大型动物长骨打制成型，尾部呈圆弧形。长 75.7、宽 43、厚 14 毫米，重 34 克（图四四，7；彩版四五，1）。

　　T3 ②：1225，长条形，弧形刃。用大型动物长骨打制成型，尾部斜齐。长 74.8、宽 28.1、厚

15.1 毫米，重 22.8 克（图四四，8；彩版四四，5）。

T3②：1252，长条形，尖刃部残。用大型动物长骨打制成型，尾部近平齐。长 84.5、宽 26.5、厚 10.3 毫米，重 24.6 克（彩版四五，3）。

T3②：1233，长方形，弧形刃。用大型动物长骨打制成型，尖刃部骨壁外侧有两打击疤痕，后端两侧向内打击成凹形，尾部近平齐。骨壁厚。长 98.2、宽 47、厚 18 毫米，重 67.6 克（彩版四五，2）。

Bb 型　2 件。双尖。

T3②：1159，长条形，双角尖，尖锋锐。用动物长骨打制成型，一尖刃部骨壁外侧经打击加工。长 100、宽 30、厚 13.4 毫米，重 28.2 克（图四四，9；彩版四五，4）。

T3②：1371，长条形，双角尖，尖圆钝。用动物长骨打制成型，刃部骨壁内、外侧经打击和刮削加工，一尖部残。长 85.2、宽 36.5、厚 10 毫米，重 32 克（彩版四五，5）。

C 型　68 件。小型，长度在 60 毫米以下。按尖刃部的不同，分两亚型。

Ca 型　30 件。单尖。

T3②：1130，长条形，角尖，尖圆钝。用动物长骨打制成型，尾部斜齐。长 28、宽 14、厚 13.2 毫米，重 4.8 克（彩版四六，1）。

Cb 型　38 件。双尖。

T3②：1143，三角形，双角尖，尖锋锐。用动物骨片打制成型，骨腔内壁经修整而平，打击方法向骨腔内、向骨腔外打击均有。长 55.6、宽 23、厚 6.8 毫米，重 7.2 克（彩版四六，2）。

**骨锥**　920 件。按大小不同，分三型。

A 型　42 件。大型，长度在 100 毫米以上。按尖刃部的不同，分两亚型。

Aa 型　30 件。单尖。

T3②：1243，长条形，正尖，尖部锋锐。用动物的长骨片打制成型，尖刃部经打击加工，尾端残断。长 109、宽 48.2、厚 27.4 毫米，重 11.4 克（图四五，1；彩版四六，3）。

T3②：1167，长条形，正尖，尖锋锐。用动物长骨片打制成型，尖刃两侧经刮削加工，锥身也经加工修整，尾部斜尖。长 174、宽 29、厚 23 毫米，重 70.6 克（图四五，2；彩版四六，4）。

T3②：1277，长条形，角尖，尖刃锋锐。用动物长骨打制成型，尾部呈斜尖状。长 77、宽 20、厚 13.5 毫米，重 26.2 克（图四五，3；彩版四六，5）。

Ab 型　12 件。双尖。

T3②：1242，长条形，正尖，尖部锋锐。用动物的长骨打制成型。用早期骨器打制加工再利用。长 104.2、宽 12、厚 8.7 毫米，重 13.6 克（图四五，4；彩版四七，1）。

B 型　239 件。中型，长度在 60~100 毫米。按尖刃部的不同，分两亚型，不能定亚型的 12 件。

Ba 型　162 件。单尖。

T3②：1478，三角形，正尖，尖部锋锐。用动物的趾骨打制成型，尖部骨壁外侧经打击加工。

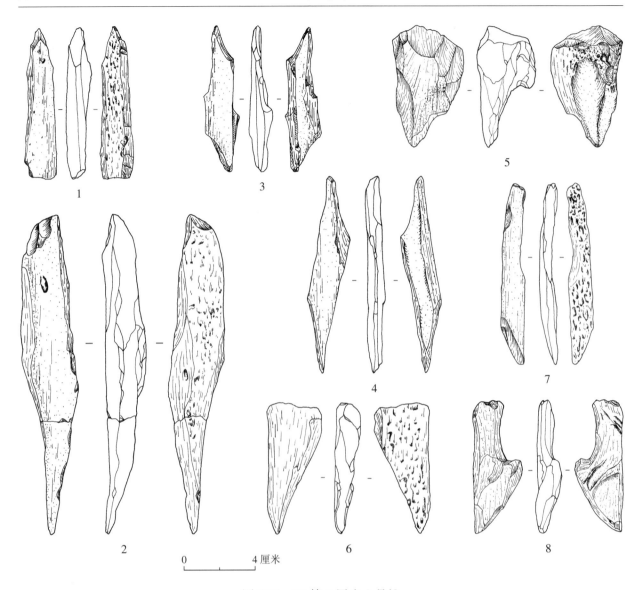

图四五　T3 第 2 层出土骨锥

1~3. Aa 型（T3 ②：1243、T3 ②：1167、T3 ②：1277）　4. Ab 型（T3 ②：1242）　5~8. Ba 型（T3 ②：1478、T3 ②：1372、T3 ②：1211、T3 ②：1163）

长 64.5、宽 40.5、厚 31.5 毫米，重 31.4 克（图四五，5；彩版四七，2）。

　　T3 ②：1372，三角形，正尖，尖部锋锐。用动物的趾骨打制成型，尖部一侧经刮削加工。长 67.8、宽 31.8、厚 14.2 毫米，重 14.8 克（图四五，6；彩版四七，3）。

　　T3 ②：1263，长条形，正尖，尖部锋锐。用动物的长骨片打制成型，尖刃部经打击加工，尾端斜尖。长 66.5、宽 25.6、厚 10.4 毫米，重 10.6 克（彩版四七，4）。

　　T3 ②：1215，长条形，正尖，尖部锋锐。用动物的长骨片打制成型，尖刃部经刮削加工，尾端平齐。长 97、宽 25.8、厚 14.4 毫米，重 15.4 克（彩版四七，5）。

　　T3 ②：1303，不规则形，正尖，尖锋锐。用动物长骨片打制成型，尖刃部骨壁外侧经打击加工，尾部呈尖形。长52.8、宽21.8、厚8.9毫米，重9克（图四六，3；彩版四八，1）。

T3②：1211，长条形，正尖，尖锋锐。用大型动物长骨打制成型，尖刃部一侧经刮削，尾部残断。长96、宽12.9、厚5.5毫米，重8.6克（图四五，7；彩版四八，2）。

T3②：1145，长方形，正尖，尖锋锐。用大型动物骨片打制成型，尾部打断呈叉形口。长63.2、宽32.5、厚7.6毫米，重14克（彩版四八，3）。

T3②：1163，三角形，角尖，尖锋锐。用大型动物长骨打制成型，尾部打成柄状。长71.2、宽26、厚8.9毫米，重12.8克（图四五，8；彩版四八，4）。

T3②：1231，长条形，角尖，尖刃圆钝。用动物长骨打制成型，尾部平齐。长66、宽18.2、厚9.3毫米，重7.2克（图四六，1；彩版四八，5）。

T3②：1416，三角形，正尖，尖刃圆钝。用动物长骨打制成型，尾部内收平齐。长64、宽26、厚12.6毫米，重13.2克（图四六，2；彩版四八，6）。

Bb型 65件。双尖。

T3②：1386，长条形，双正尖，尖部锋锐。用动物的长骨打制成型，一尖一侧经刮削加工；另一尖骨壁外侧经打击加工成刃。长66.5、宽12.4、厚6.7毫米，重5.2克（图四六，4；彩版四九，1）。

T3②：1144，三角形，正尖，尖锋锐。用动物长骨片打制成型，尖刃部经打击加工而成，尾部为尖形。长78、宽35、厚8.7毫米，重19.6克（图四六，5；彩版四九，2）。

C型 639件。小型，长度在60毫米以下。按尖刃部的不同，分两亚型，不能定亚型的67件。

Ca型 439件。单尖。

T3②：1291，三角形，正尖，尖部锋锐。用动物的骨片打制成型，尖刃部经打击加工而成，尾端有一尖。长56.4、宽22.6、厚9.4毫米，重8.2克（彩版四九，3）。

T3②：1397，长条形，正尖，尖部锋锐。用动物的长骨片打制成型，尾端打断不齐。长90、宽22.2、厚15.3毫米，重8.4克（图四六，6；彩版四九，4）。

T3②：1594，长条形，正尖，尖部锋锐。用动物的骨片打制成型，尖刃部经打击加工而成，尾端平齐。长40.1、宽12.2、厚3.8毫米，重1.4克（图四六，7；彩版四九，5）。

T3②：1241，三角形，正尖，尖锋锐。用大型动物长骨打制成型，尖刃部一侧经刮削加工，尖形尾。长59、宽21.8、厚13.2毫米，重9.8克（图四六，8；彩版四九，6）。

T3②：1295，三角形，正尖，尖锋利。用动物长骨打制成型，尾部残断。长38.4、宽17.5、厚5.7毫米，重3.8克（彩版五〇，1）。

T3②：1702，三角形，正尖，尖锋锐。用动物骨片打制成型，尾部基本平齐。长30.1、宽8、厚2.9毫米，重0.8克（图四六，9；彩版五〇，2）。

T3②：1618，三角形，正尖，尖圆钝。用动物长骨片打制成型，尾部基本平齐。长30.1、宽11.4、厚4.1毫米，重1.4克（图四六，10；彩版五〇，3）。

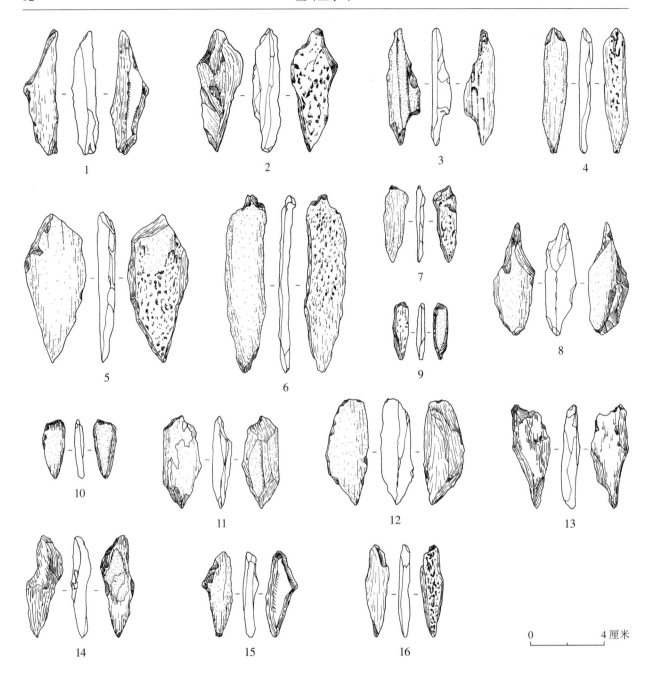

图四六　T3 第 2 层出土骨锥

1~3. Ba 型（T3②：1231、T3②：1416、T3②：1303）　4、5. Bb 型（T3②：1386、T3②：1144）　6~16. Ca 型（T3②：1397、
T3②：1594、T3②：1241、T3②：1702、T3②：1618、T3②：1421、T3②：1420、T3②：1304、T3②：1305、
T3②：1608、T3②：1556）

　　T3②：1421，三角形，正尖，尖锋利。用动物长骨打制成型，尖刃部经打击和刮削而成，尾部残。长 49、宽 19.7、厚 11.6 毫米，重 7.4 克（图四六，11；彩版五〇，4）。

　　T3②：1420，三角形，正尖，三棱形锥尖，尖锋利。用动物长骨打制成型，尖刃部经打击而成，尾部近平。长 55、宽 23、厚 9 毫米，重 9.4 克（图四六，12；彩版五〇，5）。

　　T3②：1304，三角形，正尖，尖锋锐。用动物长骨打制成型，尖刃部经打击和刮削而成，尾部斜齐。长56、宽22、厚11毫米，重2.4克（图四六，13；彩版五〇，6）。

　　T3②：1305，三角形，角尖，尖锋锐。用动物长骨打制成型，尖刃部经打击和刮削而成，尾部为尖形。长54.2、宽19、厚7.4毫米，重4.8克（图四六，14；彩版五〇，7）。

　　T3②：1296，三角形，正尖，三棱形锥尖，尖锋锐。用动物长骨片打制成型，尖刃部经打击和刮削加工而成，尾部残断。长42.4、宽21.5、厚9.1毫米，重5克（彩版五〇，8）。

　　T3②：1608，三角形，正尖，尖圆钝。用动物长骨片打制成型，尾部呈圆弧形。长45.6、宽15.5、厚5.6毫米，重3.2克（图四六，15；彩版五〇，9）。

　　T3②：1556，三角形，正尖，尖圆钝。用动物长骨片打制成型，尾部基本平齐。长48.3、宽11.9、厚4.2毫米，重2.6克（图四六，16；彩版五一，1）。

　　T3②：1135，三角形，正尖，尖锋锐。用动物长骨骨头片打制成型，尾部平齐。长45、宽14.4、厚8.9毫米，重7.8克（彩版五一，2）。

　　Cb型　133件。双尖。

　　T3②：604，三角形，角尖，尖锋锐。用动物骨片打制成型，尖刃部经打击加工而成，尾尖部残钝。长67、宽26、厚14.5毫米，重5.8克（图四七，1；彩版五一，3）。

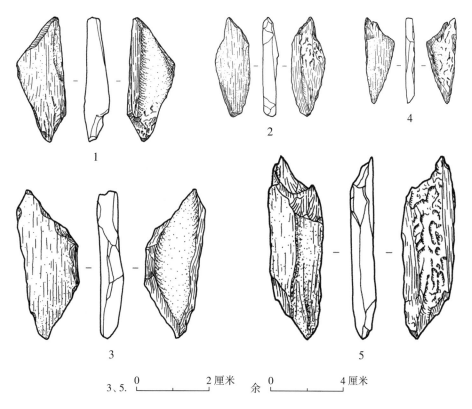

图四七　T3第2层出土Cb型骨锥
1. T3②：604　2. T3②：612　3. T3②：628　4. T3②：744　5. T3②：752

T3②：612，三角形，正尖，尖锋部残。用动物长骨片打制成型，尖刃部经打击和刮削加工而成。长52、宽18.5、厚7.7毫米，重5.8克（图四七，2；彩版五一，4）。

T3②：628，三角形，角尖，三棱形锥尖，尖锋锐。用动物骨片打制成型，尖刃部经打击和刮削加工而成，尾尖残断。长43.9、宽16.5、厚5.8毫米，重4.4克（图四七，3；彩版五一，5）。

T3②：645，三角形，角尖，尖锋部残。用动物骨片打制成型，尖刃部经打击加工而成，尾部残断。长53.3、宽34、厚7.6毫米，重11.2克（彩版五一，6）。

T3②：744，三角形，角尖，尖锋锐。用动物长骨片打制成型，尖刃部经打击和刮削加工而成，尾部残。长44.5、宽16、厚6.5毫米，重3.4克（图四七，4；彩版五一，7）。

T3②：752，三角形，正尖，三棱形锥尖，尖锋锐。用动物长骨片打制成型，尖刃部经打击和刮削加工而成，尾部残断。长48、宽13.9、厚6.8毫米，重3.4克（图四七，5；彩版五一，8）。

**角铲** 2件。

T3②：538，长条形，尖刃部圆钝，用鹿角打制成型，刃部一侧经打击加工，方法为由外壁向内打击。长70、宽23、厚12.8毫米，重15克（彩版五二，1）。

T3②：1158，三角形，尖刃部圆钝，用动物角打制成型，刃部两侧经打击加工，方法为由外壁向内打击，尾部残。长61、宽35.9、厚14.2毫米，重20.4克（图四八，1；彩版五二，2）。

## （三）第3层

**骨铲** 80件。按大小不同，分两型。

A型 15件。大型，长度在100毫米以上。按尖刃部的不同，分两亚型。不能定亚型的7件。

Aa型 6件。单尖。

T3③：265，长条形，角尖，尖刃部圆钝。用动物的长骨片打制成型，尖刃部骨腔面为刮削加工，尾端渐收，较平。长121、宽36、厚16毫米，重56.2克（图四八，2；彩版五二，3）。

T3③：580，长条形，刃部为圆弧形，圆钝。用动物的髋骨片打制成型，刃部经打制加工，尾端基本平齐。长165、宽62、厚42毫米，重220克（图四八，3；彩版五二，4）。

T3③：609，三角形，正尖，尖刃部圆钝。用大型动物的骨片打制成型，断裂面经刮削加工而平滑，尾端残。长105、宽45、厚13毫米，重42.4克（图四八，4；彩版五二，5）。

T3③：617，长条形，正尖，尖刃部平钝。用大型动物的骨片打制成型，尾端基本平齐。骨壁面上有痕迹。长100、宽21、厚10毫米，重10克（图四八，5；彩版五三，1）。

T3③：922，长条形，角尖，尖刃部圆钝。用动物的长骨片打制成型，尾部经刮削而成弧形。长101、宽23、厚13毫米，重29.8克（图四八，6；彩版五三，2）。

T3③：1121，长条形，正尖，尖刃部平钝。用大型动物的骨片打制成型，两侧和骨腔内壁经刮削加工，尾端经刮削加工基本平齐。内壁一侧上有砍痕。长109.5、宽41.8、厚16.2毫米，重58.4克（彩版五三，3）。

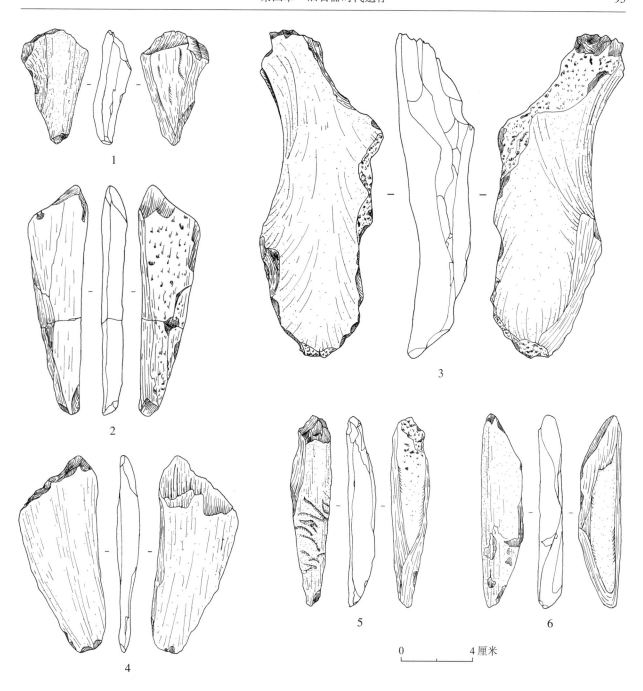

图四八　T3 第 2、3 层出土骨、角器

1. 角铲（T3 ②：1158）　2~6. Aa 型骨铲（T3 ③：265、T3 ③：580、T3 ③：609、T3 ③：617、T3 ③：922）

Ab 型　2 件。双尖。

T3 ③：921，长条形，双角尖，尖刃部圆钝。用动物的长骨片打制成型，尖刃部一侧和断裂面经刮削加工。长 162、宽 44、厚 15 毫米，重 91.2 克（图四九，1；彩版五三，4）。

T3 ③：547，三角形，一正尖，一角尖，尖刃部圆钝。用动物的长骨片打制成型，尖刃部一侧经刮削加工。长 112、宽 46、厚 22 毫米，重 46.2 克（图四九，2；彩版五四，1）。

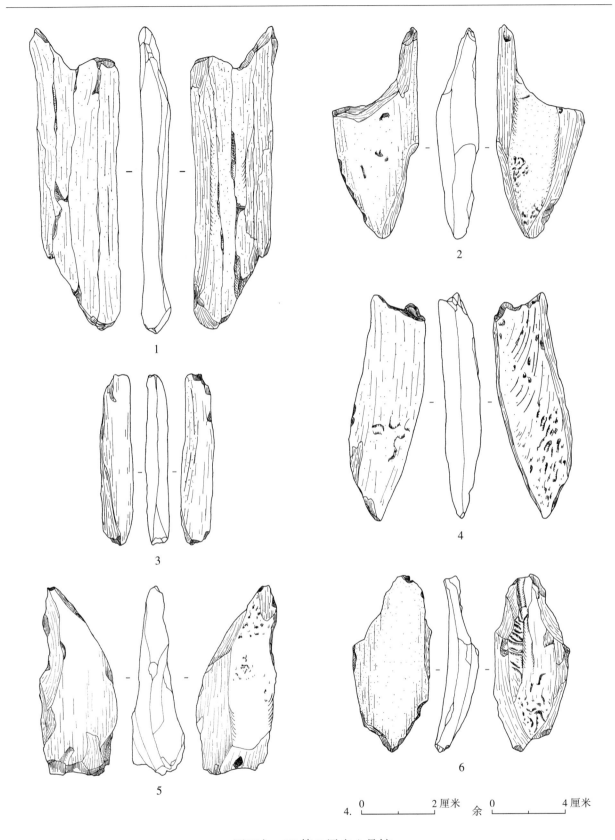

图四九　T3 第 3 层出土骨铲

1、2. Ab 型（T3 ③：921、T3 ③：547）　　3~6. Ba 型（T3 ③：559、T3 ③：598、T3 ③：621、T3 ③：927）

B 型　65 件。中小型,长度在 100 毫米以下。按尖刃部的不同,分两亚型。不能定亚型的 58 件。

Ba 型　4 件。单尖。

T3 ③：559,长条形,正尖,尖刃部圆钝。用动物的长骨片打制成型,尖刃部一侧经刮削加工,铲身也经刮削加工,尾端基本平齐。长 89、宽 18、厚 11 毫米,重 19.2 克(图四九,3;彩版五四,2)。

T3 ③：598,长条形,角尖,尖刃部圆钝。用动物的长骨片打制成型,尖刃部一侧为刮削加工,尾端为砍砸断,基本平齐。长 60、宽 19、厚 6 毫米,重 8.8 克(图四九,4;彩版五四,3)。

T3 ③：621,三角形,角尖,尖刃部锋锐。用大型动物的骨片打制成型,尖刃部一侧经刮削加工,尾端基本平齐。长 99、宽 41、厚 20 毫米,重 56 克(图四九,5;彩版五四,4)。

T3 ③：927,三角形,正尖,尖刃部锋锐。用大型动物的管骨片打制成型,尾端基本平齐,略残。长 92、宽 41、厚 9 毫米,重 32.4 克(图四九,6;彩版五四,5)。

Bb 型　3 件。双尖。

T3 ③：323,长条形,尖刃部锋锐。用大型动物的骨片打制成型,锋刃部经刮削加工。长 87、宽 21、厚 15 毫米,重 12.8 克(彩版五五,1)。

T3 ③：620,长条形,尖刃部圆钝,一为圆弧刃,一为尖圆刃。用大型动物的骨片打制成型,刃部经砍和刮削加工而光滑,骨外壁上有砍痕。长 89、宽 28、厚 16 毫米,重 31.6 克(彩版五五,2)。

T3 ③：372,一刃部扁宽,一刃部尖钝。用动物的骨片打制成型,刃部经打击和刮削加工,打击方法为由外向内腔打击。长 63、宽 16、厚 16 毫米,重 8.8 克(彩版五五,3)。

**骨锥**　749 件。按大小不同,分三型。

A 型　13 件。大型,长度在 100 毫米以上。

T3 ③：858,长条形,正尖,尖部锋锐。用动物的长骨片打制成型,尾部经刮削而成弧形。长 101、宽 31、厚 13 毫米,重 30.8 克(图五〇,1;彩版五五,4)。

B 型　169 件。中型,长度在 60~100 毫米。按尖刃部的不同,分两亚型,不能定亚型的 13 件。

Ba 型　66 件。单尖。

T3 ③：390,长条形,角尖,尖部锋锐。用动物的长骨片打制成型,尾端基本平齐。长 69、宽 22、厚 10 毫米,重 10.4 克(图五〇,2;彩版五五,5)。

T3 ③：389,三角形,正尖,尖部锋锐。用动物的长骨片打制成型,尖刃部为从内腔向外打成尖刃,尾端圆弧形。长 69.5、宽 30、厚 5 毫米,重 12.4 克(图五〇,3;彩版五六,1)。

T3 ③：339,长条形,正尖,尖部锋锐。用动物的长骨片打制成型,尾端基本平齐。制作规整。长 67、宽 21、厚 16 毫米,重 13.8 克(图五〇,4;彩版五六,2)。

T3 ③：430,长条形,正尖,尖部锋锐。用动物的长骨片打制成型,尾端基本平齐。长 62、宽 11、厚 8 毫米,重 6 克(图五〇,5;彩版五六,3)。

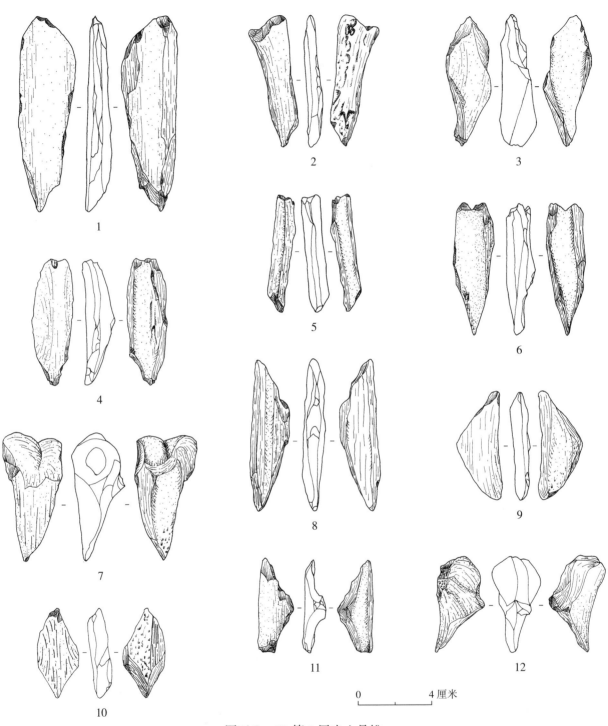

0　　　　　　4厘米

图五〇　T3第3层出土骨锥

1. A 型（T3 ③：858）　　2~7. Ba 型（T3 ③：390、T3 ③：389、T3 ③：339、T3 ③：430、T3 ③：1036、T3 ③：393）
8. Bb 型（T3 ③：436）　　9~12. Ca 型（T3 ③：796、T3 ③：714、T3 ③：749、T3 ③：563）

T3③：1036，长条形，正尖，尖部锋锐。用动物的长骨片打制成型，尾端呈燕尾形。长69、宽21、厚11毫米，重12.6克（图五〇，6；彩版五六，4）。

T3③：861，长条形，正尖，尖部残。用动物的长骨片打制成型，尖刃部三面经刮削加工，尾端残断。长72、宽27、厚11毫米，重17.8克（彩版五六，5）。

T3③：393，三角形，角尖，尖部锋锐。用动物的长骨骨头部打制成型。长69、宽35、厚30.5毫米，重23.6克（图五〇，7；彩版五六，6）。

Bb型　90件。双尖。

T3③：436，长条形，一正尖，一角尖，尖部圆钝。用动物的骨片打制成型，尖部一侧经刮削加工。长80、宽21、厚12毫米，重13.2克（图五〇，8；彩版五七，1）。

C型　567件。小型，长度在60毫米以下。按尖刃部的不同，分两亚型，不能定亚型的8件。

Ca型　223件。单尖。

T3③：796，三角形，角尖，尖部圆钝。用动物的长骨片打制成型，尾端圆弧形。长56、宽23、厚8毫米，重7.8克（图五〇，9；彩版五七，2）。

T3③：714，三角形，正尖，尖部锋锐。用动物的骨片打制成型，尾端基本平齐。长48、宽23、厚11毫米，重7.8克（图五〇，10；彩版五七，3）。

T3③：749，三角形，正尖，尖部锋锐。用动物的长骨片打制成型，尖刃部骨外壁经打制，尾端基本平齐。长49、宽18、厚9毫米，重4.4克（图五〇，11；彩版五七，4）。

T3③：563，三角形，角尖，尖部锋锐。用动物的长骨骨头部打制成型。长52、宽28、厚23毫米，重17克（图五〇，12；彩版五七，5）。

T3③：907，三角形，角尖，尖部锋锐。用动物的趾骨部制成。长53、宽31、厚18毫米，重10.4克（图五一，1；彩版五七，6）。

T3③：1449，三角形，角尖，尖部残。用动物的趾骨部制成。长36、宽24、厚13毫米，重5.8克（图五一，2；彩版五八，1）。

T3③：325，三角形，正尖，尖部锋锐。用动物的长骨骨头部打制成型，刃部一侧有打击疤痕。长34、宽21.5、厚11毫米，重4.4克（图五一，3；彩版五八，2）。

T3③：634，三角形，角尖，尖部锋锐。用动物的长骨片打制成型，尖刃部一侧经刮削加工。长28、宽12、厚8毫米，重2克（图五一，4；彩版五八，3）。

T3③：637，三角形，角尖，尖部锋锐。用动物的长骨片打制成型，尖刃部一侧经刮削加工，尾端基本平齐。长35、宽10、厚8毫米，重2.4克（图五一，5；彩版五八，4）。

T3③：649，长条形，正尖，尖部锋锐。用动物的长骨片打制成型，尖刃部经刮削加工，尾端残断。长18、宽6、厚3毫米，重0.4克（彩版五八，5）。

T3③：839，三角形，正尖，尖部锋锐。用动物的长骨片打制成型，尾端基本平齐。长32、宽12、厚6毫米，重9克（图五一，6；彩版五八，6）。

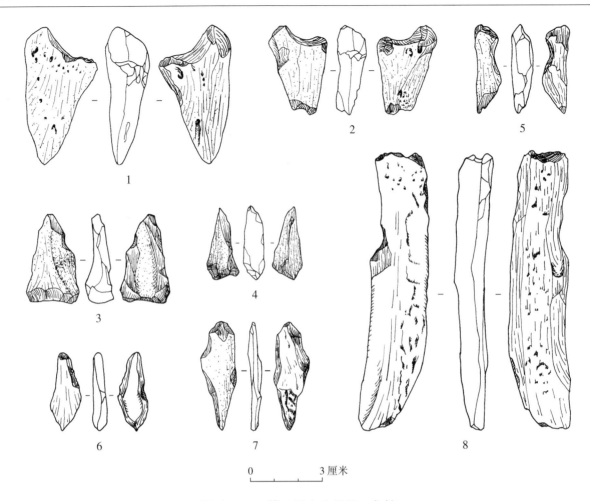

图五一　T3第3层出土骨锥、角铲

1~7. Ca型骨锥（T3③:907、T3③:1449、T3③:325、T3③:634、T3③:637、T3③:839、T3③:985）
8. 角铲（T3③:572）

T3③:985，三角形，角尖，尖部锋锐。用动物的骨片打制成型，尾端基本平齐。骨壁薄。长43、宽14、厚3毫米，重1.6克（图五一，7；彩版五八，7）。

Cb型　336件。双尖。

T3③:1185，三角形，正尖，尖部锋锐。用动物的骨片打制成型。长29.5、宽7.8、厚4.8毫米，重1克（图五二，4；彩版五八，8）。

T3③:873，三角形，角尖，尖部残。用动物的骨片打制而成，尾端有尖。长57、宽14、厚9毫米，重6.4克（图五二，5；彩版五九，1）。

T3③:1100，三角形，角尖，尖部圆钝。用动物的骨片打制成型，尾端残。长49、宽23、厚6毫米，重6.6克（图五二，2；彩版五九，2）。

T3③:1107，三角形，角尖，尖部锋锐。用动物的骨片打制而成。长39、宽14、厚6毫米，重2.2克（图五二，3；彩版五九，3）。

T3 ③：1117，三角形，角尖，尖刃部残。用动物的骨片打制成型，尾端有尖刃。长 31、宽 11、厚 5 毫米，重 1.6 克（彩版五九，4）。

T3 ③：1161，长条形，正尖，尖部锋锐。用动物的骨片打制成型，经刮削，尾端残。长 56、宽 12、厚 6.8 毫米，重 4.2 克（图五二，1；彩版五九，5）。

**角铲**　2 件。

T3 ③：572，大型，长条形，弧刃圆钝。用鹿角打制成片状，定型，尾部平齐。长 110、宽 24、厚 9 毫米，重 21.4 克（图五一，8；彩版五九，6）。

T3 ③：1089，中型，三角形，刃部残。用鹿角打制成片状，定型，尾部打断。残长 73、宽 32、厚 12 毫米，重 18.6 克（彩版五九，7）。

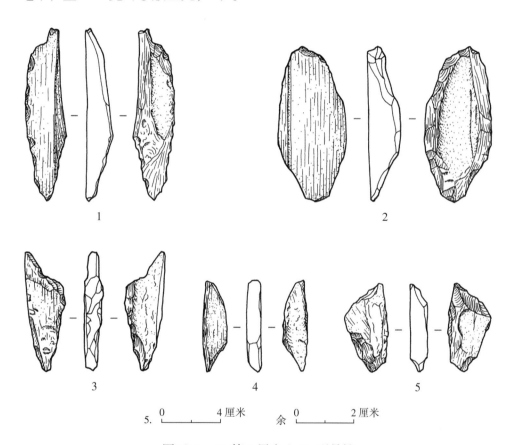

图五二　T3 第 3 层出土 Cb 型骨锥

1. T3 ③：1161　2. T3 ③：1100　3. T3 ③：1107　4. T3 ③：1185　5. T3 ③：873

# 第五章　动物群

## 第一节　哺乳动物群动物化石

**系统记述**

兰坪玉水坪的哺乳动物群经初步鉴定，共 7 科 8 属 12 种。现分述如下。

**兔科**　Leporidae Gray, 1821

　**野兔属**　*Lepus* Linnaeus, 1785

　　**野兔未定种**　*Lepus* sp.

**材料**　保存 $P_3$、$P_4$ 的右下颌骨一件（T3 ①：523）。

　**描述与鉴定**　下颌体的门齿孔至 $P_4$ 部分保存较为完整。颊侧可见保留在齿槽内的门齿残段，颏孔位于 $P_3$ 前下方，颏孔及 $P_3$ 下方有许多滋养孔。舌侧可见在 $P_3$ 下方有一明显的隆凸，为下门齿后端起始处，从下颌联合部的断面看，下颌联合后缘伸至 $P_3$ 前缘。$P_3$ 齿冠面近于梯形，前窄后宽。牙齿颊侧有两条纵沟与二褶皱相对应，后纵沟较深，从颊侧一直延伸至舌侧，使下三角座与下跟座仅在舌侧有釉质层相连。$P_4$ 齿冠面近于梯形，下三角座较下跟座宽。牙舌、颊侧各有一条纵沟分别与舌、颊侧褶皱相对应。颊侧纵沟较深与 $P_3$ 后纵沟相似，舌侧纵沟浅，褶皱较开阔。颌体长 28 毫米，$P_3$ 处颌体高 15 毫米，$P_3$–$P_4$ 长 9 毫米。

　　上述标本的牙齿、颌骨的形态特征和大小与现生野兔几乎没有什么差别，在兔形目中，特别是晚期种类，没有头骨和其他骨骼很难进行种间的对比鉴定，暂定为野兔（*Lepus* sp.）。

**熊科**　Ursidae Gray, 1825

　**熊属**　*Ursus* Linnaeus, 1758

　　**西藏黑熊**　*Ursus Thibetanus* Cuvier, 1823

**材料**　标本有左下犬齿一枚（T2 ⑧：60，彩版六〇，1），下门齿四枚（T3 ①：63，彩版六〇，2，T6 ⑥：4、98，T3 ③：78），左、右下第三臼齿各一枚（T2 ②：45、44）。

　**描述与鉴定**　$C_1$ 保存较完整，仅齿冠舌侧釉质和齿根尖部略有破损，牙齿较为粗壮，呈圆锥状，齿根中部膨大，内缘略弯曲，牙齿全长大于 92 毫米（含齿根），近远中最大径 27 毫米，舌颊最大径 19 毫米。四枚下门齿都保存完整，齿冠基本没有磨损，齿冠基部隆凸，主尖扁圆，齿冠由颊面向舌侧弯曲，舌侧面微凹，中部自主尖向下有一隆起的钝脊，与舌侧齿带相交。近中和远中棱较钝，基部略微隆起，齿冠基部近远中径 7~8 毫米，舌颊侧径 7~8 毫米。左、右下第三臼齿基本保存完整，左下臼齿齿冠前部近舌侧处和右下臼齿前部近颊侧处稍有破损。牙齿齿冠近于椭圆形，近中端略平直，远端较为收缩。齿冠低，齿尖低平。下后尖轻度磨损，与跟座有一脊相连，脊两侧有两凹窝，两凹窝内均有小附尖，下后尖前部还有一浅凹沟。齿根侧扁，中部凹陷，牙齿长 15、宽 12 毫米。

上述标本的大小和形态结构，都表明它们属于熊属（*Ursus*）。从现生标本看，棕熊的 $M_3$ 齿冠后部收缩，使齿冠面近于三角形，而玉水坪标本的 $M_3$ 齿冠近于椭圆形，大小也更接近西藏黑熊[1]，与棕熊区别明显，应归入西藏黑熊。棕熊与黑熊的犬齿形态结构相似[2]，玉水坪标本的犬齿尺寸要明显地大于现生黑熊，而与棕熊更为接近，但考虑到出土标本太少，且西藏黑熊的牙齿变异很大[3]，T2⑧：60 有可能是个体变异的标本，暂归入西藏黑熊。

**鬣狗科** Hyaenidae Gray, 1869

**鬣狗亚科** Hyaeninae Mivart, 1882

**斑鬣狗属** *Crotuta* Kaup, 1828

**最后斑鬣狗** *Crotuta Ultima* Matsumoto, 1915

**材料** 上中门齿两枚（T3①：53、T2⑧：15），右 $P^3$（残破，T3③：81，彩版六〇，3）、右 $P_2$（T2②：50）、右 $P_3$（T2②：49，彩版六〇，4）、右 $P_4$（T2②：48，彩版六〇，5）各一枚。

**描述与鉴定** 两上中门齿的构造完全相同，主尖为扁圆形，唇侧圆隆，舌侧平直，舌侧基部有一对锥状小尖，两小尖之间有一浅沟，齿根侧扁，其中 T3①：53 齿尖没有磨蚀，齿根残损，T2⑧：15 齿尖略有磨耗，齿冠唇侧珐琅质有缺损。牙齿近远中径为 6~7 毫米，舌颊径为 8 毫米。$P^3$ 仅保存有前齿根和前齿冠基部，从残存的齿冠部分可以看出主尖粗大，珐琅质较厚，前齿带发育，前齿根保存完整，特别粗大，在齿根远中面有一靠近舌侧的深沟。$P_2$ 仅保存有主尖前半部，齿尖磨蚀较重，前齿带低且发育。$P_3$ 齿冠保存完整，齿根缺失。牙齿长 23、宽 17 毫米。齿冠高，主尖高耸，近丁锥形，尖部已磨蚀出一椭圆形面。齿带在前部及后舌侧部较明显。主尖前棱始于齿冠 1/2 处，较弱，向下偏向舌侧与前附尖相连，前附尖弱小，与其两边齿带融合；主尖后棱陡直，与后附尖有一浅沟分隔，后附尖大，呈舌颊侧向的脊形。后齿带膨大，与主尖和后附尖之间

［1］李炎贤、雷次玉：《江苏溧水神仙洞发现的动物化石》，《古脊椎动物学报》1980 年第 18 卷第 1 期；吉学平等：
《云南保山塘子沟遗址 2003 年发掘简报》，《第九届中国古脊椎动物学学术年会论文集》，海洋出版社，2004 年。

［2］同号文、刘金毅：《更新世末期哺乳动物群中绝灭种的有关问题》，《第九届中国古脊椎动物学学术年会论文集》，
海洋出版社，2004 年。

［3］云南省博物馆文物工作队：《云南麻栗坡县小河洞新石器时代洞穴遗址》，《考古》1983 年第 12 期。

形成沟槽。$P_4$齿冠保存完整，齿根下半部缺损。牙齿长 25、宽 15 毫米。主尖、前附尖和下后附尖近于侧扁的锥形，轻度磨蚀。主尖前棱与下前附尖有一浅沟分隔，下前附尖较低小，尖部仅在主尖的 1/3 处。主尖后棱与下后附尖前棱有一浅沟分隔，下后附尖高大，其尖部已达主尖的 1/2 处。下内附尖低小，丘形，与主尖、下后附尖之间形成一较为开阔的凹槽，下后附尖有一钝脊伸向槽内，凹槽后部下内附尖旁有一丘形小附尖。

鬣狗牙齿粗壮，珐琅质特别厚，较易与其他食肉类区分开来。我国更新世地层中发现的鬣狗科化石主要有桑氏鬣狗（*Hyaena licente*）、中国鬣狗（*H. sinensis*）、短吻硕鬣狗（*Pachycrocuta brevirostris*）和最后斑鬣狗（*Crocuta ultima*）等。桑氏鬣狗和短吻硕鬣狗的 $P_4$ 粗壮呈锥形，前附尖相对发达而后附尖内侧膨突不显著[1]，与玉水坪标本差别明显。中国鬣狗 $P_3$ 和 $P_4$ 比最后斑鬣狗的宽长（中国鬣狗 $P_3$ 和 $P_4$ 长宽均值分别为 24.8、18.3 及 26.6、18 毫米，最后斑鬣狗 $P_3$ 和 $P_4$ 长宽均值分别为 22.9、17 及 24.7、15.7 毫米），且中国鬣狗 $P_4$ 主尖高而锋利，前、后附尖明显，后齿带发育[2]，形态和大小与玉水坪标本差别也较明显，玉水坪标本从大小及形态上都与最后斑鬣狗相近。

**真象科**　Elephontidae Gray, 1821

　**剑齿象亚科**　Stegodontinae Osborn, 1918

　　**剑齿象属**　*Stegodon* Falconer, 1857

　　　**剑齿象未定种**　*Stegodon* sp.

**材料**　残破的臼齿齿嵴碎片五件（T2⑦：871，彩版六〇，6）及残破门齿碎片两件（T2②：31，彩版六一，1）。

**描述与鉴定**　这些齿嵴碎片都仅为齿嵴的一小部分，齿冠低或中等，有数目不等的小锥形乳突，磨蚀程度小，珐琅质较薄。门齿碎片风化严重，横断面同心圆状构造明显。从乳突和齿嵴形态特征看，将这些标本归入剑齿象。

**犀科**　Rhinocerotidae Owen, 1845

　**犀亚科**　Rhinocerotinae Dollo, 1885

　　**犀属**　*Rhinoceros* Linnaeus, 1758

　　　**犀未定种**　*Rhinoceros* sp.

**材料**　残破左 $P^3$（T3①：54，彩版六一，2）、右 $P^4$（T3②：101，彩版六一，3）各一枚，残破左、右 $DP^3$（T3②：103、102）各一枚、残破下臼齿一枚（T3③：25，彩版六一，4）、右 $P_2$（T3③：26，彩版六一，5）及大量牙齿碎片。

[1] 周本雄：《河南安阳小南海旧石器时代洞穴遗址脊椎动物化石的研究》，《考古学报》1965 年第 1 期。

[2] 吉学平等：《云南保山塘子沟遗址 2003 年发掘简报》，《第九届中国古脊椎动物学学术年会论文集》，海洋出版社，2004 年。

**描述与鉴定**　T3 ①：54 为残破左上第三前臼齿，齿根及齿冠近颊侧部分缺失，牙齿磨耗严重，中谷封闭，小刺与前刺也已围成中窝；舌侧齿带发育。T3 ②：101 为右上第四前臼齿，颊侧后齿根及齿冠舌侧珐琅质缺失，牙齿磨耗严重，已形成中谷和中窝两个凹窝，中窝再稍经磨蚀就可能消失。T3 ②：102 是右上乳第三前臼齿，牙根缺损，齿冠除颊侧珐琅质缺失外，其他部分基本完整，牙齿中度磨蚀；牙齿前肋和后肋基本等大，牙齿前刺和小刺均较发达，经磨蚀后已形成封闭的中窝，后小刺位于此窝内，前小刺位于中谷内。中谷入口处开阔，后谷开口较窄，已近于封闭。牙齿外壁光滑，没有褶皱。牙齿前、后及舌侧齿带发育。T3 ②：103 保存情况及形态与 T3 ②：102 基本相同，只是发育较弱。T3 ③：25 为残破下臼齿，仅保存牙齿颊侧齿冠部分，中度磨蚀，牙齿前叶略高于后叶，两齿叶在颊侧重叠呈阶梯状，后齿带明显。T3 ③：26 为右下第二前臼齿，齿冠保存完好，近于三角形，中度磨蚀，齿根大部残损。前附尖弱小，弯向内侧，原尖舌侧后部和后尖舌侧前部向颊侧收缩形成一开阔的凹口，外壁缓弧形，外中沟不明显，后脊发育，形成牙齿最宽处。

上述牙齿齿冠低；上前臼齿中谷谷口窄而浅，封闭较早；上臼齿前刺发育，无反前刺，这些特征都与晚更新世的常见种类中国犀（*R. sinersis*）相似，但鉴于标本较少，较残破，且多数磨蚀严重，不便进行深入的对比研究，暂不定种。

**鹿科**　Cervidae Gray, 1821

　**鹿亚科**　Cervinae Baird, 1857

　　**鹿属**　*Cervus* Linnaeus, 1758

　　　**斑鹿亚属**　*Cervus (Sika)* Sclater, 1870

　　　　**梅花鹿**　*Cervus (Sika) nippon* Temminck, 1837

**材料**　一件带有部分额骨、角柄、角环及一小段主枝的右角（T3 ②：522，彩版六一，6），一件带角环、主枝和眉枝基部的角（T3 ②：115，彩版六二，1），鹿角枝一段（T2 ②：24，彩版六二，2）。左、右 $P^2$ 各二枚（T2 ⑦：860、T2 ⑧：11、T2 ⑧：59、T2 ⑧：12），左 $P^3$ 一枚（T2 ⑧：13），右 $P^3$ 三枚（T2 ⑦：859、T2 ③：23、T2 ③：72），左 $P^4$ 四枚（T3 ②：77，彩版六二，3、T3 ①：62、T3 ③：73、无号标本一件），右 $P^4$ 六枚（T3 ③：74、T2 ⑥：73、T2 ⑥：68、T3 ③：75、T3 ③：76、无号标本一件），左 $M^1$ 二枚（T2 ⑤：630、T3 ②：92），右 $M^1$ 三枚（T3 ③：65、T3 ③：88、无号标本一件），左 $M^2$ 五枚（T3 ③：67、T3 ②：91、T3 ②：525、T3 ②：528、T3 ③：69），右 $M^2$ 四枚（T2 ②：43、T2 ⑧：7、T3 ③：66、无号标本一件），右 $M^3$ 一枚（T3 ②：88），左 $DP^4$ 一枚（T3 ①：30）。$I_1$ 十四枚（T2 ③：78 等），$I_2$ 或 $I_3$ 九枚（T2 ⑧：16 等），左 $P_2$ 二枚（T2 ⑦：872、无号标本一件），右 $P_2$ 二枚（T2 ⑦：61、无号标本一件），左 $P_3$ 七枚（T3 ②：86、T3 ②：531、T2 ③：26、T3 ②：523、T3 ②：521、T3 ②：57、T3 ②：526），右下 $P_3$ 四枚（T2 ⑦：866、T2 ⑦：873、T2 ⑦：874、无号标本一件），左 $P_4$ 五枚（T2 ⑦：864、T2 ⑦：865、T2 ⑦：867、T3 ①：52、无号标本一件），右 $P_4$ 四枚（T2 ⑧：14、T3 ②：87、T3 ②：527、T3 ②：94），左

$M_1$六枚（T3②：530、T3③：44、T2②：39、T2②：35、T2②：40、T2②：42），右$M_1$三枚（T3①：60、T2⑧：10、T2⑧：34），左$M_2$九枚（T2⑦：863、T6⑥：8、T3①：59、T3①：33、T3①：43、T3①：36、T3①：38、T3①：31、T3①：37），右$M_2$六枚（T2⑥：72、T3③：45，彩版六二，4，T3③：287、T3③：41、T3③：32、无号标本一件），左$M_3$四枚（T3②：81、T3②：83、T3③：47、T3①：61），右$M_3$二枚（T3②：80、T3③：93），左$DP_4$一枚（T2⑥：74）。带$M^1$至$M^3$左上颌骨一件（T2⑦：857，齿列长53毫米），带$P_2$齿根和$P_3$的左下颌残段一件（T2⑦：870，齿列残长约25毫米），带$P_3$及$P_4$的左下颌残段一件（T3③：50，齿列长29毫米），带$P_4$和$M_1$前半部的左下颌残段一件（T2⑥：70，齿列残长24毫米），带$P_4$、$M_1$及$M_2$前半部的右下颌残段一件（T2⑦：861，齿列残长41毫米），带$M_1$后半部和$M_2$的左下颌骨残段一件（T3③：48，齿列残长约29毫米），带残破$M_2$和$M_3$的左下颌骨残段一件（T3③：49，齿列残长约37毫米），带$M_2$和$M_3$的左下颌骨残段一件（T3②：78，齿列残长41毫米），带$M_1$、$M_2$和残破$M_3$的右下颌骨两件（T3②：529，齿列残长约53毫米；T3②：79齿列残长54毫米，彩版六二，5）（表一七）。

表一七　梅花鹿（*Cervus (Sika) nippon*）牙齿测量

| 牙齿部位 | $P^2$ | $P^3$ | $P^4$ | $M^1$ | $M^2$ | $M^3$ | $DP^4$ | $I_1$ |
|---|---|---|---|---|---|---|---|---|
| 长 × 宽（毫米） | 13 ×（11~12） | （12~14）×（13~14） | （11~12）×（15~16） | （15~18）×（19~20） | （18~19）×（20~21） | 20 × 20 | 15 × 16 | （9~12）× 7 |
| 牙齿部位 | $I_{2,3}$ | $P_2$ | $P_3$ | $P_4$ | $M_1$ | $M_2$ | $M_3$ | $DP_4$ |
| 长 × 宽（毫米） | （4~6）×（5~6） | 11 ×（7~8） | （14~15）×（8~9） | （14~16）×（9~11） | （16~19）×（10~12） | （18~20）×（12~14） | （23~25）×（11~12） | 17 × 9 |

**描述与鉴定**

标本T3②：522的角柄部保存完好，向头部后方倾斜，角柄近端与额骨相连，远端与角环相连，角柄后缘高（角环至额骨的长度）约35毫米，前缘高约53毫米，角柄中部前后径约38毫米，内外径约33毫米。角环近于圆形，最大直径50毫米，最小直径44毫米。主枝残，未见眉枝。标本T3②：115保存了角环至眉枝分叉处部分。主枝和眉枝基部较扁平。角环近于圆形，最大直径约52毫米，最小直径约48毫米。眉枝断面近于椭圆形，最大直径31毫米，最小直径21毫米，眉枝近端下缘距角环约32毫米，上缘距角环约65毫米。主枝与眉枝夹角约125°。角表面有浅沟和瘤。标本T2②：24鹿角尖部缺损，远端弯曲，角表面粗糙，有瘤状突起。断面近于椭圆形。

$P^2$　牙齿由四个主尖组成。牙齿前叶较后叶窄。舌侧两个齿尖已基本分离，后小尖前棱末端近于舌侧，与原尖后棱前端重叠，内中凹明显。颊侧两尖未分离，前尖后棱和后尖前棱相融合，前尖高大，发育，前尖外肋明显，后尖低小。后附尖较前附尖发育且位置较高。矢状凹较深，开阔，内棱发育。牙齿的臼齿化趋势明显。

$P^3$　与 $P^2$ 形态基本相同，但前叶加宽，尺寸稍大。

$P^4$　牙齿由两个主尖组成，宽度大于长度，呈单叶型。舌侧主尖出现了分化的趋势，在矢状凹内出现了两个釉质褶（内棱和新棱），靠后的内棱较为发育，将矢状凹一分为二，在磨蚀较重的标本上可见由两棱形成的封闭或半封闭的环状凹窝。后附尖较前附尖位置高，但前附尖较发育。无内中凹。

$M^1$　牙齿由四个新月形的主尖组成。未见新棱、后小尖褶和马刺等结构。后附尖较前、中附尖弱小。内附尖较发育，高度超过齿冠的 1/2 处，内附尖是由两根柱状尖融合而成，在内附尖舌侧可见一明显的浅沟。无后齿带，内齿带不发育，前齿带仅在牙齿前下部近舌侧处较为明显。

$M^2$、$M^3$　比 $M^1$ 略大，形态结构基本相同。

$DP^4$　牙齿臼齿化，形态结构与 $M^1$ 及 $M^2$ 一致，较小，珐琅质较薄。

$I_1$　牙齿轮廓近于铲形，磨蚀面远端一角突出，唇侧面微凸，舌侧面微凹，唇面较为光滑，舌面有几条浅沟，齿冠基部收缩，齿根横切面近于圆形。

$I_2$　牙齿轮廓近于扁长形，比 $I_1$ 窄小，齿根侧扁。

$I_3$　比 $I_2$ 更为窄小，形态结构相似。

$P_2$　由一个突出的主尖和一些小尖组成。主尖（下原尖）强大高耸，其前部为一斜脊状，脊的末端有一小前附尖，下围尖和下前尖还未发育，因而下前凹不存在。下后尖和下次尖较发育，但并不强大。下内尖和下内附尖弱小。下三角凹浅平，下内凹呈浅沟状，下跟凹近于封闭，下次凹浅平。

$P_3$　牙齿各小尖都较 $P_2$ 发育，使得主尖（下原尖）不是特别突出，下原尖与下内尖以古鹿褶相连。下围尖和下前尖已开始分离，下前凹呈浅沟状。下后尖特别发育，前、后棱明显。下三角凹开阔且深，下内凹窄但较深，下跟凹窄而浅，稍加磨蚀后即封闭。下次凹较发育开阔。

$P_4$　牙齿臼齿化显著，已形成类似臼齿的前、后两叶，前叶的形态结构与臼齿前叶相同，后叶体积较前叶小，形态结构也与臼齿的后叶有所不同。具体表现为：牙齿下后尖膨大，其前棱已与下前尖融合，其后棱向后延伸，末端形成了下后附尖；下原尖膨大向颊侧凸出，下原尖前、后棱弯向舌侧与下后尖前、后棱相连，下原尖与下次尖以古鹿褶相连，下三角凹完全封闭。下次尖膨大向颊侧凸出；下内尖未明显膨大，长轴已近于前后向，下跟凹近于封闭。下内凹和下次凹均较发育。

$M_1$　牙齿形态构造简单，前、后叶几乎等大。牙齿由四个新月形主尖组成，唇侧两主尖较宽、较短、较低，向舌侧凸出。舌侧两主尖与之相反。下前齿带较发育。古鹿褶、外齿带、后齿带等均不存在。下外附尖、下前附尖、下后附尖、下内附尖均存在但都不发育。

$M_2$　比 $M_1$ 略大，形态结构基本相同。

$M_3$　牙齿由 3 个叶组成。前两叶的形态结构与 $M_1$ 和 $M_2$ 相同。下内小尖小，下次小尖中等发育。有下后齿带但不发育，无下后外附尖。

DP$_4$　牙齿仅保存齿冠，未被磨蚀。牙齿前窄后宽，主尖侧扁，前后棱较薄锐。下后尖柱状，下次尖及下内尖均较发育，下内附尖弱小。下内凹深沟状，下跟凹封闭。牙齿珐琅质较薄，牙腔中空。

　　从保存的鹿角标本看，眉枝断面近于椭圆形，眉枝与主枝夹角大，主枝和眉枝基部为扁平状，角表面有浅沟及瘤状突起，这些都是斑鹿类鹿角的典型特征。上述牙齿的形态特征也与现生、吉林集安仙人洞和安徽芜湖金盆洞的梅花鹿基本一致，而且牙齿大小也在种间差异范围内[1]。因而上述标本应为梅花鹿(*Cervus (Sika) nippon*)无疑。我国斑鹿的分类和拉丁名的使用一直都较为混乱，近年来一些学者经过考证已将斑鹿定为鹿属下的一个亚属，其拉丁学名为 *Cervus(Sika)*，并逐渐为广大同仁所认可[2]。但斑鹿亚属的种及亚种的分类目前还存在分歧，有将其分为四个种含两个亚种的（化石种类）[3]，有将其分为 9 个亚种的（现生及化石种类）[4]。如果按亚种的分类，玉水坪标本则应归入北京斑鹿（= 斑鹿东北亚种，*C. (S.) n. hortulorum* Swinhoe,1864）。

**鹿科**　Cervidae Gray, 1821

　　**鹿亚科**　Cervinae Baird, 1857

　　　**鹿属**　*Cervus* Linnaeus, 1758

　　　　**水鹿**　*Cervus (Rusa) unicolor* kerr, 1792

**材料**　左 P$^3$ 一枚（T3②：98），左、右 P$^4$ 各一枚（T3③：70、T3②：97），左、右 M$^1$ 各一枚（T2⑧：6、T2⑦：858，彩版六二，6），右 M$^2$ 二枚（T3①：65、T3②：89），左 P$_4$ 一枚（T3②：523），左、右 M$_1$ 各一枚（T3②：39、T3③：92），左、右 M$_2$ 各一枚（T2⑥：71，彩版六三，1，T2⑥：77），左 M$_3$ 一枚（T3②：82）、右 M$_3$ 二枚（T3③：46、T2⑤：628）（表一八）。

表一八　水鹿（*Cervus (Rusa) unicolor*）牙齿测量

| 牙齿部位 | P$^3$ | P$^4$ | M$^1$ | M$^2$ | P$_4$ | M$_1$ | M$_2$ | M$_3$ |
|---|---|---|---|---|---|---|---|---|
| 长 × 宽（毫米） | 17 × 21 | 15 × 20 | （19~21）×（19~21） | （23~24）× 26 | 19 × 11 | （21~24）×（15~16） | （24~26）×（16~17） | 32 × 17 |

**描述与鉴定**

P$^3$　牙齿由四个主尖组成。牙齿前叶略比后叶窄。舌侧两个齿尖已基本分离，内中凹明显。

[1] 云南省兰坪白族普米族自治县志编委会：《兰坪白族普米族自治县志》，云南民族出版社，2003 年，第 1~2、920~921 页。

[2] 云南省兰坪白族普米族自治县志编委会：《兰坪白族普米族自治县志》，云南民族出版社，2003 年，第 1~2、920~921 页；同号文、刘金毅：《更新世末期哺乳动物群中绝灭种的有关问题》，《第九届中国古脊椎动物学术年会论文集》，海洋出版社，2004 年。

[3] 云南省兰坪白族普米族自治县志编委会：《兰坪白族普米族自治县志》，云南民族出版社，2003 年，第 920~921 页。

[4] 云南省兰坪白族普米族自治县志编委会：《兰坪白族普米族自治县志》，云南民族出版社，2003 年，第 920~921 页。

颊侧两尖未分离，前尖后棱和后尖前棱相融合，前、后尖均高大，发育。矢状凹较深，开阔，有新棱和内棱。前、后齿带明显，但不是十分发育。

$P^4$　牙齿由两个主尖组成，宽度大于长度，呈单叶型。舌侧尖略向颊倾斜，矢状凹深而开阔，内棱发育，内齿带明显，但不是十分发育，无内中凹。颊侧主尖高大，前、后附尖均较发育。

$M^1$　牙齿由四个新月形的主尖组成。未见新棱、后小尖褶和马刺等结构。中附尖大而向外突出，后附尖次之，前附尖最小。内附尖较发育，锥形。内齿带及前、后齿带发育。牙齿釉质皱纹明显。

$M^2$　$M^2$（T3 ②：89）比 $M^1$ 略大，形态结构相同。而 T3 ①：65 有新棱和后小尖褶，且内附尖丛生，牙齿釉质皱纹不明显，与 T3 ②：89 存在一定差别，可能是乳齿，有待进一步对比确定。

$P_4$　牙齿有臼齿化的趋势，近于形成类似臼齿的前、后两叶，后叶体积较前叶小，牙齿下后尖发育，其前棱略有破损，从残存部分看，似乎已与下前尖融合，下后尖后棱向后延伸，与下内尖相连，下内尖长轴已转向前后向；下次尖略向颊侧凸出，下原尖高大，略向颊侧凸出，下原尖与下内尖以古鹿褶相连。下三角凹完全封闭。下内凹和下跟凹近于封闭。下内凹和下次凹发育弱，浅沟状。

$M_1$　牙齿形态构造简单，前、后叶几乎等大。牙齿由四个新月形主尖组成。下前齿带发育，位置高，在下原尖前棱形成一个向颊后侧的褶皱。古鹿褶、外齿带、后齿带等均不存在。下外附尖弱，呈尖锥状。下后附尖不发育，下后附尖肋不明显。牙齿釉质皱纹明显。

$M_2$　$M_2$ 比 $M_1$ 略大，形态结构相同。

$M_3$　$M_3$ 前两叶与 $M_1$、$M_2$ 相似，第三叶由下次小尖和下内小尖组成，较前两叶小，向颊侧收缩，下后外附尖存在，但不发育。

上述标本与同地点的梅花鹿在牙齿形态特征存在不少相似之处，但区别也较明显，如：$P^4$ 舌侧主尖未出现分化的趋势，$P_4$ 臼齿化程度较弱，牙齿釉质皱纹较强，$M_3$ 具有下后外附尖等，且尺寸明显较大，不可能归入同一种类。总体形态特征和大小与观音洞、保山塘子沟的水鹿相近[1]，可将其归入水鹿。

**牛科**　Bovidae Gray, 1821

　**山羊亚科**　Caprinae Gill, 1872

　**材料**　下臼齿一枚（T3 ②：100，彩版六三，2）、角近端部一段（T3 ③：107，彩版六三，3）。

　**描述与鉴定**　牙齿形态构造简单，由四个新月形主尖组成，前、后叶几乎等大。牙齿高冠，齿冠壁陡直，颊、舌侧均无附尖。角风化缺损严重，近端保存部分头骨，远端缺失，角基部向后斜。由于材料太少，难于确定其属种。

---

[1] 云南省兰坪白族普米族自治县志编委会：《兰坪白族普米族自治县志》，云南民族出版社，2003 年，第 35~50 页；马安成、汤虎良：《浙江金华全新世大熊猫—剑齿象动物群的发现及其意义》，《古脊椎动物学报》1992 年第 30 卷第 4 期。

**牛科**　Bovidae Gray, 1821

　　**牛亚科**　Bovinae Gill, 1872

　　　**水牛属**　*Bubalus* Smith, 1872

　　　　**水牛未定种**　*Bubalus* sp.

　　**材料**　右 $P^2$ 一枚（T2⑤：629），左 $P^3$ 二枚（T3②：76、T3②：75），左 $P^4$ 一枚（T2⑦：856），左 $M^1$ 二枚（T2⑧：62、T2②：68），右 $M^1$ 一枚（T3②：67，彩版六三，4），左 $M^2$ 二枚（T3②：61、T3②：524），右 $M^2$ 一枚（T2⑧：61），右 $M^3$ 一枚（T3②：62）。下门齿五枚（T3②：73、T3②：74、T3③：86、T2⑥：69、T2⑥：616），右 $DP_2$ 一枚（T2⑦：862），左 $DP_3$ 一枚（T3①：57），右 $P_2$ 一枚（T2⑧：5），左、右 $P_3$ 各一枚（T3②：70、T3②：71），左 $P_4$ 一枚（T3②：72），左 $M_1$ 二枚（T3②：66，彩版六三，5；T3②：60，彩版六三，6），右 $M_2$ 一枚（T2⑦：867，彩版六三，7），左 $M_3$ 二枚（T3②：55、T2⑥：615），右 $M_3$ 四枚（T2⑦：853、T2⑦：869、T3②：59、T3③：27）（表一九）。

表一九　水牛（Bubalus sp.）牙齿测量

| 牙齿部位 | $P^2$ | $P^3$ | $P^4$ | $M^1$ | $M^2$ | $M^3$ | I | $DP_2$ |
|---|---|---|---|---|---|---|---|---|
| 长 × 宽（毫米） | 22×16 | （19~21）×（19~21） | 19×21 | （29~31）×（27~29） | （30~33）×（23~27） | 25×35 | （15~18）×（11~12） | 18×11 |

| 牙齿部位 | $DP_3$ | $P_2$ | $P_3$ | $P_4$ | $M_1$ | $M_2$ | $M_3$ | |
|---|---|---|---|---|---|---|---|---|
| 长 × 宽（毫米） | 26×15 | 16×10 | （19~21）×12 | 20×15 | （26~29）×（18~19） | 30×19 | （39~42）×（19~21） | |

## 描述与鉴定

　　$P^2$　牙齿磨蚀较重。颊侧主尖（前尖）较大，舌侧主尖（原尖）不发育，较小。前附尖弱小，不明显，后附尖高大。前凹（三角凹）呈向舌侧微凸的条带状，无中棱（medial crista）。

　　$P^3$　牙齿形态结构与 $P^2$ 相似，不同的是前附尖和原尖都较 $P^2$ 更为发育，前凹（三角凹）条带状，有中棱。

　　$P^4$　牙齿臼齿化，其形态与臼齿的后叶基本相同。颊侧主尖中等发育，磨蚀面近于椭圆形，前附尖和后附尖同等大小。舌侧尖较发育，向舌侧凸出。前凹较开阔，前部有一珐琅质褶。无中棱。

　　$M^1$　牙齿由四个主尖组成，齿冠面轮廓近于正方形。舌侧主尖凸向舌侧，近于 V 形，原尖比次尖略宽大。颊侧两主尖近于椭圆形，前尖比后尖略膨大。有的标本原尖后棱有一釉质褶皱伸向内凹，有的标本次尖（后小尖）前棱有釉质褶皱伸向内凹或后凹（跟凹）。内附尖较发育，磨蚀后出现一封闭的釉质环。前、中、后附尖均较发育。前谷（三角凹）近于 U 形，后谷（跟凹）近于不规则的三角形。

　　$M^2$　形态结构与 $M^1$ 相同，齿冠面轮廓近于长方形。

$M^3$　形态结构与 $M^2$ 基本相似，区别主要在于 $M^3$ 后侧没有接触痕，后叶较前叶小，后附尖肋特别发育，突出于牙齿后侧面，与后侧面形成一条浅沟。

下门齿　牙齿轮廓近于扇形，上部宽下部窄，磨蚀面远端一角突出，唇侧面微凸，舌侧面微凹，唇面釉质皱纹明显，舌面有几条浅沟，齿冠基部向舌侧膨大，齿根侧扁，横切面近于椭圆形。

$DP_2$　牙齿轻度磨蚀。釉质较薄，釉质皱纹明显。下前尖与下围尖未分离，下原尖侧扁，略有破损。下后尖破损。下内尖、下次尖和下内附尖发育弱。下三角凹浅而开阔，下内凹近于 U 形开口，下跟凹窄浅，稍加磨蚀即消失。下次凹不发育。

$DP_3$　牙齿中度磨蚀，釉质较 $DP_2$ 厚，釉质皱纹明显。下前尖和下围尖开始分离，下前凹为一浅沟状。下原尖发育，略向颊侧凸出。下后尖较大，下后尖后棱向后延伸，下内凹近于封闭。下内尖发育，下内附尖较小，下跟凹封闭。下次尖特别发育，下次尖肋粗大。下次凹明显。

$P_2$　牙齿前窄后宽，磨蚀严重，齿冠面仅在后部近舌侧有一釉质环。

$P_3$　左 $P_3$ 磨蚀严重，齿冠后部有一明显的釉质环。右 $P_3$ 中度磨蚀，下前尖与下围尖开始分离，下原尖高大，下后尖斜向后侧，下内凹近于封闭，下内尖和下次尖中等发育。下次凹不明显。

$P_4$　牙齿形态结构与 $P_3$ 相似，较 $P_3$ 宽，磨蚀严重。

$M_1$　牙齿由四个主尖组成，齿冠面窄长。舌侧两主尖等大，磨蚀面近于椭圆形。颊侧两主尖近于 V 形。前附尖发育，后附尖次之，中附尖不发育，多数标本的中附尖外肋仅从齿冠面向下延伸至齿冠的约 1/2 处。外附尖（底柱）细长，从齿冠基部一直延伸至齿冠的约 2/3 处。

$M_2$　形态结构与 $M_1$ 相同。

$M_3$　前两叶的形态结构与 $M_1$ 相同。跟座较前两叶低，由一个主尖（下次小尖）构成，下次小尖后棱中等发育。下次尖与跟座之间没有附柱（下后外附尖）。

牛类化石均为单个牙齿，进一步属种鉴定较为困难，但从牙齿形态特征和大小，仍可鉴别出有 *Bubalus*（水牛）和 *Bison*（野牛）两个种类。水牛臼齿齿冠面起伏不平，四个主尖都很大，原尖、次尖内侧壁较窄，收缩，不呈缓弧形[1]，$M_3$ 下次尖与跟座之间没有附柱（下后外附尖）[2]，上臼齿内附尖磨蚀后形成一封闭的釉质环。多数牛类标本从形态特征和大小看应归入水牛。由于缺少角枝和肢骨，只能暂定到属。中国的水牛化石有 9 个种，分布在我国东部，北从黑龙江南达广西，西起四川东抵台湾海峡[3]。在云南保山塘子沟、丽江人遗址等都有水牛化石出土[4]。

**牛科**　Bovidae Gray, 1821

**牛亚科**　Bovinae Gill, 1872

［1］云南省兰坪白族普米族自治县志编委会：《兰坪白族普米族自治县志》，云南民族出版社，2003 年，第 2 页。
［2］云南省兰坪白族普米族自治县志编委会：《兰坪白族普米族自治县志》，云南民族出版社，2003 年，第 35~50 页。
［3］云南省兰坪白族普米族自治县志编委会：《兰坪白族普米族自治县志》，云南民族出版社，2003 年，第 50~54 页。
［4］云南省兰坪白族普米族自治县志编委会：《兰坪白族普米族自治县志》，云南民族出版社，2003 年，第 57~69、83~84 页。

## 大额牛属　*Bibos* Hodgson, 1827

### 大额牛未定种　*Bibos* sp.

**材料**　左 $M^1$ 三枚（T3②：63，彩版六四，1，T3②：69，T3②：90），左 $M^2$ 二枚（T3②：64、T2②：31），右 $M^2$ 一枚（T3①：55，彩版六四，2），左 $M^3$ 一枚（T3②：65），下乳门齿一枚（T3①：58），右 $P_3$ 一枚（T3③：95），右 $P_4$ 一枚（T3③：96），左 $M_1$ 或 $M_2$ 三枚（T2⑦：854、T2⑦：884、T3③：28），右 $M_1$ 或 $M_2$ 二枚（T2⑦：855、T3①：56），左 $M_3$ 一枚（T3②：58），右 $M_3$ 三枚（T3②：53，T3②：105，T2②：46，彩版六四，3）（表二〇）。

表二〇　大额牛（*Bison* sp.）牙齿测量

| 牙齿部位 | $M^1$ | $M^2$ | $M^3$ | DI |
|---|---|---|---|---|
| 长 × 宽（毫米） | （25~29）×（26~30） | （31~32）× 30 | 34 × 30 | 21 × 12 |
| 牙齿部位 | $P_3$ | $P_4$ | $M_1$ 或 $M_2$ | $M_3$ |
| 长 × 宽（毫米） | 24 × 13 | 24 × 16 | （29~31）×（20~21） | （42~43）×（19~21） |

### 描述与鉴定

$M^1$　牙齿由四个主尖组成，齿冠面轮廓近于正方形。舌侧主尖凸向舌侧，大小相近，U 形。颊侧两主尖近于椭圆形，等大。次尖（后小尖）后棱有釉质褶皱（马刺）伸向后凹（跟凹）。内附尖发育，磨蚀后与原尖后棱及次尖前棱相融合，在中谷形成一颊向袋状开口的釉质环。前、中、后附尖均较发育。前谷（三角凹）近于 U 形，后谷（跟凹）不规则形。

$M^2$　形态结构与 $M^1$ 相同，齿冠面轮廓近于长方形。

$M^3$　形态结构与 $M^2$ 基本相似，区别主要在于 $M^3$ 后侧没有接触痕，后叶较前叶略小，后附尖肋特别发育，突出于牙齿后侧面。

下乳门齿　牙齿轮廓近于马的门齿，为长冠齿（hypsodont），上部宽、下部窄，磨蚀面远端不突出。釉质较薄。由于咀嚼面没有齿坎，因而不可能是马的门齿，而可能是牛的乳门齿。

$P_3$　牙齿狭长。下围尖与下前尖开始分离，下前凹浅平。下原尖、下后尖、下内尖、下内附尖和下次尖明显，但都不是十分发育。下三角凹开阔。下内凹和下跟凹狭窄，大小相近。下次凹明显，但不发育。

$P_4$　牙齿较 $P_3$ 宽。下围尖与下前尖已完全分离，下前凹明显。下原尖、下后尖、下内尖和下次尖均较 $P_3$ 发育。无下内附尖。下三角凹开阔而深。下内凹窄浅。下次凹发育。

$M_1$ 或 $M_2$　牙齿形态结构与 *Bubalus* sp. 的 $M_1$ 相似，只是略大。

$M_3$　前两叶的形态结构与 $M_1$ 相同。跟座较前两叶略低，由一个主尖（下次小尖）构成，下次小尖后棱特别发育。下次尖与跟座之间有附柱（下后外附尖）。

上述标本除 $P_3$ 和 $P_4$ 较水牛的大外，其他牙齿的大小基本与水牛相近，但形态特征上有一定差别，主要表现为：上臼齿舌侧主尖为 U 形，马刺发育，前谷和后谷较为开阔，内附尖磨蚀后形成一开口的釉质环；$M_3$ 下次尖与跟座之间有附柱，下次小尖后棱特别发育等。牙齿的形态特征与广西柳城巨猿洞、贵州观音洞及保山塘子沟的大额牛（*Bibos*）相近，但尺寸略大[1]。由于没有角及头标本出土，暂不能确定种名。

此外，还有麝（*Moschus*）或獐（*Hydropotes*）的犬齿一枚（T3 ①：64），齿尖和齿根均有部分缺损，在齿根部有圆孔，系人为加工而成，应为一牙饰品。食肉类犬齿一枚（T2 ⑥：75），齿根大部缺损，齿冠呈弯刀状，刃口薄锐，有可能是猫科动物的犬齿。还有大量动物碎骨、碎牙片及少量较完整骨骼（T2 ②：1、T3 ②：112、T3 ②：121、T3 ③：100 、T3 ②：107）（彩版六四，4~8）。

# 第二节　讨论

玉水坪哺乳动物化石均为中国南方大熊猫—剑齿象动物群常见的种类，多为东洋界动物的典型属种。动物群中野兔、黑熊、犀牛、梅花鹿、水鹿、水牛、大额牛等是更新世晚期常见种类，并都延续到了现代。最后斑鬣狗较早出现是在周口店第一地点，与中国鬣狗伴生，它在我国南方的最晚记录是浙江金华的双龙洞（距今 7815±385 年）[2]，在我国北方地区的最晚记录是河南安阳小南海动物群（距今 13075±220 年）[3]。剑齿象在上新世就已出现[4]，在全新世地层中也有发现，如：云南麻栗坡小河洞新石器时代遗址（化石石化程度浅，是否出自文化层还有待确认）[5]、浙江金华双龙洞动物群（东方剑齿象（*Stegodon orientalis*））。最后斑鬣狗和剑齿象过去普遍被认为是更新世末期的绝灭种类，现在看来已延续到了全新世，它们的最后灭绝可能与距今约 5000年的降温事件有关[6]。玉水坪动物群既无古老残存种类，也无中更新世的典型种，综合动物群的组成、时代和化石的石化程度，将其时代初步定为晚更新世晚期至全新世早期。动物群的时代与保山塘子沟动物群相同或稍早。

玉水坪动物群中西藏黑熊是典型的山地林栖动物，与最后斑鬣狗相似的现生非洲斑鬣狗生活

［1］云南省兰坪白族普米族自治县志编委会：《兰坪白族普米族自治县志》，云南民族出版社，2003 年，第 35~50、57~69、113~114 页。

［2］马安成、汤虎良：《浙江金华全新世大熊猫—剑齿象动物群的发现及其意义》，《古脊椎动物学报》1992 年第 30 卷第 4 期。

［3］李炎贤、雷次玉：《江苏溧水神仙洞发现的动物化石》，《古脊椎动物学报》1980 年第 18 卷第 1 期。

［4］云南省博物馆文物工作队：《云南麻栗坡县小河洞新石器时代洞穴遗址》，《考古》1983 年第 12 期。

［5］周本雄：《河南安阳小南海旧石器时代洞穴遗址脊椎动物化石的研究》，《考古学报》1965 年第 1 期。

［6］同号文、刘金毅：《更新世末期哺乳动物群中绝灭种的有关问题》，《第九届中国古脊椎动物学学术年会论文集》，海洋出版社，2004 年；马安成、汤虎良：《浙江金华全新世大熊猫—剑齿象动物群的发现及其意义》，《古脊椎动物学报》1992 年第 30 卷第 4 期。

在热带、亚热带稀树草原和半荒漠地区，水鹿和斑鹿生活在林缘草地或灌丛和水边环境，水牛、大额牛、犀牛等是典型的热带、亚热带森林沼泽种类，生活在温暖、湿润的环境。动物组合所反映出当时的玉水坪古环境应为山地森林，林中有山间盆地，盆地中有河流、沼泽和草地，气候应较温暖、湿润。

玉水坪动物化石中肉食类仅有三种，标本数量稀少；其余动物均为素食动物，鹿类标本最多，牛类标本次之。动物骨骼大都破碎，风化严重，几乎没有完整的肢骨，碎骨表面基本未见到啮齿类或肉食类的咬痕。碎骨具尖形和舌形端的较多，说明碎骨多数是在骨干中部受重击而产生的。动物标本都是和石制品同层位出土。上述这些现象说明了化石的堆积应是古人捕食的结果。

# 第六章　结　语

## 第一节　遗址的性质分析

T3 位于洞内，T2 位于洞外岩厦。发掘过程中并未发现两处地层的直接对应关系，但是二者应为同时期堆积。从测年数据上看，T3 第 3 层与 T2 下文化层年代接近；从石器遗存的分析上也反映出二者的同时代性。

从对整个遗址的工具分析上来看，两个探方石器在加工技术上并没有本质的区别，都是以片状毛坯为主，硬锤加工，对工具的修理多集中在石器边缘，疤痕多为连续分布，修理的刃缘较长，有的工具整个刃缘都经修理。可能因为原料的限制，石器中精制品较少。加工技术上的突破应是 T2 上文化层出现了磨刃技术，但是因为遗址中仅出土一件磨刃工具，给进一步分析研究带来困难。

从工具的组合上来看，T3 出土石器中三类工具在数量上、比例上占绝对优势，T2 出土石片众多，以小型为主，而且剥片或修理工具时产生的废片也占一定比例；T2 出土石核和石锤在数量上、比例上都高于 T3，而且前者石核个体较后者大很多，利用率却很低；T2 还出土未经剥片的石料。可以想象，当时的人类将从不远处的通甸河中挑选的砾石原料搬到洞外岩厦进行打片，修理成工具，然后带到洞内使用。将大的石核留在洞外，质地好的较小石器带回洞内。在洞内也可能会进行一些简单的剥片。

T3 反映的剥片技术较单一，均为锤击法，T2 也以锤击法为主要剥片方法，同时发现有平面垂直砸击石片及碰砧石核。作为遗址中石器加工的主要区域，T2 出现不同的剥片方法的概率更高。

遗址中，与石器同时出土了 3000 多件骨制品，可以推测，在这些石器中有一部分是用于骨制品的加工。

骨制品大都是用动物的长骨片制成，其制作似已形成一定的加工工序。先打碎或劈裂动物的肢骨，选其中的可用材料，截取所需长度，对原材料进行打击加工，少量再经刮削加工，使尖刃部锋利，器身相对平滑。多数骨器标本，在一侧或两侧、一端或两端可见多个骨片疤，而且相连，表明是连续打击的，可排除是敲骨取髓所致。部分器物为直接使用打制成型的骨片。角制品多数用鹿角打制而成。器形主要有锥、铲、镞形器、矛头形器、钩形器等。

　　因为此洞穴系发育在二叠系灰岩层面中的溶洞，经年累月，洞穴内很多石器上附着一层白色的碳酸钙沉积物，但是洞内堆积并无水流迹象，石器和骨制品也没有流水搬运痕迹。岩厦部分出土石器长年经风吹日晒，大多风化严重，但也未见流水搬运痕迹。此遗址应为原地埋藏，可能承担着加工大量骨制品的功能。

# 第二节　遗存年代

　　玉水坪地处横断山区，属澜沧江流域。它与云贵地区发现的其他旧石器时代遗址既有相似性，又有所不同。它更像是同时期遗址特色的集合地，但是与其又不尽相同。

　　云南旧石器时代晚期的塘子沟遗址，原料也是选用附近河滩、江滩砾石，成分以硅质岩、砂岩为主。石器类型包括石核、石片、砍砸器、刮削器、尖状器、琢孔石器、琢坑石器、石砧、普通石锤、敲砸器、单平面砾石手锤、石弹丸及砺石，其中单平面砾石手锤最具特色[1]。玉水坪在类型上与之有很多相似之处，包括石核、石片、砍砸器、刮削器、尖刃器、石锤等。但是它以刮削器及尖刃器为主，不见塘子沟典型的单平面砾石手锤，不见琢孔石器、琢坑石器、石弹丸、砺石等，也有钻器、雕刻器、铲形器等塘子沟遗址不见的器形。在剥片方法上，两处遗址都以锤击法为主，兼用砸击法，有修理台面技术。石器加工上，玉水坪较塘子沟稍精细，采用复向加工。塘子沟遗址出土骨制品原料多为哺乳动物的肢骨、髋骨等，加工方法是琢磨为主、兼用刮制，个别器物为直接使用打制成型的骨片，器形有锥、针、镞、饰品等。骨器加工上，玉水坪和塘子沟较为相似，玉水坪的骨制品以打制居多。塘子沟遗址的时代，经第二次的发掘者对所出土的文化遗物的初步研究，可以确定该遗址存在有局部磨光石器，遗址的性质应为旧石器时代向新石器时代过渡时期，而不是原先认为的旧石器末期。根据新发现的哺乳动物组合特征判断，塘子沟动物群的时代应为晚更新世末期，而不是原先认为的全新世早期。塘子沟遗址第一次发掘的碳-14测年结果为距今8000年左右[2]，此年代应为晚期堆积年代较合适。

　　保山施甸县老虎洞遗址在塘子沟遗址南部。遗址出土石制品类型简单，共包括石核、石片、似石叶、手镐、砍砸器、刮削器6种类型。遗址剥片技术以锤击法为主，工具类型中以刮削器为主。刮削器多以小型石片为毛坯。手镐、砍砸器等工具主要以较大的砾石为毛坯，刃部都以锤击法单向加工而成。石核剥片率不高，多自然台面。玉水坪器形较之多样，除石核、石片、砍砸器、刮削器等共有器形外，也有钻器、雕刻器、铲形器等老虎洞遗址不见的器形。在剥片方法上，两

[1]吉学平等：《云南保山塘子沟遗址2003年发掘简报》，《第九届中国古脊椎动物学学术年会论文集》，海洋出版社，2004年；云南省博物馆、保山地区文物管理所、保山市博物馆联合发掘队：《塘子沟旧石器遗址发掘报告》，《保山史前考古》，云南科技出版社，1992年。

[2]云南省博物馆、保山地区文物管理所、保山市博物馆联合发掘队：《塘子沟旧石器遗址发掘报告》，《保山史前考古》，云南科技出版社，1992年。

处遗址都以锤击法为主，玉水坪遗址技术较老虎洞遗址成熟，加工也稍精细，多采用复向加工。笔者在施甸县文管所库房见到从遗址采集回来的骨制品，多打制，有经刮磨的，一些骨制品上的加工痕迹清晰。玉水坪的骨制品和老虎洞的极为相似。老虎洞遗址动物群代表热带、亚热带森林动物群，属大熊猫—剑齿象动物群，时代为更新世晚期。1989 年 12 月，云南省地震局测得的碳 –14 年代数据为距今 18408±1181 年，但取样层位不清，大致推测相当于 2005 年勘探测得地层剖面的第 2~3 层。研究者认为该遗址的碳 –14 测年结果为距今 3.0 万 ~1.8 万年之间[1]。

贵州贵阳开阳县打儿窝遗址可分为上下两部分堆积，下部堆积与玉水坪遗址年代较为相近，石器特征较为相似。石器类型有石砧、石锤、刮削器、尖状器、砍砸器等。打制石器多为小型。打片技术以锤击法为主，少量砸击和锐棱斜向砸击。与玉水坪不同之处是打儿窝遗址加工技术以反向加工为主。打儿窝遗址下部堆积共有骨制品 2173 件，其中包括骨器 1009 件，骨片 1098 件，骨器半成品 66 件。骨器均为打制，多以动物肢骨为原料。骨器器形有尖状器、铲形器、骨铲、骨锥、骨刀和以犀牛、鹿、象等动物牙齿加工的牙器，以及用鹿角加工的角器等。骨器加工方法落后，以打、琢、刮削为主，兼以切割，磨制加工仅限极少量的骨器刃部，修理加工多是由骨管表面向骨腔内面加工。玉水坪遗址的骨制品，从器形和加工技术上看和打儿窝遗址较相似，石器制作上也有相似之处。打儿窝遗址下部堆积年代推测为距今 27000~15000 年[2]。

玉水坪遗址与穿洞遗址早期文化石器特征上多有相似。锤击法为主，多正向加工，工具毛坯多为片状，但是玉水坪遗址石器个体较大。所出骨制品与穿洞遗址骨器有诸多相似之处，穿洞遗址骨器多出自晚期堆积，磨制精细，玉水坪遗址以打制为主，时代应比其早。贵州穿洞遗址的年代，下部地层的碳 –14 数据为距今 1.6 万年，中部（来自第 6 层）为距今 9610±100 年，上部第 3 层为距今 8080±100 年，遗存早期时代为距今约 1.5 万年[3]。

云南东部地区的富源县大河遗址发掘，获评 2006 年度全国十大考古新发现。遗址分上、下两个文化层，上下两个文化层石制品使用石料一致。石器制作技术方面，两个文化层基本相似，都是以锤击法为主，偶有锐棱砸击法。上文化层还发现有少量骨制品。两个文化层出土石制品主要有盘状石核、柱状石核、长方形石核、勒瓦娄哇石片、边刮器、端刮器、锯齿刃器、尖刃器、凹缺器、雕刻器、砍砸器、石片、断块等。玉水坪遗址的石器制作，以锤击法为主，偶有砸击法，这和大河遗址相近，但是玉水坪遗址少见莫斯特文化特征。大河遗址上文化层的第 3、4 层碳 –14 测年数据分别为距今 3.5 万和 3.8 万年，下文化层的铀系法测年数据为 4.4 万 ~4.1 万年，可将该

［1］朱之勇、吉学平：《云南保山老虎洞旧石器遗址石器研究》，《边疆考古研究》（第 9 辑），科学出版社，2010 年。

［2］贵州省文物考古研究所：《贵州开阳打儿窝岩厦遗址试掘简报》，《长江文明》2013 年第 1 期。

［3］张森水：《穿洞史前遗址（1981 年发掘）初步研究》，《人类学学报》1995 年第 2 期；俞锦标：《贵州普定县穿洞古人类化石及其文化遗物的初步研究》，《南京大学学报》1984 年第 1 期；毛永琴、曹泽田：《贵州普定穿洞史前遗址试掘中的石制品》，《贵州科学》2009 年第 4 期。

遗址的年代暂定为距今 5 万 ~ 3 万年[1]。

2008 年 8 月发现象鼻洞遗址，遗址位于剑川县甸南镇印合村委会合江村西北桃源河北岸近山麓的二级阶地上方象鼻子洞内及洞前阶地中。象鼻子洞洞口处高于桃源河河面 50 米，海拔 2240 米。遗址可分为象鼻子洞内堆积及洞口下方桃源河二级阶地堆积两个部分。象鼻子洞系石灰岩溶蚀而成，洞口朝向为南偏东 30°，洞口高约 7 米，宽约 10.5 米，洞穴进深约 16.3 米，洞内面积约 100 平方米，有文化堆积的面积约为 50 平方米，其他地方出露基岩和河流沉积岩。2009 年 11~12 月、2013 年 6 月勘探。共出土碎骨 556 件，其中有明显破碎痕迹的 40 件；出土石制品共 158 件，石制品的岩性主要有砂岩、碳酸盐岩、石英砂岩等，以前两种为主；工具主要有薄刃斧、刮削器、凹缺器、砍砸器和石锤；石制品的打片技术以锤击法为主，对刃部的加工模式主要是正向和反向加工。象鼻洞 BA132077（样品原编号 08T3-59）的碳 -14 测年数据为 9805 ± 50 年，经树轮校正后约为距今 11000 年[2]。象鼻洞遗址到玉水坪遗址直线距离不到 100 千米，都属于澜沧江水系。从出土资料上看，象鼻洞遗址出土的石器和骨制品同玉水坪遗址出土的有许多相似的地方，其年代应大致相同。

玉水坪遗址 2005 年发掘，从 T2、T3 两个探方地层出土骨骼中选出骨密质度较好的 4 个碳 -14 标本，送往北京大学碳十四测年实验室测年。数据如表二一：

**表二一　兰坪玉水坪遗址碳 -14 年代测定数据表**

| 实验室编号 | 样品 | 样品原编号 | 碳 -14 年代（距今） | 数据来源 |
|---|---|---|---|---|
| BA090829 | 骨骼 | T3 ② | 17895 ± 75 | 北京大学第四纪年代测定实验室 |
| BA090830 | 骨骼 | T3 ③ | 32380 ± 170 | 北京大学第四纪年代测定实验室 |
| BA090831 | 骨骼 | T2 ⑦ | 38330 ± 145 | 北京大学第四纪年代测定实验室 |
| BA090832 | 骨骼 | T2 ⑤ | 3290 ± 35 | 北京大学第四纪年代测定实验室 |

从测年数据看，遗址的年代为距今 38330~17895 年，年代跨度较大。T2 ⑤的测年为距今 3290 ± 35 年，年代偏晚，可能为标本问题。测年标本用动物骨骼应比同层中取的炭样标本好，测年数据也应更为可靠。

结合前面和各遗址文化内涵、年代的对比及遗址本身碳 -14 测年数据，玉水坪遗址的年代应比富源大河遗址晚，比穿洞遗址、塘子沟遗址早，和老虎洞遗址、象鼻洞遗址、开阳县打儿窝遗址年代相当。玉水坪遗址属旧石器时代的遗存年代可暂定为距今 3 万 ~1.5 万年，属旧石器时代晚期。

[1] 吉学平等：《大河洞穴之魅——富源大河旧石器遗址揭秘》，《中国文化遗产》2008 年第 6 期；仕学、欣然：《中国十大考古发现——富源大河旧石器遗址发掘揭秘》，《云南日报》2007 年 4 月 16 日第 9 版。
[2] 大理白族自治州文物管理所、云南省文物考古研究所、剑川县文物管理所：《剑川象鼻洞旧石器遗址研究》，文物出版社，2015 年。

玉水坪遗址洞内上层受到严重扰动，从搜集到的陶片、磨制石器等遗物推测，玉水坪遗址上层年代为云南新石器时代晚期。

## 第三节 发掘意义

兰坪县地处横断山脉滇西北纵谷区，隶属怒江傈僳族自治州，东接剑川县、丽江市，南邻云龙县，西靠泸水市、福贡县，北至维西县。玉水坪遗址在通甸河东岸，通甸至河西乡公路的右侧上方金鸡岩上，洞口高出通甸河面约 20 米。洞穴发育在二叠系灰岩层面中，属溶洞类型。洞口高 1.5、宽 1.55、进深 8.8、洞内宽 4.7 米，洞口面向东南，通甸河以西地方相对平整，通甸河向西北方向流入澜沧江。遗址所属区域为澜沧江上游地区。

滇西地区的旧石器时代考古工作开展得较早，但发现不多，做过考古发掘工作的遗址较少。1956 年在丽江木家桥村发现丽江人旧石器点，1964 年 3 月 6 日，丽江县文化馆上报在修渠工程中发现人类头骨，后研究者命名为"丽江人"[1]。1975 年 10 月，云南省博物馆及保山地、县文化干部在保山蒲缥考察时发现塘子沟化石点。1981 年 11 月 5 日，保山地区在文物普查该化石点时，采集到一批打制石器、动物化石等，并确认为旧石器文化遗址[2]。1981 年 10 月 1 日，在临沧沧源农克硝洞发现哺乳动物化石和打制石器，定为旧石器时代遗址，是滇西南首次发现[3]。1986 年 12 月 26 日至 1987 年 1 月 9 日，为揭示保山塘子沟遗址的文化面貌，确定其时代归属等，经文化部（1986 年考执字第 193 号文）批准，由云南省博物馆、保山地区文管所、保山市博物馆等组成联合发掘队，对该遗址进行考古发掘工作，发掘 5 米 ×5 米探方 5 个，共计 125 平方米，获标本 2300 余件[4]。1987 年 1 月 1 日，乐琪在施甸县城南 20 千米处的姚关乡石坝庙房山西麓发现老虎洞遗址，据采集石器面貌和动物化石初步判定为旧石器时代晚期遗址[5]。2008 年 8 月 27 日至 30 日，云南省文物考古研究所、大理州文管所、剑川县文管所联合考察了位于剑川甸南镇印合村合江自然村的"鼻子洞"，对遗址进行了勘探工作，并对出土物进行初步研究，认定其是一处旧石器时代遗址[6]。2016 年 7 月 31 日，临沧市文物管理所考古调勘队员在镇康县军赛民族乡街道东北角，南汀河西岸二级阶地后缘高出阶地面 30 米的佛洞地洞穴内发现大量石制品、

［1］林一璞、张兴永：《云南丽江木家桥发现的哺乳类化石和旧石器》，《地层古生物论文集》（第七辑），1978 年；云南省博物馆：《云南丽江人类头骨的初步研究》，《古脊椎动物与古人类》1977 年第 15 卷第 2 期。
［2］张兴永：《云南第四纪哺乳动物化石及其动物群的划分》，《地层古生物论文选集》，云南省地质学会编印，1979 年。
［3］宗冠福、黄学诗：《云南保山蒲缥全新世早期文化遗物及哺乳动物的遗存》，《史前研究》1985 年第 4 期。
［4］云南省博物馆、保山地区文物管理所、保山市博物馆：《云南保山塘子沟旧石器时代遗址发掘简报》，《考古与文物》1989 年第 6 期。
［5］刘建辉：《剑川象鼻洞》，云南省文物考古研究所内部报告，2008 年。
［6］乐琪：《老虎洞旧石器遗址》，《保山史前考古》，云南科技出版社，1992 年。

陶片及骨、角、蚌器等文化遗物和灰烬层等文化遗迹。2017年11月，云南省文物考古研究所、临沧市文物管理所、耿马县文体局联合组队，对佛洞地遗址进行发掘，发掘面积20平方米[1]。

通过对玉水坪遗址的科学发掘，收获较大。

（1）这是第一次对澜沧江上游旧石器时代遗址进行的科学发掘。之前在滇西地区进行科学发掘的旧石器时代遗址只有怒江流域的保山蒲缥塘子沟遗址，遗址为旷野型遗址，位于山丘台地上[2]。

（2）通过发掘，我们弄清了该遗址上层堆积为新石器时代晚期遗存，下层堆积为旧石器时代晚期遗存，洞口的坍塌时间应该在距今3800年以后。1976年因修河堤开山取石及后来玉水坪村村民又将文化层堆积当肥料挖去施放在玉米地里，使遗址受到破坏，在2005年的发掘前，我们还认为该遗址为新石器时代晚期遗址。

（3）通过科学的发掘工作，可以了解到这一区域旧石器时代晚期文化的大致面貌。石制品工业所体现出的总体特征与我国西南地区旧石器时代晚期的石器工业特征是基本一致的，骨制品的加工及技术是这一区域的重要特点。

（4）通过科学的发掘工作，已经基本掌握了遗址下层堆积的年代范围，遗存年代大致为距今3万~1.5万年。

（5）通过对遗址的科学发掘，我们基本掌握了此区域旧石器时代晚期洞穴遗址的基本特征，为找到此类型遗址积累了宝贵的经验。此类型遗址：①洞口朝向基本向东，玉水坪遗址在冬季，太阳初升时就能照到洞口，保证取暖；②洞穴遗址前面近处有一条小河流过，取水方便；③洞口高于河面15米以上，有较好的防护作用；④遗址前有一块相对平整的小坝子，以便于狩猎，获取所需食物用品。

兰坪玉水坪遗址发掘也是怒江州境内的第一次考古发掘，具有里程碑意义。它的发掘，改变了人们对该遗址的传统认识，将当地有人类活动的历史至少推前了10000年，并为研究澜沧江流域的人类活动和考古学文化提供了重要资料。

---

[1] 云南省文物考古研究所网站，热点跟踪，2017年11月22日。

[2] 大理白族自治州文物管理所、云南省文物考古研究所、剑川县文物管理所：《剑川象鼻洞旧石器遗址研究》，文物出版社，2015年。

附表一　兰坪玉水坪遗址出土石器登记表

| 器物号 | 类型 | 原料 | 长（毫米） | 宽（毫米） | 厚（毫米） | 重（克） | 端刃角（°） | 状态（毫米） | 左刃角（°） | 状态（毫米） | 右刃角（°） | 状态（毫米） | 尖角（°） | 加工方向 | 毛坯 | 形状 | 备注 |
|---|---|---|---|---|---|---|---|---|---|---|---|---|---|---|---|---|---|
| T2①：2 | 石锤 | 石英砂岩 | 158 | 106 | 51 | 117.8 | | | | | | | | | | | |
| T2①：3 | 断块 | 石英砂岩 | 48 | 69 | 19 | 88 | | | | | | | | | | | |
| T2①：4 | 断块 | 石英砂岩 | 78 | 55 | 27 | 154.4 | | | | | | | | | | | |
| T2①：5 | 断块 | 细碧岩 | 62 | 50 | 26 | 97.6 | | | | | | | | | | | |
| T2①：6 | 单尖尖刃器 | 细碧岩 | 1070 | 57 | 31 | 216.8 | | | | | | | 88.5 | 错向 | 片状 | | |
| T2①：7 | 刮削器 | 细碧岩 | 88 | 54 | 35 | 150.2 | 57.2 | 48 | | | | | | 复向 | 片状 | | |
| T2①：8 | 二类工具 | 细碧岩 | 65 | 55 | 16 | 70.4 | 58.2 | 70 | | | | | | | 片状 | | |
| T2①：9 | 二类工具 | 石英砂岩 | 80 | 56 | 38 | 140.2 | 60.1 | 35 | | | | | | | 块状 | | |
| T2②：4 | 石钻 | 安山玢岩 | 173 | 123 | 92 | 3250 | | | | | | | | | | | |
| T2②：7 | 断块 | 石英砂岩 | 125 | 80 | 44 | 583.6 | | | | | | | | | | | |
| T2②：10 | 断块 | 石英砂岩 | 156 | 67 | 36 | 428.6 | | | | | | | | | | | |
| T2②：15 | 二类工具 | 细碧岩 | 90 | 90 | 34 | 306 | 54.1 | 150 | | | | | | | 片状 | | |
| T2②：16 | 石锤 | 石英砂岩 | 126 | 89 | 43 | 683.4 | | | | | | | | | | | |
| T2②：17 | 石锤 | 石英砂岩 | 76 | 61 | 32 | 156.2 | | | | | | | | | | | |
| T2②：18 | 断块 | 细碧岩 | 101 | 101 | 56 | 770.8 | | | | | | | | | | | |
| T2②：19 | 砍砸器 | 石英砂岩 | 85 | 91 | 46 | 463 | 65 | 50 | | | | | | | 片状 | | |
| T2②：21 | 刮削器 | 细碧岩 | 99 | 50 | 25 | 125.4 | | | 62.1 | 13.1 | | | | 正向 | 块状 | | |
| T2②：22 | 砍砸器 | 细碧岩 | 75 | 121 | 52 | 550 | 63.5 | 111 | | | | | | 复向 | 砾石 | | |
| T2②：23 | 石锤 | 细碧岩 | 94 | 75 | 49 | 430 | | | | | | | | | | | |
| T2②：25 | 石锤 | 石英砂岩 | 70 | 39 | 18 | 70.8 | | | | | | | | | | | |
| T2②：26 | 石锤 | 石英砂岩 | 53 | 30 | 17 | 34.8 | | | | | | | | | | | |

续附表一

| 器物号 | 类型 | 原料 | 长（毫米） | 宽（毫米） | 厚（毫米） | 重（克） | 端刃角（°） | 状态（毫米） | 左刃角（°） | 状态（毫米） | 右刃角（°） | 状态（毫米） | 尖角（°） | 加工方向 | 毛坯 | 形状 | 备注 |
|---|---|---|---|---|---|---|---|---|---|---|---|---|---|---|---|---|---|
| T2②:27 | 断块 | 细碧岩 | 54 | 27 | 18 | 33.4 | | | | | | | | | | | |
| T2②:28 | 断块 | 细碧岩 | 25 | 24 | 9 | 6 | | | | | | | | | | | |
| T2②:30 | 石锤 | 石英砂岩 | 93 | 126 | 59 | 852.4 | | | | | | | | | | | |
| T2③:3 | 刮削器 | 细碧岩 | 57 | 52 | 16 | 55 | | | 48.9 | 38 | 37.9 | 87 | | 复向 | 片状 | | |
| T2③:4 | 刮削器 | 细碧岩 | 76 | 83 | 23 | 147.4 | 34 | 66 | | | | | | 复向 | 片状 | | |
| T2③:5 | 刮削器 | 细碧岩 | 57 | 58 | 19 | 75 | | | 52.1 | 52 | | | | 复向 | 片状 | | |
| T2③:6 | 砍砸器 | 细碧岩 | 96 | 84 | 64 | 587.2 | 87.5 | 48 | | | | | | 复向 | 块状 | | |
| T2③:7 | 石料 | 安山玢岩 | 170 | 113 | 89 | 1556.6 | | | | | | | | | | | |
| T2③:8 | 双尖尖刃器 | 细碧岩 | 93 | 64 | 27 | 163 | | | | | | | 108 | 复向 | 片状 | | |
| T2③:9 | 砍砸器 | 安山玢岩 | 147 | 75 | 62 | 956.6 | | | | | | | | 复向 | 砾石 | | |
| T2③:10 | 刮削器 | 泥质灰岩 | 95 | 79 | 31 | 288.8 | | | 71 | 91 | | | | 复向 | 片状 | | |
| T2③:12 | 断块 | 细碧岩 | 88 | 53 | 47 | 279 | | | | | | | | | | | |
| T2③:13 | 石料 | 石英砂岩 | 146 | 110 | 76 | 1496 | | | | | | | | | | | |
| T2③:15 | 断块 | 细碧岩 | 88 | 43 | 25 | 72.6 | | | | | | | | | | | |
| T2③:16 | 断块 | 细碧岩 | 63 | 64 | 39 | 201.6 | | | | | | | | | | | |
| T2④:1 | 单尖尖刃器 | 细碧岩 | 64 | 92 | 24 | 104.6 | 41.2 | 81 | 21.7 | 48 | | | 111.7 | 复向 | 片状 | | |
| T2④:3 | 刮削器 | 石英砂岩 | 94 | 79 | 20 | 146 | 32 | 100 | | | | | | 复向 | 片状 | | |
| T2④:5 | 砍砸器 | 石英砂岩 | 97 | 88 | 38 | 329.2 | 80.5 | 54 | | | | | | 正向 | 片状 | | |
| T2④:6 | 砍砸器 | 石英砂岩 | 93 | 120 | 37 | 363 | 86 | 91 | | | | | | 复向 | 片状 | | |
| T2④:7 | 砍砸器 | 石英砂岩 | 78 | 113 | 25 | 258.2 | 73.2 | 92 | | | | | | 复向 | 片状 | | |
| T2④:9 | 石锤 | 安山玢岩 | 129 | 85 | 64 | 765 | | | | | | | | | | | |

续附表一

| 器物号 | 类型 | 原料 | 长(毫米) | 宽(毫米) | 厚(毫米) | 重(克) | 端刃角(°) | 状态(毫米) | 左刃角(°) | 状态(毫米) | 右刃角(°) | 状态(毫米) | 尖角(°) | 加工方向 | 毛坯 | 形状 | 备注 |
|---|---|---|---|---|---|---|---|---|---|---|---|---|---|---|---|---|---|
| T2④：10 | 石锤 | 石英砂岩 | 52 | 67 | 52 | 238.8 | | | | | | | | | | | | |
| T2④：12 | 单尖尖刃器 | 细碧岩 | 99 | 66 | 34 | 213.4 | | | | | | | | 126 | 复向 | 片状 | | |
| T2④：13 | 断块 | 石英砂岩 | 57 | 51 | 16 | 74.6 | | | | | | | | | | | | |
| T2④：14 | 石锤 | 石英砂岩 | 82 | 64 | 50 | 379.2 | | | | | | | | | | | | |
| T2④：15 | 断块 | 石英砂岩 | 80 | 70 | 34 | 232 | | | | | | | | | | | | |
| T2④：17 | 断块 | 石英砂岩 | 61 | 39 | 37 | 133.2 | | | | | | | | | | | | |
| T2④：19 | 石锤 | 石英砂岩 | 83 | 26 | 37 | 82.4 | | | | | | | | | | | | |
| T2④：20 | 断块 | 石英砂岩 | 47 | 41 | 38 | 90.8 | | | | | | | | | | | | |
| T2④：22 | 刮削器 | 细碧岩 | 84 | 60 | 17 | 95.2 | | | 62 | 79 | | | | | 正向为主 | 片状 | | |
| T2④：23 | 断块 | 石英砂岩 | 63 | 39 | 30 | 56.8 | | | | | | | | | | | | |
| T2④：24 | 石锤 | 石英砂岩 | 64 | 52 | 22 | 93.4 | | | | | | | | | | | | |
| T2④：25 | 断块 | 细碧岩 | 35 | 31 | 18 | 20.4 | | | | | | | | | | | | |
| T2④：26 | 断块 | 石英砂岩 | 31 | 32 | 10 | 13 | | | | | | | | | | | | |
| T2④：27 | 刮削器 | 石英砂岩 | 44 | 56 | 24 | 484 | | | 59.9 | 54 | 61.5 | 64 | | | 复向 | 块状 | | |
| T2④：28 | 断块 | 石英砂岩 | 81 | 36 | 23 | 63.4 | | | | | | | | | | | | |
| T2④：29 | 刮削器 | 细碧岩 | 43 | 77 | 24 | 82.8 | | | | | 73.9 | 48 | | | 复向 | 片状 | | |
| T2④：30 | 砍砸器 | 细碧岩 | 57 | 78 | 35 | 156.8 | 62 | 52 | | | | | | | 复向 | 块 | | |
| T2④：31 | 断块 | 细碧岩 | 59 | 66 | 13 | 25 | | | | | | | | | | | | |
| T2④：32 | 双尖尖刃器 | 石英砂岩 | 78 | 86 | 33 | 161 | | | | | | | | 108 | 复向 | 片状 | | |
| T2④：33 | 单尖尖刃器 | 细碧岩 | 44 | 43 | 29 | 24 | | | | | | | | 95.9 | 复向 | 片状 | | |
| T2④：34 | 刮削器 | 石英砂岩 | 56 | 94 | 41 | 143.6 | 54.9 | 85 | | | | | | | 复向 | 片状 | | |

续附表一

| 器物号 | 类型 | 原料 | 长（毫米） | 宽（毫米） | 厚（毫米） | 重（克） | 端刃角（°） | 状态（毫米） | 左刃角（°） | 状态（毫米） | 右刃角（°） | 状态（毫米） | 尖角（°） | 加工方向 | 毛坯形状 | 形状 | 备注 |
|---|---|---|---|---|---|---|---|---|---|---|---|---|---|---|---|---|---|
| T2④：35 | 刮削器 | 细碧岩 | 43 | 66 | 16 | 55.2 | | | | | 66.1 | 51 | | 复向 | 片状 | | |
| T2④：36 | 钻器 | 石英砂岩 | 85 | 37 | 18 | 34.2 | | | | | | | 64.9 | 复向 | 片状 | | |
| T2④：37 | 断块 | 石英砂岩 | 62 | 19 | 17 | 26.8 | | | | | | | | | | | |
| T2④：38 | 断块 | 石英砂岩 | 62 | 58 | 26 | 101.4 | | | | | | | | 复向 | 片状 | | |
| T2④：39 | 单头尖刃器 | 细碧岩 | 99 | 60 | 26 | 134.2 | | | | | | | | 复向 | 片状 | | |
| T2④：40 | 刮削器 | 细碧岩 | 35 | 61 | 14 | 31.6 | 36.9 | 40 | | | | | | 复向 | | | |
| T2④：41 | 断块 | 石英砂岩 | 116 | 99 | 54 | 644.6 | | | | | | | | | 块状 | | |
| T2⑤：1 | 单头尖刃器 | 细碧岩 | 64 | 37 | 12 | 33.6 | | | | | | | 82.9 | 复向 | 块状 | | |
| T2⑤：2 | 石锤 | 石英砂岩 | 74 | 64 | 26 | 164.2 | | | | | | | | | | | |
| T2⑤：3 | 石锤 | 石英砂岩 | 71 | 82 | 38 | 282.2 | 85.5 | 102 | | | | | | | | | |
| T2⑤：4 | 双直刃单头尖刃器 | 细碧岩 | 114 | 70 | 25 | 199.8 | | | | | | | 95.1 | 复向 | 片状 | | |
| T2⑤：5 | 断块 | 石英砂岩 | 75 | 48 | 34 | 134.2 | | | | | | | | | | | |
| T2⑤：6 | 二类工具 | 石英砂岩 | 90 | 54 | 36 | 108.6 | | | 43 | 41 | 47 | 56 | | | 片状 | | |
| T2⑤：7 | 凸刃砍砸器 | 石英砂岩 | 102 | 135 | 34 | 617.6 | | | | 83 | | | | 复向 | 片状 | | |
| T2⑤：9 | 二类工具 | 细碧岩 | 67 | 57 | 21 | 79.6 | | | 29 | | | | | | 片状 | | |
| T2⑤：11 | 二类工具 | 细碧岩 | 58 | 36 | 12 | 22.4 | | | 21 | 38 | 42.5 | 43 | | 复向 | 片状 | | |
| T2⑤：13 | 单直刃刮削器 | 细碧岩 | 50 | 41 | 11 | 24.4 | | | | | 43 | 34 | | 反向 | 片状 | | |
| T2⑤：18 | 单凹刃刮削器 | 细碧岩 | 37 | 15 | 8 | 5.4 | | | | | 90 | 18 | | 复向 | 片状 | | |
| T2⑤：19 | 单凸刃刮削器 | 细碧岩 | 29 | 20 | 6 | 4.6 | 43.2 | 18 | | | | | | 正向 | 片状 | | |

续附表一

| 器物号 | 类型 | 原料 | 长（毫米） | 宽（毫米） | 厚（毫米） | 重（克） | 端刃角（°） | 状态（毫米） | 左刃角（°） | 状态（毫米） | 右刃角（°） | 状态（毫米） | 尖角（°） | 加工方向 | 毛坯形状 | 备注 |
|---|---|---|---|---|---|---|---|---|---|---|---|---|---|---|---|---|
| T2⑤:20 | 断块 | 细碧岩 | 12 | 29 | 13 | 4.5 | | | | | | | | | | |
| T2⑤:25 | 单凸刃刮削器 | 石英砂岩 | 69 | 43 | 14 | 58.6 | 84.9 | 33 | | | | | | 正向 | 片状 | |
| T2⑤:26 | 断块 | 石英砂岩 | 50 | 49 | 20 | 71.4 | | | | | | | | | | |
| T2⑥:1 | 单尖尖刃器 | 细碧岩 | 91 | 58 | 19 | 112.4 | | | 50.3 | 85 | 48.4 | 76 | 129.5 | 反向 | 片状 | |
| T2⑥:2 | 单尖尖刃器 | 细碧岩 | 60 | 83 | 39 | 181.8 | | | | | | | | 复向 | 块状 | |
| T2⑥:4 | 双刃刮削器 | 细碧岩 | 109 | 60 | 20 | 155.2 | | | 69.5 | 98 | 65 | 54 | | 正向 | 片状 | |
| T2⑥:5 | 单尖尖刃器 | 细碧岩 | 102 | 38 | 21 | 98.6 | | | | | | | 77 | 复向 | 片状 | |
| T2⑥:7 | 断块 | 细碧岩 | 62 | 41 | 26 | 101.6 | | | | | | | | | | |
| T2⑥:8 | 石锤 | 石英砂岩 | 93 | 55 | 30 | 171 | | | | | | | | | | |
| T2⑥:9 | 单尖尖刃器 | 流纹岩 | 80 | 47 | 23 | 102.2 | | | | | | | 126.1 | 反向 | 片状 | |
| T2⑥:10 | 断块 | 石英砂岩 | 55 | 66 | 24 | 122 | | | | | | | | | | |
| T2⑥:14 | 双刃刮削器 | 细碧岩 | 38 | 54 | 23 | 30.8 | 43.5 | 54 | | | 44.8 | 28 | | 复向 | 片状 | |
| T2⑥:15 | 单直刃刮削器 | 细碧岩 | 65 | 67 | 28 | 108.6 | 73.8 | 41 | | | | | | 正向 | 片状 | |
| T2⑥:16 | 断块 | 流纹岩 | 82 | 42 | 44 | 121.8 | | | | | | | | | | |
| T2⑥:17 | 断块 | 细碧岩 | 61 | 36 | 19 | 40.6 | | | | | | | | | | |
| T2⑥:18 | 磨刀工具 | 细碧岩 | 54 | 31 | 13 | 21.4 | | | | | | | | | 片状 | |
| T2⑥:20 | 单直刃刮削器 | 安山玢岩 | 52 | 47 | 18 | 53.4 | 38.1 | 49 | | | | | 71.8 | 正向 | 片状 | |
| T2⑥:21 | 单凸刃刮削器 | 石英砂岩 | 62 | 51 | 18 | 55.2 | 60.5 | 88 | | | | | | 复向 | 块状 | |
| T2⑥:22 | 单凸刃刮削器 | 细碧岩 | 40 | 36 | 10 | 16.2 | 53.1 | 38 | | | | | | 反向 | 片状 | |

续附表一

| 器物号 | 类型 | 原料 | 长（毫米） | 宽（毫米） | 厚（毫米） | 重（克） | 端刃角（°） | 状态（毫米） | 左刃角（°） | 状态（毫米） | 右刃角（°） | 状态（毫米） | 尖角（°） | 加工方向 | 毛坯形状 | 备注 |
|---|---|---|---|---|---|---|---|---|---|---|---|---|---|---|---|---|
| T2⑥∶23 | 双直刃刮削器 | 泥质灰岩 | 43 | 24 | 11 | 13.8 | | | 69.5 | 34 | 70 | 33 | | 复向 | 片状 | |
| T2⑥∶26 | 断块 | 正长石 | 10 | 16 | 9 | 1.8 | | | | | | | | | | |
| T2⑥∶29 | 多尖尖刃器 | 泥质灰岩 | 29 | 26 | 9 | 8.8 | | | | | | | 110 | 复向 | 片状 | |
| T2⑥∶30 | 单直刃刮削器 | 细碧岩 | 47 | 29 | 9 | 14.6 | | | | | | | | 复向 | 片状 | |
| T2⑥∶34 | 单尖尖刃器 | 石英砂岩 | 38 | 19 | 13 | 21.3 | | | | | | | 88.1 | 复向 | 片状 | |
| T2⑥∶38 | 断块 | 细碧岩 | 21 | 39 | 19 | 6.4 | | | | | | | | | | |
| T2⑥∶39 | 断块 | 细碧岩 | 22 | 7 | 5 | 1 | | | | | | | | | | |
| T2⑥∶44 | 双直刃单尖尖刃器 | 细碧岩 | 81 | 54 | 18 | 87 | | | 42 | 75 | 45.5 | 56 | 133.5 | 复向 | 片状 | |
| T2⑥∶52 | 单凸刃刮削器 | 细碧岩 | 74 | 66 | 30 | 105.2 | 50.5 | 79 | | | | | | 复向 | 片状 | |
| T2⑦∶4 | 二类工具 | 细碧岩 | 72 | 69 | 22 | 112 | 26.5 | 32 | | | | | | | 片状 | |
| T2⑦∶6 | 单尖尖刃器 | 细碧岩 | 92 | 58 | 20 | 113 | | | 49.2 | 79 | 45.3 | 70 | 108.5 | 复向 | 片状 | |
| T2⑦∶7 | 二类工具 | 石英砂岩 | 72 | 76 | 17 | 97.2 | 33 | 83 | | | | | | | 片状 | |
| T2⑦∶8 | 二类工具 | 细碧岩 | 80 | 53 | 15 | 58 | 37.5 | 29 | | | | | | | 片状 | |
| T2⑦∶9 | 二类工具 | 细碧岩 | 52 | 84 | 24 | 84 | 25.8 | 70 | 46 | 42 | | | | | 片状 | |
| T2⑦∶11 | 二类工具 | 细碧岩 | 74 | 53 | 22 | 65.8 | | | | | 29.5 | 74 | | | 片状 | |
| T2⑦∶12 | 凸凹刃砍砸器 | 石英砂岩 | 152 | 96 | 45 | 673 | 71.8 | 11 | | | | | | 复向 | 片状 | |
| T2⑦∶13 | 单凹刃刮削器 | 泥质灰岩 | 35 | 61 | 14 | 33.2 | 57.8 | 47 | | | | | | 正向 | 片状 | |
| T2⑦∶14 | 直刃砍砸器 | 流纹岩 | 130 | 134 | 87 | 1414.6 | | | | | | | | | 片状 | |
| T2⑦∶15 | 断块 | 细碧岩 | 200 | 97 | 65 | 1598.8 | | | | | | | | | | |

续附表一

| 器物号 | 类型 | 原料 | 长（毫米） | 宽（毫米） | 厚（毫米） | 重（克） | 端刃角（°） | 状态（毫米） | 左刃角（°） | 状态（毫米） | 右刃角（°） | 状态（毫米） | 尖角（°） | 加工方向 | 毛坯 | 形状 | 备注 |
|---|---|---|---|---|---|---|---|---|---|---|---|---|---|---|---|---|---|
| T2⑦：16 | 单尖尖刃器 | 石英砂岩 | 112 | 63 | 39 | 313.6 | | | | | | | 119.5 | 反向 | 片状 | | |
| T2⑦：18 | 铲形器 | 泥质灰岩 | 110 | 69 | 28 | 268.8 | 71.1 | 72 | | | | | | | 片状 | | |
| T2⑦：19 | 单直刃刮削器 | 泥质灰岩 | 73 | 58 | 20 | 83.6 | 40.5 | 40 | | | | | | 复向 | 片状 | | |
| T2⑦：20 | 凸刃砍砸器 | 细碧岩 | 116 | 70 | 39 | 385.4 | 51.5 | 64 | | | | | | 复向 | 片状 | | |
| T2⑦：24 | 断块 | 石英砂岩 | 49 | 44 | 12 | 30.6 | | | | | | | | | | | |
| T2⑦：25 | 断块 | 细碧岩 | 66 | 61 | 23 | 115 | | | | | | | | | | | |
| T2⑦：26 | 双直刃刮削器 | 安山玢岩 | 80 | 61 | 29 | 124.2 | | | 69.1 | 65 | 50.8 | 66 | | 反向 | 片状 | | |
| T2⑦：27 | 直刃砍砸器 | 细碧岩 | 102 | 106 | 59 | 634.4 | 62.5 | 96 | | | | | | 复向 | 块状 | | |
| T2⑦：28 | 断块 | 细碧岩 | 56 | 61 | 30 | 141.2 | | | | | | | | | | | |
| T2⑦：29 | 单直刃刮削器 | 石英砂岩 | 48 | 52 | 18 | 48.8 | 44.5 | 34 | | | | | | 正向 | 片状 | | |
| T2⑦：30 | 石锤 | 石英砂岩 | 58 | 58 | 23 | 92.4 | 58 | 117 | | | | | | | | | |
| T2⑦：31 | 单凸刃刮削器 | 细碧岩 | 47 | 42 | 17 | 29.8 | 66.1 | 34 | | | | | | 正向 | 片状 | | |
| T2⑦：33 | 单直刃刮削器 | 细碧岩 | 42 | 34 | 10 | 16.2 | 48 | 16 | | | | | | 反向 | 片状 | | |
| T2⑦：52 | 单尖尖刃器 | 细碧岩 | 57 | 35 | 13 | 25.6 | | | | | | | 93.7 | 复向 | 片状 | | |
| T2⑦：56 | 单凸刃刮削器 | 石英砂岩 | 66 | 101 | 15 | 126 | | | | | | | | 复向 | 片状 | | |
| T2⑦：57 | 断块 | 细碧岩 | 63 | 43 | 27 | 61 | | | | | | | | | | | |
| T2⑦：58 | 单直刃刮削器 | 泥质灰岩 | 54 | 69 | 25 | 105.2 | 65.2 | 79 | | | | | | 复向 | 块状 | | |
| T2⑦：62 | 单凸刃刮削器 | 泥质灰岩 | 60 | 58 | 21 | 74.2 | 57.1 | 34 | | | | | | 复向 | 片状 | | |

续附表一

| 器物号 | 类型 | 原料 | 长（毫米） | 宽（毫米） | 厚（毫米） | 重（克） | 端刃角（°） | 状态（毫米） | 左刃角（°） | 状态（毫米） | 右刃角（°） | 状态（毫米） | 尖角（°） | 加工方向 | 毛坯形状 | 备注 |
|---|---|---|---|---|---|---|---|---|---|---|---|---|---|---|---|---|
| T2⑦：63 | 单直刃刮削器 | 细碧岩 | 44 | 57 | 12 | 30.2 | 119.5 | 29 | | | | | | 复向 | 片状 | |
| T2⑦：65 | 单直刃刮削器 | 泥质灰岩 | 45 | 58 | 11 | 28.2 | | | | | 41 | 28 | | 复向 | 片状 | |
| T2⑦：67 | 单凸刃刮削器 | 细碧岩 | 72 | 50 | 21 | 103.2 | 53 | 49 | | | | | | 复向 | 片状 | |
| T2⑦：80 | 单凸刃刮削器 | 细碧岩 | 20 | 30 | 9 | 7 | 73 | 18 | | | | | | 复向 | 片状 | |
| T2⑦：84 | 单凸刃刮削器 | 石英砂岩 | 22 | 28 | 7 | 5.2 | 57 | 2 | | | | | | 反向 | 片状 | |
| T2⑦：85 | 断块 | 细碧岩 | 22 | 15 | 7 | 2.2 | | | | | | | | | | |
| T2⑦：93 | 单尖尖刃器 | 石英砂岩 | 60 | 24 | 11 | 16.2 | | | | | | | 85.7 | 复向 | 片状 | |
| T2⑦：111 | 断块 | 细碧岩 | 47 | 15 | 18 | 17.6 | | | | | | | | | | |
| T2⑦：121 | 二类工具 | 细碧岩 | 12 | 33 | 8 | 24.6 | 36.9 | 21 | | | | | | | 片状 | |
| T2⑦：125 | 单凸刃刮削器 | 细碧岩 | 31 | 22 | 11 | 7.8 | 43.1 | 30 | | | | | | 正向 | 片状 | |
| T2⑦：851 | 单凸刃刮削器 | 细碧岩 | 62 | 33 | 14 | 31.4 | 74.5 | 11 | | | | | | 反向 | 片状 | |
| T3①：1 | 单凸刃刮削器 | 细碧岩 | 92 | 106 | 34 | 337 | 53.5 | 149 | | | | | | 复向 | 片状 | |
| T3①：2 | 双直刃单头尖刃器 | 细碧岩 | 81 | 77 | 33 | 220.2 | | | | | | | 112.6 | 复向 | 片状 | |
| T3①：3 | 单凸刃刮削器 | 细碧岩 | 94 | 103 | 26 | 279 | 51 | 21 | | | | | | 复向 | 片状 | |
| T3①：4 | 单凸刃刮削器 | 细碧岩 | 85 | 53 | 21 | 99.4 | | | | | 52.5 | 59 | | 复向 | 片状 | |
| T3①：6 | 二类工具 | 细碧岩 | 102 | 78 | 12 | 83 | 34.8 | 80 | | | | | | | 片状 | |

续附表一

| 器物号 | 类型 | 原料 | 长(毫米) | 宽(毫米) | 厚(毫米) | 重(克) | 端刃角(°) | 状态(毫米) | 左刃角(°) | 状态(毫米) | 右刃角(°) | 状态(毫米) | 尖角(°) | 加工方向 | 毛坯 | 形状 | 备注 |
|---|---|---|---|---|---|---|---|---|---|---|---|---|---|---|---|---|---|
| T3①：7 | 双直刃单头尖刃器 | 细碧岩 | 79 | 74 | 19 | 128.6 | | | | | | | 107 | 复向 | 片状 | | |
| T3①：8 | 直刃刃砍砸器 | 细碧岩 | 141 | 75 | 30 | 337.6 | | | 48 | 100 | | | | 复向 | 片状 | | |
| T3①：9 | 二类工具 | 细碧岩 | 75 | 103 | 27 | 178 | 50 | 114 | | | | | | 复向 | 片状 | | |
| T3①：10 | 单凸刃刮削器 | 石英砂岩 | 107 | 87 | 29 | 260 | | | | | 50.2 | 94 | | 复向 | 片状 | | |
| T3①：11 | 单凹刃刮削器 | 细碧岩 | 70 | 82 | 24 | 155.6 | 66.5 | 52 | 47 | 190 | 55.5 | 72 | | 复向 | 片状 | | |
| T3①：12 | 直刃砍砸器 | 细碧岩 | 83 | 116 | 28 | 350.6 | 50 | 122 | | | | | | 复向 | 片状 | | |
| T3①：13 | 单直刃刮削器 | 细碧岩 | 85 | 100 | 30 | 313.8 | 47.5 | 30 | | | | | | 复向 | 片状 | | |
| T3①：14 | 二类工具 | 细碧岩 | 67 | 90 | 18 | 84.4 | 24.8 | 34 | | | | | | | 片状 | | |
| T3①：16 | 双直刃刮削器 | 细碧岩 | 58 | 88 | 31 | 120.4 | 37.5 | 38 | 43.8 | 62 | | | | 复向 | 片状 | | |
| T3①：17 | 断块 | 细碧岩 | 37 | 16 | 6 | 3.8 | | | | | | | | | | | |
| T3①：20 | 断块 | 细碧岩 | 28 | 11 | 7 | 2.2 | | | | | | | | | | | |
| T3①：22 | 断块 | 细碧岩 | 36 | 18 | 8 | 2.8 | | | | | | | | | | | |
| T3①：23 | 单直刃刮削器 | 细碧岩 | 35 | 12 | 8 | 3.6 | | | 85.1 | 26 | | | | 复向 | 片状 | | |
| T3①：24 | 单直刃刮削器 | 细碧岩 | 35 | 16 | 7 | 4.6 | | | 56.8 | 32 | | | | 复向 | 片状 | | |
| T3②：2 | 直凸刃刮削器 | 细碧岩 | 82 | 56 | 25 | 113.7 | 73.3 | 66 | | | | | | 正向 | 片状 | | |
| T3②：5 | 直刃砍砸器 | 细碧岩 | 98 | 97 | 33 | 294.8 | 50.5 | 75 | | | | | | 复向 | 片状 | 三角 | |
| T3②：7 | 凸刃砍砸器 | 细碧岩 | 77 | 101 | 35 | 301.7 | 69.7 | 131 | | | | | | 复向 | 片状 | 扇形 | |

续附表一

| 器物号 | 类型 | 原料 | 长（毫米） | 宽（毫米） | 厚（毫米） | 重（克） | 端刃角（°） | 状态（毫米） | 左刃角（°） | 状态（毫米） | 右刃角（°） | 状态（毫米） | 尖角（°） | 加工方向 | 毛坯 | 形状 | 备注 |
|---|---|---|---|---|---|---|---|---|---|---|---|---|---|---|---|---|---|
| T3②：8 | 凸刃砍砸器 | 细碧岩 | 83 | 96 | 24 | 223.9 | 55.3 | 91 |  |  |  |  |  | 反向为主 | 片状 |  |  |
| T3②：9 | 复刃刮削器 | 石英砂岩 | 82 | 81 | 19 | 160.8 | 51.8 | 54 | 56.7 | 49 | 62.7 | 57 |  | 复向 | 片状 | 方形 |  |
| T3②：10 | 双直刃刮削器 | 细碧岩 | 60 | 59 | 21 | 66.4 |  |  | 53.8 | 45 | 45 | 47 |  | 复向 | 片状 | 梯形 |  |
| T3②：12 | 单凸刃刮削器 | 细碧岩 | 51 | 67 | 16 | 50.9 | 71.8 | 53 |  |  |  |  |  | 复向 | 片状 | 梯形 |  |
| T3②：13 | 双直刃刮削器 | 细碧岩 | 64 | 43 | 18 | 42.8 |  |  | 63 | 41 | 57.2 | 55 |  | 复向 | 片状 | 三角 |  |
| T3②：14 | 双直刃单头尖刃器 | 细碧岩 | 72 | 69 | 21 | 117.1 |  |  | 90 | 51 | 72 | 59 | 75.8 | 复向 | 片状 |  |  |
| T3②：15 | 单凹刃刮削器 | 安山玢岩 | 53 | 39 | 30 | 12 | 56.7 | 31 |  |  |  |  |  | 复向 | 片状 | 椭圆 |  |
| T3②：16 | 直直/直直双头[1] | 石英砂岩 | 65 | 69 | 25 | 95.4 |  |  |  |  |  |  | 72.1, 94.8 | 复向 | 片状 | 三角 |  |
| T3②：17 | 单凸刃刮削器 | 细碧岩 | 66 | 81 | 17 | 111.8 | 56.8 | 90 |  |  |  |  |  | 复向 | 片状 | 矩形 |  |
| T3②：18 | 直直/直直双头 | 细碧岩 | 65 | 42 | 18 | 56.7 | 42.5 | 55 | 84.8 | 41 | 70.3 | 54 | 112.8 | 正向为主 | 片状 |  |  |
| T3②：19 | 直凸刃刮削器 | 细碧岩 | 51 | 50 | 16 | 48.1 | 81.7 | 55 | 49.8 | 40 |  |  |  | 复向 | 片状 | 矩形 |  |
| T3②：20 | 复刃刮削器 | 细碧岩 | 49 | 59 | 20 | 33.9 |  |  | 62.2 | 32 | 34 | 24 |  | 复向 | 片状 |  |  |
| T3②：21 | 双直刃单头 | 细碧岩 | 62 | 63 | 26 | 98 |  |  | 61.7 | 49 |  |  | 94.8 | 正向为主 | 片状 |  |  |
| T3②：22 | 复刃刮削器 | 泥质灰岩 | 72 | 62 | 19 | 99.1 | 61.8 | 22 | 66.2 | 54 | 50 | 24 |  | 复向 | 片状 | 矩形 | 二次利用 |
| T3②：23 | 多尖尖刃器 | 石英砂岩 | 53 | 50 | 25 | 59.4 | 79.1 | 28 | 61.7 | 49 | 59.3 | 42 | 92.3, 90.8 | 复向 | 片状 | 矩形 |  |

[1] 未注明石器具体名称者均为尖刃器，下同。

续附表一

| 器物号 | 类型 | 原料 | 长（毫米） | 宽（毫米） | 厚（毫米） | 重（克） | 端刃角（°） | 状态（毫米） | 左刃角（°） | 状态（毫米） | 右刃角（°） | 状态（毫米） | 尖角（°） | 加工方向 | 毛坯 | 形状 | 备注 |
|---|---|---|---|---|---|---|---|---|---|---|---|---|---|---|---|---|---|
| T3②：24 | 双直刃单尖 | 细碧岩 | 100 | 43 | 27 | 145.7 | | | | | | | 84.3 | 复向 | 片状 | | |
| T3②：25 | 双凸刃单尖 | 细碧岩 | 71 | 73 | 23 | 106.7 | | | 84 | 75 | 75.3 | 72 | 97.5 | 复向 | 片状 | 三角 | |
| T3②：26 | 双直刃刮削器 | 细碧岩 | 81 | 82 | 30 | 164.4 | 82.1 | 89 | 83.2 | 56 | | | | 复向 | 片状 | | 左断 |
| T3②：27 | 双直刃单尖 | 细碧岩 | 93 | 100 | 27 | 246.8 | | | | | | | 132.7 | 正向 | 片状 | 三角 | |
| T3②：28 | 双凸刃刮削器 | 细碧岩 | 72 | 63 | 17 | 80.4 | | | 48.5 | 88 | 28.7 | 74 | | 复向 | 片状 | 三角 | |
| T3②：29 | 直凸刃单尖 | 细碧岩 | 71 | 65 | 21 | 98.6 | | | 452.8 | 47 | 64 | 69 | 93.8 | 正向为主 | 片状 | 三角 | |
| T3②：30 | 直凸刃单尖 | 细碧岩 | 80 | 50 | 27 | 95.4 | | | 58.3 | 77 | 69.1 | 75 | 77.1 | 复向 | 片状 | 三角 | |
| T3②：31 | 直凸刃单尖 | 细碧岩 | 76 | 61 | 16 | 91 | | | 71.8 | 70 | 61.8 | 94 | 60.7 | 复向 | 片状 | 三角 | |
| T3②：32 | 单凸刃刮削器 | 泥质灰岩 | 55 | 51 | 21 | 70.1 | 58.2 | 72 | | | | | | 复向 | 片状 | 半圆 | |
| T3②：33 | 复刃刮削器 | 细碧岩 | 57 | 49 | 28 | 56.3 | 53.3 | 51 | 88.3 | 25 | 63 | 48 | 82.2 | 复向 | 片状 | 三角 | |
| T3②：34 | 复刃刮削器 | 细碧岩 | 59 | 61 | 32 | 126 | 82.7 | 42 | 72.7 | 29 | 83.3 | 20 | 87.2 | 正向 | 片状 | 矩形 | |
| T3②：35 | 直凸刃单尖 | 石英砂岩 | 53 | 44 | 16 | 38.1 | | | 70.5 | 62 | 79.3 | 20 | 107.8 | 复向 | 片状 | 扇形 | |
| T3②：36 | 凸刃砍砸器 | 细碧岩 | 67 | 98 | 25 | 176.7 | 50 | 81 | | | | | | 复向 | 片状 | | |
| T3②：37 | 双直刃尖状器 | 细碧岩 | 52 | 70 | 16 | 52.3 | | | 90 | 46 | 51.2 | 57 | 82.2 | 复向 | 片状 | 三角 | 右断 |
| T3②：38 | 双凸刃单尖 | 细碧岩 | 91 | 69 | 17 | 126.2 | | | 56.8 | 86 | 50.6 | 90 | 87.2 | 复向 | 片状 | | |
| T3②：40 | 直直/直直双尖 | 细碧岩 | 96 | 61 | 27 | 131.2 | | | | | | | 71.2、93.7 | 复向 | 片状 | | |
| T3②：41 | 单凸刃刮削器 | 细碧岩 | 49 | 57 | 13 | 46.2 | 38.7 | 49 | | | | | | 复向 | 片状 | | |
| T3②：42 | 单直刃刮削器 | 细碧岩 | 49 | 59 | 21 | 64.5 | | | 87.7 | 41 | | | | 复向 | 片状 | 三角 | |

续附表一

| 器物号 | 类型 | 原料 | 长(毫米) | 宽(毫米) | 厚(毫米) | 重(克) | 端刃角(°) | 状态(毫米) | 左刃角(°) | 状态(毫米) | 右刃角(°) | 状态(毫米) | 尖角(°) | 加工方向 | 毛坯 | 形状 | 备注 |
|---|---|---|---|---|---|---|---|---|---|---|---|---|---|---|---|---|---|
| T3②:43 | 单直刃刮削器 | 细碧岩 | 84 | 55 | 21 | 99.9 | | | 50.4 | 52 | | | | 正向 | 片状 | 菱形 | |
| T3②:44 | 双直刃单头 | 细碧岩 | 78 | 57 | 27 | 104.7 | | | | | | | 92.2 | 复向 | 片状 | 菱形 | 左断 |
| T3②:45 | 铲形器 | 细碧岩 | 92 | 52 | 20 | 111.4 | | | 50 | 112 | 49.3 | 79 | | 复向 | 片状 | 柳叶 | |
| T3②:46 | 复刃刮削器 | 细碧岩 | 78 | 70 | 26 | 135 | 67.8 | 48 | 51.7 | 60 | 57 | 73 | | 复向 | 片状 | 三角 | |
| T3②:47 | 直直/直凹双头 | 石英砂岩 | 116 | 69 | 31 | 235.3 | | | | | | | 97、108 | 复向 | 片状 | 矩形 | |
| T3②:48 | 直刃砍砸器 | 细碧岩 | 64 | 106 | 61 | 257.5 | 83.3 | 70 | 60.3 | 121 | 55.2 | 123 | | 复向 | 片状 | | |
| T3②:49 | 铲形器 | 细碧岩 | 130 | 60 | 28 | 249.9 | | | | | | | | 复向 | 片状 | | |
| T3②:50 | 双凸刃刮削器 | 细碧岩 | 78 | 57 | 14 | 76.9 | | | 53.3 | 73 | 50.3 | 95 | | 复向 | 片状 | 矩形 | |
| T3②:51 | 直直/直直双头 | 细碧岩 | 80 | 73 | 27 | 117.1 | | | | | | | 76.1、84.2 | 复向 | 片状 | | |
| T3②:52 | 直凸/直凸双头 | 细碧岩 | 78 | 59 | 27 | 117 | | | | | | | 123、91.3 | 复向 | 片状 | | |
| T3②:123 | 钻器 | 泥质灰岩 | 41 | 31 | 18 | 19.3 | | | | | | | 61.7 | 正向为主 | 片状 | | |
| T3②:126 | 钻器 | 细碧岩 | 28 | 26 | 18 | 8.4 | | | | | | | 69.9 | 复向 | 片状 | | |
| T3②:127 | 直直/直直双头 | 细碧岩 | 46 | 35 | 13 | 18.8 | | | | | | | 90、87.9 | 正向为主 | 片状 | | |
| T3②:128 | 双直刃刮削器 | 泥质灰岩 | 60 | 69 | 25 | 111.1 | | | | 31 | | 39 | | 复向 | 片状 | | |
| T3②:129 | 雕刻器 | 泥质灰岩 | 30 | 22 | 12 | 8 | 50.7 | 8 | | | | | | 复向 | 片状 | | |
| T3②:130 | 单直刃刮削器 | 石英砂岩 | 69 | 52 | 31 | 143.4 | | | | | 71.7 | 57 | | 复向 | 片状 | 三角 | |
| T3②:131 | 多尖刃刀器 | 细碧岩 | 28 | 32 | 18 | 14.5 | 99 | | 111.7 | | 96 | | 111.7、96 | 复向 | 片状 | 梯形 | |

续附表一

| 器物号 | 类型 | 原料 | 长(毫米) | 宽(毫米) | 厚(毫米) | 重(克) | 端刃角(°) | 状态(毫米) | 左刃角(°) | 状态(毫米) | 右刃角(°) | 状态(毫米) | 尖角(°) | 加工方向 | 毛坯 | 形状 | 备注 |
|---|---|---|---|---|---|---|---|---|---|---|---|---|---|---|---|---|---|
| T3②:132 | 双直刃单尖 | 安山玢岩 | 93 | 77 | 22 | 196.5 | | | | | 67.7 | 94 | 94.7 | 正向 | 片状 | | |
| T3②:133 | 单直刃刮削器 | 石英砂岩 | 59 | 60 | 27 | 87.3 | 65.7 | 33 | | | | | | 复向 | 片状 | | |
| T3②:134 | 双直刃单尖 | 细碧岩 | 57 | 29 | 21 | 34 | | | 66.7 | 51 | 43 | 21 | 68.6 | 复向 | 片状 | 方形 | 右断 |
| T3②:135 | 铲形器 | 细碧岩 | 90 | 47 | 29 | 178.5 | | | 69.7 | 76 | 59.2 | 85 | | 复向 | 片状 | | |
| T3②:136 | 凸刃砍砸器 | 细碧岩 | 57 | 88 | 41 | 139.8 | 58.3 | 69 | | | | | | 复向 | 片状 | | |
| T3②:137 | 单直刃刮削器 | 石英砂岩 | 64 | 74 | 19 | 110.3 | 68.8 | 32 | | | | | | 复向 | 片状 | 圆形 | |
| T3②:138 | 直凸刃刮削器 | 石英砂岩 | 64 | 49 | 25 | 86.7 | | | 64.8 | 65 | 81.8 | 38 | | 复向 | 片状 | 梯形 | |
| T3②:139 | 直凹刃单尖 | 细碧岩 | 80 | 57 | 24 | 139.3 | | | 70.9 | 32 | 74.8 | 56 | 103.9 | 复向 | 片状 | | |
| T3②:140 | 双凸刃刮削器 | 细碧岩 | 65 | 49 | 30 | 82.4 | | | 66.8 | 68 | 79.5 | 70 | | 复向 | 块状 | 椭圆 | |
| T3②:141 | 直凸刃刮削器 | 石英砂岩 | 62 | 37 | 18 | 46.4 | 62.5 | 23 | 50.3 | 39 | | | | 复向 | 片状 | 矩形 | |
| T3②:142 | 双直刃刮削器 | 石英砂岩 | 52 | 31 | 13 | 19.1 | 47.8 | 23 | | | 60.5 | 25 | | 复向 | 片状 | 柳叶 | |
| T3②:143 | 双直刃单尖刃刮削器 | 石英砂岩 | 79 | 51 | 26 | 6.3 | | | | | | | 110.8 | 反向 | 片状 | | |
| T3②:144 | 凸刃砍砸器 | 石英砂岩 | 89 | 93 | 31 | 331.1 | 51.3 | 102 | | | | | | 复向 | 片状 | | |
| T3②:146 | 单直刃刮削器 | 安山玢岩 | 68 | 85 | 18 | 88.4 | 82.2 | 67 | | | | | | 复向 | 片状 | | |
| T3②:148 | 双直刃刮削器 | 细碧岩 | 52 | 42 | 16 | 31.7 | 55.8 | 25 | | | 50 | 39 | | 复向 | 片状 | 三角 | |
| T3②:149 | 双直刃刮削器 | 石英砂岩 | 62 | 77 | 19 | 100.1 | | | 74.3 | 38 | 38.5 | 56 | | 复向 | 片状 | 梯形 | |
| T3②:150 | 单凸刃刮削器 | 细碧岩 | 55 | 75 | 15 | 63.2 | 59.7 | 75 | | | | | | 复向 | 片状 | 三角 | |

续附表一

| 器物号 | 类型 | 原料 | 长（毫米） | 宽（毫米） | 厚（毫米） | 重（克） | 端刃角（°） | 状态（毫米） | 左刃角（°） | 状态（毫米） | 右刃角（°） | 状态（毫米） | 尖角（°） | 加工方向 | 毛坯 | 形状 | 备注 |
|---|---|---|---|---|---|---|---|---|---|---|---|---|---|---|---|---|---|
| T3②:151 | 凹凸刃刮削器 | 细碧岩 | 73 | 51 | 23 | 81.1 | | | 64.3 | 69 | 21.5 | 19 | | 正向 | 片状 | 三角 | |
| T3②:152 | 凸刃刮砸器 | 细碧岩 | 143 | 93 | 49 | 446.4 | 63.8 | 135 | | | | | | 反向为主 | 片状 | 半圆 | |
| T3②:153 | 二类刮削器 | 泥质灰岩 | 76 | 64 | 20 | 90.9 | | | | | 22.7 | 41 | | | 片状 | 矩形 | |
| T3②:154 | 单凸刃刮削器 | 安山玢岩 | 65 | 80 | 31 | 124.3 | 81.3 | 37 | | | | | | 反向 | 片状 | 矩形 | |
| T3②:155 | 铲形器 | 石英砂岩 | 109 | 47 | 23 | 152.1 | | | 68.2 | 96 | 54.8 | 105 | | 复向 | 片状 | | |
| T3②:156 | 单凹刃刮削器 | 细碧岩 | 87 | 75 | 44 | 258 | | | | | 40.8 | 49 | | 复向 | 片状 | | |
| T3②:157 | 单凸刃刮削器 | 安山玢岩 | 33 | 44 | 14 | 25.8 | 41.8 | 53 | | | | | | 复向 | 片状 | 三角 | |
| T3②:162 | 单凸刃刮削器 | 泥质灰岩 | 70 | 74 | 38 | 148.4 | 59.8 | 84 | | | | | | 复向 | 片状 | 圆形 | |
| T3②:163 | 双直刃单尖尖刃器 | 细碧岩 | 65 | 59 | 27 | 83.5 | | | | | | | 86.1 | 复向 | 片状 | 扇形 | |
| T3②:164 | 直凸刃刮削器 | 细碧岩 | 64 | 43 | 17 | 49 | 68.5 | 55 | 63.7 | 42 | | | | 复向 | 片状 | 三角 | |
| T3②:165 | 单凸刃刮削器 | 安山玢岩 | 56 | 54 | 15 | 54.2 | 77.5 | 69 | | | | | | 复向 | 片状 | 扇形 | |
| T3②:166 | 双直刃单尖尖刃器 | 细碧岩 | 41 | 60 | 16 | 88.4 | | | | | | | 110.5 | 错向 | 片状 | 菱形 | |
| T3②:167 | 双直刃刮削器 | 安山玢岩 | 68 | 55 | 20 | 96.2 | 62.3 | 12 | 81.3 | 54 | 85.7 | 67 | | 复向 | 片状 | 三角 | |
| T3②:168 | 钻器 | 细碧岩 | 26 | 24 | 7 | 5.8 | | | | | | | 66.9 | 复向 | 片状 | | |
| T3②:169 | 单直刃刮削器 | 细碧岩 | 36 | 22 | 13 | 12.1 | | | | | 61.7 | 25 | | 复向 | 片状 | 三角 | |
| T3②:170 | 直刃刮砸器 | 石英砂岩 | 56 | 74 | 30 | 176.2 | 65.4 | 63 | | | | | | 复向 | 片状 | | |

续附表一

| 器物号 | 类型 | 原料 | 长(毫米) | 宽(毫米) | 厚(毫米) | 重(克) | 端刃角(°) | 状态(毫米) | 左刃角(°) | 状态(毫米) | 右刃角(°) | 状态(毫米) | 尖角(°) | 加工方向 | 毛坯 | 形状 | 备注 |
|---|---|---|---|---|---|---|---|---|---|---|---|---|---|---|---|---|---|
| T3②:171 | 单直刃刮削器 | 细碧岩 | 71 | 48 | 25 | 89.5 | | | | | 81.7 | 40 | | 复向 | 片状 | | |
| T3②:172 | 单凸刃刮削器 | 细碧岩 | 44 | 34 | 19 | 32.7 | | | 66.7 | 59 | | | | 复向 | 片状 | 扇形 | |
| T3②:174 | 复刃刮削器 | 细碧岩 | 41 | 54 | 16 | 37.9 | 55 | 50 | 52.8 | 44 | 68.3 | 38 | | 复向 | 片状 | 矩形 | |
| T3②:175 | 单直刃刮削器 | 安山玢岩 | 61 | 55 | 17 | 118.3 | 77.5 | 44 | | | | | | 正向 | 片状 | | |
| T3②:176 | 双凸刃单尖 | 石英砂岩 | 128 | 115 | 15 | 334 | | | 78.5 | 119 | 74.3 | 125 | 80 | 复向 | 片状 | 心形 | |
| T3②:177 | 单凸刃刮削器 | 纯灰岩 | 53 | 56 | 19 | 68.4 | 35.8 | 22 | | | | | | 复向 | 片状 | | |
| T3②:178 | 双直刃单尖 | 流纹岩 | 71 | 36 | 24 | 56.8 | 77.2 | 32 | 62.8 | 33 | 77.5 | 67 | 63.3 | 复向 | 片状 | | |
| T3②:179 | 单凸刃刮削器 | 细碧岩 | 51 | 72 | 20 | 70.5 | | | 40.7 | 69 | | | | 复向 | 片状 | 梯形 | |
| T3②:180 | 钻器 | 细碧岩 | 85 | 74 | 22 | 151.7 | | | | | | | 65.2 | 正向 | 片状 | | |
| T3②:181 | 直凸刃单尖 | 细碧岩 | 79 | 58 | 22 | 102.2 | | | | | | | 81.8 | 正向为主 | 片状 | 梯形 | |
| T3②:182 | 双直刃刮削器 | 细碧岩 | 69 | 57 | 39 | 145.2 | | | 73 | 31 | 59.5 | 47 | | 复向 | 片状 | 矩形 | |
| T3②:183 | 直凸刃刮削器 | 细碧岩 | 70 | 59 | 27 | 120.8 | 34.5 | 49 | 64.2 | 47 | | | | 复向 | 片状 | 舌状 | |
| T3②:184 | 单直刃刮削器 | 细碧岩 | 59 | 67 | 33 | 97.7 | | | 57.2 | 54 | | | | 复向 | 片状 | 三角 | |
| T3②:185 | 单凸刃刮削器 | 安山玢岩 | 45 | 72 | 23 | 77.9 | 56.3 | 45 | | | | | | 反向为主 | 片状 | | |
| T3②:186 | 多尖尖刃器 | 细碧岩 | 54 | 42 | 29 | 44.5 | | | | | | | 115.1 | 复向 | 片状 | | |
| T3②:187 | 直凸/直凸双尖 | 细碧岩 | 72 | 42 | 17 | 51.5 | | | | | | | 99、94.8 | 复向 | 片状 | | |

续附表一

| 器物号 | 类型 | 原料 | 长(毫米) | 宽(毫米) | 厚(毫米) | 重(克) | 端刃角(°) | 状态(毫米) | 左刃角(°) | 状态(毫米) | 右刃角(°) | 状态(毫米) | 尖角(°) | 加工方向 | 毛坯 | 形状 | 备注 |
|---|---|---|---|---|---|---|---|---|---|---|---|---|---|---|---|---|---|
| T3②：188 | 单凸刃刮削器 | 石英砂岩 | 65 | 61 | 22 | 128.4 | 63.8 | 59 | | | | | | 正向 | 片状 | 三角 | |
| T3②：189 | 单直刃刮削器 | 细碧岩 | 59 | 49 | 24 | 84.4 | 74.8 | 40 | | | | | | 复向 | 片状 | 矩形 | |
| T3②：190 | 直凸/直凸双尖 | 石英砂岩 | 51 | 31 | 19 | 20.4 | | | | | | | 90.5、85.7 | 正向为主 | 片状 | | |
| T3②：191 | 单凸刃刮削器 | 石英砂岩 | 74 | 59 | 18 | 96.1 | | | | | 50.3 | 49 | | 复向 | 片状 | 梯形 | |
| T3②：192 | 多尖尖刃器 | 细碧岩 | 59 | 44 | 19 | 58.4 | | | | | | | 98.8 | 反向为主 | 片状 | | |
| T3②：193 | 铲形器 | 细碧岩 | 88 | 52 | 21 | 184.9 | 53.5 | 47 | | | | | | 复向 | 片状 | 矩形 | |
| T3②：194 | 二类刮削器 | 细碧岩 | 36 | 29 | 12 | 12 | | | 35.3 | 22 | 47.3 | 32 | | | 片状 | 圆形 | 双凸 |
| T3②：195 | 直刃砍砸器 | 细碧岩 | 106 | 77 | 34 | 370.1 | 39.3 | 47 | | | | | | 复向 | 片状 | | |
| T3②：196 | 单直刃刮削器 | 石英砂岩 | 54 | 38 | 18 | 58.3 | 65.5 | 69 | | | 71.3 | 54 | | 正向 | 片状 | 矩形 | |
| T3②：197 | 直直/直凸双尖 | 细碧岩 | 69 | 37 | 21 | 68.5 | 69.8 | 74 | | | | | 107、110 | 反向为主 | 片状 | | |
| T3②：198 | 直凸刃刮削器 | 泥质灰岩 | 40 | 31 | 13 | 18.7 | 37.5 | 17 | 64.7 | 33 | | | | 复向 | 片状 | 梯形 | |
| T3②：199 | 直凸刃单尖 | 细碧岩 | 89 | 40 | 30 | 92.2 | | | 51.2 | | 62.2 | | 72.3 | 正向为主 | 片状 | 三角 | |
| T3②：200 | 直刃砍砸器 | 细碧岩 | 53 | 97 | 25 | 197.1 | 65.5 | 69 | | | | | | 复向 | 片状 | 矩形 | |
| T3②：201 | 单凸刃刮削器 | 石英砂岩 | 69 | 71 | 21 | 128.2 | 69.8 | 74 | | | | | | 复向 | 片状 | 三角 | |
| T3②：202 | 直凸/直凸双尖 | 细碧岩 | 54 | 43 | 19 | 62.8 | 67.5、56.3 | 21、32 | | | 55 | 40 | 100.3、114.8 | 复向 | 片状 | | |
| T3②：203 | 凹凸刃刮削器 | 石英砂岩 | 56 | 67 | 21 | 186 | 50.7 | 95 | | | 62.7 | 51 | | 复向 | 片状 | 矩形 | |

续附表一

| 器物号 | 类型 | 原料 | 长（毫米） | 宽（毫米） | 厚（毫米） | 重（克） | 端刃角（°） | 状态（毫米） | 左刃角（°） | 状态（毫米） | 右刃角（°） | 状态（毫米） | 尖角（°） | 加工方向 | 毛坯 | 形状 | 备注 |
|---|---|---|---|---|---|---|---|---|---|---|---|---|---|---|---|---|---|
| T3②：204 | 双凸刃刮削器 | 细碧岩 | 81 | 43 | 15 | 77.8 |  |  | 66.8 | 85 | 63.7 | 72 |  | 复向 | 片状 | 柳叶 |  |
| T3②：205 | 双凸刃单尖 | 石英砂岩 | 90 | 55 | 20 | 183.9 |  |  |  |  |  |  | 118.8 | 复向 | 片状 | 三角 |  |
| T3②：206 | 双直刃刮削器 | 细碧岩 | 69 | 52 | 34 | 126.6 |  |  | 64.5 | 60 | 51.3 | 59 |  | 复向 | 片状 | 三角 |  |
| T3②：207 | 双直刃单尖刃刮削器 | 石英砂岩 | 81 | 51 | 23 | 134.4 |  |  |  |  |  |  | 115.3 | 正向 | 片状 | 矩形 |  |
| T3②：208 | 单凸刃刮削器 | 细碧岩 | 41 | 22 | 11 | 40.7 |  |  |  |  | 62.5 | 45 |  | 复向 | 片状 |  |  |
| T3②：209 | 凹凸刃刮削器 | 石英砂岩 | 44 | 43 | 15 | 32.5 |  |  | 63.2 | 33 | 59 | 19 |  | 复向 | 片状 | 圆形 |  |
| T3②：210 | 双直刃单尖 | 泥质灰岩 | 46 | 41 | 20 | 36.3 |  |  |  |  |  |  | 89.6 | 复向 | 片状 | 三角 |  |
| T3②：211 | 双直刃刮削器 | 细碧岩 | 50 | 38 | 24 | 45.9 |  |  | 77.7 | 49 | 70 | 40 |  | 复向 | 片状 | 三角 |  |
| T3②：212 | 断块 | 泥质灰岩 | 60 | 59 | 37 | 134.8 |  |  |  |  |  |  |  |  |  |  |  |
| T3②：213 | 直刃砍砸器 | 细碧岩 | 64 | 91 | 32 | 192.1 | 72.2 | 64 |  |  |  |  |  | 复向 | 片状 |  |  |
| T3②：214 | 双凸刃单尖 | 石英砂岩 | 72 | 55 | 29 | 112.8 |  |  |  |  |  |  | 110 | 复向 | 片状 |  |  |
| T3②：215 | 铲形器 | 石英砂岩 | 102 | 56 | 34 | 183.9 | 62.1 | 36 | 56 | 68 | 59.5 | 83 |  | 复向 | 片状 | 矩形 |  |
| T3②：216 | 复刃刮削器 | 泥质灰岩 | 53 | 48 | 17 | 46.6 | 82.3 | 53 | 45 | 36 | 47.5 | 29 |  | 复向 | 片状 | 梯形 |  |
| T3②：218 | 直凸刃刮削器 | 安山玢岩 | 56 | 53 | 32 | 123.9 |  |  | 83.7 | 5 | 60.5 | 29 |  | 复向 | 片状 |  |  |
| T3②：219 | 复刃刮削器 | 泥质灰岩 | 52 | 56 | 16 | 65.6 | 78.8 | 34 | 51.3 | 46 | 56.7 | 32 |  | 复向 | 片状 | 圆形 |  |
| T3②：220 | 石锤 | 石英砂岩 | 107 | 53 | 50 | 379.4 |  |  |  |  |  |  |  | 复向 | 片状 |  |  |
| T3②：221 | 直刃砍砸器 | 安山玢岩 | 114 | 65 | 33 | 390.4 |  |  |  |  | 91 | 83 |  | 正向 | 片状 | 矩形 |  |
| T3②：222 | 直刃砍砸器 | 安山玢岩 | 73 | 103 | 34 | 395.5 | 68.5 | 81 |  |  |  |  |  | 复向 | 片状 |  |  |

续附表一

| 器物号 | 类型 | 原料 | 长(毫米) | 宽(毫米) | 厚(毫米) | 重(克) | 端刃角(°) | 状态(毫米) | 左刃角(°) | 状态(毫米) | 右刃角(°) | 状态(毫米) | 尖角(°) | 加工方向 | 毛坯 | 形状 | 备注 |
|---|---|---|---|---|---|---|---|---|---|---|---|---|---|---|---|---|---|
| T3②:223 | 直刃砍砸器 | 石英砂岩 | 92 | 103 | 35 | 418.5 | 61.8 | 78 | | | | | | 复向 | 片状 | | |
| T3②:224 | 直刃砍砸器 | 流纹岩 | 59 | 89 | 32 | 210.2 | 75.1 | 79 | | | | | | 复向 | 片状 | | |
| T3②:226 | 多尖尖刃器 | 细碧岩 | 101 | 80 | 29 | 246.5 | | | 105.7 | | | | 105 | 复向 | 片状 | | |
| T3②:227 | 直刃砍砸器 | 细碧岩 | 101 | 115 | 56 | 446.4 | 50.5 | 91 | | | | | | 复向 | 片状 | | |
| T3②:228 | 直刃砍砸器 | 安山玢岩 | 77 | 103 | 56 | 402 | 68.8 | 91 | | | | | | 复向 | 片状 | | |
| T3②:229 | 断块 | 泥质灰岩 | 44 | 56 | 31 | 87.8 | | | | | | | | | 片状 | | |
| T3②:230 | 直直/直凹双尖 | 细碧岩 | 79 | 24 | 24 | 114.3 | | | | | | | 117、104 | 正向为主 | 片状 | | 二次利用 |
| T3②:231 | 凸刃砍砸器 | 泥质灰岩 | 65 | 84 | 41 | 196.1 | 62.8 | 115 | | | | | | 复向 | 片状 | | |
| T3②:233 | 双直刃刮削器 | 石英砂岩 | 32 | 41 | 13 | 20.6 | 64.3 | 33 | | | 33.3 | 26 | | 正向 | 片状 | 柳叶 | 右断 |
| T3②:234 | 单直刃刮削器 | 细碧岩 | 74 | 46 | 29 | 105.5 | | | 73.3 | 66 | 36.5 | 79 | | 复向 | 片状 | | |
| T3②:235 | 钻器 | 石英砂岩 | 71 | 48 | 28 | 73.8 | | | | | | | 71 | 正向为主 | 片状 | | |
| T3②:236 | 钻器 | 细碧岩 | 42 | 31 | 9 | 11.6 | 40.4 | 54 | | | | | 94.6 | 正向为主 | 片状 | | |
| T3②:237 | 双直刃刮削器 | 石英砂岩 | 84 | 49 | 16 | 96.9 | | | 55.8 | 69 | 59.8 | 34 | | 复向 | 片状 | 矩形 | |
| T3②:238 | 凹凸刃刮削器 | 细碧岩 | 61 | 51 | 18 | 48.4 | | | 73.8 | 11 | 52.7 | 59 | | 复向 | 片状 | 三角 | |
| T3②:239 | 钻器 | 细碧岩 | 65 | 45 | 28 | 79.7 | | | | | | | 60.7 | 正向 | 片状 | | |
| T3②:240 | 单凸刃刮削器 | 细碧岩 | 46 | 36 | 16 | 22.8 | 69.3 | 25 | | | | | | 复向 | 片状 | | |
| T3②:241 | 直凹/直凹双尖 | 细碧岩 | 25 | 27 | 11 | 8.3 | | | | | 51.3 | 22 | 112.1、78.8 | 复向 | 片状 | | |

续附表一

| 器物号 | 类型 | 原料 | 长(毫米) | 宽(毫米) | 厚(毫米) | 重(克) | 端刃角(°) | 状态(毫米) | 左刃角(°) | 状态(毫米) | 右刃角(°) | 状态(毫米) | 尖角(°) | 加工方向 | 毛坯 | 形状 | 备注 |
|---|---|---|---|---|---|---|---|---|---|---|---|---|---|---|---|---|---|
| T3②:242 | 凹凸刃刮削器 | 细碧岩 | 48 | 35 | 14 | 23.4 | | | 52 | 5 | 58.2 | 48 | | 复向 | 片状 | 梯形 | |
| T3②:243 | 双直刃刮削器 | 细碧岩 | 63 | 43 | 10 | 45 | | | 67.5 | 44 | 57.8 | 49 | | 复向 | 片状 | | |
| T3②:244 | 单凹刃刮削器 | 石英砂岩 | 36 | 20 | 12 | 81 | | | | | 81 | 15 | | 正向 | 片状 | | |
| T3②:245 | 双凸刃刮削器 | 细碧岩 | 32 | 57 | 21 | 45 | 81 | 69 | 62 | 22 | | | | 复向 | 片状 | 椭圆 | |
| T3②:246 | 直刃砍砸器 | 细碧岩 | 72 | 71 | 21 | 223 | 72.1 | 39 | | | | | | 复向 | 片状 | | |
| T3②:247 | 凸刃砍砸器 | 细碧岩 | 111 | 64 | 36 | 406.5 | | | | | 82.8 | 98 | | 复向 | 片状 | 矩形 | |
| T3②:248 | 单凸刃刮削器 | 细碧岩 | 58 | 25 | 16 | 17.3 | | | 48.2 | 29 | | | | 复向 | 片状 | 椭圆 | |
| T3②:249 | 手镐 | 石英砂岩 | 117 | 74 | 52 | 446.6 | | | | | | | 77.8 | 正向 | 片状 | | |
| T3②:250 | 复刃刮削器 | 细碧岩 | 55 | 61 | 27 | 88.2 | 51.8 | 54 | 65 | 28 | 61.3 | 43 | | 复向 | 片状 | 矩形 | |
| T3②:251 | 单凹刃刮削器 | 细碧岩 | 72 | 55 | 40 | 138.4 | | | 72 | 57 | | | | 复向 | 块状 | 方形 | |
| T3②:252 | 复刃刮削器 | 细碧岩 | 67 | 71 | 28 | 155 | 64.5 | 52 | 71.3 | 51 | 54.2 | 40 | | 正向 | 片状 | 三角 | |
| T3②:253 | 双直刃刮削器 | 泥质灰岩 | 71 | 79 | 22 | 128.2 | | | 40.3 | 28 | 61.2 | 68 | | 复向 | 片状 | 三角 | |
| T3②:255 | 单凸刃刮削器 | 安山玢岩 | 67 | 36 | 21 | 96.2 | | | 61.5 | 56 | | | | 反向 | 片状 | 方形 | |
| T3②:256 | 单凸刃刮削器 | 石英砂岩 | 50 | 83 | 31 | 148.6 | | | | | 79.8 | 94 | | 复向 | 片状 | 椭圆 | |
| T3②:257 | 单凸刃刮削器 | 泥质灰岩 | 65 | 51 | 33 | 168.6 | 70.7 | 61 | | | | | | 复向 | 片状 | 矩形 | 二次利用 |
| T3②:258 | 单直刃刮削器 | 石英砂岩 | 79 | 47 | 28 | 83.2 | | | | | 71.3 | 29 | | 复向 | 片状 | 矩形 | |

续附表一

| 器物号 | 类型 | 原料 | 长(毫米) | 宽(毫米) | 厚(毫米) | 重(克) | 端刃角(°) | 状态(毫米) | 左刃角(°) | 状态(毫米) | 右刃角(°) | 状态(毫米) | 尖角(°) | 加工方向 | 毛坯 | 形状 | 备注 |
|---|---|---|---|---|---|---|---|---|---|---|---|---|---|---|---|---|---|
| T3②:259 | 单凹刃刮削器 | 泥质灰岩 | 65 | 50 | 17 | 62.2 | 40.2 | 46 | | | | | | 复向 | 片状 | 三角 | |
| T3②:260 | 单凸刃刮削器 | 细碧岩 | 57 | 76 | 27 | 112.8 | | | | | 60 | 34 | | 复向 | 片状 | | |
| T3②:261 | 双直刃单尖尖刃器 | 石英砂岩 | 74 | 55 | 15 | 81.1 | | | | | | | 90.1 | 错向 | 片状 | 梯形 | |
| T3②:262 | 双直刃单尖 | 细碧岩 | 44 | 42 | 12 | 62.8 | | | | | | | 84.3 | 正向为主 | 片状 | | |
| T3②:263 | 雕刻器 | 细碧岩 | 50 | 39 | 22 | 40.8 | | | | | | | 67.2 | 复向 | | | |
| T3②:264 | 直凹刃单尖 | 细碧岩 | 62 | 33 | 14 | 44.8 | | | | | | | 86.7 | 正向 | 片状 | | |
| T3②:265 | 单凸刃刮削器 | 细碧岩 | 61 | 49 | 24 | 81.6 | 60.2 | 50 | | | | | | 复向 | 块状 | | |
| T3②:266 | 双凸刃单尖器 | 泥质灰岩 | 77 | 52 | 24 | 126.2 | | | | | | | 78.8 | 复向 | 片状 | | |
| T3②:267 | 单直刃刮削器 | 细碧岩 | 49 | 44 | 39 | 125.2 | 81.5 | 36 | | | | | | 复向 | 块状 | | |
| T3②:268 | 单凹刃刮削器 | 泥质灰岩 | 69 | 60 | 25 | 83.2 | 72.5 | 55 | | | | | | 复向 | 块状 | | |
| T3②:269 | 双直刃单尖 | 细碧岩 | 32 | 51 | 19 | 29.6 | | | | | | | 80.1 | 复向 | 块状 | 三角 | |
| T3②:270 | 断块 | 细碧岩 | 62 | 49 | 41 | 198.8 | | | | | | | | 复向 | 块状 | | |
| T3②:271 | 单凹刃刮削器 | 泥质灰岩 | 62 | 40 | 28 | 67.2 | | | | | | | | 反向 | 块状 | | |
| T3②:273 | 单直刃刮削器 | 石英砂岩 | 52 | 55 | 22 | 70 | 65.5 | 31 | | | | | | 正向 | 块状 | | |
| T3②:274 | 断块 | 泥质灰岩 | 76 | 56 | 35 | 186.2 | | | | | | | | | | | |
| T3②:275 | 断块 | 石英砂岩 | 54 | 48 | 34 | 112.8 | | | | | | | | | | | |
| T3②:276 | 单凸刃刮削器 | 细碧岩 | 69 | 71 | 27 | 144.2 | 61.9 | 49 | | | | | | 复向 | 片状 | | |

续附表一

| 器物号 | 类型 | 原料 | 长（毫米） | 宽（毫米） | 厚（毫米） | 重（克） | 端刃角（°） | 状态（毫米） | 左刃角（°） | 状态（毫米） | 右刃角（°） | 状态（毫米） | 尖角（°） | 加工方向 | 毛坯 | 形状 | 备注 |
|---|---|---|---|---|---|---|---|---|---|---|---|---|---|---|---|---|---|
| T3②：277 | 单凸刃刮削器 | 细碧岩 | 74 | 65 | 35 | 163.8 | 88.2 | 72 | | | | | | | 反向 | 片状 | | |
| T3②：278 | 单直刃刮削器 | 泥质灰岩 | 59 | 48 | 29 | 83.5 | | | 55.5 | 54 | | | | | 正向 | 片状 | 三角 | |
| T3②：279 | 双直刃刮削器 | 细碧岩 | 73 | 47 | 29 | 94.8 | 65.7 | 32 | | | 70 | 42 | | | 复向 | 块状 | | |
| T3②：280 | 单凸刃刮削器 | 石英砂岩 | 77 | 56 | 31 | 112.8 | 66.3 | 62 | | | | | | | 复向 | 片状 | | |
| T3②：281 | 直凹刃单头 | 细碧岩 | 77 | 50 | 31 | 136.2 | | | | | | | | 85.9 | 复向 | 片状 | | |
| T3②：282 | 凹凸刃单头 | 细碧岩 | 62 | 70 | 29 | 92 | | | | | | | | 79 | 复向 | 片状 | | 风化严重 |
| T3②：283 | 二类砍砸器 | 石英砂岩 | 102 | 55 | 63 | 406.2 | 67.8 | 57 | | | | | | | | 块状 | | |
| T3②：284 | 复向刮削器 | 细碧岩 | 66 | 69 | 25 | 96.8 | 53 | 38 | 57.1 | 22 | 56 | 23 | | | 复向 | 片状 | | |
| T3②：285 | 单凸刃刮削器 | 细碧岩 | 31 | 42 | 20 | 28.2 | 72.5 | 54 | | | | | | | 复向 | 片状 | | |
| T3②：286 | 双直刃单头 | 石英砂岩 | 60 | 49 | 11 | 45.8 | 54.2 | 54 | | | | | | 99.5 | 正向 | 块状 | | |
| T3②：287 | 直凹刃单头 | 细碧岩 | 49 | 35 | 19 | 34.8 | | | | | | | | 84.5 | 复向 | 块状 | 三角 | |
| T3②：290 | 单凸刃刮削器 | 泥质灰岩 | 43 | 56 | 24 | 56.4 | 70.2 | 41 | | | | | | | 复向 | 块状 | | |
| T3②：291 | 单凸刃刮削器 | 泥质灰岩 | 84 | 54 | 21 | 111 | | | | | | | | 62.5 | 正向 | 片状 | | |
| T3②：292 | 双直刃单头 | 石英砂岩 | 87 | 42 | 36 | 144 | | | | | 72.2 | 75 | | | 复向 | 片状 | | |
| T3②：293 | 单凹刃刮削器 | 细碧岩 | 61 | 50 | 21 | 79.4 | 49 | 46 | | | | | | | 复向 | 片状 | | |
| T3②：294 | 单直刃刮削器 | 安山玢岩 | 61 | 46 | 22 | 62.2 | | | | | 74.9 | 580 | | | 复向 | 块状 | | |
| T3②：295 | 单直刃刮削器 | 泥质灰岩 | 68 | 31 | 30 | 72.2 | 67 | 52 | | | | | | | 复向 | 块状 | | |

续附表一

| 器物号 | 类型 | 原料 | 长（毫米） | 宽（毫米） | 厚（毫米） | 重（克） | 端刃角（°） | 状态（毫米） | 左刃角（°） | 状态（毫米） | 右刃角（°） | 状态（毫米） | 尖角（°） | 加工方向 | 毛坯 | 形状 | 备注 |
|---|---|---|---|---|---|---|---|---|---|---|---|---|---|---|---|---|---|
| T3②：296 | 单凹刃刮削器 | 细碧岩 | 55 | 63 | 25 | 109 | | | | | 59.9 | 36 | | 复向 | 片状 | | |
| T3②：297 | 双凸刃单尖 | 细碧岩 | 57 | 28 | 31 | 50.6 | | | | | | | 102 | 复向 | 片状 | | |
| T3②：298 | 断块 | 石英砂岩 | 33 | 52 | 18 | 48.8 | | | | | | | | 复向 | | | |
| T3②：299 | 直直/直直双尖 | 泥质灰岩 | 44 | 24 | 11 | 20.4 | | | | | | | 56.1、70.1 | 复向 | 片状 | 菱形 | |
| T3②：300 | 断块 | 安山玢岩 | 68 | 53 | 33 | 113.4 | | | | | | | | | | | |
| T3②：301 | 单直刃刮削器 | 细碧岩 | 67 | 43 | 23 | 105 | 82 | 37 | | | | | | 复向 | 片状 | 矩形 | |
| T3②：302 | 断块 | 细碧岩 | 71 | 32 | 31 | 88 | | | | | | | | | | | |
| T3②：303 | 断块 | 细碧岩 | 33 | 34 | 31 | 48 | | | | | | | | | | | |
| T3②：304 | 单凸刃刮削器 | 细碧岩 | 72 | 33 | 34 | 90.6 | 57.5 | 52 | | | | | | 复向 | 片状 | | |
| T3②：305 | 石锤 | 细碧岩 | 107 | 89 | 43 | 416.8 | | | | | | | | | | | |
| T3②：306 | 直刃砍砸器 | 泥质灰岩 | 83 | 92 | 33 | 296.6 | 77.5 | 72 | | | | | | 复向 | 片状 | | |
| T3②：307 | 单凸刃刮削器 | 细碧岩 | 50 | 41 | 32 | 61.4 | 61.2 | 32 | | | | | | 复向 | 块状 | | |
| T3②：308 | 双直刃单尖 | 细碧岩 | 60 | 34 | 19 | 33.2 | | | | | | | 119.5 | 复向 | 块状 | | |
| T3②：309 | 雕刻器 | 石英砂岩 | 69 | 28 | 18 | 33 | | | | | | | 84.2、108.3 | 复向 | 块状 | | |
| T3②：310 | 单凸刃刮削器 | 细碧岩 | 43 | 70 | 24 | 87.4 | 80 | 49 | | | | | | 复向 | 片状 | | |
| T3②：311 | 单凹刃刮削器 | 泥质灰岩 | 70 | 53 | 32 | 175.6 | | | 79.5 | 35 | | | | 正向 | 片状 | | 二次利用 |
| T3②：312 | 断块 | 泥质灰岩 | 88 | 30 | 27 | 86.8 | | | | | | | | | | | |

续附表一

| 器物号 | 类型 | 原料 | 长（毫米） | 宽（毫米） | 厚（毫米） | 重（克） | 端刃角（°） | 状态（毫米） | 左刃角（°） | 状态（毫米） | 右刃角（°） | 状态（毫米） | 尖角（°） | 加工方向 | 毛坯形状 | 备注 |
|---|---|---|---|---|---|---|---|---|---|---|---|---|---|---|---|---|
| T3②：313 | 多尖尖刃器 | 细碧岩 | 45 | 52 | 11 | 36.6 |  |  |  |  |  |  | 125、108 | 复向 | 片状 |  |
| T3②：314 | 单凸刃刮削器 | 细碧岩 | 65 | 53 | 25 | 118.2 | 73.8 | 49 |  |  |  |  |  | 复向 | 片状 |  |
| T3②：315 | 单直刃刮削器 | 泥质灰岩 | 46 | 35 | 27 | 52.6 | 79 | 32 |  |  |  |  |  | 复向 | 片状 |  |
| T3②：316 | 直直/直直双尖 | 细碧岩 | 38 | 50 | 33 | 58.8 |  |  |  |  |  |  | 108、112 | 复向 | 块状 |  |
| T3②：317 | 断块 | 石英砂岩 | 54 | 35 | 18 | 48 |  |  |  |  |  |  |  |  | 片状 |  |
| T3②：318 | 单凸刃刮削器 | 安山玢岩 | 46 | 29 | 19 | 23.8 |  |  | 52.5 | 43 |  |  |  | 反向 | 片状 |  |
| T3②：319 | 单凸刃刮削器 | 安山玢岩 | 50 | 31 | 27 | 36.2 |  |  | 68.5 | 36 |  |  |  | 反向 | 块状 |  |
| T3②：320 | 凹凸刃单头 | 细碧岩 | 68 | 35 | 17 | 34 |  |  |  |  |  |  | 91 | 复向 | 片状 |  |
| T3②：321 | 双直刃单头 | 石英砂岩 | 64 | 39 | 26 | 76.6 |  |  |  |  |  |  | 92.5 | 复向 | 片状 |  |
| T3②：322 | 单凸刃刮削器 | 石英砂岩 | 48 | 36 | 15 | 28 | 57.2 | 49 |  |  | 55 | 27 |  | 复向 | 片状 |  |
| T3②：323 | 单凸刃刮削器 | 石英砂岩 | 56 | 39 | 15 | 40.4 | 93.7 | 27 |  |  |  |  |  | 正向 | 片状 |  |
| T3②：324 | 钻器 | 泥质灰岩 | 47 | 35 | 14 | 24.4 |  |  |  |  |  |  | 64 | 反向为主 | 片状 |  |
| T3②：325 | 二类刮削器 | 细碧岩 | 36 | 25 | 19 | 20.8 | 24.1 |  |  |  |  |  |  |  | 片状 |  |
| T3②：327 | 双直刃单头 | 细碧岩 | 42 | 35 | 15 | 33 |  |  |  |  |  |  | 118.2 | 复向 | 片状 |  |
| T3②：328 | 单凸刃刮削器 | 细碧岩 | 50 | 60 | 14 | 50.8 | 74.7 | 42 |  |  | 61.9 | 58 |  | 正向 | 片状 |  |
| T3②：329 | 单凹刃刮削器 | 细碧岩 | 44 | 34 | 20 | 27 |  |  |  |  | 59.2 | 34 |  | 复向 | 块状 |  |

续附表一

| 器物号 | 类型 | 原料 | 长（毫米） | 宽（毫米） | 厚（毫米） | 重（克） | 端刃角（°） | 状态（毫米） | 左刃角（°） | 状态（毫米） | 右刃角（°） | 状态（毫米） | 尖角（°） | 加工方向 | 毛坯 | 形状 | 备注 |
|---|---|---|---|---|---|---|---|---|---|---|---|---|---|---|---|---|---|
| T3②：330 | 双直刃单尖尖刃器 | 石英砂岩 | 63 | 30 | 16 | 38.6 | | | | | | | 104.8 | 反向 | 片状 | | 右断 |
| T3②：331 | 单凸刃刮削器 | 细碧岩 | 30 | 32 | 20 | 19.4 | 50.5 | 15 | | | | | | 反向 | 块状 | | |
| T3②：332 | 雕刻器 | 细碧岩 | 52 | 31 | 10 | 19.2 | | | | | | | 85.1 | 复向 | | | |
| T3②：333 | 雕刻器 | 细碧岩 | 54 | 35 | 17 | 33.2 | | | | | | | 105 | 复向 | | | |
| T3②：334 | 双直刃单尖尖刃器 | 泥质灰岩 | 49 | 57 | 19 | 44.2 | | | | | | | 105 | 复向 | 块状 | 三角 | |
| T3②：336 | 雕刻器 | 细碧岩 | 54 | 35 | 18 | 33.2 | | | | | | | | 复向 | 片状 | | |
| T3②：337 | 双直刃单尖尖刃器 | 细碧岩 | 100 | 78 | 27 | 262.2 | | | | | | | 86.2 | 错向 | 片状 | | |
| T3②：338 | 凸凸／凸凸双尖 | 细碧岩 | 73 | 34 | 19 | 55.2 | | | | | | | 96.1、97.2 | 复向 | 片状 | | |
| T3②：339 | 断块 | 安山玢岩 | 45 | 22 | 22 | 25.6 | | | | | | | | | | | |
| T3②：340 | 直直／直直双尖 | 细碧岩 | 75 | 59 | 23 | 106.4 | | | | | | | 77.8、103.2 | 正向 | 片状 | | |
| T3②：341 | 二类刮削器 | 细碧岩 | 67 | 56 | 32 | 144.8 | 62.8 | 21 | 69.5 | 13 | | | | | 块状 | | 双凸 |
| T3②：342 | 单凸刃刮削器 | 石英砂岩 | 93 | 56 | 21 | 116.4 | | | | | 31.2 | 83 | | 复向 | 片状 | 三角 | |
| T3②：343 | 多尖尖刃器 | 细碧岩 | 43 | 46 | 14 | 41.2 | | | | | | | 82.3、115.3 | 复向 | 片状 | 矩形 | |
| T3②：344 | 双直刃单尖尖刃器 | 细碧岩 | 75 | 42 | 27 | 93.4 | | | | | | | 124.5 | 复向 | 片状 | | |
| T3②：345 | 单凹刃刮削器 | 细碧岩 | 48 | 52 | 21 | 70.4 | 61.2 | 44 | | | | | | 复向 | 块状 | | |
| T3②：346 | 铲形器 | 细碧岩 | 98 | 56 | 23 | 154.6 | | | | | | | | 正向为主 | 片状 | | |
| T3②：348 | 直刃砍砸器 | 石英砂岩 | 80 | 100 | 31 | 241.2 | 96.5 | 62 | | | | | | 反向 | 块状 | | |

续附表一

| 器物号 | 类型 | 原料 | 长(毫米) | 宽(毫米) | 厚(毫米) | 重(克) | 端刃角(°) | 状态(毫米) | 左刃角(°) | 状态(毫米) | 右刃角(°) | 状态(毫米) | 尖角(°) | 加工方向 | 毛坯 | 形状 | 备注 |
|---|---|---|---|---|---|---|---|---|---|---|---|---|---|---|---|---|---|
| T3②:349 | 断块 | 泥质灰岩 | 87 | 65 | 39 | 242.2 | | | | | | | | | | | |
| T3②:350 | 单凹刃刮削器 | 细碧岩 | 58 | 67 | 29 | 93 | 54 | 57 | | | 78 | 40 | | 反向为主 | 片状 | | |
| T3②:351 | 二类刮削器 | 安山玢岩 | 50 | 27 | 19 | 21.2 | | | | | | | | | 片状 | | |
| T3②:352 | 直直/直直双头 | 细碧岩 | 56 | 29 | 16 | 30.2 | | | | | | | 103.2、83.7 | 复向 | 片状 | | |
| T3②:353 | 单凸刃刮削器 | 泥质灰岩 | 71 | 53 | 25 | 104.6 | 53.1 | 69 | | | | | | 复向 | 片状 | | |
| T3②:354 | 凸刃刀砍砸器 | 石英砂岩 | 121 | 51 | 56 | 339.6 | 57 | 89 | | | | | | 复向 | 块状 | | |
| T3②:355 | 断块 | 细碧岩 | 109 | 43 | 45 | 253.4 | | | | | | | | | | | |
| T3②:356 | 断块 | 细碧岩 | 116 | 50 | 41 | 280.4 | | | | | | | | | | | |
| T3②:358 | 单直刃刮削器 | 泥质灰岩 | 57 | 60 | 29 | 106.4 | 61.2 | 37 | | | | | | 复向 | 片状 | | |
| T3②:360 | 单凸刃刮削器 | 石英砂岩 | 53 | 35 | 22 | 41.2 | 56 | 78 | | | | | | 复向 | 块状 | | |
| T3②:361 | 断块 | 细碧岩 | 36 | 30 | 17 | 36.2 | | | | | | | | | | | |
| T3②:362 | 单直刃刮削器 | 泥质灰岩 | 47 | 57 | 26 | 72.2 | 65.5 | 50 | | | | | | 复向 | 块状 | | |
| T3②:363 | 双直刃单头 | 泥质灰岩 | 65 | 37 | 22 | 55.4 | | | | | | | 76.1 | 复向 | 片状 | | |
| T3②:364 | 断块 | 泥质灰岩 | 98 | 89 | 46 | 452.2 | | | | | | | | 复向 | 块状 | | |
| T3②:365 | 单凹刃刮削器 | 纯灰岩 | 43 | 35 | 23 | 36 | | | | | 62.1 | 26 | | 复向 | 块状 | | |
| T3②:366 | 断块 | 细碧岩 | 52 | 33 | 23 | 50 | | | | | | | | | | | |
| T3②:367 | 直凸刃刮削器 | 细碧岩 | 56 | 45 | 26 | 70.3 | 63.5 | 53 | | | 57 | 25 | | 复向 | 片状 | | |

续附表一

| 器物号 | 类型 | 原料 | 长（毫米） | 宽（毫米） | 厚（毫米） | 重（克） | 端刃角（°） | 状态（毫米） | 左刃角（°） | 状态（毫米） | 右刃角（°） | 状态（毫米） | 尖角（°） | 加工方向 | 毛坯 | 形状 | 备注 |
|---|---|---|---|---|---|---|---|---|---|---|---|---|---|---|---|---|---|
| T3②：368 | 单直刃刮削器 | 泥质灰岩 | 89 | 50 | 27 | 164 | 88.1 | 14 | | | | | | 正向 | 块状 | | |
| T3②：369 | 单凹刃刮削器 | 细碧岩 | 77 | 47 | 19 | 89.2 | | | | | 81.8 | 25 | | 正向 | 片状 | | |
| T3②：371 | 直刃砍砸器 | 泥质灰岩 | 74 | 92 | 38 | 358.6 | 85 | 67 | | | | | | 复向 | 片状 | | |
| T3②：372 | 直刃砍砸器 | 石英砂岩 | 76 | 77 | 38 | 272.6 | 75.2 | 36 | | | | | | 正向 | 块状 | | |
| T3②：373 | 单凸刃刮削器 | 石英砂岩 | 38 | 39 | 18 | 19.8 | | | 56.5 | 28 | | | | 正向 | 片状 | | |
| T3②：374 | 双直刃单头尖刃器 | 安山玢岩 | 44 | 34 | 14 | 25.8 | 72.2 | 21 | | | 60.4 | 50 | 110.5 | 正向为主 | 片状 | | |
| T3②：375 | 单凸刃刮削器 | 石英砂岩 | 68 | 70 | 22 | 170 | 80.8 | 54 | | | | | | 正向 | 片状 | 梯形 | |
| T3②：376 | 单凸刃刮削器 | 细碧岩 | 80 | 57 | 21 | 97 | | | 75.2 | 32 | | | | 正向 | 片状 | | 二次利用 |
| T3②：377 | 断块 | 泥质灰岩 | 94 | 68 | 56 | 319 | | | | | | | | 正向 | 片状 | | |
| T3②：378 | 双直刃单头 | 石英砂岩 | 49 | 43 | 10 | 19.2 | 50 | 40 | | | | | 56.8 | 复向 | 片状 | | |
| T3②：379 | 双直刃单头 | 安山玢岩 | 54 | 45 | 22 | 49.2 | | | | | | | 93.9 | 正向 | 片状 | | 左断 |
| T3②：380 | 直凸刃单头 | 纯灰岩 | 55 | 35 | 21 | 34.6 | 69 | 65 | | | | | 98.5 | 正向为主 | 片状 | | |
| T3②：381 | 双凸刃刮削器 | 泥质灰岩 | 48 | 26 | 22 | 25.8 | | | 78.9 | 33 | 82.1 | 31 | | 复向 | 块状 | | |
| T3②：382 | 雕刻器 | 细碧岩 | 74 | 80 | 25 | 167.8 | | | | | | | 106.9 | 正向 | 片状 | | |
| T3②：383 | 单凸刃刮削器 | 细碧岩 | 69 | 74 | 19 | 132.8 | | | | | | | | 正向 | 片状 | | |
| T3②：384 | 钻器 | 细碧岩 | 51 | 27 | 16 | 21 | | | | | | | 63.1 | 反向 | 片状 | | |
| T3②：385 | 单凸刃刮削器 | 细碧岩 | 40 | 41 | 16 | 30.8 | 77.8 | 22 | | | | | | 复向 | 片状 | | |

续附表一

| 器物号 | 类型 | 原料 | 长(毫米) | 宽(毫米) | 厚(毫米) | 重(克) | 端刃角(°) | 状态(毫米) | 左刃角(°) | 状态(毫米) | 右刃角(°) | 状态(毫米) | 尖角(°) | 加工方向 | 毛坯 | 形状 | 备注 |
|---|---|---|---|---|---|---|---|---|---|---|---|---|---|---|---|---|---|
| T3②:386 | 单直刃刮削器 | 细碧岩 | 55 | 25 | 17 | 25.6 | | | | | 73.1 | 46 | | 复向 | 片状 | | |
| T3②:387 | 直凹刃单尖 | 泥质灰岩 | 43 | 42 | 21 | 46.4 | | | | | | | 114 | 复向 | 片状 | | |
| T3②:388 | 二类砍砸器 | 安山玢岩 | 92 | 69 | 45 | 305 | 65.5 | 47 | | | | | | 复向 | 块状 | | |
| T3②:389 | 直直/直直双头 | 细碧岩 | 96 | 36 | 35 | 120.6 | | | | | | | 87.3、80 | 复向 | 块状 | | |
| T3②:390 | 单凸刃刮削器 | 泥质灰岩 | 57 | 69 | 28 | 155.6 | 74 | 50 | | | | | | 复向 | 片状 | | |
| T3②:391 | 二类刮削器 | 细碧岩 | 59 | 31 | 18 | 40.2 | | | | | 63 | 49 | | | 片状 | 矩形 | |
| T3②:392 | 单凸刃刮削器 | 泥质灰岩 | 52 | 56 | 24 | 81.6 | 63.7 | 77 | | | | | | 复向 | 片状 | | 二次利用 |
| T3②:393 | 凸刃砍砸器 | 细碧岩 | 104 | 79 | 49 | 445.2 | 78.2 | 98 | | | | | | 复向 | 块状 | | 二次利用 |
| T3②:394 | 双直刃单尖 | 细碧岩 | 73 | 53 | 27 | 122.4 | 71.2 | 42 | 61.7 | 57 | | | 100.2 | 复向 | 片状 | | 二次利用 |
| T3②:395 | 单凸刃刮削器 | 石英砂岩 | 74 | 59 | 19 | 106.4 | 52 | 57 | | | | | | 正向 | 片状 | | |
| T3②:396 | 双直刃单尖 | 细碧岩 | 48 | 49 | 16 | 30.4 | 79 | 22 | | | | | 57.9 | 复向 | 片状 | 三角 | |
| T3②:397 | 单凹刃刮削器 | 泥质灰岩 | 66 | 42 | 19 | 57.4 | 44.5 | 17 | | | | | | 正向 | 片状 | | |
| T3②:398 | 单凸刃刮削器 | 细碧岩 | 37 | 20 | 13 | 10.8 | | | | | | | | 正向 | 片状 | | |
| T3②:399 | 单直刃刮削器 | 安山玢岩 | 31 | 32 | 10 | 13.8 | | | | | 61.5 | 28 | | 正向 | 片状 | | |
| T3②:400 | 双直刃单尖 | 细碧岩 | 58 | 25 | 14 | 28.4 | | | | | | | 109.2 | 复向 | 片状 | | 二次利用 |
| T3②:401 | 二类刮削器 | 石英砂岩 | 78 | 48 | 27 | 89 | | | | | 56.9 | 29 | | | 片状 | | |
| T3②:402 | 单直刃刮削器 | 细碧岩 | 40 | 34 | 16 | 24 | 60.5 | 34 | | | | | | 复向 | 片状 | 三角 | |

续附表一

| 器物号 | 类型 | 原料 | 长（毫米） | 宽（毫米） | 厚（毫米） | 重（克） | 端刃角（°） | 状态（毫米） | 左刃角（°） | 状态（毫米） | 右刃角（°） | 状态（毫米） | 尖角（°） | 加工方向 | 毛坯 | 形状 | 备注 |
|---|---|---|---|---|---|---|---|---|---|---|---|---|---|---|---|---|---|
| T3②:403 | 直直/直直双尖 | 石英砂岩 | 43 | 37 | 15 | 29.2 | | | | | | | 91.5、95.1 | 正向为主 | 片状 | | |
| T3②:405 | 二类刮削器 | 细碧岩 | 36 | 25 | 12 | 12.6 | 113.5 | 11 | 2.3 | | | | | | 块状 | | |
| T3②:406 | 直凹刃单尖 | 细碧岩 | 44 | 35 | 20 | 31.4 | | | | | | | 84.5 | 正向 | 片状 | | |
| T3②:407 | 双凸刃单尖 | 泥质灰岩 | 47 | 25 | 13 | 20.4 | | | | | | | 100.2 | 复向 | 片状 | | |
| T3②:408 | 单直刃刮削器 | 细碧岩 | 29 | 30 | 17 | 13.8 | | | 77.3 | 23 | | | | 复向 | 片状 | | |
| T3②:409 | 单凸刃刮削器 | 纯灰岩 | 52 | 24 | 14 | 19 | | | 68.5 | 39 | | | | 复向 | 块状 | | |
| T3②:410 | 单凸刃刮削器 | 安山玢岩 | 39 | 48 | 11 | 22.6 | 64.8 | 52 | | | | | | 复向 | 片状 | | |
| T3②:411 | 直直/直直双尖 | 细碧岩 | 80 | 45 | 16 | 58.8 | | | | | | | 110、103 | 复向 | 片状 | 三角 | 左断 |
| T3②:412 | 单凸刃刮削器 | 石英砂岩 | 33 | 26 | 9 | 7.6 | 19.5 | 68 | | | | | | 复向 | 片状 | | |
| T3②:413 | 单凸刃刮削器 | 石英砂岩 | 65 | 55 | 26 | 86.6 | 77.1 | 32 | | | | | | 反向 | 块状 | 三角 | |
| T3②:414 | 断块 | 石英砂岩 | 49 | 26 | 21 | 36.8 | | | | | | | | | | | |
| T3②:415 | 直直/直直双尖 | 石英砂岩 | 30 | 27 | 9 | 9.2 | | | | | | | | 复向 | 片状 | | |
| T3②:416 | 断块 | 石英砂岩 | 34 | 52 | 22 | 47.2 | | | | | | | | 复向 | 片状 | | |
| T3②:417 | 断块 | 纯灰岩 | 30 | 32 | 18 | 20.6 | | | | | | | | | 片状 | | |
| T3②:418 | 双直刃单尖 | 石英砂岩 | 62 | 66 | 21 | 121.4 | | | | | | | 111.4 | 复向 | 片状 | | |
| T3②:419 | 单凸刃刮削器 | 石英砂岩 | 35 | 42 | 14 | 25.8 | 48 | 22 | | | | | | 正向 | 片状 | | |
| T3②:420 | 断块 | 泥质灰岩 | 85 | 69 | 39 | 274.8 | | | | | | | | | | | |

续附表一

| 器物号 | 类型 | 原料 | 长（毫米） | 宽（毫米） | 厚（毫米） | 重（克） | 端刃角（°） | 状态（毫米） | 左刃角（°） | 状态（毫米） | 右刃角（°） | 状态（毫米） | 尖角（°） | 加工方向 | 毛坯 | 形状 | 备注 |
|---|---|---|---|---|---|---|---|---|---|---|---|---|---|---|---|---|---|
| T3②：421 | 断块 | 石英砂岩 | 93 | 85 | 27 | 300.8 | | | | | | | | | | | |
| T3②：422 | 断块 | 细碧岩 | 75 | 52 | 30 | 144.6 | | | | | | | | | | | |
| T3②：423 | 单凸刃刮削器 | 细碧岩 | 83 | 39 | 15 | 78.6 | | | 64.7 | 31 | | | | 正向 | 片状 | | |
| T3②：424 | 断块 | 安山玢岩 | 75 | 47 | 27 | 102.4 | | | | | | | | | | | |
| T3②：425 | 单凹刃刮削器 | 泥质灰岩 | 41 | 35 | 18 | 26.8 | | | | | 49.5 | 26 | | 正向 | 片状 | | |
| T3②：426 | 断块 | 细碧岩 | 79 | 38 | 27 | 113.2 | | | | | | | | | | | |
| T3②：427 | 单凸刃刮削器 | 细碧岩 | 69 | 79 | 27 | 146.8 | 68.5 | 65 | | | | | | 复向 | 片状 | | |
| T3②：428 | 双凸刃单尖 | 石英砂岩 | 60 | 57 | 19 | 90.4 | | | | | | | 120 | 复向 | 片状 | | |
| T3②：429 | 二类刮削器 | 石英砂岩 | 46 | 46 | 15 | 38.6 | 69.2 | 42 | | | | | | 正向 | 片状 | | |
| T3②：430 | 钻器 | 细碧岩 | 48 | 36 | 14 | 22.8 | | | | | | | 54.1 | 正向为主 | 片状 | | |
| T3②：431 | 单凸刃刮削器 | 泥质灰岩 | 33 | 44 | 15 | 26.4 | 84.5 | 45 | | | | | | 正向 | 片状 | | |
| T3②：432 | 断块 | 细碧岩 | 69 | 51 | 35 | 163.4 | | | | | | | | | | | |
| T3②：433 | 复刃刮削器 | 石英砂岩 | 30 | 39 | 14 | 19 | 81 | 25 | 77.1 | 20 | 33.9 | 26 | | 复向 | 片状 | | |
| T3②：434 | 双凸刃刮削器 | 泥质灰岩 | 43 | 28 | 19 | 16 | | | 63 | 30 | 48 | 28 | | 正向为主 | 片状 | | |
| T3②：435 | 断块 | 细碧岩 | 45 | 27 | 18 | 27.2 | | | | | | | | | | | |
| T3②：436 | 双直刃单尖 | 细碧岩 | 35 | 32 | 14 | 17.4 | 90 | 32 | | | | | 115.2 | 正向 | 片状 | | 右断 |
| T3②：437 | 断块 | 石英砂岩 | 45 | 36 | 18 | 27.4 | | | | | | | | | | | |
| T3②：438 | 凹凸刃刮削器 | 泥质灰岩 | 82 | 76 | 28 | 186 | | | 72 | 45 | 54 | 72 | | 复向 | 片状 | | |

续附表一

| 器物号 | 类型 | 原料 | 长（毫米） | 宽（毫米） | 厚（毫米） | 重（克） | 端刃角（°） | 状态（毫米） | 左刃角（°） | 状态（毫米） | 右刃角（°） | 状态（毫米） | 尖角（°） | 加工方向 | 毛坯 | 形状 | 备注 |
|---|---|---|---|---|---|---|---|---|---|---|---|---|---|---|---|---|---|
| T3②：439 | 单凸刃刮削器 | 泥质灰岩 | 85 | 65 | 31 | 163.6 | | | | | 79.5 | 100 | | 正向 | 片状 | 梯形 | |
| T3②：440 | 断块 | 泥质灰岩 | 43 | 45 | 22 | 43.4 | | | | | | | | | | | |
| T3②：441 | 二类刮削器 | 细碧岩 | 34 | 29 | 9 | 12 | 69.8 | 27 | | | | | | | 片状 | | |
| T3②：442 | 双直刃单尖 | 石英砂岩 | 56 | 36 | 12 | 36.8 | | | | | | | 113.5 | 复向 | 片状 | | |
| T3②：443 | 双直刃单尖尖刃器 | 泥质灰岩 | 40 | 43 | 17 | 31.6 | | | | | | | 67.5 | 正向为主 | 片状 | 三角 | |
| T3②：445 | 单直刃刮削器 | 石英砂岩 | 44 | 64 | 19 | 58.4 | 62.1 | 52 | | | | | | 复向 | 片状 | 三角 | |
| T3②：446 | 单凸刃刮削器 | 石英砂岩 | 44 | 51 | 23 | 66 | 81.7 | 33 | | | | | | 复向 | 片状 | | |
| T3②：447 | 断块 | 石英砂岩 | 42 | 61 | 27 | 74.4 | | | | | | | | | | | |
| T3②：448 | 单直刃刮削器 | 石英砂岩 | 51 | 42 | 17 | 43.6 | 75.2 | 39 | | | | | | 复向 | 片状 | 三角 | |
| T3②：449 | 单直刃刮削器 | 细碧岩 | 55 | 50 | 18 | 59.4 | 50.5 | 44 | | | | | | 复向 | 片状 | | |
| T3②：450 | 单凸刃刮削器 | 泥质灰岩 | 59 | 37 | 18 | 40 | 71.5 | 38 | | | | | | 反向 | 片状 | | |
| T3②：451 | 复刃刮削器 | 细碧岩 | 31 | 38 | 13 | 11 | 35.9 | 34 | 44.5 | 29 | 46.2 | 27 | | 复向 | 片状 | 三角 | |
| T3②：452 | 复刃刮削器 | 细碧岩 | 49 | 35 | 16 | 21.3 | 55.5 | 28 | 75.5 | 52 | 66.1 | 39 | | 复向 | 片状 | | |
| T3②：453 | 断块 | 泥质灰岩 | 64 | 59 | 41 | 125 | | | | | | | | | | | |
| T3②：454 | 直凸刃刮削器 | 细碧岩 | 51 | 53 | 24 | 55.2 | 74 | 30 | 64.1 | 62 | | | | 复向 | 片状 | | |
| T3②：456 | 单凸刃刮削器 | 石英砂岩 | 43 | 48 | 13 | 31 | 53.8 | 47 | | | | | | 反向 | 片状 | | |
| T3②：457 | 多尖尖刃器 | 细碧岩 | 23 | 29 | 10 | 8.2 | | | | | | | 110、132.2 | 复向 | 块状 | | |

续附表一

| 器物号 | 类型 | 原料 | 长(毫米) | 宽(毫米) | 厚(毫米) | 重(克) | 端刃角(°) | 状态(毫米) | 左刃角(°) | 状态(毫米) | 右刃角(°) | 状态(毫米) | 尖角(°) | 加工方向 | 毛坯 | 形状 | 备注 |
|---|---|---|---|---|---|---|---|---|---|---|---|---|---|---|---|---|---|
| T3②:458 | 断块 | 细碧岩 | 50 | 52 | 26 | 56 | | | | | | | | | | | |
| T3②:459 | 单直刃刮削器 | 泥质灰岩 | 44 | 60 | 22 | 50.4 | 64.6 | 50 | | | | | | 正向为主 | 片状 | | |
| T3②:460 | 断块 | 泥质灰岩 | 56 | 50 | 31 | 89.2 | | | | | | | | | | | |
| T3②:461 | 单凸刃刮削器 | 泥质灰岩 | 66 | 71 | 25 | 101 | 43 | 82 | | | | | | 复向 | 片状 | 扇形 | |
| T3②:462 | 断块 | 泥质灰岩 | 84 | 55 | 27 | 140 | | | | | | | | | | | |
| T3②:463 | 二类刮削器 | 细碧岩 | 59 | 38 | 20 | 47.2 | | | 94.3 | 49 | | | | 复向 | 片状 | 矩形 | |
| T3②:464 | 直刃砍砸器 | 流纹岩 | 102 | 47 | 29 | 186.2 | | | 71.8 | 50 | | | | 正向 | 块状 | | |
| T3②:465 | 单凹刃刮削器 | 泥质灰岩 | 54 | 46 | 23 | 53.8 | 98.1 | 45 | | | | | | 复向 | 块状 | | |
| T3②:466 | 直直/直直双尖 | 细碧岩 | 79 | 56 | 29 | 107.2 | | | | | | | 77、75 | 复向 | 片状 | | |
| T3②:467 | 断块 | 细碧岩 | 57 | 53 | 28 | 119 | | | | | | | | | | | |
| T3②:468 | 凹凸刃单尖 | 细碧岩 | 48 | 42 | 20 | 40 | | | | | | | 117.2 | 复向 | 块状 | | |
| T3②:469 | 二类刮削器 | 细碧岩 | 43 | 31 | 16 | 21.2 | 52.7 | 22 | | | | | | | 片状 | | |
| T3②:470 | 断块 | 细碧岩 | 32 | 25 | 17 | 16.6 | | | | | | | | | | | |
| T3②:471 | 单凸刃刮削器 | 泥质灰岩 | 44 | 28 | 19 | 24 | 74.7 | 31 | | | | | | 复向 | 片状 | | |
| T3②:472 | 单凸刃刮削器 | 细碧岩 | 28 | 23 | 6 | 4.8 | 36 | 14 | | | | | | 复向 | 片状 | | |
| T3②:473 | 断块 | 泥质灰岩 | 31 | 20 | 12 | 14.2 | | | | | | | | | | | |
| T3②:474 | 断块 | 安山玢岩 | 28 | 33 | 10 | 15.4 | | | | | | | | | | | |
| T3②:475 | 单凸刃刮削器 | 细碧岩 | 36 | 35 | 11 | 15.4 | 51.5 | 24 | | | | | | 反向 | 片状 | | |

续附表一

| 器物号 | 类型 | 原料 | 长（毫米） | 宽（毫米） | 厚（毫米） | 重（克） | 端刃角（°） | 状态（毫米） | 左刃角（°） | 状态（毫米） | 右刃角（°） | 状态（毫米） | 尖角（°） | 加工方向 | 毛坯 | 形状 | 备注 |
|---|---|---|---|---|---|---|---|---|---|---|---|---|---|---|---|---|---|
| T3②:476 | 直直/直直双尖 | 细碧岩 | 57 | 59 | 30 | 101.8 | | | | | | | 114.8、124 | 正向 | 块状 | 梯形 | |
| T3②:477 | 钻器 | 细碧岩 | 37 | 26 | 17 | 16.2 | | | | | | | 67.8 | 复向 | | 二次利用 | |
| T3②:478 | 单凸刃刮削器 | 泥质灰岩 | 44 | 48 | 22 | 58.2 | 67.2 | 45 | | | | | | 正向 | 片状 | | |
| T3②:479 | 单直刃刮削器 | 细碧岩 | 39 | 50 | 20 | 40.6 | | | 69.2 | | | | | 复向 | 片状 | | |
| T3②:480 | 单直刃刮削器 | 泥质灰岩 | 32 | 37 | 13 | 12.8 | 68.9 | 22 | | 36 | | | | 复向 | 片状 | 三角 | |
| T3②:481 | 单凹刃刮削器 | 细碧岩 | 33 | 39 | 10 | 14 | 60.1 | 20 | | | | | | 正向 | 片状 | | |
| T3②:482 | 双凸刃单尖 | 石英砂岩 | 53 | 20 | 11 | 18 | | | | | | | 82.5 | 反向 | 片状 | | 右断 |
| T3②:483 | 单凸刃刮削器 | 细碧岩 | 25 | 20 | 8 | 6.4 | 54.9 | 20 | | | | | | 正向 | 片状 | | |
| T3②:484 | 断块 | 石英砂岩 | 35 | 32 | 18 | 19.6 | | | | | | | | | | | |
| T3②:485 | 多尖尖刃器 | 细碧岩 | 25 | 21 | 6 | 3.8 | | | | | | | 115、120、104、122.3、114.5 | 反向为主 | 片状 | | |
| T3②:486 | 单直刃刮削器 | 石英砂岩 | 26 | 27 | 10 | 10.4 | 50.5 | 20 | | | | | | 正向 | 片状 | | |
| T3②:487 | 单凸刃刮削器 | 安山玢岩 | 33 | 35 | 8 | 10.4 | 50.3 | 15 | | | | | | 反向 | 片状 | | |
| T3②:489 | 单凸刃刮削器 | 细碧岩 | 33 | 26 | 16 | 14.6 | 88 | 28 | | | | | | 复向 | 片状 | | |
| T3②:490 | 单直刃刮削器 | 细碧岩 | 30 | 19 | 12 | 7.6 | | | | | 54.7 | 22 | | 复向 | 片状 | | |

续附表一

| 器物号 | 类型 | 原料 | 长（毫米） | 宽（毫米） | 厚（毫米） | 重（克） | 端刃角（°） | 状态（毫米） | 左刃角（°） | 状态（毫米） | 右刃角（°） | 状态（毫米） | 尖角（°） | 加工方向 | 毛坯 | 形状 | 备注 |
|---|---|---|---|---|---|---|---|---|---|---|---|---|---|---|---|---|---|
| T3②:491 | 二类刮削器 | 细碧岩 | 23 | 27 | 13 | 10 | 59.5 | 11 | | | | | | | | | |
| T3②:492 | 单凸刃刮削器 | 细碧岩 | 29 | 26 | 12 | 15.2 | | | 64 | 22 | | | | 复向 | | | |
| T3②:493 | 断块 | 石英砂岩 | 25 | 26 | 10 | 10.4 | | | | | | | | | | | |
| T3②:495 | 二类刮削器 | 细碧岩 | 33 | 16 | 10 | 7.2 | | | 4.5 | 22 | | | | | | 左断 | |
| T3②:496 | 断块 | 细碧岩 | 30 | 27 | 19 | 19.2 | | | | | | | | | | | |
| T3②:497 | 二类刮削器 | 细碧岩 | 24 | 27 | 6 | 3.6 | | 26 | | | | | | | 片状 | | |
| T3②:499 | 直凸刃刮削器 | 细碧岩 | 32 | 17 | 15 | 8.4 | 40 | | 70.2 | 32 | 75.5 | 28 | | 复向 | 片状 | | 右断 |
| T3②:500 | 断块 | 细碧岩 | 9 | 22 | 8 | 1.6 | | | | | | | | | | | |
| T3②:501 | 二类刮削器 | 细碧岩 | 31 | 23 | 7 | 6.6 | | | 54 | | 43 | 25 | | | | | 右断 |
| T3②:502 | 断块 | 细碧岩 | 24 | 23 | 18 | 14.8 | | | | | | | | | | | |
| T3②:503 | 二类刮削器 | 细碧岩 | 30 | 23 | 6 | 4.6 | 38.2 | 62 | | | | | | 复向 | 片状 | | 凸刃 |
| T3②:504 | 单凸刃刮削器 | 石英砂岩 | 21 | 31 | 9 | 6.3 | 52 | 39 | | | | | | 复向 | 片状 | 椭圆 | |
| T3②:505 | 单直刃刮削器 | 石英砂岩 | 54 | 67 | 44 | 225.8 | 61.8 | 35 | | | 62 | 45 | | 复向 | 片状 | 矩形 | |
| T3②:506 | 复刃刮削器 | 细碧岩 | 47 | 62 | 22 | 81.7 | | | 54 | 30 | 70.2 | 31 | | 复向 | 片状 | 矩形 | |
| T3②:507 | 单凸刃刮削器 | 细碧岩 | 71 | 41 | 20 | 57.1 | 53.8 | | | | 42.8 | 78 | | 复向 | 片状 | 三角 | |
| T3②:508 | 二类砍砸器 | 细碧岩 | 70 | 80 | 39 | 221.2 | 63.9 | 73 | | | | | | 复向 | 片状 | | |
| T3②:509 | 单凹刃刮削器 | 泥质灰岩 | 38 | 35 | 15 | 31.2 | | 28 | | | | | | 正向 | 片状 | 矩形 | |
| T3②:510 | 单凹刃刮削器 | 石英砂岩 | 103 | 59 | 36 | 117.8 | | | | | 58.7 | 57 | | 正向 | 片状 | 三角 | |

续附表一

| 器物号 | 类型 | 原料 | 长（毫米） | 宽（毫米） | 厚（毫米） | 重（克） | 端刃角（°） | 状态（毫米） | 左刃角（°） | 状态（毫米） | 右刃角（°） | 状态（毫米） | 尖角（°） | 加工方向 | 毛坯 | 形状 | 备注 |
|---|---|---|---|---|---|---|---|---|---|---|---|---|---|---|---|---|---|
| T3②：511 | 双直刃刮削器 | 细碧岩 | 83 | 60 | 25 | 96.2 |  |  | 54 | 41 | 50 | 72 |  | 错向 | 片状 |  |  |
| T3②：512 | 直刃砍砸器 | 细碧岩 | 89 | 69 | 50 | 458.2 | 667.2 | 65 |  |  |  |  |  | 反向 | 块状 |  |  |
| T3②：513 | 直直/直直双尖 | 细碧岩 | 48 | 30 | 16 | 34.8 |  |  |  |  |  |  | 65、116.8 | 复向 | 块状 |  |  |
| T3②：514 | 双直刃单尖 | 石英砂岩 | 42 | 54 | 17 | 30.4 | 44.5 | 48 |  |  |  |  | 67.5 | 正向 | 片状 | 三角 |  |
| T3②：515 | 断块 | 泥质灰岩 | 49 | 36 | 21 | 43.8 |  |  |  |  |  |  |  |  | 片状 |  |  |
| T3②：516 | 多尖尖刃器 | 细碧岩 | 49 | 41 | 14 | 37 |  |  |  |  |  |  | 114.9、112.7、107.6、119.3 | 正向为主 | 片状 | 矩形 |  |
| T3②：517 | 单凸刃刮削器 | 安山玢岩 | 64 | 93 | 36 | 159.8 | 67.8 | 70 |  |  |  |  |  | 复向 | 片状 | 三角 |  |
| T3②：518 | 直刃砍砸器 | 细碧岩 | 73 | 81 | 48 | 323.8 | 91.8 | 75 |  |  |  |  |  | 复向 | 块状 |  |  |
| T3②：519 | 断块 | 细碧岩 | 54 | 102 | 36 | 193.8 | 68.1 | 38 |  |  |  |  |  |  | 片状 |  |  |
| T3②：520 | 单凸刃刮削器 | 细碧岩 | 33 | 48 | 15 | 31.8 |  |  |  |  |  |  |  | 正向 | 片状 |  |  |
| T3③：2 | 多尖尖刃器 | 细碧岩 | 90 | 65 | 20 | 113.7 |  |  | 23.5 | 65 | 63.7 | 34 | 49.2、88.7 | 复向 | 片状 | 矩形 |  |
| T3③：4 | 单凸刃刮削器 | 细碧岩 | 80 | 75 | 26 | 163.3 | 61.3 | 197 |  |  |  |  |  | 复向 | 片状 | 圆形 | 二次利用 |
| T3③：5 | 直刃砍砸器 | 石英砂岩 | 81 | 83 | 29 | 249.8 |  |  | 64.5 | 69 | 51 | 71 | 73.5、134.5 | 正向 | 片状 | 矩形 |  |
| T3③：6 | 多尖尖刃器 | 细碧岩 | 57 | 61 | 30 | 122.7 |  |  |  |  |  |  |  | 正向 | 片状 |  |  |
| T3③：7 | 单凸刃刮削器 | 石英砂岩 | 54 | 44 | 25 | 72.2 |  |  | 69.3 | 26 | 62.7 | 72 |  | 复向 | 片状 | 矩形 |  |
| T3③：8 | 直凸/直凸双尖 | 细碧岩 | 106 | 70 | 29 | 233.7 |  |  | 61 | 72 |  | 104 | 122.8、32.8右 | 复向 | 片状 | 三角 |  |

续附表一

| 器物号 | 类型 | 原料 | 长（毫米） | 宽（毫米） | 厚（毫米） | 重（克） | 端刃角（°） | 状态（毫米） | 左刃角（°） | 状态（毫米） | 右刃角（°） | 状态（毫米） | 尖角（°） | 加工方向 | 毛坯 | 形状 | 备注 |
|---|---|---|---|---|---|---|---|---|---|---|---|---|---|---|---|---|---|
| T3③：9 | 双刃刮削器 | 细碧岩 | 105 | 61 | 34 | 200 | | | 59 | 61 | 70.7 | 89 | | 复向 | 片状 | 柳叶 | |
| T3③：10 | 钻器 | 细碧岩 | 60 | 53 | 36 | 94.9 | | | 94.8 | 57 | 50.7 | 55 | 78.8 | 复向 | 片状 | 三角 | |
| T3③：11 | 断块 | 泥质灰岩 | 81 | 52 | 23 | 161.7 | | | | | | | | | | 矩形 | |
| T3③：12 | 二类刮削器 | 细碧岩 | 61 | 65 | 26 | 87 | 50.7 | 62 | | | | | | | 片状 | 矩形 | |
| T3③：13 | 多尖尖刃器 | 细碧岩 | 70 | 47 | 24 | 87.1 | | | | | | | 124.3、117.8、126.5 | 复向 | 片状 | 三角 | |
| T3③：14 | 复刃刮削器 | 细碧岩 | 84 | 55 | 35 | 164.2 | 68.8、62 | 40、42 | 61.9 | 23 | | | | 复向 | 片状 | 矩形 | |
| T3③：15 | 钻器 | 细碧岩 | 69 | 48 | 17 | 68.1 | | | 64.5 | 61 | 58.3 | 58 | 110.5 | 正向 | 片状 | 矩形 | |
| T3③：16 | 直直/直直双尖 | 安山玢岩 | 85 | 73 | 26 | 146.3 | | | | | | | 70.3、72.8 | 复向 | 片状 | 三角 | |
| T3③：17 | 单凸刃刮削器 | 安山玢岩 | 62 | 44 | 23 | 70.7 | | | | | 64.2 | 42 | | 复向 | 片状 | 矩形 | |
| T3③：18 | 直凸刃单尖 | 石英砂岩 | 111 | 59 | 31 | 218.8 | | | 61.3 | 52 | 55.2 | 108 | 76.5 | 复向 | 片状 | 三角 | |
| T3③：19 | 多尖尖刃器 | 细碧岩 | 49 | 60 | 22 | 74.3 | | | | | | | 114.1、59.8、58.4、72.8 | 复向 | 片状 | | |
| T3③：21 | 单凸刃刮削器 | 泥质灰岩 | 89 | 46 | 28 | 103.4 | 54.2 | 24 | | | | | | 反向 | 片状 | 柳叶 | 二次利用 |
| T3③：22 | 凸刃砍砸器 | 安山玢岩 | 224 | 155 | 34 | 1261.2 | 76.2 | 205 | | | | | | 复向 | 片状 | | |
| T3③：108 | 石锤 | 石英砂岩 | 152 | 92 | 65 | 1315.2 | | | | | | | | | 片状 | | |
| T3③：109 | 钻器 | 细碧岩 | 57 | 47 | 19 | 41.8 | | | 56.7 | 33 | 68.3 | 71 | 56、76.4 | 复向 | 片状 | 菱形 | |
| T3③：110 | 双刃刮削器 | 细碧岩 | 63 | 41 | 20 | 54 | | | 56.7 | 33 | 68.3 | 71 | | 复向 | 块状 | 五角 | |

续附表一

| 器物号 | 类型 | 原料 | 长（毫米） | 宽（毫米） | 厚（毫米） | 重（克） | 端刃角（°） | 状态（毫米） | 左刃角（°） | 状态（毫米） | 右刃角（°） | 状态（毫米） | 尖角（°） | 加工方向 | 毛坯 | 形状 | 备注 |
|---|---|---|---|---|---|---|---|---|---|---|---|---|---|---|---|---|---|
| T3③:111 | 断块 | 细碧岩 | 96 | 66 | 35 | 198 | | | | | | | | | | | |
| T3③:112 | 凸凹/凸凸双尖 | 细碧岩 | 77 | 46 | 20 | 88.6 | | | | | | | 62.7、71.2 | 复向 | 片状 | 矩形 | |
| T3③:113 | 双直刃单尖 | 石英砂岩 | 61 | 42 | 29 | 54.4 | | | 60.5 | 17 | 74.8 | 18 | 100.2 | 反向 | 片状 | 三角 | |
| T3③:114 | 单凸刃刮削器 | 细碧岩 | 57 | 34 | 18 | 41.3 | 76.5 | 66 | | | | | | 反向 | 片状 | 梯形 | |
| T3③:115 | 直直/直直双尖 | 细碧岩 | 57 | 19 | 16 | 27.4 | | | | | | | 65、69.3 | 复向 | 片状 | 矩形 | |
| T3③:116 | 单直刃刮削器 | 泥质灰岩 | 51 | 41 | 19 | 8.4 | | | 82.8 | 29 | | | | 复向 | 块状 | 三角 | 二次利用 |
| T3③:117 | 凸刃砍砸器 | 泥质灰岩 | 74 | 98 | 30 | 286.4 | | | | | 69.2 | 85 | | 复向 | 片状 | 矩形 | |
| T3③:118 | 双直刃刮削器 | 正长岩 | 93 | 60 | 27 | 176.5 | | | 79.2 | 83 | 86.8 | 84 | | 复向 | 片状 | 舌状 | |
| T3③:119 | 双直刃单尖 | 细碧岩 | 113 | 50 | 48 | 258.9 | | | 54 | 55 | 69.7 | 105 | 71 | 复向 | 块状 | 三角 | |
| T3③:120 | 直直/直直双尖 | 安山玢岩 | 111 | 61 | 35 | 201.5 | | | | | | | 101.3、112.5 | 复向 | 片状 | | |
| T3③:121 | 凸凸/凸凸双尖 | 泥质灰岩 | 60 | 59 | 28 | 109.3 | | 49 | 63.2 | 50 | 56 | 33 | 108.8、138.3 | 正向 | 片状 | 心形 | |
| T3③:122 | 单直刃刮削器 | 安山玢岩 | 47 | 55 | 15 | 90.6 | 73.5 | | | | | | | 反向为主 | 片状 | 矩形 | |
| T3③:123 | 单直刃刮削器 | 细碧岩 | 33 | 31 | 14 | 19.7 | 64.8 | 26 | | | | | | 正向 | 片状 | | |
| T3③:124 | 凹凸刃单尖 | 石英砂岩 | 113 | 42 | 22 | 102.8 | | | 57.8 | 102 | 64 | 104 | 117 | 复向 | 片状 | 柳叶 | |
| T3③:125 | 单凸刃刮削器 | 石英砂岩 | 67 | 45 | 49 | 82 | 67.2 | | | | | | | 复向 | 块状 | 三角 | |
| T3③:126 | 单凸刃刮削器 | 细碧岩 | 76 | 39 | 20 | 65.2 | 50.5 | 52 | | | | | | 正向为主 | 片状 | 半圆 | |

续附表一

| 器物号 | 类型 | 原料 | 长（毫米） | 宽（毫米） | 厚（毫米） | 重（克） | 端刃角（°） | 状态（毫米） | 左刃角（°） | 状态（毫米） | 右刃角（°） | 状态（毫米） | 尖角（°） | 加工方向 | 毛坯 | 形状 | 备注 |
|---|---|---|---|---|---|---|---|---|---|---|---|---|---|---|---|---|---|
| T3③：127 | 直直/凸凸双尖 | 石英砂岩 | 75 | 46 | 21 | 84.9 | 72.3 | 30 | 78.3 | 86 | 76.3 | 80 | 86.2、109 | 正向为主 | 片状 | 柳叶 | |
| T3③：128 | 双刃刮削器 | 细碧岩 | 47 | 59 | 29 | 67.1 | | | 77.3 | 41 | 60.8 | 79 | | 复向 | 片状 | 菱形 | |
| T3③：129 | 单直刃刮削器 | 石英砂岩 | 41 | 40 | 22 | 51.4 | | | 77.3 | 21 | | | | 正向 | 片状 | 方形 | |
| T3③：130 | 双直刃单尖 | 石英砂岩 | 91 | 73 | 29 | 189.8 | | | | | 50.2 | 67 | 113.5 | 正向 | 片状 | 梯形 | |
| T3③：131 | 凹凸刃单尖 | 正长岩 | 72 | 90 | 19 | 176 | | | 82 | 62 | 76.2 | 63 | 86.1 | 复向 | 片状 | 梯形 | |
| T3③：132 | 钻器 | 石英砂岩 | 60 | 45 | 13 | 36.9 | | | | | | | 91 | 错向 | 片状 | | |
| T3③：133 | 单直刃刮削器 | 泥质灰岩 | 75 | 54 | 24 | 121.6 | | | 76.3 | 57 | | | | 正向为主 | 片状 | | |
| T3③：134 | 单凸刃刮削器 | 石英砂岩 | 82 | 60 | 31 | 119.8 | | | | | 56.5 | 138 | | 复向 | 片状 | 半圆 | |
| T3③：135 | 双凸刃刮削器 | 泥质灰岩 | 52 | 40 | 16 | 29.6 | | | 51.8 | 74 | 71.3 | 24 | | 正向 | 片状 | 三角 | 二次利用 |
| T3③：136 | 双凸刃单尖 | 石英砂岩 | 66 | 60 | 29 | 104.9 | | | 57.5 | 69 | 50.8 | 74 | 110.2 | 复向 | 片状 | 心形 | |
| T3③：137 | 双凸刃单尖 | 正长岩 | 92 | 87 | 49 | 291.1 | | | 74 | 67 | 79.8 | 79 | 109.2 | 复向 | 片状 | 梯形 | |
| T3③：138 | 凸刃刃砍砸器 | 流纹岩 | 81 | 82 | 34 | 274 | 81.5 | 74 | | | | | | 复向 | 片状 | 三角 | |
| T3③：139 | 多尖尖刃器 | 细碧岩 | 47 | 33 | 13 | 26.5 | | | | | | | 131.2、97.7 | 复向 | 片状 | 三角 | |
| T3③：140 | 钻器 | 石英砂岩 | 75 | 40 | 15 | 52.3 | | | 75.3 | 25 | 66.5 | 73 | 56.5 | 反向 | 片状 | 梯形 | |
| T3③：141 | 多尖尖刃器 | 泥质灰岩 | 60 | 67 | 27 | 135 | | | | | | | 117、117.2、122.7、127.5 | 复向 | 片状 | 五角 | |
| T3③：143 | 双刃刮削器 | 安山玢岩 | 47 | 49 | 17 | 48.3 | | | 76.5 | 41 | 76.2 | 40 | | 复向 | 片状 | 方形 | |
| T3③：144 | 单凸刃刮削器 | 细碧岩 | 47 | 48 | 20 | 48.3 | 69.7 | 43 | | | | | | 反向为主 | 片状 | 方形 | |

续附表一

| 器物号 | 类型 | 原料 | 长（毫米） | 宽（毫米） | 厚（毫米） | 重（克） | 端刃角（°） | 状态（毫米） | 左刃角（°） | 状态（毫米） | 右刃角（°） | 状态（毫米） | 尖角（°） | 加工方向 | 毛坯 | 形状 | 备注 |
|---|---|---|---|---|---|---|---|---|---|---|---|---|---|---|---|---|---|
| T3③:145 | 双刃刮削器 | 细碧岩 | 52 | 44 | 20 | 44.1 |  |  | 60.3 | 68 | 65.5 | 61 |  | 复向 | 块状 |  |  |
| T3③:146 | 雕刻器 | 细碧岩 | 69 | 39 | 19 | 32.9 |  |  |  |  |  | 54 | 75.8 | 复向 | 片状 |  |  |
| T3③:147 | 凹凸刃单头 | 泥质灰岩 | 69 | 49 | 17 | 56.6 |  |  | 51.2 | 68 | 50.8 | 17 | 70.3 | 正向为主 | 片状 | 三角 | 二次利用 |
| T3③:148 | 单凸刃刮削器 | 细碧岩 | 76 | 64 | 32 | 151.6 | 87.2 | 61 |  |  |  |  |  | 复向 | 片状 | 扇形 |  |
| T3③:149 | 单凸刃刮削器 | 石英砂岩 | 55 | 34 | 16 | 38.6 | 52.7 | 27 |  |  |  |  |  | 反向为主 | 片状 | 矩形 |  |
| T3③:150 | 二类刮削器 | 细碧岩 | 31 | 45 | 10 | 13.4 | 35.7 | 33 |  |  |  |  |  |  | 片状 | 矩形 |  |
| T3③:151 | 单凸刃刮削器 | 安山玢岩 | 57 | 42 | 31 | 75.5 | 72.2 | 45 |  |  |  |  |  | 复向 | 片状 | 三角 |  |
| T3③:152 | 单直刃刮削器 | 细碧岩 | 59 | 39 | 15 | 42.8 |  |  | 64.2 | 46 |  |  |  | 复向 | 片状 | 梯形 | 二次利用 |
| T3③:153 | 双刃刮削器 | 细碧岩 | 34 | 36 | 15 | 20.8 | 72.8 | 35 |  |  |  |  |  | 正向 | 片状 |  |  |
| T3③:154 | 双直刃单头 | 细碧岩 | 65 | 79 | 26 | 154.8 |  |  | 75.5 | 74 | 63.4 | 58 | 120.8 | 复向 | 片状 | 梯形 |  |
| T3③:155 | 双刃刮削器 | 细碧岩 | 86 | 47 | 12 | 64 |  |  | 34.8 | 62 | 57.2 | 68 |  | 复向 | 片状 | 三角 |  |
| T3③:156 | 直刃砍砸器 | 石英砂岩 | 116 | 91 | 22 | 377 | 66.2 | 75 |  |  |  |  |  | 复向 | 片状 | 矩形 |  |
| T3③:157 | 凸刃砍砸器 | 细碧岩 | 107 | 90 | 30 | 358 | 87.3 | 94 |  |  |  |  |  | 复向 | 片状 | 梯形 |  |
| T3③:158 | 石锤 | 石英砂岩 | 152 | 82 | 60 | 919.4 |  |  |  |  |  |  |  | 复向 | 片状 | 三角 |  |
| T3③:159 | 双直刃单头尖状器 | 细碧岩 | 44 | 68 | 29 | 68.2 |  |  |  |  |  |  | 114.5 | 复向 | 片状 | 三角 |  |
| T3③:160 | 双凸刃单头 | 石英砂岩 | 84 | 54 | 18 | 111.4 |  |  |  |  |  |  | 119.3 | 复向 | 片状 | 三角 |  |
| T3③:161 | 石锤 | 石英砂岩 | 63 | 43 | 21 | 86.6 |  |  |  |  | 80.7 |  |  |  | 片状 |  |  |
| T3③:162 | 单直刃刮削器 | 细碧岩 | 42 | 39 | 19 | 49.4 |  |  |  |  |  | 33 |  | 正向 | 片状 |  |  |

续附表一

| 器物号 | 类型 | 原料 | 长（毫米） | 宽（毫米） | 厚（毫米） | 重（克） | 端刃角（°） | 状态（毫米） | 左刃角（°） | 状态（毫米） | 右刃角（°） | 状态（毫米） | 尖角（°） | 加工方向 | 毛坯 | 形状 | 备注 |
|---|---|---|---|---|---|---|---|---|---|---|---|---|---|---|---|---|---|
| T3③:163 | 二类刮削器 | 泥质灰岩 | 67 | 46 | 23 | 68 | 26 | 30 | | | | | | 复向 | 片状 | | |
| T3③:165 | 单直刃刮削器 | 安山玢岩 | 37 | 34 | 11 | 13.8 | 51.4 | 32 | | | | | | 反向为主 | 片状 | 三角 | |
| T3③:166 | 断块 | 石英砂岩 | 64 | 60 | 19 | 105.2 | | | | | | | | | 片状 | | |
| T3③:167 | 单凸刃刮削器 | 细碧岩 | 50 | 32 | 13 | 26 | 52 | 59 | | | | | | 复向 | 片状 | 矩形 | |
| T3③:168 | 双直刃单尖 | 泥质灰岩 | 43 | 32 | 18 | 37.2 | | | | | | | 35.4 | 转向 | 块状 | 矩形 | |
| T3③:169 | 断块 | 石英砂岩 | 47 | 70 | 38 | 157.2 | | | | | | | | | 片状 | | |
| T3③:170 | 断块 | 石英砂岩 | 56 | 71 | 19 | 140.8 | | | | | | | | | 片状 | | |
| T3③:171 | 断块 | 石英砂岩 | 48 | 50 | 28 | 77.6 | | | | | | | | | 片状 | | |
| T3③:172 | 断块 | 泥质灰岩 | 89 | 70 | 35 | 240.8 | | | | | | | | | 片状 | | |
| T3③:173 | 断块 | 细碧岩 | 41 | 40 | 22 | 38.2 | | | | | | | | | 片状 | | |
| T3③:174 | 双直刃刮削器 | 细碧岩 | 39 | 26 | 13 | 23.8 | | | 74.3 | 31 | 61 | 24 | | 复向 | 片状 | 矩形 | |
| T3③:175 | 凸刃砍砸器 | 石英砂岩 | 56 | 81 | 16 | 86.2 | 81.3 | 72 | | | | | | 正向为主 | 片状 | | |
| T3③:176 | 双直刃单尖 | 石英砂岩 | 41 | 57 | 34 | 72.8 | | | | | | | 61.8 | 复向 | 片状 | | |
| T3③:177 | 单凸刃刮削器 | 石英砂岩 | 54 | 56 | 18 | 66.6 | 62.5 | 41 | | | | | | 反向为主 | 片状 | 舌状 | 风化严重 |
| T3③:178 | 单直刃刮削器 | 石英砂岩 | 59 | 29 | 21 | 43.4 | | | | | 73.9 | 58 | | 正向 | 片状 | | 风化严重 |
| T3③:179 | 双直刃单尖 | 细碧岩 | 70 | 33 | 12 | 41 | | | | | | | 41.2 | 复向 | 片状 | | |
| T3③:180 | 单凸刃刮削器 | 细碧岩 | 66 | 35 | 12 | 37.2 | 50.8 | 46 | | | | | | 复向 | 片状 | 三角 | |
| T3③:181 | 凸刃砍砸器 | 泥质灰岩 | 57 | 31 | 18 | 34.8 | | | | | 72.2 | 41 | | 复向 | 片状 | | 二次利用 |

续附表一

| 器物号 | 类型 | 原料 | 长(毫米) | 宽(毫米) | 厚(毫米) | 重(克) | 端刃角(°) | 状态(毫米) | 左刃角(°) | 状态(毫米) | 右刃角(°) | 状态(毫米) | 尖角(°) | 加工方向 | 毛坯 | 形状 | 备注 |
|---|---|---|---|---|---|---|---|---|---|---|---|---|---|---|---|---|---|
| T3③:183 | 断块 | 石英砂岩 | 46 | 28 | 27 | 56.6 | | | | | | | | | | | |
| T3③:184 | 石锤 | 石英砂岩 | 73 | 43 | 23 | 77 | | | | | | | | | | 梯形 | |
| T3③:185 | 断块 | 石英砂岩 | 55 | 79 | 48 | 251.4 | | | | | | | | | | | |
| T3③:186 | 单凸刃刮削器 | 石英砂岩 | 48 | 66 | 18 | 74.6 | 57.5 | 66 | | | | | | 正向为主 | 片状 | 矩形 | |
| T3③:187 | 钻器 | 细碧岩 | 35 | 68 | 22 | 71 | | | | | | | 101.8 | 正向 | 片状 | 矩形 | |
| T3③:188 | 石锤 | 石英砂岩 | 81 | 76 | 33 | 287.4 | | | | | | | | | | 梯形 | |
| T3③:189 | 单凹刃刮削器 | 细碧岩 | 58 | 50 | 15 | 51.8 | | | | 63.7 | 28 | | | 反向 | 片状 | | |
| T3③:190 | 断块 | 细碧岩 | 28 | 42 | 15 | 20.4 | | | | | | | | | | | |
| T3③:191 | 单凸刃刮削器 | 石英砂岩 | 40 | 70 | 25 | 69.8 | 51.8 | 40 | | | | | | 复向 | 片状 | 元宝 | |
| T3③:192 | 单凸刃刮削器 | 细碧岩 | 73 | 42 | 25 | 79 | 78.8 | 47 | | | | | | 反向 | 片状 | 扇形 | |
| T3③:194 | 直凸/直凸双尖 | 石英砂岩 | 90 | 44 | 15 | 80.2 | | | | | | | 94.8、114.5 | 复向 | 片状 | 柳叶 | 风化 |
| T3③:195 | 直凹刃单头 | 细碧岩 | 57 | 32 | 25 | 24.2 | | | | | | | 70.8 | 错向 | 片状 | 矩形 | |
| T3③:196 | 凸刃砍砸器 | 细碧岩 | 45 | 50 | 36 | 95.2 | 81.7 | 45 | | | | | | 反向 | 片状 | | |
| T3③:197 | 多头尖刃器 | 细碧岩 | 39 | 44 | 10 | 23.2 | | | | | | | 106.2、119.5、118.2 | 错向 | 片状 | | |
| T3③:198 | 直凹/直凹双尖 | 细碧岩 | 65 | 45 | 20 | 42.6 | | | | | | | 104.5、108.7 | 复向 | 片状 | | |
| T3③:199 | 断块 | 石英砂岩 | 72 | 38 | 13 | 44.6 | | | | | | | | | | | |
| T3③:200 | 双直刃单头 | 细碧岩 | 71 | 40 | 23 | 133 | | | | | | | 110.4 | 复向 | 片状 | | |
| T3③:202 | 凸刃砍砸器 | 石英砂岩 | 109 | 108 | 34 | 259.6 | 51.8 | 75 | | | | | | 正向 | 片状 | 三角 | |

续附表一

| 器物号 | 类型 | 原料 | 长（毫米） | 宽（毫米） | 厚（毫米） | 重（克） | 端刃角（°） | 状态（毫米） | 左刃角（°） | 状态（毫米） | 右刃角（°） | 状态（毫米） | 尖角（°） | 加工方向 | 毛坯 | 形状 | 备注 |
|---|---|---|---|---|---|---|---|---|---|---|---|---|---|---|---|---|---|
| T3③:203 | 凸刃砍砸器 | 泥质灰岩 | 67 | 95 | 31 | 185.2 | 78.5 | 89 | | | | | | 复向 | 片状 | 扇形 | 二次利用 |
| T3③:204 | 断块 | 泥质灰岩 | 53 | 45 | 30 | 98.8 | | | | | | | | | | | |
| T3③:205 | 直直/凸凸双尖 | 细碧岩 | 55 | 38 | 17 | 46 | | | | | | | 99.4,170.8 | 正向为主 | 片状 | 柳叶 | |
| T3③:206 | 单凸刃刮削器 | 石英砂岩 | 59 | 67 | 21 | 117.2 | 78.2 | 71 | | | | | | 正向 | 片状 | 三角 | |
| T3③:207 | 单直刃刮削器 | 石英砂岩 | 73 | 48 | 21 | 80.6 | 67.8 | 64 | | | | | | 复向 | 块状 | 三角 | |
| T3③:208 | 双直刃单头 | 石英砂岩 | 54 | 47 | 20 | 57.6 | | | | | | | 110.8 | 复向 | 片状 | | |
| T3③:210 | 单直刃刮削器 | 泥质灰岩 | 53 | 30 | 26 | 50 | | | | | 73.5 | 19 | | 复向 | 片状 | | |
| T3③:211 | 钻器 | 泥质灰岩 | 56 | 44 | 18 | 28.4 | | | | | | | 70.3 | 正向 | 片状 | 三角 | |
| T3③:212 | 双直刃单头 | 泥质灰岩 | 50 | 36 | 24 | 59.6 | | | | | | | 115.5 | 转向 | 块状 | 矩形 | |
| T3③:214 | 双直刃单头 | 安山玢岩 | 46 | 39 | 17 | 42.8 | | | | | | | 108.7 | 复向 | 片状 | 矩形 | |
| T3③:215 | 钻器 | 细碧岩 | 34 | 18 | 7 | 5.2 | | | | | | | | 复向 | 片状 | | |
| T3③:216 | 单直刃刮削器 | 泥质灰岩 | 43 | 38 | 21 | 33.2 | 74.3 | 27 | | | | | | 正向 | 片状 | | |
| T3③:217 | 直凹刃单头 | 细碧岩 | 42 | 28 | 17 | 53 | | | | | | | 73.3 | 错向 | 片状 | | |
| T3③:218 | 钻器 | 细碧岩 | 43 | 15 | 10 | 4.2 | | | | | | | 41.2 | 正向 | 片状 | 三角 | |
| T3③:219 | 断块 | 细碧岩 | 33 | 17 | 14 | 10.2 | | | | | | | | 复向 | 片状 | | |
| T3③:220 | 二类刮削器 | 细碧岩 | 48 | 23 | 13 | 18.2 | | | 76.7 | 45 | 59.3 | 35 | | | 片状 | | |
| T3③:223 | 直凹刃单头 | 细碧岩 | 34 | 54 | 19 | 18.4 | | | | | | | 81.5 | 错向 | 片状 | | |
| T3③:225 | 单凹刃刮削器 | 细碧岩 | 35 | 19 | 10.5 | 10.4 | 74 | 12 | | | | | 82.5 | 复向 | 片状 | | |

续附表一

| 器物号 | 类型 | 原料 | 长（毫米） | 宽（毫米） | 厚（毫米） | 重（克） | 端刃角（°） | 状态（毫米） | 左刃角（°） | 状态（毫米） | 右刃角（°） | 状态（毫米） | 尖角（°） | 加工方向 | 毛坯 | 形状 | 备注 |
|---|---|---|---|---|---|---|---|---|---|---|---|---|---|---|---|---|---|
| T3③：226 | 单直刃刮削器 | 安山玢岩 | 30 | 32 | 12 | 19.8 | 54.7 | 29 | | | | | | 反向 | 片状 | | |
| T3③：227 | 单凸刃刮削器 | 细碧岩 | 39 | 20 | 10 | 10.6 | | | 72 | 36 | | | | 正向为主 | 片状 | 半圆 | |
| T3③：228 | 二类刮削器 | 细碧岩 | 33 | 22 | 10 | 9 | | | 61.8 | 36 | | | | | 片状 | | |
| T3③：229 | 钻器 | 细碧岩 | 41 | 24 | 10 | 8.6 | | | | | | | 44.7 | 复向 | 片状 | 三角 | |
| T3③：230 | 双直刃单头 | 泥质灰岩 | 17 | 29 | 8 | 4.4 | | | | | | | 110.3 | 复向 | 片状 | 三角 | |
| T3③：231 | 钻器 | 细碧岩 | 34 | 21 | 9 | 7.2 | | | | | | | 76 | 复向 | 片状 | 五角 | |
| T3③：232 | 双直刃单头 | 细碧岩 | 41 | 25 | 9 | 11 | | | | | | | 116.4 | 复向 | 片状 | | |
| T3③：233 | 双直刃刮削器 | 细碧岩 | 48 | 64 | 18 | 24.3 | 86.2 | 56 | 76.8 | 45 | | | | 复向 | 片状 | 梯形 | |
| T3③：234 | 断块 | 细碧岩 | 48 | 22 | 13 | 19.4 | | | | | | | | | | | 风化严重 |
| T3③：235 | 直直/直直双尖 | 细碧岩 | 26 | 20 | 9 | 5.4 | 66 | 15 | | | 71.9 | 24 | 88.7,104 | 正向 | 片状 | 三角 | |
| T3③：236 | 二类刮削器 | 细碧岩 | 30 | 17 | 10 | 5 | | | | | | | | | | | |
| T3③：237 | 断块 | 石英砂岩 | 27 | 26 | 14 | 9.6 | | | | | | | | | 片状 | | |
| T3③：238 | 二类刮削器 | 细碧岩 | 24 | 15 | 6 | 3 | | | | | 22 | 28 | | | 片状 | | |
| T3③：240 | 断块 | 细碧岩 | 24 | 15 | 6 | 1.8 | | | | | | | | | | | |
| T3③：242 | 断块 | 石英 | 15 | 14 | 12 | 3.8 | | | | | | | | | | | |
| T3③：244 | 断块 | 石英 | 14 | 12 | 7 | 0.8 | | | | | | | | | | | |
| T3③：245 | 二类刮削器 | 细碧岩 | 24 | 12 | 5 | 1.4 | | | 24.3 | 19 | | | | | 片状 | 柳叶 | |
| T3③：246 | 单直刃刮削器 | 石英砂岩 | 61 | 58 | 23 | 94.2 | | | 72.8 | 6 | | | | 复向 | 块状 | 圆形 | |
| T3③：249 | 断块 | 细碧岩 | 15 | 10 | 8 | 1.4 | | | | | | | | | | | |

续附表一

| 器物号 | 类型 | 原料 | 长（毫米） | 宽（毫米） | 厚（毫米） | 重（克） | 端刃角（°） | 状态（毫米） | 左刃角（°） | 状态（毫米） | 右刃角（°） | 状态（毫米） | 尖角（°） | 加工方向 | 毛坯 | 形状 | 备注 |
|---|---|---|---|---|---|---|---|---|---|---|---|---|---|---|---|---|---|
| T3③：250 | 石锤 | 石英砂岩 | 78 | 56 | 60 | 321.6 | | | | | | | | | | | |
| T3③：251 | 单直刃刮削器 | 细碧岩 | 66 | 35 | 26 | 59.4 | 83.8 | 15 | | | | | | 复向 | 片状 | | |
| T3③：252 | 双直刃单尖 | 细碧岩 | 43 | 48 | 27 | 45.6 | 70.5 | 42 | | | | | 74.2 | 复向 | 块状 | 三角 | |
| T3③：253 | 单直刃刮削器 | 细碧岩 | 64 | 46 | 25 | 62 | 78.3 | 37 | | | | | | 复向 | 块状 | | |
| T3③：254 | 单凸刃刮削器 | 泥质灰岩 | 69 | 35 | 37 | 116.8 | 65.2 | 78 | | | | | | 正向 | 块状 | | |
| T3③：255 | 二类刮削器 | 细碧岩 | 66 | 32 | 22 | 44.6 | | | | | | | | 复向 | 片状 | | |
| T3③：256 | 复刃刮削器 | 细碧岩 | 56 | 42 | 18 | 41.4 | 78 | 27 | 73.8 | 51 | 82.5 | | | 复向 | 片状 | | |
| T3③：257 | 单凸刃刮削器 | 细碧岩 | 64 | 48 | 25 | 77.8 | 76.7 | 44 | | | | 27 | | 复向 | 块状 | | |
| T3③：258 | 直刃刮砸器 | 石英砂岩 | 78 | 87 | 35 | 255.8 | 71.9 | 73 | | | | | | 复向 | 片状 | | |
| T3③：259 | 断块 | 石英砂岩 | 81 | 69 | 22 | 189.4 | | | | | | | | | | | |
| T3③：260 | 双直刃单尖 | 细碧岩 | 72 | 56 | 16 | 86.4 | 85.8 | 56 | | | | | 115 | 反向 | 片状 | | |
| T3③：261 | 多尖尖刃器 | 细碧岩 | 45 | 29 | 20 | 28.2 | | | | | | | 110、131 | 复向 | 片状 | | |
| T3③：262 | 凸刃刮砸器 | 石英砂岩 | 109 | 77 | 24 | 304.8 | 78.5 | 87 | | | | | | 复向 | 块状 | | |
| T3③：263 | 单凹刃刮削器 | 石英砂岩 | 43 | 37 | 13 | 32.4 | | | | | 86 | 15 | | 正向 | 片状 | | 残 |
| T3③：264 | 直凸刃单尖 | 石英砂岩 | 60 | 25 | 16 | 27.4 | | | | | | | 81 | 复向 | 片状 | 柳叶 | |
| T3③：284 | 断块 | 流纹岩 | 71 | 72 | 26 | 190 | | | | | | | | | | | |
| T3③：285 | 二类刮削器 | 石英砂岩 | 55 | 88 | 27 | 95 | 30.7 | 86 | | | | | | | 块状 | | 风化 |
| T3③：286 | 双直刃刮削器 | 细碧岩 | 27 | 14 | 8 | 4.4 | 22.7 | 13 | 63.8 | 25 | | | | 正向 | 片状 | 矩形 | |

附表二　兰坪玉水坪遗址出土劈裂产品登记表

| 器物号 | 类型 | 原料 | 长（毫米） | 宽（毫米） | 厚（毫米） | 重（克） | 台面长（毫米） | 台面宽（毫米） | 石片角（°） | 台面类型 | 背面类型 |
|---|---|---|---|---|---|---|---|---|---|---|---|
| T2①:10 | 近端 | 细碧岩 | 63 | 46 | 17 | 44 | 19 | 40 | 118.5 | 有疤 | |
| T2②:29 | 中段 | 石英砂岩 | 20 | 30 | 4 | 3.4 | | | | | 半疤半自 |
| T2④:2 | 完整 | 细碧岩 | 56 | 39 | 16 | 37.6 | 17 | 32 | 113.1 | 素 | 自然面 |
| T2④:4 | 完整 | 流纹岩 | 88 | 100 | 28 | 176.2 | 20 | 37 | 112.9 | 自然 | 半疤半自 |
| T2④:8 | 完整 | 细碧岩 | 91 | 54 | 21 | 109 | 29.5 | 14.3 | 113.2 | 有疤 | 半疤半自 |
| T2④:16 | 近端 | 细碧岩 | 50 | 45 | 17 | 35.6 | 9 | 33 | 128 | 素 | 全疤 |
| T2④:18 | 近端 | 细碧岩 | 75 | 59 | 20 | 90.6 | 21 | 37 | 118.5 | 自然 | 半疤半自 |
| T2④:21 | 近端 | 细碧岩 | 65 | 56 | 19 | 61.8 | 14 | 42 | 114.8 | 自然 | 半疤半自 |
| T2⑤:8 | 中段 | 细碧岩 | 19 | 33 | 3 | 2 | | | | | 全疤 |
| T2⑤:12 | 近端 | 细碧岩 | 43 | 20 | 15 | 13 | 12 | 16 | 106 | 素 | 半疤半自 |
| T2⑤:14 | 近端 | 细碧岩 | 18 | 29 | 5 | 2.4 | 5 | 16 | 90 | 素 | 自然面 |
| T2⑤:15 | 近端 | 细碧岩 | 23 | 32 | 12 | 5.6 | 12 | 25 | 92.2 | 素 | 全疤 |
| T2⑤:16 | 完整 | 细碧岩 | 53 | 29 | 15 | 13.4 | 4 | 6 | 114.5 | 素 | 全疤 |
| T2⑤:17 | 近端 | 细碧岩 | 32 | 27 | 12 | 10 | 12 | 26 | 94 | 素 | 全疤 |
| T2⑤:21 | 近端 | 细碧岩 | 21 | 23 | 10 | 5.2 | 9 | 16 | 93 | 素 | 半疤半自 |
| T2⑤:22 | 右断 | 细碧岩 | 16 | 16 | 3 | 0.8 | 3 | 9 | 94 | 自然 | 全疤 |
| T2⑤:23 | 近端 | 细碧岩 | 23 | 22 | 11 | 3.6 | 4 | 17 | 90.2 | 自然 | 半疤半自 |
| T2⑤:24 | 中段 | 安山玢岩 | 36 | 18 | 8 | 7.2 | | | | | 自然面 |
| T2⑤:28 | 中段 | 细碧岩 | 27 | 10 | 9 | 2.4 | | | | | 半疤半自 |
| T2⑥:3 | 近端 | 细碧岩 | 75 | 71 | 21 | 99.2 | 20 | 40 | 115 | 有疤 | 半疤半自 |

续附表二

| 器物号 | 类型 | 原料 | 长（毫米） | 宽（毫米） | 厚（毫米） | 重（克） | 台面长（毫米） | 台面宽（毫米） | 石片角（°） | 台面类型 | 背面类型 |
|---|---|---|---|---|---|---|---|---|---|---|---|
| T2⑥：6 | 远端 | 细碧岩 | 49 | 23 | 8 | 9.6 | | | | | 自然面 |
| T2⑥：11 | 远端 | 安山玢岩 | 50 | 38 | 13 | 25.4 | | | | | 全疤 |
| T2⑥：12 | 左断 | 安山玢岩 | 58 | 47 | 12 | 33.4 | | | | 自然 | 半疤半自 |
| T2⑥：13 | 中段 | 泥质灰岩 | 45 | 33 | 13 | 11.4 | | | | | 半疤半自 |
| T2⑥：19 | 远端 | 石英砂岩 | 44 | 38 | 19 | 46 | | | | | 自然面 |
| T2⑥：24 | 中段 | 细碧岩 | 24 | 19 | 5 | 3.4 | | | | | 全疤 |
| T2⑥：25 | 远端 | 细碧岩 | 14 | 19 | 7 | 2.2 | | | | | 全疤 |
| T2⑥：27 | 中段 | 安山玢岩 | 19 | 19 | 5 | 2.2 | | | | | 全疤 |
| T2⑥：28 | 近端 | 细碧岩 | 22 | 31 | 6 | 4.6 | 6 | 29 | 88 | 有疤 | 全疤 |
| T2⑥：31 | 完整 | 细碧岩 | 36 | 36 | 10 | 13 | 11 | 26 | 126.3 | 有疤 | 全疤 |
| T2⑥：32 | 完整 | 细碧岩 | 36 | 21 | 7 | 5.6 | 13 | 8 | 61.5 | 有疤 | 全疤 |
| T2⑥：33 | 左断 | 细碧岩 | 33 | 22 | 5 | 3.2 | | | | 刃状砸击 | 全疤 |
| T2⑥：35 | 左断 | 细碧岩 | 29 | 20 | 4 | 1.8 | | | | 刃状砸击 | 全疤 |
| T2⑥：36 | 中段 | 石英砂岩 | 33 | 13 | 6 | 3.2 | | | | | 全疤 |
| T2⑥：37 | 左断 | 细碧岩 | 28 | 26 | 8 | 5.4 | 8 | 25 | 111 | 自然 | 全疤 |
| T2⑥：40 | 中段 | 细碧岩 | 16 | 20 | 5 | 2.2 | | | | | 全疤 |
| T2⑥：41 | 完整 | 泥质灰岩 | 16 | 32 | 5 | 2.4 | 8 | 30 | 38 | 有疤 | 半疤半自 |
| T2⑥：42 | 完整 | 细碧岩 | 23 | 21 | 7 | 3.2 | 5.8 | 2.1 | 50.2 | 有疤 | 全疤 |
| T2⑥：43 | 废片 | 泥质灰岩 | 16 | 13 | 7 | 1.4 | | | | | |
| T2⑥：45 | 中段 | 细碧岩 | 19 | 24 | 5 | 2 | | | | | 全疤 |

续附表二

| 器物号 | 类型 | 原料 | 长（毫米） | 宽（毫米） | 厚（毫米） | 重（克） | 台面长（毫米） | 台面宽（毫米） | 石片角（°） | 台面类型 | 背脊面类型 |
|---|---|---|---|---|---|---|---|---|---|---|---|
| T2⑥:46 | 中段 | 细碧岩 | 12 | 28 | 3 | 1.2 | | | | | 自然面 |
| T2⑥:47 | 废片 | 泥质灰岩 | 12 | 14 | 4 | 0.6 | | | | | |
| T2⑥:48 | 废片 | 细碧岩 | 22 | 10 | 6 | 1.4 | | | | | |
| T2⑥:49 | 近端 | 泥质灰岩 | 25 | 14 | 7 | 0.6 | | | | | 自然面 |
| T2⑥:50 | 中段 | 细碧岩 | 19 | 18 | 5 | 2.4 | | | | | 半疤半自 |
| T2⑥:51 | 废片 | 细碧岩 | 22 | 12 | 7 | 1.4 | | | | | |
| T2⑦:10 | 完整 | 细碧岩 | 66 | 61 | 14 | 47.6 | | | | 有疤 | 全疤 |
| T2⑦:17 | 近端 | 细碧岩 | 31 | 39 | 8 | 10 | | | | | 半疤半自 |
| T2⑦:21 | 近端 | 细碧岩 | 57 | 55 | 17 | 48.8 | 10 | 39 | 120.1 | 有疤 | 半疤半自 |
| T2⑦:22 | 近端 | 细碧岩 | 56 | 61 | 12 | 66.4 | | | | | 半疤半自 |
| T2⑦:23 | 近端 | 细碧岩 | 89 | 66 | 14 | 102.2 | 13 | 22 | 121.8 | 素 | 全疤 |
| T2⑦:32 | 完整 | 细碧岩 | 48 | 22 | 11 | 11.8 | 4 | 9 | 101.9 | 有疤 | 半疤半自 |
| T2⑦:34 | 完整 | 细碧岩 | 39 | 30 | 12 | 10.4 | 3 | 12 | 91 | 有疤 | 全疤 |
| T2⑦:35 | 左断 | 细碧岩 | 30 | 14 | 7 | 2.6 | 7 | 12 | 116.5 | 素 | 自然面 |
| T2⑦:36 | 完整 | 细碧岩 | 38 | 25 | 6 | 5.8 | 20 | 6 | 137.5 | 有疤 | 半疤半自 |
| T2⑦:37 | 右断 | 细碧岩 | 31 | 16 | 8 | 3.2 | 7 | 8 | 102 | 自然 | 自然面 |
| T2⑦:38 | 中段 | 细碧岩 | 16 | 33 | 5 | 2.8 | | | | | 全疤 |
| T2⑦:39 | 完整 | 细碧岩 | 24 | 37 | 9 | 6.4 | 6 | 11 | 109.5 | 素 | 全疤 |
| T2⑦:40 | 完整 | 石英砂岩 | 34 | 36 | 11 | 17.4 | 8 | 39 | 91.5 | 有疤 | 自然面 |
| T2⑦:41 | 近端 | 细碧岩 | 25 | 33 | 5 | 3.8 | 3 | 7 | 112 | 素 | 自然面 |

续附表二

| 器物号 | 类型 | 原料 | 长（毫米） | 宽（毫米） | 厚（毫米） | 重（克） | 台面长（毫米） | 台面宽（毫米） | 石片角（°） | 台面类型 | 背面类型 |
|---|---|---|---|---|---|---|---|---|---|---|---|
| T2⑦：42 | 完整 | 细碧岩 | 33 | 42 | 9 | 11.6 | 4 | 5 | 110.8 | 素 | 全疤 |
| T2⑦：43 | 近端 | 细碧岩 | 21 | 24 | 6 | 2 | | | | | 全疤 |
| T2⑦：44 | 中段 | 细碧岩 | 25 | 18 | 8 | 3.8 | | | | | 自然面 |
| T2⑦：45 | 近端 | 细碧岩 | 53 | 33 | 12 | 19.8 | 11 | 25 | 99.2 | 有疤 | 半疤半自 |
| T2⑦：46 | 废片 | 细碧岩 | 42 | 17 | 11 | 7.8 | | | | | |
| T2⑦：47 | 完整 | 细碧岩 | 44 | 19 | 6 | 4 | 4 | 11 | 105.5 | 素 | 自然面 |
| T2⑦：48 | 近端 | 细碧岩 | 27 | 51 | 10 | 15.2 | 2 | 8 | 112.8 | 有疤 | 自然面 |
| T2⑦：49 | 近端 | 细碧岩 | 56 | 22 | 8 | 9.8 | 5 | 11 | 114.5 | 素 | 全疤 |
| T2⑦：50 | 似细石叶 | 石英砂岩 | 30 | 9 | 5 | 1.2 | 2 | 4 | 38.5 | 有疤 | |
| T2⑦：51 | 完整 | 石英砂岩 | 19 | 40 | 11 | 4.6 | 19 | 41 | 67.3 | 自然 | 自然面 |
| T2⑦：53 | 废片 | 细碧岩 | 37 | 17 | 11 | 7 | | | | | |
| T2⑦：55 | 废片 | 细碧岩 | 50 | 39 | 20 | 39 | | | | | |
| T2⑦：59 | 近端 | 细碧岩 | 63 | 42 | 22 | 65.2 | 16 | 14 | 116.5 | 自然 | 全疤 |
| T2⑦：60 | 完整 | 细碧岩 | 67 | 48.9 | 20 | 67.8 | 5 | 11 | 123 | 有疤 | 半疤半自 |
| T2⑦：61 | 完整 | 纯灰岩 | 48 | 49 | 9 | 23.4 | 2 | 15 | 118.9 | 有疤 | 全疤 |
| T2⑦：64 | 近端 | 石英砂岩 | 42 | 47 | 15 | 32 | 9 | 23 | 116.5 | 素 | 半疤半自 |
| T2⑦：69 | 完整 | 细碧岩 | 39 | 38 | 12 | 14.8 | 11 | 29 | 120.2 | 有疤 | 全疤 |
| T2⑦：70 | 废片 | 细碧岩 | 34 | 20 | 14 | 6.2 | | | | | |
| T2⑦：71 | 废片 | 细碧岩 | 38 | 11 | 9 | 4.4 | | | | | |
| T2⑦：72 | 中段 | 细碧岩 | 36 | 26 | 8 | 5.6 | | | | | 自然面 |

续附表二

| 器物号 | 类型 | 原料 | 长（毫米） | 宽（毫米） | 厚（毫米） | 重（克） | 台面长（毫米） | 台面宽（毫米） | 石片角（°） | 台面类型 | 背面类型 |
|---|---|---|---|---|---|---|---|---|---|---|---|
| T2⑦:73 | 近端 | 细碧岩 | 23 | 28 | 6 | 2.6 | 2 | 11 | 119.5 | 素 | 自然面 |
| T2⑦:74 | 近端 | 细碧岩 | 26 | 22 | 10 | 5.6 | 9 | 15 | 106 | 素 | 自然面 |
| T2⑦:75 | 近端 | 细碧岩 | 20 | 24 | 8 | 2.8 | 8 | 23 | 101.5 | 素 | 全疤 |
| T2⑦:76 | 中段 | 细碧岩 | 15 | 20 | 5 | 1 |  |  |  | 有疤 | 半疤半自 |
| T2⑦:77 | 近端 | 石英砂岩 | 21 | 37 | 13 | 9.6 | 1 | 19 | 116.2 |  | 半疤半自 |
| T2⑦:78 | 远端 | 细碧岩 | 30 | 25 | 10 | 10 |  |  |  | 全疤 | 全疤 |
| T2⑦:79 | 完整 | 细碧岩 | 33 | 30 | 8 | 6.8 | 8 | 16 | 117.1 | 素 | 半疤半自 |
| T2⑦:81 | 中段 | 细碧岩 | 14 | 17 | 8 | 1.2 |  |  |  | 全疤 | 全疤 |
| T2⑦:82 | 中段 | 细碧岩 | 27 | 14 | 7 | 2.4 |  |  |  |  | 全疤 |
| T2⑦:83 | 右断 | 细碧岩 | 29 | 17 | 8 | 3.8 | 4 | 6 | 129 | 素 | 半疤半自 |
| T2⑦:86 | 左断 | 细碧岩 | 30 | 13 | 9 | 5.2 | 7 | 14 | 99.5 | 素 | 全疤 |
| T2⑦:87 | 完整 | 细碧岩 | 38 | 21 | 13 | 8.8 | 14 | 16 | 116.5 | 有疤 | 自然面 |
| T2⑦:88 | 近端 | 细碧岩 | 41 | 58 | 18 | 37.2 | 14 | 29 | 94.5 | 素 | 半疤半自 |
| T2⑦:89 | 近端 | 细碧岩 | 32 | 36 | 11 | 11.8 | 10 | 27 | 72.1 | 素 | 半疤半自 |
| T2⑦:90 | 近端 | 细碧岩 | 22 | 31 | 10 | 4.6 |  |  |  | 自然 | 全疤 |
| T2⑦:91 | 近端 | 细碧岩 | 24 | 47 | 7 | 5.4 | 8 | 21 | 111.5 | 素 | 半疤半自 |
| T2⑦:92 | 完整 | 细碧岩 | 29 | 39 | 8 | 8.4 | 4 | 23 | 120.2 | 素 | 全疤 |
| T2⑦:94 | 左断 | 细碧岩 | 30 | 15 | 7 | 3.4 | 7 | 14 | 109 | 素 | 半疤半自 |
| T2⑦:95 | 近端 | 细碧岩 | 19 | 34 | 8 | 5.4 | 20 | 35 | 94.5 | 素 | 半疤半自 |
| T2⑦:97 | 完整 | 细碧岩 | 31 | 32 | 8 | 5 | 9 | 24 | 71.5 | 素 | 全疤 |

续附表二

| 器物号 | 类型 | 原料 | 长（毫米） | 宽（毫米） | 厚（毫米） | 重（克） | 台面长（毫米） | 台面宽（毫米） | 石片角（°） | 台面类型 | 背面类型 |
|---|---|---|---|---|---|---|---|---|---|---|---|
| T2⑦:98 | 远端 | 细碧岩 | 23 | 30 | 11 | 7 | | | | | 全疤 |
| T2⑦:99 | 完整 | 细碧岩 | 29 | 24 | 12 | 5.6 | 11 | 18 | 113.5 | 有疤 | 半疤半自 |
| T2⑦:100 | 废片 | 细碧岩 | 19 | 25 | 14 | 4.8 | | | | | |
| T2⑦:101 | 中段 | 细碧岩 | 20 | 24 | 6 | 2.6 | | | | | 自然面 |
| T2⑦:102 | 中段 | 细碧岩 | 15 | 34 | 5 | 3.6 | | | | | 全疤 |
| T2⑦:103 | 废片 | 细碧岩 | 23 | 15 | 9 | 2.6 | | | | | |
| T2⑦:104 | 废片 | 细碧岩 | 44 | 28 | 15 | 12.2 | | | | | |
| T2⑦:105 | 远端 | 安山玢岩 | 35 | 27 | 7 | 6.4 | | | | | 自然面 |
| T2⑦:106 | 近端 | 石英砂岩 | 42 | 38 | 14 | 18.8 | 10 | 34 | 92.1 | 自然 | 全疤 |
| T2⑦:107 | 远端 | 细碧岩 | 40 | 27 | 8 | 8 | | | | | 全疤 |
| T2⑦:108 | 远端 | 安山玢岩 | 46 | 40 | 10 | 18.2 | | | | | 全疤 |
| T2⑦:109 | 左断 | 细碧岩 | 32 | 18 | 12 | 11 | 20 | 17 | 141 | 素 | 全疤 |
| T2⑦:110 | 废片 | 细碧岩 | 38 | 24 | 23 | 11.4 | | | | | |
| T2⑦:112 | 右断 | 细碧岩 | 45 | 13 | 11 | 6 | 4 | 4 | 118.5 | 有疤 | 全疤 |
| T2⑦:113 | 完整 | 细碧岩 | 24 | 29 | 7 | 4.2 | 2 | 9 | 123 | 自然 | 全疤 |
| T2⑦:114 | 近端 | 细碧岩 | 34 | 18 | 9 | 5.2 | 7 | 11 | 94.5 | 有疤 | 全疤 |
| T2⑦:115 | 近端 | 细碧岩 | 25 | 28 | 6 | 3 | 7 | 22 | 93.5 | 有疤 | 全疤 |
| T2⑦:116 | 完整 | 安山玢岩 | 36 | 23 | 12 | 8.6 | 16 | 46 | 102.5 | 素 | 全疤 |
| T2⑦:117 | 远端 | 细碧岩 | 26 | 35 | 5 | 5.4 | | | | | 半疤半自 |
| T2⑦:118 | 左断 | 细碧岩 | 24 | 14 | 8 | 4.4 | 8 | 8 | 98.9 | 自然 | 全疤 |

续附表二

| 器物号 | 类型 | 原料 | 长（毫米） | 宽（毫米） | 厚（毫米） | 重（克） | 台面长（毫米） | 台面宽（毫米） | 石片角（°） | 台面类型 | 背面类型 |
|---|---|---|---|---|---|---|---|---|---|---|---|
| T2⑦：119 | 远端 | 细碧岩 | 36 | 20 | 11 | 4.8 | | | | | 全疤 |
| T2⑦：120 | 近端 | 细碧岩 | 28 | 22 | 7 | 4.2 | 2 | 8 | 116.5 | 素 | 全疤 |
| T2⑦：122 | 中段 | 细碧岩 | 21 | 27 | 6 | 3.2 | | | | | 全疤 |
| T2⑦：123 | 中段 | 细碧岩 | 18 | 34 | 5 | 3 | | | | | 全疤 |
| T2⑦：124 | 中段 | 流纹岩 | 32 | 23 | 7 | 6.4 | | | | | 半疤半自 |
| T2⑦：126 | 远端 | 细碧岩 | 18 | 23 | 6 | 1.8 | | | | | 全疤 |
| T2⑦：127 | 远端 | 细碧岩 | 26 | 24 | 7 | 5.6 | | | | | 全疤 |
| T2⑦：128 | 中段 | 安山玢岩 | 15 | 28 | 5 | 2.8 | | | | | 全疤 |
| T2⑦：129 | 近端 | 细碧岩 | 23 | 27 | 6 | 4.4 | 4 | 9 | 103.1 | | 全疤 |
| T2⑦：131 | 废片 | 细碧岩 | 23 | 10 | 9 | 1.8 | | | | | |
| T2⑦：852 | 近端 | 细碧岩 | 14 | 32 | 6 | 2.4 | 4 | 30 | 94.1 | 自然 | 自然面 |
| T2⑧：1 | 完整 | 石英砂岩 | 66 | 55 | 16 | 35.6 | 6 | 17 | 103.5 | 素 | |
| T2⑧：2 | 远端 | 细碧岩 | 65 | 48 | 20 | 64.8 | | | | | 半疤半自 |
| T2⑧：3 | 断块 | 石英砂岩 | 50 | 25 | 13 | 14.8 | | | | | 半疤半自 |
| T2⑧：4 | 断块 | 细碧岩 | 20 | 20 | 13 | 6.8 | | | | | |
| T3①：15 | 完整 | 细碧岩 | 61 | 87 | 25 | 176.4 | 25 | 56 | 113.5 | 有疤 | |
| T3①：18 | 中段 | 石英砂岩 | 36 | 17 | 4 | 3.6 | | | | | |
| T3①：19 | 远端 | 细碧岩 | 16 | 22 | 6 | 1.8 | | | | | |
| T3①：21 | 完整 | 细碧岩 | 20 | 16 | 4 | 1.4 | 3 | 6 | 106 | 素 | |
| T3②：4 | 近端 | 细碧岩 | 32 | 47 | 12 | 18.6 | 15 | 18 | 109.5 | | |

续附表二

| 器物号 | 类型 | 原料 | 长（毫米） | 宽（毫米） | 厚（毫米） | 重（克） | 台面长（毫米） | 台面宽（毫米） | 石片角（°） | 台面类型 | 背面类型 |
|---|---|---|---|---|---|---|---|---|---|---|---|
| T3②:488 | 远端 | 石英砂岩 | 21 | 25 | 8 | 4.4 | | | | | |
| T3②:494 | 中段 | 细碧岩 | 15 | 22 | 6 | 3.2 | | | | | |
| T3②:498 | 近端 | 细碧岩 | 30 | 22 | 6 | 3.8 | 8 | 13 | 139.2 | | |
| T3③:182 | 中段 | 石英 | 49 | 48 | 15 | 39.6 | | | | | |
| T3③:201 | 近端 | 细碧岩 | 55 | 27 | 16 | 42.4 | 10.27 | 11 | 2 | | |
| T3③:213 | 完整 | 石英砂岩 | 49 | 35 | 17 | 27.8 | 10.32 | 9 | 2.5 | | |
| T3③:221 | 中段 | 细碧岩 | 31 | 18 | 8 | 6 | | | | | |
| T3③:222 | 左断 | 细碧岩 | 46 | 47 | 1 | 24.4 | 11.47 | 11 | 1.6 | | |
| T3③:224 | 远端 | 泥质灰岩 | 15 | 21 | 11 | 5 | | | | | |
| T3③:241 | 远端 | 石英砂岩 | 18 | 26 | 6 | 2.2 | | | | | |
| T3③:243 | 远端 | 细碧岩 | 22 | 12 | 4 | 1.8 | | | | | |
| T3③:247 | 中段 | 泥质灰岩 | 22 | 15 | 7 | 2.6 | | | | | |

**附表三　兰坪玉水坪遗址出土石核登记表**

| 器物号 | 类型 | 原料 | 长（毫米） | 宽（毫米） | 厚（毫米） | 重（克） | 台面类型 | 台面角（°） | 校正台面 | 最大剥片长（毫米） | 宽（毫米） | 剥片数量 | 备注 |
|---|---|---|---|---|---|---|---|---|---|---|---|---|---|
| T2①：1 | 石核 | 石英砂岩 | 231 | 187 | 108 | | 单台面 | 79 | | 79 | 119 | 3 | |
| T2②：8 | 石核 | 安山玢岩 | 153 | 99 | 67 | 1307.2 | 单台面 | 119.5 | | 60 | 46 | 2 | |
| T2②：9 | 石核 | 石英砂岩 | 117 | 109 | 53 | 998.6 | 单台面 | 97.2 | | 32 | 43 | 3 | |
| T2②：11 | 石核 | 安山玢岩 | 133 | 105 | 64 | 1157.4 | 单台面 | 86 | | 29 | 38 | 2 | |
| T2②：14 | 石核 | 石英砂岩 | 110 | 60 | 56 | 579.2 | 单台面 | 83.5 | | 37 | 26 | 1 | |
| T2②：20 | 石核 | 石英砂岩 | 145 | 92 | 81 | 1008.8 | 单台面 | 95.8 | | 59 | 87 | 2 | |
| T2②：24 | 石核 | 石英砂岩 | 99 | 131 | 70 | 1255 | 单台面 | 118 | | 37 | 60 | 2 | |
| T2③：1 | 石核 | 细碧岩 | 66 | 64 | 34 | 245.2 | 多台面 | | | | | | |
| T2③：2 | 石核 | 安山玢岩 | 158 | 103 | 77 | 1416.6 | 双台面 | | | | | | |
| T2③：11 | 石核 | 石英砂岩 | 174 | 121 | 75 | 1643.7 | 双台面 | | | | | | |
| T2③：14 | 石核 | 石英砂岩 | 116 | 22 | 62 | 1651.4 | 双台面 | 68.9 | | 144 | 68 | | |
| T2③：17 | 石核 | 石英砂岩 | 182 | 84 | 79 | 1638.8 | 双台面 | | | | | | |
| T2③：18 | 石核 | 石英砂岩 | 163 | 99 | 57 | 1515.6 | 单台面 | | | | | | |
| T2④：11 | 石核 | 石英砂岩 | 119 | 64 | 53 | 479.4 | 多台面 | 92 | | 63 | 61 | 4 | |
| T2⑤：27 | 石核 | 安山玢岩 | 241 | 122 | 105 | 5000 | 单台面 | 116.1 | | 94 | 96 | 3 | |
| T2⑥：53 | 石核 | 安山玢岩 | 309 | 171 | 105 | 7000 | 双台面 | 99.1 | | 48 | 45 | | |
| T2⑦：54 | 石核 | 安山玢岩 | 134 | 25 | 78 | 1124.4 | 单台面 | 89.5 | | 23 | 37 | 2 | |
| T2⑦：849 | 石核 | 安山玢岩 | 223 | 162 | 132 | 7000 | 单台面 | | | | | | |
| T2⑦：850 | 石核 | 安山玢岩 | 228 | 190 | 106 | 7500 | 单台面 | | | | | | |
| T3①：5 | 石核 | 石英砂岩 | 123 | 96 | 58 | 601.6 | 单台面 | 57.9 | | 53 | 65 | | 盘状 |
| T3②：6 | 石核 | 细碧岩 | 93 | 95 | 54 | 444.6 | | 73.2 | | 69 | 54 | | |

续附表三

| 器物号 | 类型 | 原料 | 长（毫米） | 宽（毫米） | 厚（毫米） | 重（克） | 台面类型 | 台面角（°） | 校正台面 | 最大剥片长（毫米） | 宽（毫米） | 剥片数量 | 备注 |
|---|---|---|---|---|---|---|---|---|---|---|---|---|---|
| T3②：11 | 石核 | 细碧岩 | 78 | 59 | 47 | 251.9 | 有疤 | 77.5 | | 66 | 49 | 5 | |
| T3②：145 | 石核 | 细碧岩 | 60 | 75 | 38 | 208.1 | | 91.8 | | | | | |
| T3②：158 | 石核 | 细碧岩 | 61 | 50 | 41 | 131.5 | | 62 | | | | | |
| T3②：159 | 石核 | 细碧岩 | 67 | 61 | 34 | 132.2 | 有疤 | 87.8 | | 43 | 22 | 5 | |
| T3②：160 | 石核 | 泥质灰岩 | 52 | 52 | 37 | 132 | 有疤 | 88 | | 49 | 24 | 4 | |
| T3②：161 | 石核 | 细碧岩 | 34 | 54 | 50 | 117.7 | | 76.7 | | 32 | 32 | | |
| T3②：217 | 石核 | 细碧岩 | 74 | 65 | 41 | 176.7 | | 82.3 | | | | | |
| T3②：232 | 石核 | 细碧岩 | 134 | 106 | 62 | 446.4 | | 95 | | 44 | 59 | | |
| T3②：254 | 石核 | 细碧岩 | 73 | 66 | 47 | 314.9 | | 66.5 | | 62 | 45 | | |
| T3③：142 | 石核 | 细碧岩 | 95 | 68 | 62 | 372.9 | 单台面 | 77.8 | | 55 | 39 | | |
| T3③：209 | 石核 | 玛瑙 | 68 | 35 | 25 | 74.2 | 单台面 | 124 | | 4 | 28 | 1 | |

### 附表四　兰坪玉水坪遗址出土骨、角制品登记表

（单位：长度：毫米；重量：克）

| 器物号 | 名称 | 长 | 宽 | 厚 | 重 | 类型 | 器物号 | 名称 | 长 | 宽 | 厚 | 重 | 类型 |
|---|---|---|---|---|---|---|---|---|---|---|---|---|---|
| T2⑤：29 | 骨锥 | 47 | 14.4 | 6.3 | 5.2 | 单尖 正尖 | T2⑤：59 | 骨锥 | 60 | 17 | 5 | 66 | 单尖 正尖 |
| T2⑤：30 | 骨锥 | 48 | 10 | 5 | 2.4 | 双尖 正尖 | T2⑤：60 | 骨锥 | 53.5 | 20 | 9.5 | 10.4 | 单尖 角尖 |
| T2⑤：31 | 骨锥 | 39.5 | 18.5 | 7.8 | 5 | 单尖 正尖 | T2⑤：61 | 骨铲 | 50 | 23.5 | 7.5 | 7.6 | 骨铲 |
| T2⑤：32 | 骨锥 | 31.6 | 19.4 | 9 | 3.8 | 单尖 正尖 | T2⑤：62 | 骨锥 | 33.8 | 18 | 7 | 3.6 | 单尖 角尖 |
| T2⑤：33 | 骨锥 | 32.5 | 13.2 | 5 | 2.2 | 单尖 角尖 | T2⑤：63 | 骨锥 | 39.9 | 15 | 8 | 3.8 | 单尖 正尖 |
| T2⑤：34 | 骨锥 | 40 | 8 | 3.5 | 1.6 | 单尖 正尖 | T2⑤：64 | 骨锥 | 27.9 | 17.1 | 7.4 | 1.8 | 单尖 正尖 |
| T2⑤：35 | 骨锥 | 64.3 | 28 | 9.2 | 12.8 | 单尖 角尖 | T2⑤：65 | 骨铲 | 65 | 29 | 20 | 25.4 | 双尖 |
| T2⑤：36 | 骨锥 | 43 | 15 | 6 | 3.4 | 双尖 正尖 | T2⑤：66 | 骨铲 | 58 | 27.3 | 15.5 | 18 | 单尖 正尖 |
| T2⑤：37 | 骨锥 | 31.8 | 13.2 | 3 | 1 | 单尖 正尖 | T2⑤：67 | 骨锥 | 49 | 23 | 5 | 5.4 | 双尖 正尖 |
| T2⑤：38 | 骨锥 | 32.5 | 16.1 | 6.1 | 2.6 | 单尖 正尖 | T2⑤：68 | 骨锥 | 32.9 | 12 | 13 | 4.4 | 单尖 正尖 |
| T2⑤：39 | 骨锥 | 36.3 | 12 | 8.1 | 3.6 | 单尖 正尖 | T2⑤：69 | 骨铲 | 125 | 56 | 17 | 91.6 | 骨铲 |
| T2⑤：40 | 骨锥 | 68 | 20 | 14 | 8.2 | 单尖 角尖 | T2⑤：70 | 骨锥 | 41.2 | 11.8 | 6.2 | 2.6 | 单尖 角尖 |
| T2⑤：41 | 骨锥 | 43.1 | 32 | 25.8 | 17 | 单尖 正尖 | T2⑤：71 | 骨锥 | 37.8 | 20.8 | 12.5 | 5.8 | 单尖 正尖 |
| T2⑤：42 | 骨锥 | 39.2 | 13 | 5.5 | 3.6 | 单尖 角尖 | T2⑤：72 | 骨锥 | 34 | 17 | 8 | 8.8 | 双尖 正尖 |
| T2⑤：43 | 骨锥 | 32 | 9 | 4 | 1.6 | 双尖 正尖 | T2⑤：73 | 骨锥 | 40 | 27 | 7 | 8.2 | 双尖 正尖 |
| T2⑤：45 | 骨锥 | 45.2 | 17 | 5.5 | 3 | 单尖 角尖 | T2⑤：74 | 骨锥 | 31 | 17.1 | 7.1 | 2.2 | 单尖 正尖 |
| T2⑤：46 | 骨锥 | 48 | 19.8 | 12 | 4.6 | 单尖 正尖 | T2⑤：75 | 骨锥 | 49 | 19 | 6 | 4.6 | 双尖 正尖 |
| T2⑤：47 | 骨锥 | 39.8 | 21 | 7.8 | 3.8 | 单尖 正尖 | T2⑤：76 | 骨锥 | 39 | 18 | 7.2 | 4 | 单尖 正尖 |
| T2⑤：48 | 骨铲 | 43.5 | 14.8 | 9.5 | 6.8 | 骨铲 | T2⑤：77 | 骨锥 | 30 | 12.6 | 9.1 | 2.8 | 单尖 正尖 |
| T2⑤：49 | 骨锥 | 40 | 20 | 9.5 | 5.8 | 单尖 角尖 | T2⑤：78 | 骨锥 | 29 | 19 | 14.8 | 3 | 单尖 正尖 |
| T2⑤：50 | 骨锥 | 40 | 20 | 7 | 5.4 | 单尖 正尖 | T2⑤：79 | 骨锥 | 32.9 | 8.8 | 6.5 | 1.4 | 单尖 正尖 |
| T2⑤：51 | 骨锥 | 43 | 11 | 3 | 1.2 | 双尖 正尖 | T2⑤：80 | 骨锥 | 35 | 7 | 5 | 0.8 | 双尖 正尖 |
| T2⑤：52 | 骨锥 | 38.2 | 32.5 | 9.1 | 5.8 | 单尖 正尖 | T2⑤：81 | 骨锥 | 58 | 21 | 12 | 12.4 | 单尖 正尖 |
| T2⑤：53 | 骨锥 | 32.5 | 14.5 | 8.8 | 2.6 | 单尖 正尖 | T2⑤：82 | 骨锥 | 45.2 | 22 | 8.5 | 5.2 | 单尖 正尖 |
| T2⑤：54 | 骨锥 | 48.7 | 10.9 | 6.8 | 3.6 | 单尖 正尖 | T2⑤：83 | 骨锥 | 53.4 | 14 | 5.5 | 4 | 单尖 正尖 |
| T2⑤：55 | 骨锥 | 27.1 | 19.4 | 8.4 | 3.8 | 单尖 正尖 | T2⑤：84 | 骨锥 | 49.8 | 11.8 | 5.2 | 3 | 单尖 正尖 |
| T2⑤：56 | 骨铲 | 94 | 20 | 6 | 15.4 | 单尖 角尖 | T2⑤：85 | 骨锥 | 44 | 14.2 | 10 | 4.8 | 单尖 角尖 |
| T2⑤：57 | 骨锥 | 81 | 31 | 10 | 17.2 | 双尖 正尖 | T2⑤：86 | 骨锥 | 34.8 | 16.5 | 4.8 | 2.6 | 单尖 正尖 |
| T2⑤：58 | 骨锥 | 113.5 | 34 | 12.4 | 29.2 | 单尖 正尖 | T2⑤：87 | 骨锥 | 45 | 10 | 6 | 3.2 | 双尖 正尖 |

**续附表四**

| 器物号 | 名称 | 长 | 宽 | 厚 | 重 | 类型 | 器物号 | 名称 | 长 | 宽 | 厚 | 重 | 类型 |
|---|---|---|---|---|---|---|---|---|---|---|---|---|---|
| T2⑤：88 | 骨锥 | 54 | 27.8 | 9.8 | 12 | 单尖 角尖 | T2⑤：118 | 骨锥 | 35 | 10 | 3 | 1.2 | 双尖 正尖 |
| T2⑤：89 | 骨铲 | 111 | 48 | 19.5 | 43.6 | 骨铲 | T2⑤：119 | 骨锥 | 43 | 20 | 16 | 11.6 | 单尖 正尖 |
| T2⑤：90 | 骨铲 | 51 | 18.5 | 7.2 | 7.6 | 骨铲 | T2⑤：120 | 骨锥 | 55 | 14.4 | 8.2 | 5 | 单尖 角尖 |
| T2⑤：91 | 骨锥 | 60 | 22.3 | 6.8 | 10.6 | 单尖 正尖 | T2⑤：121 | 骨锥 | 48 | 16 | 12 | 7.2 | 双尖 正尖 |
| T2⑤：92 | 骨锥 | 62.2 | 14.7 | 7 | 6.8 | 单尖 正尖 | T2⑤：122 | 骨锥 | 76 | 27.5 | 9 | 22.8 | 单尖 正尖 |
| T2⑤：93 | 骨铲 | 111 | 42 | 15.5 | 51.2 | 骨铲 | T2⑤：123 | 骨锥 | 56.5 | 26.6 | 7.4 | 10 | 单尖 正尖 |
| T2⑤：94 | 骨锥 | 50.5 | 30 | 16 | 12 | 单尖 正尖 | T2⑤：124 | 骨钩形器 | 66 | 15.8 | 5.2 | 1.4 | 钩形尖 |
| T2⑤：95 | 骨锥 | 115 | 19 | 21 | 37.6 | 单尖 正尖 | | | | | | | |
| T2⑤：96 | 骨锥 | 88 | 31 | 11 | 27 | 双尖 正尖 | T2⑤：125 | 骨锥 | 84.7 | 17 | 18 | 12.8 | 单尖 正尖 |
| T2⑤：97 | 骨铲 | 72.5 | 27 | 7 | 15.4 | 骨铲 | T2⑤：126 | 骨锥 | 35.4 | 20 | 7.7 | 4.4 | 单尖 正尖 |
| T2⑤：98 | 骨锥 | 34 | 12 | 7 | 3.4 | 单尖 角尖 | T2⑤：127 | 骨铲 | 53.5 | 21 | 8.5 | 6.6 | 骨铲 |
| T2⑤：99 | 骨锥 | 48 | 20 | 9.7 | 9.8 | 单尖 正尖 | T2⑤：128 | 骨锥 | 25.1 | 10.8 | 4.3 | 0.8 | 单尖 正尖 |
| T2⑤：100 | 骨铲 | 81 | 25.5 | 14 | 26.6 | 骨铲 | T2⑤：129 | 骨锥 | 34.4 | 13.4 | 6.8 | 3 | 单尖 正尖 |
| T2⑤：101 | 骨铲 | 119 | 39 | 19.5 | 65.2 | 骨铲 | T2⑤：130 | 骨锥 | 55 | 16 | 8 | 5.8 | 双尖 正尖 |
| T2⑤：102 | 骨锥 | 64 | 14 | 10 | 7.2 | 双尖 正尖 | T2⑤：131 | 骨铲 | 54 | 20 | 6.8 | 5.8 | 骨铲 |
| T2⑤：103 | 骨锥 | 56.2 | 15.2 | 9.8 | 8.8 | 单尖 角尖 | T2⑤：132 | 骨锥 | 47.8 | 21.8 | 7 | 6.4 | 单尖 角尖 |
| T2⑤：104 | 骨锥 | 44 | 28.9 | 9.3 | 5.4 | 单尖 正尖 | T2⑤：133 | 骨锥 | 44.2 | 17.7 | 9 | 7.2 | 单尖 角尖 |
| T2⑤：105 | 骨锥 | 62 | 26 | 12 | 15.4 | 双尖 正尖 | T2⑤：134 | 骨锥 | 56 | 30 | 8 | 9.8 | 双尖 正尖 |
| T2⑤：106 | 骨铲 | 41 | 18 | 9 | 7.2 | 骨铲 | T2⑤：135 | 骨铲 | 57 | 34 | 13.5 | 27.8 | 骨铲 |
| T2⑤：107 | 骨锥 | 70 | 23 | 11 | 13 | 双尖 正尖 | T2⑤：136 | 骨锥 | 58.8 | 14.7 | 10.5 | 7 | 单尖 正尖 |
| T2⑤：108 | 骨铲 | 47 | 17.5 | 6.5 | 5.2 | 骨铲 | T2⑤：137 | 骨锥 | 36.2 | 12 | 5.5 | 2.2 | 单尖 正尖 |
| T2⑤：109 | 骨铲 | 41 | 23 | 6 | 5 | 骨铲 | T2⑤：138 | 骨锥 | 31 | 15 | 4 | 2.2 | 双尖 正尖 |
| T2⑤：110 | 骨锥 | 37 | 17.8 | 7.1 | 3.4 | 单尖 正尖 | T2⑤：139 | 骨锥 | 57.4 | 14.5 | 6.8 | 5.4 | 单尖 正尖 |
| T2⑤：112 | 骨铲 | 157 | 53 | 26 | 100.2 | 骨铲 | T2⑤：140 | 骨锥 | 44.5 | 15 | 7.2 | 3.8 | 单尖 正尖 |
| T2⑤：113 | 骨锥 | 55.3 | 16.1 | 7.5 | 5.2 | 单尖 正尖 | T2⑤：141 | 骨锥 | 28.4 | 14.8 | 5.9 | 2.2 | 单尖 角尖 |
| T2⑤：114 | 骨锥 | 34 | 11.2 | 4.8 | 2 | 双尖 正尖 | T2⑤：142 | 骨锥 | 32.1 | 9.1 | 5.5 | 1.4 | 单尖 正尖 |
| T2⑤：115 | 骨锥 | 111 | 27 | 14 | 31.8 | 双尖 正尖 | T2⑤：143 | 骨锥 | 26.2 | 14.5 | 4 | 1.6 | 双尖 角尖 |
| T2⑤：116 | 骨锥 | 43 | 19 | 6 | 5 | 单尖 正尖 | T2⑤：144 | 骨锥 | 53 | 19 | 5 | 4.8 | 单尖 正尖 |
| T2⑤：117 | 骨锥 | 30 | 15 | 7 | 3 | 双尖 正尖 | T2⑤：145 | 骨锥 | 48.5 | 19.5 | 8 | 6 | 单尖 正尖 |

**续附表四**

| 器物号 | 名称 | 长 | 宽 | 厚 | 重 | 类型 | 器物号 | 名称 | 长 | 宽 | 厚 | 重 | 类型 |
|---|---|---|---|---|---|---|---|---|---|---|---|---|---|
| T2⑤：146 | 骨锥 | 48 | 15 | 7 | 6.4 | 双尖 正尖 | T2⑤：175 | 骨锥 | 41 | 10 | 6 | 2.4 | 双尖 正尖 |
| T2⑤：147 | 骨镞形器 | 36.5 | 28.5 | 16 | 10.6 | 双尖 正尖 | T2⑤：176 | 骨锥 | 30.8 | 12.5 | 7.6 | 2.2 | 单尖 角尖 |
|  |  |  |  |  |  |  | T2⑤：177 | 骨锥 | 37 | 10 | 5 | 1 | 单尖 正尖 |
| T2⑤：148 | 骨锥 | 35.2 | 17.5 | 6.8 | 3.4 | 单尖 正尖 | T2⑤：178 | 骨铲 | 44 | 19 | 6.8 | 6 | 骨铲 |
| T2⑤：149 | 骨锥 | 29.5 | 8.2 | 8.2 | 1.4 | 单尖 正尖 | T2⑤：179 | 骨锥 | 40 | 15.5 | 7.6 | 4.4 | 单尖 正尖 |
| T2⑤：150 | 骨锥 | 31.5 | 9 | 4.1 | 0.8 | 单尖 正尖 | T2⑤：180 | 骨铲 | 39.5 | 19.5 | 7.2 | 3.4 | 骨铲 |
| T2⑤：151 | 骨锥 | 33.5 | 18.5 | 9.5 | 5 | 单尖 正尖 | T2⑤：181 | 骨锥 | 29.7 | 8.5 | 3.8 | 0.6 | 单尖 正尖 |
| T2⑤：152 | 骨锥 | 53.2 | 13.2 | 5.9 | 3.6 | 单尖 正尖 | T2⑤：182 | 骨锥 | 53.8 | 30.5 | 14 | 12.6 | 双尖 角尖 |
| T2⑤：153 | 骨铲 | 74 | 15.5 | 11.5 | 15.8 | 骨铲 | T2⑤：183 | 骨铲 | 62 | 23 | 12.5 | 17.2 | 骨铲 |
| T2⑤：154 | 骨锥 | 58 | 28.8 | 6.8 | 11.6 | 双尖 角尖 | T2⑤：184 | 骨锥 | 44 | 11 | 11 | 4.2 | 双尖 正尖 |
| T2⑤：155 | 骨锥 | 32.5 | 13.5 | 6.5 | 1.8 | 单尖 正尖 | T2⑤：185 | 骨锥 | 46.9 | 23.6 | 4.8 | 4 | 单尖 角尖 |
| T2⑤：156 | 骨锥 | 33.5 | 12.4 | 4.3 | 1.6 | 单尖 角尖 | T2⑤：186 | 骨锥 | 38.5 | 11.1 | 4.8 | 2 | 单尖 正尖 |
| T2⑤：157 | 骨锥 | 45 | 17.5 | 11 | 8.6 | 单尖 正尖 | T2⑤：187 | 骨锥 | 33.2 | 7.8 | 6.5 | 1 | 单尖 正尖 |
| T2⑤：158 | 骨锥 | 55.8 | 30 | 10.1 | 11.8 | 单尖 正尖 | T2⑤：188 | 骨锥 | 67.6 | 23 | 8 | 8.8 | 单尖 正尖 |
| T2⑤：159 | 骨铲 | 97.5 | 49 | 21 | 59 | 骨铲 | T2⑤：189 | 骨锥 | 59.5 | 39 | 8 | 14 | 单尖 正尖 |
| T2⑤：160 | 骨锥 | 52 | 22 | 4 | 5.6 | 单尖 正尖 | T2⑤：190 | 骨锥 | 37.5 | 17.2 | 8.5 | 4.8 | 单尖 角尖 |
| T2⑤：161 | 骨锥 | 42.1 | 11.5 | 5.4 | 2.6 | 单尖 正尖 | T2⑤：191 | 骨锥 | 28.2 | 12.6 | 4.1 | 1.2 | 单尖 正尖 |
| T2⑤：162 | 骨锥 | 48 | 12 | 9 | 5.2 | 双尖 正尖 | T2⑤：192 | 骨锥 | 28.4 | 6.8 | 4.8 | 0.8 | 单尖 正尖 |
| T2⑤：163 | 骨锥 | 42.8 | 20 | 9 | 5.2 | 双尖 角尖 | T2⑤：194 | 骨铲 | 27 | 25 | 6.8 | 3.4 | 骨铲 |
| T2⑤：164 | 骨锥 | 46 | 9 | 4 | 1.6 | 双尖 正尖 | T2⑤：195 | 骨锥 | 35.2 | 19.1 | 7.2 | 4 | 单尖 正尖 |
| T2⑤：165 | 骨锥 | 70 | 15 | 16 | 7.2 | 单尖 正尖 | T2⑤：196 | 骨锥 | 37.4 | 8 | 4.9 | 1.6 | 单尖 正尖 |
| T2⑤：166 | 骨铲 | 53.5 | 33 | 12 | 15 | 骨铲 | T2⑤：197 | 骨锥 | 40 | 10 | 6 | 2.6 | 双尖 正尖 |
| T2⑤：167 | 骨锥 | 57 | 18 | 8 | 4.6 | 双尖 角尖 | T2⑤：198 | 骨锥 | 46.5 | 18 | 6.3 | 5 | 单尖 正尖 |
| T2⑤：168 | 骨锥 | 42.8 | 23.5 | 12 | 7 | 单尖 角尖 | T2⑤：199 | 骨锥 | 38 | 26 | 7 | 6.4 | 单尖 正尖 |
| T2⑤：169 | 骨锥 | 70 | 25 | 9 | 12.2 | 双尖 正尖 | T2⑤：200 | 骨锥 | 42.8 | 16 | 5.8 | 3.8 | 单尖 正尖 |
| T2⑤：170 | 骨锥 | 75 | 31.2 | 12.1 | 20.4 | 单尖 正尖 | T2⑤：201 | 骨锥 | 40.8 | 13 | 5 | 2.2 | 单尖 正尖 |
| T2⑤：171 | 骨锥 | 58 | 18 | 9 | 8 | 双尖 正尖 | T2⑤：202 | 骨锥 | 55.7 | 17.2 | 10 | 9.8 | 单尖 正尖 |
| T2⑤：172 | 骨锥 | 53.2 | 6.9 | 6.8 | 2 | 单尖 正尖 | T2⑤：203 | 骨锥 | 57.5 | 18.9 | 6.8 | 7 | 单尖 正尖 |
| T2⑤：173 | 骨锥 | 52 | 37 | 10 | 8.2 | 双尖 正尖 | T2⑤：204 | 骨锥 | 40 | 25.5 | 11.7 | 7.8 | 单尖 正尖 |
| T2⑤：174 | 骨锥 | 34.5 | 10.1 | 3 | 1 | 单尖 正尖 | T2⑤：205 | 骨锥 | 43 | 19 | 8 | 5.6 | 单尖 正尖 |

续附表四

| 器物号 | 名称 | 长 | 宽 | 厚 | 重 | 类型 | 器物号 | 名称 | 长 | 宽 | 厚 | 重 | 类型 |
|---|---|---|---|---|---|---|---|---|---|---|---|---|---|
| T2⑤：206 | 骨锥 | 35.1 | 15 | 10.2 | 4 | 单尖 正尖 | T2⑤：236 | 骨锥 | 72 | 15 | 11 | 11.4 | 双尖 正尖 |
| T2⑤：207 | 骨锥 | 56.2 | 22.5 | 10 | 6 | 单尖 角尖 | T2⑤：237 | 骨铲 | 45 | 18.5 | 9 | 6 | 骨铲 |
| T2⑤：208 | 骨锥 | 41 | 18.2 | 6.8 | 4 | 单尖 角尖 | T2⑤：238 | 骨锥 | 33 | 9.8 | 4.9 | 1.4 | 单尖 角尖 |
| T2⑤：209 | 骨铲 | 65.5 | 27.5 | 12 | 16 | 骨铲 | T2⑤：239 | 骨锥 | 41.5 | 17 | 10 | 6.8 | 单尖 正尖 |
| T2⑤：210 | 骨锥 | 35 | 12 | 5 | 2.2 | 双尖 正尖 | T2⑤：240 | 骨锥 | 41 | 16.4 | 8.7 | 5.4 | 单尖 正尖 |
| T2⑤：211 | 骨锥 | 44.2 | 6.1 | 3.9 | 1.4 | 单尖 正尖 | T2⑤：241 | 骨铲 | 61.5 | 24 | 12 | 16.2 | 骨铲 |
| T2⑤：212 | 骨铲 | 42.5 | 8.2 | 7 | 3.8 | 骨铲 | T2⑤：242 | 骨锥 | 35.3 | 11.5 | 4.1 | 1.8 | 单尖 正尖 |
| T2⑤：213 | 骨锥 | 38.1 | 8.4 | 4.8 | 1.2 | 单尖 正尖 | T2⑤：243 | 骨锥 | 33 | 12.8 | 6.8 | 1.6 | 单尖 角尖 |
| T2⑤：214 | 骨锥 | 39 | 13.2 | 6.8 | 2.8 | 单尖 角尖 | T2⑤：244 | 骨锥 | 40 | 17.5 | 9 | 3.6 | 单尖 正尖 |
| T2⑤：215 | 骨锥 | 37 | 12 | 4 | 1.6 | 双尖 正尖 | T2⑤：245 | 骨锥 | 27 | 16 | 6.6 | 3 | 单尖 角尖 |
| T2⑤：216 | 骨锥 | 34.2 | 15.5 | 5 | 2.4 | 单尖 角尖 | T2⑤：246 | 骨锥 | 43 | 10 | 7 | 2.2 | 单尖 角尖 |
| T2⑤：217 | 骨锥 | 75 | 11 | 8 | 8 | 双尖 正尖 | T2⑤：247 | 骨铲 | 63.5 | 25.5 | 7.5 | 8.8 | 骨铲 |
| T2⑤：218 | 骨铲 | 47.5 | 23.5 | 9.5 | 11.8 | 骨铲 | T2⑤：248 | 骨铲 | 82 | 25 | 12.5 | 19.6 | 骨铲 |
| T2⑤：219 | 骨锥 | 67 | 16 | 6 | 5.8 | 双尖 正尖 | T2⑤：249 | 骨铲 | 61.5 | 27.5 | 13.5 | 14 | 骨铲 |
| T2⑤：220 | 骨铲 | 64.5 | 25.5 | 7.8 | 17.2 | 骨铲 | T2⑤：250 | 骨锥 | 34 | 20.6 | 9 | 4.6 | 单尖 正尖 |
| T2⑤：221 | 骨铲 | 63 | 26 | 9 | 15.2 | 单尖 角尖 | T2⑤：251 | 骨锥 | 32.2 | 13.2 | 3.2 | 1.4 | 单尖 正尖 |
| T2⑤：222 | 骨锥 | 59.8 | 18 | 9.5 | 9.2 | 单尖 正尖 | T2⑤：252 | 骨锥 | 57.5 | 17 | 8 | 7.8 | 单尖 角尖 |
| T2⑤：223 | 骨锥 | 40 | 14 | 9.2 | 4 | 单尖 正尖 | T2⑤：253 | 骨镞形器 | 44 | 16 | 5 | 3.6 | 单尖 正尖 |
| T2⑤：224 | 骨锥 | 38 | 15.2 | 7.5 | 2.6 | 双尖 角尖 | | | | | | | |
| T2⑤：225 | 骨锥 | 39 | 16 | 7 | 4.4 | 双尖 正尖 | T2⑤：254 | 骨锥 | 38 | 10 | 7 | 3 | 双尖 正尖 |
| T2⑤：226 | 骨锥 | 49 | 22 | 10 | 11.4 | 单尖 正尖 | T2⑤：255 | 骨锥 | 66 | 24.1 | 20.8 | 19 | 单尖 正尖 |
| T2⑤：227 | 骨铲 | 62.8 | 22 | 9.5 | 12 | 骨铲 | T2⑤：256 | 骨锥 | 43 | 10 | 5 | 2.4 | 双尖 正尖 |
| T2⑤：228 | 骨锥 | 47 | 15 | 8 | 4.4 | 双尖 正尖 | T2⑤：257 | 骨锥 | 45 | 16 | 5 | 3.2 | 双尖 正尖 |
| T2⑤：229 | 骨锥 | 52 | 10 | 5 | 3.2 | 双尖 正尖 | T2⑤：258 | 骨锥 | 33.3 | 20 | 11.5 | 3.6 | 单尖 正尖 |
| T2⑤：230 | 骨锥 | 29 | 17.2 | 6.1 | 2 | 单尖 正尖 | T2⑤：259 | 骨铲 | 47 | 17.5 | 6.2 | 3.6 | 骨铲 |
| T2⑤：231 | 骨锥 | 29 | 15.7 | 8.3 | 3 | 单尖 角尖 | T2⑤：260 | 骨锥 | 36.5 | 13.8 | 6.4 | 2.8 | 单尖 正尖 |
| T2⑤：232 | 骨锥 | 28.1 | 14.8 | 7 | 2.4 | 单尖 正尖 | T2⑤：261 | 骨锥 | 42.2 | 34.2 | 19 | 18.8 | 单尖 正尖 |
| T2⑤：233 | 骨锥 | 48 | 12 | 9 | 3.2 | 双尖 正尖 | T2⑤：262 | 骨锥 | 47.5 | 14 | 9.5 | 7.2 | 单尖 角尖 |
| T2⑤：234 | 骨锥 | 80 | 26 | 11 | 21.6 | 双尖 正尖 | T2⑤：263 | 骨铲 | 44.8 | 23.8 | 6.2 | 5.8 | 骨铲 |
| T2⑤：235 | 骨锥 | 32.5 | 13.9 | 5.9 | 2.2 | 单尖 正尖 | T2⑤：264 | 骨锥 | 35.9 | 13 | 5.1 | 2.4 | 单尖 正尖 |

**续附表四**

| 器物号 | 名称 | 长 | 宽 | 厚 | 重 | 类型 | 器物号 | 名称 | 长 | 宽 | 厚 | 重 | 类型 |
|---|---|---|---|---|---|---|---|---|---|---|---|---|---|
| T2⑤：265 | 骨锥 | 36.5 | 26 | 13 | 6.6 | 单尖 正尖 | T2⑤：295 | 骨锥 | 30.5 | 12.9 | 5.5 | 2.4 | 单尖 正尖 |
| T2⑤：266 | 骨锥 | 38.2 | 17.2 | 5.7 | 3 | 单尖 正尖 | T2⑤：296 | 骨锥 | 33 | 22 | 5 | 2.2 | 双尖 正尖 |
| T2⑤：267 | 骨锥 | 53 | 18 | 10 | 6.8 | 双尖 正尖 | T2⑤：297 | 骨锥 | 52 | 13 | 7 | 26 | 单尖 正尖 |
| T2⑤：268 | 骨锥 | 37.2 | 20 | 7 | 3.4 | 单尖 正尖 | T2⑤：298 | 骨锥 | 32.9 | 7 | 3.1 | 6.6 | 单尖 正尖 |
| T2⑤：269 | 骨锥 | 52.2 | 21.8 | 13.2 | 7.6 | 单尖 正尖 | T2⑤：299 | 骨锥 | 23.6 | 11 | 9.8 | 1.4 | 单尖 角尖 |
| T2⑤：270 | 骨锥 | 41 | 11 | 6.3 | 2.6 | 双尖 角尖 | T2⑤：300 | 骨锥 | 30 | 7.8 | 6.8 | 2 | 单尖 正尖 |
| T2⑤：271 | 骨锥 | 35.5 | 15.5 | 6.5 | 2.8 | 单尖 正尖 | T2⑤：301 | 骨锥 | 44.3 | 16.2 | 10.1 | 5.6 | 单尖 正尖 |
| T2⑤：272 | 骨锥 | 39 | 19.8 | 7 | 4 | 单尖 正尖 | T2⑤：302 | 骨锥 | 41 | 12 | 9 | 3 | 双尖 正尖 |
| T2⑤：273 | 骨锥 | 55 | 15.8 | 6.2 | 4.2 | 双尖 角尖 | T2⑤：303 | 骨锥 | 37 | 13.5 | 5.2 | 2.2 | 双尖 角尖 |
| T2⑤：274 | 骨锥 | 68.9 | 19.3 | 12.2 | 17.4 | 单尖 正尖 | T2⑤：304 | 骨锥 | 33.8 | 8.5 | 5 | 1 | 单尖 正尖 |
| T2⑤：275 | 骨锥 | 51.4 | 12 | 7.9 | 4.8 | 单尖 正尖 | T2⑤：305 | 骨锥 | 32 | 11 | 5 | 1 | 单尖 正尖 |
| T2⑤：276 | 骨锥 | 25.2 | 8.3 | 3.2 | 0.6 | 单尖 正尖 | T2⑤：306 | 骨锥 | 31 | 10 | 5 | 1.6 | 双尖 正尖 |
| T2⑤：277 | 骨锥 | 73 | 22 | 5 | 8.8 | 双尖 正尖 | T2⑤：307 | 骨锥 | 46 | 12 | 6.5 | 2.4 | 单尖 正尖 |
| T2⑤：278 | 骨锥 | 53 | 17 | 6 | 5 | 双尖 正尖 | T2⑤：308 | 骨锥 | 38.5 | 16.2 | 10.8 | 5.2 | 单尖 角尖 |
| T2⑤：279 | 骨铲 | 51.5 | 21 | 10 | 10.4 | 骨铲 | T2⑤：309 | 骨锥 | 30.8 | 14.5 | 7.8 | 2.2 | 单尖 正尖 |
| T2⑤：280 | 骨锥 | 28.5 | 7.1 | 3.5 | 0.4 | 单尖 正尖 | T2⑤：310 | 骨锥 | 34.8 | 15 | 6.8 | 2.8 | 双尖 角尖 |
| T2⑤：281 | 骨锥 | 55 | 30 | 7.9 | 9.4 | 单尖 正尖 | T2⑤：311 | 骨锥 | 43.3 | 20.4 | 8 | 5.8 | 单尖 正尖 |
| T2⑤：282 | 骨锥 | 46 | 21 | 8 | 4 | 单尖 角尖 | T2⑤：312 | 骨锥 | 39.2 | 19.6 | 8.1 | 4.6 | 单尖 正尖 |
| T2⑤：283 | 骨锥 | 25.1 | 10.8 | 4.3 | 1 | 单尖 正尖 | T2⑤：314 | 骨锥 | 41.4 | 28 | 11.7 | 7.2 | 单尖 正尖 |
| T2⑤：284 | 骨锥 | 44.5 | 14.5 | 5.5 | 3.6 | 单尖 正尖 | T2⑤：315 | 骨锥 | 51 | 22 | 13 | 7.8 | 单尖 正尖 |
| T2⑤：285 | 骨锥 | 28.5 | 10.5 | 3.8 | 1 | 单尖 正尖 | T2⑤：316 | 骨铲 | 41.8 | 12.5 | 7.8 | 8 | 骨铲 |
| T2⑤：286 | 骨锥 | 22 | 19 | 7 | 2.2 | 双尖 正尖 | T2⑤：317 | 骨锥 | 47 | 14 | 5 | 3.4 | 双尖 正尖 |
| T2⑤：287 | 骨锥 | 45 | 13.5 | 9 | 4 | 单尖 角尖 | T2⑤：318 | 骨铲 | 38.5 | 15 | 7 | 4.2 | 骨铲 |
| T2⑤：288 | 骨锥 | 52.8 | 36 | 8.5 | 15.2 | 双尖 角尖 | T2⑤：319 | 骨锥 | 33 | 14 | 9 | 4.2 | 单尖 正尖 |
| T2⑤：289 | 骨铲 | 54.2 | 21.8 | 12 | 11 | 骨铲 | T2⑤：320 | 骨锥 | 27.5 | 11 | 8.6 | 1 | 单尖 角尖 |
| T2⑤：290 | 骨锥 | 32.1 | 15.6 | 8.9 | 3.2 | 单尖 正尖 | T2⑤：321 | 骨锥 | 32.5 | 19.5 | 7.8 | 4.4 | 单尖 正尖 |
| T2⑤：291 | 骨锥 | 51.2 | 15 | 6.8 | 5.6 | 单尖 正尖 | T2⑤：322 | 骨锥 | 42 | 20.4 | 8.3 | 5.6 | 单尖 正尖 |
| T2⑤：292 | 骨锥 | 46 | 20 | 9 | 5 | 双尖 正尖 | T2⑤：323 | 骨锥 | 41 | 18 | 5 | 3.6 | 双尖 正尖 |
| T2⑤：293 | 骨锥 | 59.4 | 9.5 | 8.9 | 5 | 单尖 正尖 | T2⑤：324 | 骨锥 | 39.5 | 26.5 | 7 | 4.4 | 单尖 正尖 |
| T2⑤：294 | 骨锥 | 47 | 8.6 | 9 | 3.6 | 单尖 正尖 | T2⑤：325 | 骨锥 | 49.2 | 9.1 | 5.5 | 2 | 单尖 正尖 |

续附表四

| 器物号 | 名称 | 长 | 宽 | 厚 | 重 | 类型 | 器物号 | 名称 | 长 | 宽 | 厚 | 重 | 类型 |
|---|---|---|---|---|---|---|---|---|---|---|---|---|---|
| T2⑤：326 | 骨锥 | 44 | 17 | 5 | 46 | 双尖 正尖 | T2⑤：356 | 骨锥 | 50 | 17 | 13 | 8.6 | 双尖 正尖 |
| T2⑤：327 | 骨锥 | 74 | 12.8 | 8 | 7.6 | 单尖 正尖 | T2⑤：357 | 骨铲 | 48 | 19 | 6 | 5.2 | 骨铲 |
| T2⑤：328 | 骨锥 | 38.1 | 15.5 | 9.8 | 5.4 | 单尖 角尖 | T2⑤：358 | 骨锥 | 61 | 21 | 10 | 9.6 | 双尖 正尖 |
| T2⑤：329 | 骨锥 | 36 | 12 | 6 | 2.4 | 单尖 正尖 | T2⑤：359 | 骨锥 | 52.3 | 21 | 12.2 | 12 | 单尖 角尖 |
| T2⑤：330 | 骨锥 | 40.2 | 12.5 | 5 | 3 | 单尖 正尖 | T2⑤：360 | 骨锥 | 51 | 24 | 11 | 7.2 | 双尖 角尖 |
| T2⑤：331 | 骨铲 | 60 | 14 | 9 | 7 | 正尖 | T2⑤：361 | 骨铲 | 63 | 14 | 14 | 7.8 | 正尖 |
| T2⑤：332 | 骨铲 | 59.5 | 36 | 16.5 | 22.2 | 骨铲 | T2⑤：362 | 骨铲 | 58.8 | 18 | 3.5 | 3.6 | 骨铲 |
| T2⑤：333 | 骨铲 | 97.5 | 31 | 10 | 26.8 | 骨铲 | T2⑤：363 | 骨锥 | 34.5 | 17 | 7.5 | 3.6 | 双尖 角尖 |
| T2⑤：334 | 骨锥 | 72 | 20.8 | 7.7 | 8.8 | 单尖 正尖 | T2⑤：364 | 骨锥 | 38.1 | 14 | 7 | 2.6 | 单尖 正尖 |
| T2⑤：335 | 骨锥 | 35.8 | 29.8 | 9.5 | 6 | 单尖 正尖 | T2⑤：365 | 骨锥 | 48 | 13 | 6 | 2.8 | 双尖 正尖 |
| T2⑤：336 | 骨锥 | 35.2 | 18.2 | 7 | 3.2 | 双尖 角尖 | T2⑤：366 | 骨锥 | 44.8 | 18 | 12.5 | 8.8 | 单尖 正尖 |
| T2⑤：337 | 骨锥 | 48 | 17.5 | 6.8 | 4.2 | 双尖 角尖 | T2⑤：367 | 骨锥 | 48.8 | 19.4 | 9.6 | 6.6 | 单尖 正尖 |
| T2⑤：338 | 骨铲 | 48 | 25.5 | 9.5 | 7.6 | 骨铲 | T2⑤：368 | 骨锥 | 30 | 23 | 8.5 | 2.8 | 单尖 角尖 |
| T2⑤：339 | 骨锥 | 55 | 15.3 | 7.2 | 4.8 | 单尖 正尖 | T2⑤：370 | 骨锥 | 35 | 8 | 6 | 1.4 | 双尖 正尖 |
| T2⑤：340 | 骨铲 | 55.2 | 17 | 8.2 | 5.4 | 骨铲 | T2⑤：371 | 骨锥 | 31.2 | 9.2 | 5.2 | 1.6 | 单尖 正尖 |
| T2⑤：341 | 骨锥 | 62 | 12 | 10 | 8 | 双尖 正尖 | T2⑤：372 | 骨锥 | 60 | 13 | 9 | 7.8 | 双尖 正尖 |
| T2⑤：342 | 骨锥 | 67 | 24 | 11.5 | 14.4 | 单尖 正尖 | T2⑤：373 | 骨锥 | 52 | 15 | 7 | 4.4 | 双尖 正尖 |
| T2⑤：343 | 骨锥 | 67.3 | 26.5 | 14.4 | 26.6 | 单尖 正尖 | T2⑤：374 | 骨锥 | 41 | 8.8 | 5.8 | 1.6 | 单尖 正尖 |
| T2⑤：344 | 骨锥 | 62 | 30 | 13.8 | 14.6 | 单尖 正尖 | T2⑤：375 | 骨锥 | 32 | 12.8 | 9.8 | 2.6 | 单尖 角尖 |
| T2⑤：345 | 骨锥 | 48 | 27.2 | 11 | 9.4 | 单尖 正尖 | T2⑤：376 | 骨锥 | 46 | 19 | 9.5 | 5.8 | 单尖 正尖 |
| T2⑤：346 | 骨锥 | 36 | 22 | 9.4 | 6.6 | 双尖 角尖 | T2⑤：377 | 骨锥 | 45.2 | 14 | 13.2 | 2.6 | 单尖 角尖 |
| T2⑤：347 | 骨锥 | 28 | 12.8 | 10.2 | 1.8 | 单尖 正尖 | T2⑤：378 | 骨锥 | 48 | 18.8 | 9.2 | 7.8 | 单尖 正尖 |
| T2⑤：348 | 骨锥 | 52 | 25 | 13.1 | 10.4 | 单尖 正尖 | T2⑤：379 | 骨锥 | 41.5 | 18 | 5 | 3.4 | 单尖 正尖 |
| T2⑤：349 | 骨锥 | 36.6 | 26.4 | 19 | 8.2 | 单尖 正尖 | T2⑤：380 | 骨锥 | 58.4 | 10.8 | 7 | 4.2 | 单尖 正尖 |
| T2⑤：350 | 骨锥 | 38.2 | 9.8 | 5.8 | 1.6 | 单尖 正尖 | T2⑤：381 | 骨锥 | 70.6 | 37.4 | 22 | 41.2 | 单尖 正尖 |
| T2⑤：351 | 骨锥 | 57.4 | 18.5 | 7.5 | 5.6 | 单尖 正尖 | T2⑤：382 | 骨锥 | 74 | 40.3 | 14 | 32.2 | 单尖 正尖 |
| T2⑤：352 | 骨锥 | 40 | 16 | 6.5 | 2.8 | 双尖 角尖 | T2⑤：383 | 骨锥 | 58.8 | 18.2 | 12 | 9.4 | 双尖 角尖 |
| T2⑤：353 | 骨锥 | 46 | 6 | 7 | 2.4 | 双尖 正尖 | T2⑤：384 | 骨铲 | 65 | 23 | 11 | 12.2 | 骨铲 |
| T2⑤：354 | 骨铲 | 73 | 47 | 18 | 43.4 | 骨铲 | T2⑤：385 | 骨锥 | 54.7 | 12 | 10.6 | 4.8 | 单尖 正尖 |
| T2⑤：355 | 骨锥 | 58.7 | 25 | 7.5 | 13.2 | 单尖 正尖 | T2⑤：386 | 骨锥 | 47 | 18 | 8 | 6.8 | 双尖 正尖 |

**续附表四**

| 器物号 | 名称 | 长 | 宽 | 厚 | 重 | 类型 | 器物号 | 名称 | 长 | 宽 | 厚 | 重 | 类型 |
|---|---|---|---|---|---|---|---|---|---|---|---|---|---|
| T2⑤:387 | 骨铲 | 55.4 | 23 | 9.6 | 10.2 | 单尖 角尖 | T2⑤:417 | 骨锥 | 53.4 | 24 | 8 | 11.2 | 单尖 正尖 |
| T2⑤:388 | 骨铲 | 62 | 33.8 | 7.2 | 10.6 | 骨铲 | T2⑤:418 | 骨锥 | 36.5 | 15.8 | 5.2 | 3 | 单尖 角尖 |
| T2⑤:389 | 骨锥 | 37 | 13 | 6 | 2.4 | 单尖 正尖 | T2⑤:419 | 骨锥 | 46.2 | 20 | 8 | 4.8 | 双尖 角尖 |
| T2⑤:390 | 骨锥 | 36 | 11 | 7 | 2.4 | 双尖 正尖 | T2⑤:420 | 骨锥 | 36 | 11 | 5.2 | 2.4 | 单尖 角尖 |
| T2⑤:391 | 骨锥 | 29.1 | 20.8 | 6.1 | 2.4 | 单尖 正尖 | T2⑤:421 | 骨锥 | 47 | 11 | 6 | 2.6 | 双尖 正尖 |
| T2⑤:392 | 骨锥 | 29 | 14.8 | 3.2 | 1.2 | 单尖 角尖 | T2⑤:422 | 骨锥 | 52.4 | 23 | 9 | 8 | 单尖 正尖 |
| T2⑤:393 | 骨锥 | 29 | 12 | 7 | 2.4 | 双尖 正尖 | T2⑤:423 | 骨锥 | 31.5 | 21.2 | 8.2 | 3.8 | 单尖 正尖 |
| T2⑤:394 | 骨铲 | 96 | 18 | 11 | 23.6 | 骨铲 | T2⑤:424 | 骨锥 | 45 | 11.2 | 8.1 | 4 | 单尖 正尖 |
| T2⑤:395 | 骨锥 | 31 | 9 | 9 | 2.2 | 双尖 正尖 | T2⑤:425 | 骨锥 | 49.5 | 13 | 6.5 | 4.4 | 单尖 正尖 |
| T2⑤:396 | 骨锥 | 52.8 | 10.5 | 7.1 | 4.6 | 单尖 正尖 | T2⑤:426 | 骨锥 | 36 | 12 | 6 | 3 | 双尖 正尖 |
| T2⑤:397 | 骨锥 | 40.2 | 19.5 | 7 | 3.6 | 单尖 正尖 | T2⑤:427 | 骨锥 | 27 | 6.8 | 5.5 | 1.6 | 单尖 正尖 |
| T2⑤:398 | 骨锥 | 35.5 | 11.5 | 8.9 | 3 | 单尖 正尖 | T2⑤:428 | 骨锥 | 30.8 | 11 | 6.2 | 2.4 | 单尖 正尖 |
| T2⑤:399 | 骨锥 | 65 | 20.8 | 11.4 | 12.8 | 单尖 正尖 | T2⑤:429 | 骨锥 | 45 | 20.5 | 8.4 | 4.2 | 单尖 正尖 |
| T2⑤:400 | 骨锥 | 54 | 16 | 8 | 5.8 | 双尖 正尖 | T2⑤:430 | 骨锥 | 36 | 15.5 | 11.5 | 4.8 | 单尖 正尖 |
| T2⑤:401 | 骨锥 | 34 | 12 | 4 | 2 | 单尖 正尖 | T2⑤:431 | 骨锥 | 32 | 13.2 | 5.5 | 2 | 单尖 正尖 |
| T2⑤:402 | 骨锥 | 31 | 9.8 | 5.5 | 1.6 | 单尖 角尖 | T2⑤:432 | 骨锥 | 37.2 | 10.2 | 5.2 | 1.8 | 单尖 正尖 |
| T2⑤:403 | 骨锥 | 39 | 15 | 4 | 2.4 | 双尖 正尖 | T2⑤:433 | 骨锥 | 32.9 | 10.3 | 3.4 | 1 | 单尖 正尖 |
| T2⑤:404 | 骨锥 | 41 | 8 | 5 | 1.4 | 单尖 正尖 | T2⑤:434 | 骨锥 | 43.2 | 11.8 | 6.5 | 3 | 单尖 正尖 |
| T2⑤:405 | 骨锥 | 46.5 | 17.3 | 6 | 4.4 | 单尖 正尖 | T2⑤:435 | 骨锥 | 44.8 | 18.2 | 10.8 | 7.8 | 双尖 角尖 |
| T2⑤:406 | 骨铲 | 41 | 23 | 8.2 | 5.6 | 骨铲 | T2⑤:436 | 骨锥 | 35 | 11 | 5 | 1.8 | 双尖 正尖 |
| T2⑤:407 | 骨锥 | 56 | 20 | 7 | 7 | 双尖 正尖 | T2⑤:437 | 骨锥 | 53.8 | 24.5 | 11.5 | 8.4 | 单尖 角尖 |
| T2⑤:408 | 骨锥 | 27.8 | 16.1 | 5.8 | 1.8 | 单尖 正尖 | T2⑤:438 | 骨锥 | 27 | 9.7 | 6.8 | 1.8 | 单尖 角尖 |
| T2⑤:409 | 骨锥 | 32 | 9 | 5 | 1.2 | 双尖 正尖 | T2⑤:439 | 骨锥 | 45 | 16 | 7 | 4.4 | 双尖 正尖 |
| T2⑤:410 | 骨铲 | 67 | 22 | 20 | 19.8 | 正尖 | T2⑤:440 | 骨锥 | 50 | 12 | 10 | 3.6 | 双尖 正尖 |
| T2⑤:411 | 骨锥 | 60 | 19 | 9 | 10.2 | 单尖 正尖 | T2⑤:441 | 骨锥 | 54 | 23 | 3 | 5.6 | 双尖 正尖 |
| T2⑤:412 | 骨锥 | 39 | 12.5 | 8.5 | 3.8 | 单尖 角尖 | T2⑤:442 | 骨锥 | 50 | 12 | 8 | 6.4 | 双尖 正尖 |
| T2⑤:413 | 骨锥 | 60 | 26 | 14 | 11.4 | 单尖 正尖 | T2⑤:443 | 骨锥 | 36.5 | 18 | 7 | 3.4 | 单尖 正尖 |
| T2⑤:414 | 骨锥 | 49 | 16 | 5.8 | 3.6 | 单尖 正尖 | T2⑤:444 | 骨锥 | 62 | 22 | 5 | 7.2 | 单尖 角尖 |
| T2⑤:415 | 骨锥 | 36 | 16 | 3 | 1.4 | 双尖 正尖 | T2⑤:445 | 骨锥 | 51 | 24 | 6 | 6.8 | 双尖 正尖 |
| T2⑤:416 | 骨锥 | 32 | 26 | 10 | 6.8 | 单尖 正尖 | T2⑤:446 | 骨锥 | 32 | 9 | 8 | 1.6 | 双尖 正尖 |

续附表四

| 器物号 | 名称 | 长 | 宽 | 厚 | 重 | 类型 | 器物号 | 名称 | 长 | 宽 | 厚 | 重 | 类型 |
|---|---|---|---|---|---|---|---|---|---|---|---|---|---|
| T2⑤：447 | 骨锥 | 34.5 | 12 | 8.3 | 2.8 | 单尖 正尖 | T2⑤：478 | 骨锥 | 63.2 | 18 | 8 | 9.2 | 单尖 正尖 |
| T2⑤：448 | 骨锥 | 43.7 | 15 | 8 | 3.8 | 单尖 正尖 | T2⑤：479 | 骨锥 | 36.8 | 12.5 | 6.5 | 2.6 | 单尖 正尖 |
| T2⑤：449 | 骨锥 | 64 | 17 | 7.5 | 7.8 | 单尖 角尖 | T2⑤：480 | 骨锥 | 55 | 20.6 | 7 | 9.2 | 单尖 正尖 |
| T2⑤：450 | 骨锥 | 51 | 9 | 5 | 2.4 | 双尖 正尖 | T2⑤：481 | 骨锥 | 37.8 | 24.5 | 7 | 5 | 单尖 正尖 |
| T2⑤：451 | 骨锥 | 56 | 17 | 10 | 6.6 | 双尖 正尖 | T2⑤：482 | 骨锥 | 37.2 | 11 | 10.5 | 3.6 | 单尖 正尖 |
| T2⑤：452 | 骨锥 | 41 | 22 | 11 | 6.6 | 双尖 正尖 | T2⑤：483 | 骨铲 | 64 | 12 | 12 | 7 | 单尖 |
| T2⑤：453 | 骨锥 | 42 | 17 | 6.4 | 4.6 | 单尖 正尖 | T2⑤：484 | 骨锥 | 37.4 | 24 | 7.6 | 6.2 | 单尖 正尖 |
| T2⑤：454 | 骨锥 | 31.2 | 15.5 | 8 | 3.6 | 单尖 正尖 | T2⑤：485 | 骨锥 | 47.5 | 14 | 10 | 6.4 | 单尖 正尖 |
| T2⑤：455 | 骨锥 | 40.5 | 7 | 6 | 1 | 单尖 正尖 | T2⑤：486 | 骨锥 | 33 | 9.9 | 7.8 | 2 | 单尖 正尖 |
| T2⑤：456 | 骨锥 | 56.9 | 24.8 | 10.6 | 13.2 | 单尖 正尖 | T2⑤：487 | 骨锥 | 33 | 9 | 4 | 1 | 双尖 正尖 |
| T2⑤：457 | 骨锥 | 35 | 13.8 | 6 | 1.6 | 单尖 正尖 | T2⑤：488 | 骨锥 | 30.8 | 12 | 8 | 2.8 | 单尖 角尖 |
| T2⑤：458 | 骨锥 | 47 | 32 | 9 | 10 | 双尖 正尖 | T2⑤：489 | 骨锥 | 39.5 | 16.6 | 4 | 2.8 | 单尖 正尖 |
| T2⑤：459 | 骨锥 | 43 | 23 | 11 | 8.4 | 单尖 正尖 | T2⑤：490 | 骨锥 | 30 | 9 | 5 | 1.2 | 双尖 正尖 |
| T2⑤：460 | 骨铲 | 52 | 17.5 | 9 | 7.6 | 骨铲 | T2⑤：491 | 骨锥 | 29.5 | 8.5 | 5 | 0.6 | 单尖 正尖 |
| T2⑤：461 | 骨锥 | 87 | 29 | 11 | 29 | 单尖 正尖 | T2⑤：492 | 骨锥 | 88 | 22 | 14 | 24.4 | 双尖 正尖 |
| T2⑤：462 | 骨锥 | 65 | 22.5 | 5.5 | 7.8 | 单尖 角尖 | T2⑤：493 | 骨锥 | 31 | 12 | 6 | 0.8 | 双尖 正尖 |
| T2⑤：463 | 骨锥 | 47 | 13 | 7 | 4 | 双尖 正尖 | T2⑤：494 | 骨铲 | 56.5 | 28.5 | 11 | 10.2 | 骨铲 |
| T2⑤：464 | 骨锥 | 41 | 12 | 8 | 4.2 | 双尖 正尖 | T2⑤：495 | 骨锥 | 27 | 11 | 4 | 0.6 | 双尖 正尖 |
| T2⑤：465 | 骨锥 | 45 | 14.8 | 8 | 5.2 | 单尖 正尖 | T2⑤：496 | 骨锥 | 35 | 14 | 6 | 3.2 | 双尖 正尖 |
| T2⑤：466 | 骨锥 | 31.5 | 12.4 | 8.9 | 2.8 | 单尖 正尖 | T2⑤：497 | 骨锥 | 28.8 | 12.2 | 3.2 | 0.4 | 单尖 正尖 |
| T2⑤：467 | 骨锥 | 44 | 9 | 6 | 2.8 | 双尖 正尖 | T2⑤：498 | 骨锥 | 71 | 14 | 4 | 2.8 | 单尖 正尖 |
| T2⑤：468 | 骨锥 | 42.8 | 11 | 6.5 | 3 | 单尖 角尖 | T2⑤：499 | 骨锥 | 37 | 8 | 8 | 1.8 | 双尖 正尖 |
| T2⑤：469 | 骨锥 | 27.8 | 9.2 | 9.8 | 2.8 | 单尖 正尖 | T2⑤：500 | 骨锥 | 39.2 | 16.2 | 8 | 4 | 单尖 角尖 |
| T2⑤：470 | 骨锥 | 56.8 | 26 | 10 | 8.6 | 单尖 正尖 | T2⑤：501 | 骨锥 | 59 | 21 | 8 | 9 | 单尖 正尖 |
| T2⑤：471 | 骨锥 | 34.3 | 24.9 | 7.8 | 5 | 单尖 正尖 | T2⑤：502 | 骨锥 | 38.5 | 16.2 | 6.8 | 3.4 | 单尖 角尖 |
| T2⑤：472 | 骨锥 | 47 | 18 | 12 | 6.2 | 双尖 正尖 | T2⑤：503 | 骨铲 | 87 | 26 | 14 | 24 | 骨铲 |
| T2⑤：474 | 骨锥 | 41.5 | 12.1 | 4.5 | 2.6 | 单尖 正尖 | T2⑤：504 | 骨锥 | 51 | 17 | 4 | 3.4 | 双尖 正尖 |
| T2⑤：475 | 骨锥 | 87 | 24 | 22 | 34.8 | 双尖 正尖 | T2⑤：505 | 骨锥 | 34.5 | 13.2 | 7 | 2.2 | 单尖 角尖 |
| T2⑤：476 | 骨锥 | 59 | 15 | 6.6 | 5.8 | 单尖 正尖 | T2⑤：506 | 骨锥 | 41.1 | 10.2 | 7.9 | 3 | 单尖 正尖 |
| T2⑤：477 | 骨锥 | 35.8 | 15.2 | 4.5 | 2.4 | 双尖 角尖 | T2⑤：507 | 骨锥 | 24.8 | 17.6 | 11.8 | 1.8 | 单尖 正尖 |

**续附表四**

| 器物号 | 名称 | 长 | 宽 | 厚 | 重 | 类型 | 器物号 | 名称 | 长 | 宽 | 厚 | 重 | 类型 |
|---|---|---|---|---|---|---|---|---|---|---|---|---|---|
| T2⑤：508 | 骨锥 | 27.3 | 13 | 4.9 | 1.2 | 单尖 正尖 | T2⑤：538 | 骨铲 | 40 | 14.5 | 6 | 3 | 骨铲 |
| T2⑤：509 | 骨锥 | 28 | 8 | 5 | 0.8 | 双尖 正尖 | T2⑤：539 | 骨锥 | 39.2 | 18 | 8 | 4.2 | 单尖 角尖 |
| T2⑤：510 | 骨锥 | 86 | 28 | 11.5 | 29 | 单尖 正尖 | T2⑤：540 | 骨锥 | 57 | 15 | 6 | 4.8 | 单尖 正尖 |
| T2⑤：511 | 骨锥 | 31.5 | 8 | 4.2 | 1 | 单尖 正尖 | T2⑤：541 | 骨锥 | 30 | 12 | 3.8 | 1.6 | 单尖 正尖 |
| T2⑤：512 | 骨锥 | 28 | 6 | 3 | 0.4 | 双尖 正尖 | T2⑤：542 | 骨锥 | 37 | 5 | 7 | 1.8 | 双尖 正尖 |
| T2⑤：513 | 骨锥 | 21.5 | 9.8 | 5.5 | 1 | 单尖 正尖 | T2⑤：543 | 骨锥 | 32 | 12 | 4 | 1.4 | 双尖 正尖 |
| T2⑤：514 | 骨锥 | 33.2 | 13.5 | 4.5 | 1.6 | 单尖 正尖 | T2⑤：544 | 骨锥 | 39.2 | 14.5 | 4.8 | 2 | 单尖 正尖 |
| T2⑤：515 | 骨锥 | 36.8 | 8.8 | 3.5 | 1 | 单尖 正尖 | T2⑤：545 | 骨锥 | 34.1 | 14.9 | 6.5 | 2.2 | 单尖 正尖 |
| T2⑤：516 | 骨锥 | 80 | 33 | 18 | 27.2 | 单尖 正尖 | T2⑤：546 | 骨锥 | 46.2 | 15 | 10 | 3.8 | 双尖 角尖 |
| T2⑤：517 | 骨锥 | 54 | 15 | 9 | 7.4 | 双尖 正尖 | T2⑤：578 | 骨锥 | 47 | 14 | 9 | 4.2 | 双尖 正尖 |
| T2⑤：518 | 骨锥 | 34.2 | 11.1 | 6.4 | 2.8 | 单尖 正尖 | T2⑤：579 | 骨锥 | 56 | 11 | 7 | 3.6 | 双尖 正尖 |
| T2⑤：519 | 骨锥 | 36.2 | 26.2 | 7.5 | 4 | 单尖 角尖 | T2⑤：580 | 骨锥 | 47.8 | 13 | 10.8 | 6 | 单尖 正尖 |
| T2⑤：520 | 骨锥 | 48 | 11 | 3 | 1.6 | 双尖 正尖 | T2⑤：581 | 骨锥 | 36 | 12 | 4 | 1.6 | 双尖 正尖 |
| T2⑤：521 | 骨锥 | 73 | 31 | 10 | 18.4 | 单尖 正尖 | T2⑤：582 | 骨锥 | 36 | 12 | 10 | 3 | 双尖 正尖 |
| T2⑤：522 | 骨锥 | 52 | 21 | 6.8 | 5.2 | 双尖 角尖 | T2⑤：583 | 骨锥 | 33.5 | 11 | 5.8 | 1.8 | 单尖 正尖 |
| T2⑤：523 | 骨锥 | 40 | 21.4 | 11.5 | 6.8 | 单尖 正尖 | T2⑤：584 | 骨锥 | 51 | 16 | 7 | 5.8 | 双尖 正尖 |
| T2⑤：524 | 骨锥 | 32.8 | 22.5 | 4.8 | 2.8 | 双尖 角尖 | T2⑤：585 | 骨锥 | 25 | 10 | 6 | 1.4 | 单尖 正尖 |
| T2⑤：525 | 骨锥 | 59 | 19 | 5 | 5.6 | 单尖 正尖 | T2⑤：586 | 骨锥 | 76 | 12 | 8 | 7.2 | 双尖 正尖 |
| T2⑤：526 | 骨锥 | 38.3 | 13 | 7.8 | 3 | 单尖 正尖 | T2⑤：587 | 骨锥 | 28.8 | 14 | 4.5 | 1.6 | 单尖 正尖 |
| T2⑤：527 | 骨锥 | 43.5 | 10 | 7.2 | 2.6 | 单尖 正尖 | T2⑤：588 | 骨锥 | 39 | 16.7 | 5.5 | 3.6 | 单尖 角尖 |
| T2⑤：528 | 骨锥 | 38 | 12 | 4 | 1.2 | 双尖 正尖 | T2⑤：589 | 骨锥 | 25 | 10 | 3 | 0.8 | 双尖 正尖 |
| T2⑤：529 | 骨锥 | 18 | 9 | 8 | 3 | 双尖 正尖 | T2⑤：590 | 骨锥 | 40.1 | 30.9 | 10 | 8.2 | 单尖 正尖 |
| T2⑤：530 | 骨锥 | 46 | 5 | 3 | 0.8 | 双尖 正尖 | T2⑤：591 | 骨锥 | 39.8 | 11.9 | 7.2 | 3 | 单尖 正尖 |
| T2⑤：531 | 骨锥 | 38 | 10 | 6 | 1.8 | 双尖 正尖 | T2⑤：592 | 骨锥 | 62 | 11 | 12 | 6.2 | 双尖 正尖 |
| T2⑤：532 | 骨铲 | 83 | 38 | 12 | 34.2 | 骨铲 | T2⑤：593 | 骨锥 | 45.2 | 20 | 8.5 | 5.2 | 单尖 正尖 |
| T2⑤：533 | 骨锥 | 41 | 17.2 | 7.6 | 4.8 | 单尖 正尖 | T2⑤：594 | 骨锥 | 33.5 | 12.1 | 6.9 | 2 | 单尖 正尖 |
| T2⑤：534 | 骨锥 | 39 | 13 | 7 | 3.2 | 双尖 正尖 | T2⑤：595 | 骨锥 | 43 | 12 | 4 | 2 | 单尖 正尖 |
| T2⑤：535 | 骨锥 | 41 | 18 | 8 | 2.4 | 单尖 正尖 | T2⑤：596 | 骨锥 | 92.8 | 13.5 | 12.9 | 16.2 | 单尖 正尖 |
| T2⑤：536 | 骨锥 | 28.5 | 9.5 | 6.4 | 1.8 | 单尖 正尖 | T2⑤：597 | 骨锥 | 102 | 29 | 16 | 29.2 | 双尖 正尖 |
| T2⑤：537 | 骨锥 | 36 | 16 | 7 | 2.8 | 双尖 正尖 | T2⑤：598 | 骨锥 | 38 | 14.8 | 6.5 | 2.6 | 单尖 正尖 |

续附表四

| 器物号 | 名称 | 长 | 宽 | 厚 | 重 | 类型 | 器物号 | 名称 | 长 | 宽 | 厚 | 重 | 类型 |
|---|---|---|---|---|---|---|---|---|---|---|---|---|---|
| T2⑤：599 | 骨锥 | 41.5 | 11 | 6 | 3 | 单尖 正尖 | T2⑤：631 | 骨锥 | 32.8 | 10.5 | 4 | 1.2 | 单尖 角尖 |
| T2⑤：601 | 骨锥 | 38.1 | 42.3 | 17.3 | 12 | 单尖 正尖 | T2⑤：632 | 骨锥 | 48 | 7 | 6 | 2.4 | 单尖 正尖 |
| T2⑤：602 | 骨锥 | 35.3 | 19.4 | 6.7 | 2.4 | 单尖 正尖 | T2⑤：633 | 骨铲 | 220 | 40 | 20 | 159.4 | 骨铲 |
| T2⑤：603 | 骨锥 | 35.8 | 16.2 | 4.7 | 2 | 单尖 角尖 | T2⑤：634 | 骨锥 | 54 | 12.5 | 11 | 9.2 | 单尖 正尖 |
| T2⑤：604 | 骨锥 | 57.2 | 20.9 | 8.4 | 8.8 | 单尖 正尖 | T2⑤：635 | 骨锥 | 54.2 | 24.8 | 12.4 | 9.8 | 单尖 正尖 |
| T2⑤：605 | 骨锥 | 50.5 | 13.1 | 6 | 3.6 | 单尖 正尖 | T2⑤：636 | 骨锥 | 47 | 11 | 4 | 2.2 | 双尖 正尖 |
| T2⑤：607 | 骨锥 | 53 | 14 | 8 | 4.8 | 双尖 正尖 | T2⑥：54 | 骨锥 | 36 | 16 | 6 | 2.6 | 单尖 正尖 |
| T2⑤：608 | 骨锥 | 47.8 | 10.5 | 7.9 | 4.2 | 单尖 正尖 | T2⑥：55 | 骨锥 | 29 | 16 | 9 | 2.8 | 单尖 正尖 |
| T2⑤：609 | 骨锥 | 32.7 | 18 | 9 | 3.6 | 单尖 角尖 | T2⑥：56 | 骨锥 | 45 | 21 | 6 | 4.2 | 单尖 正尖 |
| T2⑤：610 | 骨锥 | 34.1 | 10 | 7.2 | 2.6 | 单尖 正尖 | T2⑥：58 | 骨锥 | 45 | 15 | 7 | 3.4 | 双尖 角尖 |
| T2⑤：611 | 骨锥 | 63 | 11 | 3 | 1.8 | 双尖 正尖 | T2⑥：59 | 骨锥 | 42 | 24 | 7 | 5.6 | 单尖 正尖 |
| T2⑤：612 | 骨锥 | 50.4 | 17.4 | 14.9 | 10.6 | 单尖 正尖 | T2⑥：60 | 骨锥 | 38 | 16 | 6 | 3.2 | 单尖 正尖 |
| T2⑤：613 | 骨锥 | 68 | 14 | 5 | 4.8 | 单尖 正尖 | T2⑥：61 | 骨铲 | 76 | 16 | 12 | 13.4 | 骨铲 |
| T2⑤：614 | 骨锥 | 61 | 25 | 7 | 9.6 | 双尖 正尖 | T2⑥：62 | 骨锥 | 45 | 19 | 10 | 6 | 单尖 正尖 |
| T2⑤：615 | 骨锥 | 28.3 | 9.5 | 5 | 1.4 | 单尖 正尖 | T2⑥：63 | 骨锥 | 65 | 19 | 5 | 6.8 | 单尖 正尖 |
| T2⑤：616 | 骨锥 | 43 | 23 | 8 | 7.6 | 单尖 正尖 | T2⑥：64 | 骨锥 | 50 | 15 | 8 | 3.6 | 单尖 角尖 |
| T2⑤：617 | 骨锥 | 53.6 | 19.3 | 12 | 8 | 单尖 正尖 | T2⑥：65 | 骨锥 | 54 | 14 | 6 | 4 | 双尖 正尖 |
| T2⑤：618 | 骨锥 | 39.8 | 17.8 | 6 | 3.8 | 单尖 正尖 | T2⑥：66 | 骨锥 | 38 | 7 | 4 | 0.6 | 单尖 正尖 |
| T2⑤：619 | 骨锥 | 38 | 18 | 5 | 3.8 | 双尖 正尖 | T2⑥：67 | 骨锥 | 52 | 15 | 9 | 3.6 | 单尖 角尖 |
| T2⑤：620 | 骨锥 | 48 | 18 | 7 | 4.6 | 单尖 正尖 | T2⑥：76 | 骨锥 | 57 | 22 | 4 | 3.8 | 正尖 角尖 |
| T2⑤：621 | 骨锥 | 43 | 22 | 6 | 5.6 | 单尖 正尖 | T2⑥：78 | 骨锥 | 48 | 15 | 5 | 2.8 | 双尖 正尖 |
| T2⑤：622 | 骨锥 | 44.1 | 12.8 | 7.4 | 4.2 | 单尖 正尖 | T2⑥：79 | 骨锥 | 55 | 19 | 8 | 6.2 | 双尖 正尖 |
| T2⑤：623 | 骨锥 | 40.3 | 16.8 | 8.8 | 4 | 单尖 正尖 | T2⑥：80 | 骨锥 | 55 | 32 | 15 | 15.4 | 单尖 正尖 |
| T2⑤：624 | 骨锥 | 60.5 | 21.5 | 10.5 | 10.4 | 单尖 正尖 | T2⑥：81 | 骨锥 | 57 | 21 | 7 | 5.4 | 双尖 正尖 |
| T2⑤：625 | 骨锥 | 41 | 14 | 7 | 3.2 | 双尖 正尖 | T2⑥：82 | 骨锥 | 49 | 16 | 4 | 2.4 | 双尖 正尖 |
| T2⑤：626 | 骨锥 | 41.8 | 16.3 | 11 | 6.2 | 单尖 正尖 | T2⑥：83 | 骨锥 | 62 | 21 | 9 | 8.8 | 双尖 正尖 |
| T2⑤：627 | 骨铲 | 38.8 | 19.5 | 6.2 | 4.8 | 骨铲 | T2⑥：84 | 骨锥 | 41 | 13 | 6 | 2.8 | 双尖 正尖 |
| T2⑤：628 | 骨锥 | 46.1 | 16 | 8.5 | 5.2 | 单尖 正尖 | T2⑥：85 | 骨锥 | 47 | 14 | 3 | 2.6 | 单尖 正尖 |
| T2⑤：629 | 骨锥 | 23.5 | 9.2 | 6 | 1.4 | 单尖 正尖 | T2⑥：86 | 骨锥 | 51 | 1 | 4 | 2 | 单尖 正尖 |
| T2⑤：630 | 骨锥 | 34.8 | 16.1 | 7.2 | 4.2 | 单尖 正尖 | T2⑥：87 | 骨锥 | 34 | 14 | 7 | 2.8 | 单尖 正尖 |

**续附表四**

| 器物号 | 名称 | 长 | 宽 | 厚 | 重 | 类型 | 器物号 | 名称 | 长 | 宽 | 厚 | 重 | 类型 |
|---|---|---|---|---|---|---|---|---|---|---|---|---|---|
| T2⑥：88 | 骨锥 | 69 | 17 | 5 | 4.2 | 单尖 正尖 | T2⑥：120 | 骨锥 | 40 | 22 | 5 | 5 | 单尖 正尖 |
| T2⑥：89 | 骨锥 | 41 | 13 | 9 | 3.6 | 单尖 正尖 | T2⑥：121 | 骨锥 | 59 | 19 | 9 | 9 | 单尖 正尖 |
| T2⑥：90 | 骨锥 | 33 | 17 | 4 | 2.2 | 单尖 角尖 | T2⑥：122 | 骨锥 | 48 | 18 | 8 | 5 | 单尖 正尖 |
| T2⑥：91 | 骨锥 | 34 | 11 | 5 | 1.4 | 单尖 正尖 | T2⑥：123 | 骨锥 | 42 | 2 | 5 | 4.8 | 单尖 正尖 |
| T2⑥：93 | 骨锥 | 34 | 28 | 6 | 4.4 | 单尖 正尖 | T2⑥：124 | 骨锥 | 36 | 14 | 7 | 2.4 | 单尖 正尖 |
| T2⑥：94 | 骨铲 | 50 | 15 | 10 | 8.4 | 骨铲 | T2⑥：125 | 骨锥 | 42 | 15 | 9 | 3.6 | 单尖 正尖 |
| T2⑥：95 | 骨铲 | 45 | 18 | 7 | 3.4 | 骨铲 | T2⑥：126 | 骨锥 | 40 | 14 | 4 | 1.8 | 单尖 正尖 |
| T2⑥：96 | 骨锥 | 53 | 18 | 12 | 6.6 | 单尖 正尖 | T2⑥：127 | 骨锥 | 42 | 11 | 8 | 2.6 | 双尖 正尖 |
| T2⑥：97 | 骨锥 | 35 | 14 | 9 | 1.4 | 单尖 正尖 | T2⑥：128 | 骨锥 | 34 | 14 | 6 | 1.8 | 单尖 正尖 |
| T2⑥：98 | 骨锥 | 52 | 17 | 16 | 8.4 | 单尖 正尖 | T2⑥：129 | 骨锥 | 71 | 36 | 8 | 15.6 | 单尖 角尖 |
| T2⑥：99 | 骨锥 | 74 | 31 | 10 | 17.4 | 单尖 角尖 | T2⑥：131 | 骨锥 | 47 | 13 | 5 | 3.2 | 单尖 正尖 |
| T2⑥：100 | 骨锥 | 55 | 23 | 9 | 8.8 | 双尖 正尖 | T2⑥：132 | 骨锥 | 34 | 15 | 5 | 1.4 | 单尖 正尖 |
| T2⑥：101 | 骨锥 | 51 | 15 | 8 | 5 | 单尖 正尖 | T2⑥：133 | 骨铲 | 54 | 15 | 7 | 5.4 | 骨铲 |
| T2⑥：102 | 骨锥 | 55 | 16 | 5 | 4.2 | 单尖 角尖 | T2⑥：134 | 骨锥 | 26 | 22 | 10 | 3 | 单尖 正尖 |
| T2⑥：103 | 骨锥 | 31 | 19 | 10 | 3.4 | 单尖 正尖 | T2⑥：135 | 骨锥 | 37 | 17 | 6 | 2.2 | 双尖 角尖 |
| T2⑥：104 | 骨锥 | 48 | 16 | 8 | 4.8 | 单尖 正尖 | T2⑥：138 | 骨锥 | 45 | 11 | 6 | 2.4 | 双尖 正尖 |
| T2⑥：106 | 骨锥 | 57 | 25 | 12 | 10.2 | 双尖 角尖 | T2⑥：139 | 骨锥 | 36 | 12 | 5 | 2.2 | 单尖 正尖 |
| T2⑥：107 | 骨锥 | 62 | 19 | 6 | 5.2 | 单尖 正尖 | T2⑥：140 | 骨锥 | 56 | 18 | 5 | 4.6 | 双尖 正尖 |
| T2⑥：108 | 骨锥 | 32 | 23 | 14 | 3 | 单尖 正尖 | T2⑥：141 | 骨锥 | 52 | 16 | 4 | 3.6 | 单尖 正尖 |
| T2⑥：109 | 骨锥 | 54 | 21 | 11 | 8 | 单尖 正尖 | T2⑥：142 | 骨锥 | 50 | 10 | 6 | 3.2 | 单尖 正尖 |
| T2⑥：110 | 骨铲 | 36 | 17 | 8 | 3.6 | 骨铲 | T2⑥：143 | 骨锥 | 48 | 20 | 8 | 5.6 | 单尖 正尖 |
| T2⑥：111 | 骨锥 | 54 | 15 | 6 | 4.4 | 单尖 正尖 | T2⑥：144 | 骨锥 | 44 | 12 | 5 | 1.6 | 单尖 角尖 |
| T2⑥：112 | 骨锥 | 65 | 18 | 13 | 12.6 | 单尖 正尖 | T2⑥：145 | 骨锥 | 62 | 16 | 6 | 4.8 | 单尖 角尖 |
| T2⑥：113 | 骨锥 | 67 | 28 | 9 | 16.4 | 单尖 角尖 | T2⑥：147 | 骨锥 | 36 | 10 | 4 | 1.6 | 单尖 正尖 |
| T2⑥：114 | 骨锥 | 50 | 13 | 15 | 9 | 单尖 正尖 | T2⑥：148 | 骨锥 | 45 | 11 | 9 | 4.8 | 单尖 正尖 |
| T2⑥：115 | 骨锥 | 44 | 17 | 7 | 3.2 | 单尖 正尖 | T2⑥：150 | 骨锥 | 58 | 16 | 9 | 5.2 | 单尖 正尖 |
| T2⑥：116 | 骨锥 | 45 | 21 | 6 | 4.4 | 单尖 正尖 | T2⑥：151 | 骨锥 | 55 | 17 | 9 | 7.2 | 双尖 正尖 |
| T2⑥：117 | 骨锥 | 46 | 18 | 8 | 4.6 | 单尖 角尖 | T2⑥：152 | 骨铲 | 48 | 20 | 7 | 5.4 | 骨铲 |
| T2⑥：118 | 骨锥 | 37 | 17 | 8 | 3.6 | 单尖 正尖 | T2⑥：153 | 骨锥 | 46 | 18 | 10 | 5 | 双尖 正尖 |
| T2⑥：119 | 骨锥 | 38 | 15 | 6 | 2.8 | 双尖 正尖 | T2⑥：154 | 骨锥 | 45 | 17 | 4 | 3.2 | 双尖 正尖 |

**续附表四**

| 器物号 | 名称 | 长 | 宽 | 厚 | 重 | 类型 | 器物号 | 名称 | 长 | 宽 | 厚 | 重 | 类型 |
|---|---|---|---|---|---|---|---|---|---|---|---|---|---|
| T2⑥：155 | 骨锥 | 57 | 10 | 6 | 2.2 | 单尖 正尖 | T2⑥：187 | 骨铲 | 80 | 23 | 8 | 16 | 骨铲 |
| T2⑥：156 | 骨锥 | 41 | 12 | 5 | 2.6 | 双尖 正尖 | T2⑥：188 | 骨锥 | 36 | 15 | 6 | 2.6 | 单尖 正尖 |
| T2⑥：157 | 骨锥 | 51 | 24 | 8 | 7.6 | 双尖 角尖 | T2⑥：189 | 骨锥 | 39 | 21 | 10 | 3.8 | 单尖 角尖 |
| T2⑥：158 | 骨铲 | 44 | 14 | 6 | 2.6 | 骨铲 | T2⑥：190 | 骨锥 | 45 | 34 | 11 | 11 | 单尖 角尖 |
| T2⑥：159 | 骨锥 | 46 | 9 | 4 | 1 | 单尖 角尖 | T2⑥：191 | 骨锥 | 40 | 21 | 10 | 4.8 | 双尖 角尖 |
| T2⑥：160 | 骨锥 | 40 | 18 | 8 | 3.6 | 双尖 角尖 | T2⑥：192 | 骨锥 | 42 | 17 | 6 | 3.6 | 单尖 正尖 |
| T2⑥：161 | 骨锥 | 69 | 16 | 11 | 10.2 | 单尖 正尖 | T2⑥：193 | 骨锥 | 48 | 12 | 10 | 4.6 | 单尖 正尖 |
| T2⑥：162 | 骨铲 | 53 | 29 | 8 | 7.4 | 骨铲 | T2⑥：194 | 骨铲 | 55 | 16 | 8 | 4.8 | 骨铲 |
| T2⑥：163 | 骨铲 | 55 | 31 | 7 | 7.6 | 骨铲 | T2⑥：195 | 骨锥 | 43 | 14 | 5 | 2.6 | 单尖 正尖 |
| T2⑥：164 | 骨锥 | 38 | 14 | 6 | 2.6 | 单尖 正尖 | T2⑥：196 | 骨锥 | 41 | 19 | 4 | 3.2 | 双尖 正尖 |
| T2⑥：165 | 骨锥 | 60 | 12 | 11 | 4.6 | 单尖 正尖 | T2⑥：197 | 骨锥 | 42 | 14 | 8 | 4.2 | 单尖 正尖 |
| T2⑥：166 | 骨锥 | 53 | 16 | 8 | 4.6 | 双尖 正尖 | T2⑥：198 | 骨锥 | 44 | 9 | 8 | 2 | 单尖 正尖 |
| T2⑥：167 | 骨锥 | 45 | 21 | 9 | 5 | 单尖 正尖 | T2⑥：199 | 骨锥 | 41 | 17 | 9 | 5.2 | 单尖 正尖 |
| T2⑥：168 | 骨铲 | 43 | 32 | 6 | 9 | 骨铲 | T2⑥：200 | 骨铲 | 33 | 20 | 4 | 1.6 | 骨铲 |
| T2⑥：170 | 骨锥 | 46 | 19 | 9 | 3.8 | 单尖 正尖 | T2⑥：201 | 骨锥 | 46 | 15 | 6 | 3.2 | 单尖 正尖 |
| T2⑥：171 | 骨铲 | 64 | 24 | 10 | 12.8 | 骨铲 | T2⑥：202 | 骨锥 | 58 | 19 | 14 | 9.6 | 单尖 角尖 |
| T2⑥：172 | 骨锥 | 38 | 12 | 8 | 2.8 | 单尖 正尖 | T2⑥：203 | 骨锥 | 52 | 26 | 13 | 11.8 | 单尖 正尖 |
| T2⑥：173 | 骨锥 | 69 | 23 | 12 | 14.2 | 单尖 正尖 | T2⑥：204 | 骨锥 | 57 | 29 | 8 | 9.6 | 双尖 正尖 |
| T2⑥：174 | 骨锥 | 56 | 18 | 7 | 4.4 | 单尖 正尖 | T2⑥：205 | 骨锥 | 56 | 22 | 13 | 10.6 | 单尖 正尖 |
| T2⑥：175 | 骨锥 | 43 | 15 | 8 | 3.8 | 双尖 角尖 | T2⑥：207 | 骨锥 | 62 | 12 | 8 | 5.6 | 双尖 正尖 |
| T2⑥：176 | 骨锥 | 43 | 14 | 6 | 3.4 | 双尖 正尖 | T2⑥：208 | 骨锥 | 52 | 13 | 5 | 2.8 | 单尖 正尖 |
| T2⑥：177 | 骨锥 | 41 | 14 | 6 | 3.2 | 单尖 正尖 | T2⑥：209 | 骨锥 | 36 | 18 | 3 | 2 | 单尖 正尖 |
| T2⑥：178 | 骨锥 | 89 | 20 | 8 | 10.8 | 单尖 正尖 | T2⑥：210 | 骨锥 | 32 | 9 | 4 | 1.6 | 单尖 正尖 |
| T2⑥：179 | 骨锥 | 57 | 15 | 7 | 4.2 | 双尖 正尖 | T2⑥：211 | 骨锥 | 39 | 14 | 5 | 2 | 单尖 正尖 |
| T2⑥：180 | 骨锥 | 68 | 12 | 8 | 6.2 | 单尖 正尖 | T2⑥：212 | 骨锥 | 50 | 16 | 9 | 5.6 | 单尖 正尖 |
| T2⑥：181 | 骨铲 | 55 | 19 | 7 | 5.8 | 骨铲 | T2⑥：213 | 骨锥 | 50 | 24 | 11 | 10.4 | 单尖 角尖 |
| T2⑥：182 | 骨锥 | 67 | 10 | 10 | 5.8 | 单尖 正尖 | T2⑥：214 | 骨锥 | 45 | 14 | 7 | 4 | 单尖 正尖 |
| T2⑥：183 | 骨锥 | 37 | 11 | 5 | 2 | 单尖 正尖 | T2⑥：215 | 骨锥 | 32 | 11 | 6 | 1.6 | 单尖 正尖 |
| T2⑥：184 | 骨锥 | 43 | 9 | 3 | 1 | 双尖 正尖 | T2⑥：216 | 骨锥 | 52 | 26 | 9 | 6.4 | 单尖 正尖 |
| T2⑥：185 | 骨锥 | 52 | 11 | 7 | 3.6 | 单尖 正尖 | T2⑥：217 | 骨锥 | 39 | 18 | 7 | 4.2 | 单尖 正尖 |

**续附表四**

| 器物号 | 名称 | 长 | 宽 | 厚 | 重 | 类型 | 器物号 | 名称 | 长 | 宽 | 厚 | 重 | 类型 |
|---|---|---|---|---|---|---|---|---|---|---|---|---|---|
| T2⑥：219 | 骨锥 | 47 | 12 | 5 | 2.6 | 双尖 正尖 | T2⑥：323 | 骨铲 | 70 | 19 | 5 | 8.2 | 骨铲 |
| T2⑥：220 | 骨锥 | 53 | 22 | 10 | 8.4 | 单尖 正尖 | T2⑥：324 | 骨锥 | 57 | 16 | 9 | 7.8 | 单尖 正尖 |
| T2⑥：221 | 骨锥 | 70 | 17 | 8 | 7.8 | 单尖 正尖 | T2⑥：325 | 骨锥 | 44 | 19 | 6 | 3.6 | 单尖 角尖 |
| T2⑥：222 | 骨锥 | 45 | 15 | 13 | 3.8 | 单尖 正尖 | T2⑥：326 | 骨锥 | 58 | 16 | 5 | 4.6 | 双尖 正尖 |
| T2⑥：223 | 骨锥 | 52 | 15 | 10 | 6.8 | 单尖 正尖 | T2⑥：327 | 骨锥 | 41 | 9 | 6 | 2.4 | 单尖 正尖 |
| T2⑥：224 | 骨锥 | 65 | 19 | 4 | 4.6 | 双尖 正尖 | T2⑥：328 | 骨铲 | 66 | 19 | 7 | 11.4 | 骨铲 |
| T2⑥：226 | 骨锥 | 63 | 11 | 7 | 4.8 | 单尖 正尖 | T2⑥：329 | 骨锥 | 60 | 24 | 5 | 7.6 | 双尖 正尖 |
| T2⑥：228 | 骨铲 | 60 | 26 | 12 | 12.4 | 骨铲 | T2⑥：330 | 骨锥 | 45 | 22 | 12 | 6 | 单尖 正尖 |
| T2⑥：229 | 骨铲 | 53 | 15 | 6 | 3.6 | 单尖 正尖 | T2⑥：331 | 骨铲 | 43 | 20 | 7 | 6.4 | 骨铲 |
| T2⑥：286 | 骨锥 | 54 | 17 | 12 | 8.4 | 单尖 正尖 | T2⑥：332 | 骨锥 | 44 | 14 | 4 | 1.8 | 双尖 角尖 |
| T2⑥：300 | 骨锥 | 57 | 21 | 8 | 8.2 | 单尖 正尖 | T2⑥：333 | 骨锥 | 65 | 10 | 8 | 5 | 单尖 正尖 |
| T2⑥：301 | 骨锥 | 51 | 22 | 10 | 8.6 | 单尖 角尖 | T2⑥：334 | 骨锥 | 57 | 26 | 15 | 13.8 | 单尖 正尖 |
| T2⑥：302 | 骨铲 | 37 | 15 | 7 | 3.2 | 骨铲 | T2⑥：335 | 骨锥 | 35 | 10 | 6 | 2.6 | 单尖 正尖 |
| T2⑥：303 | 骨锥 | 46 | 11 | 5 | 2.2 | 单尖 正尖 | T2⑥：336 | 骨锥 | 41 | 11 | 5 | 2.8 | 单尖 正尖 |
| T2⑥：304 | 骨铲 | 53 | 26 | 9 | 12.2 | 骨铲 | T2⑥：337 | 骨铲 | 49 | 17 | 10 | 4.6 | 骨铲 |
| T2⑥：305 | 骨锥 | 64 | 24 | 6 | 8.6 | 单尖 正尖 | T2⑥：338 | 骨锥 | 42 | 14 | 4 | 2.8 | 单尖 正尖 |
| T2⑥：306 | 骨锥 | 46 | 11 | 7 | 3 | 单尖 正尖 | T2⑥：339 | 骨锥 | 47 | 16 | 14 | 5.4 | 单尖 正尖 |
| T2⑥：308 | 骨锥 | 52 | 11 | 7 | 3.2 | 单尖 正尖 | T2⑥：340 | 骨锥 | 35 | 8 | 3 | 0.6 | 双尖 正尖 |
| T2⑥：310 | 骨锥 | 45 | 15 | 6 | 4 | 双尖 正尖 | T2⑥：341 | 骨锥 | 48 | 22 | 8 | 6.2 | 双尖 角尖 |
| T2⑥：311 | 骨锥 | 46 | 11 | 7 | 2.6 | 双尖 正尖 | T2⑥：342 | 骨锥 | 33 | 13 | 5 | 2.2 | 单尖 正尖 |
| T2⑥：312 | 骨锥 | 50 | 9 | 9 | 3.2 | 单尖 正尖 | T2⑥：343 | 骨锥 | 34 | 16 | 6 | 2.6 | 单尖 正尖 |
| T2⑥：313 | 骨锥 | 53 | 25 | 7 | 6.4 | 单尖 正尖 | T2⑥：344 | 骨锥 | 38 | 10 | 5 | 2.2 | 单尖 正尖 |
| T2⑥：314 | 骨锥 | 60 | 16 | 7 | 6.8 | 单尖 正尖 | T2⑥：345 | 骨锥 | 46 | 9 | 6 | 2 | 双尖 正尖 |
| T2⑥：315 | 骨锥 | 47 | 18 | 7 | 4.8 | 单尖 正尖 | T2⑥：346 | 骨锥 | 49 | 17 | 9 | 6.2 | 单尖 角尖 |
| T2⑥：316 | 骨锥 | 48 | 10 | 8 | 3.4 | 单尖 正尖 | T2⑥：347 | 骨锥 | 35 | 19 | 6 | 3.2 | 单尖 角尖 |
| T2⑥：317 | 骨锥 | 46 | 13 | 6 | 3 | 单尖 正尖 | T2⑥：349 | 骨锥 | 27 | 13 | 4 | 1.2 | 单尖 正尖 |
| T2⑥：318 | 骨锥 | 58 | 12 | 9 | 5.4 | 双尖 角尖 | T2⑥：350 | 骨锥 | 50 | 14 | 5 | 5 | 单尖 正尖 |
| T2⑥：319 | 骨铲 | 61 | 26 | 6 | 8.8 | 骨铲 | T2⑥：351 | 骨铲 | 57 | 25 | 7 | 13.2 | 骨铲 |
| T2⑥：321 | 骨锥 | 30 | 15 | 6 | 2.4 | 单尖 正尖 | T2⑥：353 | 骨锥 | 52 | 21 | 9 | 7.2 | 单尖 正尖 |
| T2⑥：322 | 骨铲 | 51 | 35 | 8 | 12 | 骨铲 | T2⑥：354 | 骨锥 | 31 | 16 | 8 | 2.6 | 双尖 正尖 |

**续附表四**

| 器物号 | 名称 | 长 | 宽 | 厚 | 重 | 类型 | 器物号 | 名称 | 长 | 宽 | 厚 | 重 | 类型 |
|---|---|---|---|---|---|---|---|---|---|---|---|---|---|
| T2⑥：355 | 骨锥 | 38 | 16 | 6 | 3.2 | 双尖 正尖 | T2⑥：390 | 骨锥 | 62 | 16 | 7 | 5.8 | 单尖 正尖 |
| T2⑥：356 | 骨锥 | 42 | 12 | 6 | 2.4 | 单尖 角尖 | T2⑥：391 | 骨锥 | 88 | 20 | 10 | 12.4 | 单尖 正尖 |
| T2⑥：357 | 骨锥 | 36 | 11 | 6 | 2.4 | 单尖 正尖 | T2⑥：392 | 骨锥 | 46 | 33 | 8 | 7.2 | 单尖 正尖 |
| T2⑥：358 | 骨铲 | 39 | 16 | 11 | 5 | 骨铲 | T2⑥：393 | 骨锥 | 28 | 4 | 3 | 0.4 | 双尖 正尖 |
| T2⑥：360 | 骨锥 | 56 | 22 | 8 | 7.6 | 单尖 正尖 | T2⑥：395 | 骨锥 | 48 | 17 | 7 | 4.8 | 单尖 角尖 |
| T2⑥：361 | 骨锥 | 49 | 17 | 6 | 5.2 | 单尖 正尖 | T2⑥：398 | 骨锥 | 65 | 16 | 6 | 6.6 | 单尖 正尖 |
| T2⑥：362 | 骨锥 | 54 | 10 | 7 | 3.2 | 单尖 正尖 | T2⑥：399 | 骨锥 | 43 | 11 | 5 | 2.8 | 单尖 正尖 |
| T2⑥：363 | 骨铲 | 83 | 26 | 13 | 23.4 | 骨铲 | T2⑥：400 | 骨锥 | 48 | 24 | 8 | 6 | 双尖 正尖 |
| T2⑥：364 | 骨锥 | 50 | 15 | 11 | 5.8 | 单尖 正尖 | T2⑥：401 | 骨锥 | 79 | 23 | 8 | 12 | 单尖 正尖 |
| T2⑥：367 | 骨铲 | 43 | 23 | 7 | 6.4 | 骨铲 | T2⑥：402 | 骨锥 | 84 | 22 | 6 | 11.2 | 单尖 正尖 |
| T2⑥：368 | 骨锥 | 47 | 12 | 7 | 3.2 | 单尖 正尖 | T2⑥：403 | 骨锥 | 95 | 21 | 15 | 23.4 | 单尖 正尖 |
| T2⑥：369 | 骨锥 | 43 | 15 | 6 | 3.6 | 单尖 角尖 | T2⑥：404 | 骨锥 | 55 | 13 | 9 | 6 | 单尖 正尖 |
| T2⑥：370 | 骨锥 | 64 | 15 | 10 | 6.6 | 单尖 角尖 | T2⑥：405 | 骨锥 | 30 | 12 | 4 | 1 | 单尖 正尖 |
| T2⑥：371 | 骨锥 | 60 | 18 | 6 | 6.2 | 单尖 正尖 | T2⑥：406 | 骨锥 | 44 | 10 | 3 | 1.2 | 双尖 正尖 |
| T2⑥：372 | 骨锥 | 62 | 20 | 8 | 8.4 | 单尖 正尖 | T2⑥：407 | 骨锥 | 4 | 17 | 3 | 2 | 单尖 正尖 |
| T2⑥：373 | 骨锥 | 54 | 16 | 6 | 4 | 双尖 正尖 | T2⑥：408 | 骨铲 | 52 | 16 | 6 | 5 | 骨铲 |
| T2⑥：374 | 骨锥 | 44 | 16 | 5 | 3 | 双尖 正尖 | T2⑥：409 | 骨锥 | 50 | 19 | 10 | 6.8 | 单尖 正尖 |
| T2⑥：375 | 骨镞形器 | 39 | 11 | 4 | 1.6 | 单尖 正尖 | T2⑥：410 | 骨锥 | 51 | 10 | 6 | 2.8 | 单尖 正尖 |
| | | | | | | | T2⑥：411 | 骨锥 | 47 | 13 | 10 | 3.8 | 单尖 角尖 |
| T2⑥：376 | 骨锥 | 41 | 31 | 10 | 6.6 | 单尖 角尖 | T2⑥：412 | 骨锥 | 49 | 19 | 7 | 6.4 | 单尖 正尖 |
| T2⑥：377 | 骨锥 | 42 | 14 | 8 | 2.2 | 单尖 正尖 | T2⑥：413 | 骨锥 | 52 | 14 | 7 | 4 | 单尖 正尖 |
| T2⑥：378 | 骨锥 | 39 | 11 | 6 | 2 | 单尖 正尖 | T2⑥：415 | 骨铲 | 43 | 10 | 5 | 2.6 | 骨铲 |
| T2⑥：379 | 骨锥 | 39 | 22 | 6 | 5 | 双尖 正尖 | T2⑥：416 | 骨锥 | 44 | 13 | 5 | 3 | 双尖 正尖 |
| T2⑥：381 | 骨锥 | 34 | 13 | 9 | 4.2 | 单尖 正尖 | T2⑥：417 | 骨锥 | 64 | 11 | 7 | 4.6 | 单尖 正尖 |
| T2⑥：382 | 骨铲 | 60 | 32 | 10 | 21 | 骨铲 | T2⑥：418 | 骨锥 | 28 | 13 | 6 | 1.8 | 单尖 正尖 |
| T2⑥：383 | 骨锥 | 33 | 15 | 6 | 2.4 | 单尖 角尖 | T2⑥：419 | 骨锥 | 40 | 13 | 6 | 2.6 | 单尖 正尖 |
| T2⑥：384 | 骨锥 | 34 | 17 | 7 | 2 | 单尖 正尖 | T2⑥：420 | 骨铲 | 49 | 12 | 5 | 2.8 | 双尖 正尖 |
| T2⑥：385 | 骨锥 | 46 | 7 | 5 | 1.4 | 单尖 正尖 | T2⑥：421 | 骨锥 | 45 | 19 | 9 | 6.4 | 单尖 正尖 |
| T2⑥：386 | 骨锥 | 33 | 13 | 3 | 1 | 双尖 正尖 | T2⑥：422 | 骨锥 | 37 | 11 | 7 | 2.2 | 单尖 正尖 |
| T2⑥：389 | 骨锥 | 41 | 16 | 10 | 4.8 | 单尖 正尖 | T2⑥：423 | 骨锥 | 50 | 22 | 8 | 5.2 | 单尖 正尖 |

**续附表四**

| 器物号 | 名称 | 长 | 宽 | 厚 | 重 | 类型 | 器物号 | 名称 | 长 | 宽 | 厚 | 重 | 类型 |
|---|---|---|---|---|---|---|---|---|---|---|---|---|---|
| T2⑥：424 | 骨锥 | 42 | 14 | 6 | 2.8 | 双尖 正尖 | T2⑥：485 | 骨锥 | 51 | 11 | 6 | 3.4 | 单尖 正尖 |
| T2⑥：425 | 骨锥 | 36 | 13 | 5 | 1.8 | 单尖 正尖 | T2⑥：580 | 骨锥 | 57 | 20 | 10 | 8.2 | 单尖 正尖 |
| T2⑥：426 | 骨锥 | 32 | 11 | 6 | 2.2 | 单尖 正尖 | T2⑥：581 | 骨锥 | 40 | 16 | 5 | 2.4 | 双尖 正尖 |
| T2⑥：427 | 骨锥 | 34 | 8 | 2 | 0.8 | 单尖 正尖 | T2⑥：582 | 骨锥 | 42 | 2 | 5 | 4.8 | 单尖 正尖 |
| T2⑥：428 | 骨铲 | 70 | 31 | 7 | 13 | 骨铲 | T2⑥：583 | 骨锥 | 36 | 14 | 7 | 2.4 | 单尖 正尖 |
| T2⑥：429 | 骨锥 | 73 | 38 | 30 | 61.4 | 双尖 正尖 | T2⑥：584 | 骨锥 | 46 | 14 | 11 | 3.8 | 单尖 正尖 |
| T2⑥：430 | 骨铲 | 105 | 23 | 13 | 19.8 | 单尖 正尖 | T2⑥：585 | 骨锥 | 62 | 21 | 10 | 10.8 | 单尖 正尖 |
| T2⑥：431 | 骨铲 | 76 | 42 | 12 | 24.4 | 骨铲 | T2⑥：586 | 骨锥 | 54 | 7 | 5 | 4.6 | 单尖 正尖 |
| T2⑥：432 | 骨铲 | 131 | 40 | 23 | 80 | 单尖 正尖 | T2⑥：587 | 骨锥 | 43 | 20 | 9 | 5.6 | 单尖 正尖 |
| T2⑥：433 | 骨铲 | 70 | 21 | 6 | 7.4 | 单尖 正尖 | T2⑥：588 | 骨锥 | 68 | 26 | 12 | 10.6 | 单尖 正尖 |
| T2⑥：434 | 骨铲 | 75 | 22 | 14 | 16.4 | 骨铲 | T2⑥：589 | 骨锥 | 52 | 12 | 7 | 4.8 | 单尖 正尖 |
| T2⑥：435 | 骨铲 | 81 | 32 | 25 | 35.2 | 骨铲 | T2⑥：590 | 骨锥 | 57 | 20 | 9 | 7.8 | 单尖 正尖 |
| T2⑥：436 | 骨锥 | 53 | 20 | 6 | 5.6 | 单尖 正尖 | T2⑥：591 | 骨锥 | 54 | 20 | 8 | 8.8 | 单尖 角尖 |
| T2⑥：437 | 骨铲 | 54 | 28 | 10 | 13.2 | 骨铲 | T2⑥：592 | 骨铲 | 65 | 38 | 12 | 12.6 | 骨铲 |
| T2⑥：438 | 骨锥 | 29 | 9 | 6 | 1.6 | 单尖 正尖 | T2⑥：593 | 骨铲 | 69 | 20 | 9 | 10.8 | 骨铲 |
| T2⑥：439 | 骨锥 | 39 | 23 | 12 | 4.2 | 单尖 正尖 | T2⑥：594 | 骨锥 | 36 | 16 | 4 | 2.8 | 单尖 正尖 |
| T2⑥：440 | 骨锥 | 53 | 15 | 14 | 8 | 单尖 正尖 | T2⑥：595 | 骨铲 | 39 | 16 | 8 | 3.4 | 骨铲 |
| T2⑥：441 | 骨锥 | 38 | 13 | 4 | 1.8 | 单尖 正尖 | T2⑥：596 | 骨锥 | 42 | 17 | 6 | 2.8 | 单尖 正尖 |
| T2⑥：442 | 骨锥 | 74 | 22 | 8 | 9.2 | 单尖 角尖 | T2⑥：597 | 骨铲 | 75 | 36 | 12 | 21 | 骨铲 |
| T2⑥：443 | 骨锥 | 55 | 24 | 6 | 7.6 | 单尖 正尖 | T2⑥：598 | 骨锥 | 44 | 21 | 6 | 5.2 | 单尖 角尖 |
| T2⑥：444 | 骨锥 | 39 | 9 | 5 | 2 | 单尖 正尖 | T2⑥：599 | 骨锥 | 69 | 29 | 11 | 4.2 | 单尖 正尖 |
| T2⑥：445 | 骨锥 | 40 | 16 | 8 | 3.8 | 单尖 角尖 | T2⑥：600 | 骨铲 | 65 | 36 | 16 | 24.4 | 骨铲 |
| T2⑥：446 | 骨锥 | 37 | 23 | 7 | 5.8 | 单尖 正尖 | T2⑥：601 | 骨铲 | 106 | 30 | 16 | 47.8 | 骨铲 |
| T2⑥：447 | 骨锥 | 41 | 14 | 9 | 3.4 | 单尖 正尖 | T2⑥：602 | 骨铲 | 69 | 37 | 12 | 21.6 | 骨铲 |
| T2⑥：448 | 骨锥 | 63 | 22 | 14 | 6.4 | 单尖 正尖 | T2⑥：603 | 骨锥 | 45 | 26 | 11 | 6.4 | 单尖 正尖 |
| T2⑥：449 | 骨锥 | 63 | 32 | 21 | 20.2 | 双尖 正尖 | T2⑥：604 | 骨铲 | 41 | 28 | 10 | 7 | 骨铲 |
| T2⑥：450 | 骨锥 | 52 | 19 | 6 | 7 | 单尖 正尖 | T2⑥：605 | 骨锥 | 31 | 9 | 6 | 1.6 | 单尖 正尖 |
| T2⑥：451 | 骨锥 | 59 | 12 | 6 | 3.6 | 单尖 正尖 | T2⑥：606 | 骨锥 | 39 | 30 | 8 | 6 | 单尖 角尖 |
| T2⑥：452 | 骨锥 | 72 | 24 | 9 | 9.4 | 单尖 正尖 | T2⑥：607 | 骨铲 | 55 | 20 | 5 | 5.8 | 骨铲 |
| T2⑥：453 | 骨锥 | 50 | 15 | 9 | 4.6 | 单尖 正尖 | T2⑥：608 | 骨锥 | 39 | 18 | 4 | 4.2 | 单尖 正尖 |

**续附表四**

| 器物号 | 名称 | 长 | 宽 | 厚 | 重 | 类型 | 器物号 | 名称 | 长 | 宽 | 厚 | 重 | 类型 |
|---|---|---|---|---|---|---|---|---|---|---|---|---|---|
| T2⑥：609 | 骨锥 | 40 | 27 | 18 | 6.4 | 单尖 正尖 | T2⑦：156 | 骨铲 | 62.5 | 16 | 15.5 | 12.4 | 骨铲 |
| T2⑥：610 | 骨锥 | 46 | 21 | 8 | 3.8 | 单尖 正尖 | T2⑦：157 | 骨铲 | 36 | 33.5 | 11 | 7.4 | 骨铲 |
| T2⑥：611 | 骨锥 | 36 | 15 | 5 | 2.8 | 单尖 正尖 | T2⑦：158 | 骨铲 | 49 | 18.5 | 7 | 4.8 | 骨铲 |
| T2⑥：612 | 骨锥 | 39 | 21 | 9 | 4.8 | 单尖 正尖 | T2⑦：159 | 骨锥 | 73 | 32.8 | 15 | 21 | 单尖 正尖 |
| T2⑥：613 | 骨锥 | 41 | 10 | 6 | 2.2 | 单尖 正尖 | T2⑦：160 | 骨铲 | 51.5 | 31.2 | 9 | 9.4 | 角尖 |
| T2⑥：614 | 骨锥 | 57 | 22 | 4 | 3.8 | 双尖 正尖 | T2⑦：161 | 骨铲 | 108 | 55 | 22 | 65 | 骨铲 |
| T2⑦：132 | 骨锥 | 54 | 17 | 8 | 6.8 | 双尖 正尖 | T2⑦：162 | 骨锥 | 66 | 20 | 8 | 7 | 单尖 角尖 |
| T2⑦：133 | 骨锥 | 57 | 14 | 7 | 5 | 双尖 角尖 | T2⑦：163 | 骨锥 | 61.5 | 28.5 | 10 | 9.2 | 双尖 角尖 |
| T2⑦：134 | 骨锥 | 59 | 19 | 8 | 6.8 | 单尖 正尖 | T2⑦：164 | 骨锥 | 65 | 24 | 8 | 10.6 | 单尖 正尖 |
| T2⑦：135 | 骨锥 | 43.2 | 15 | 9.8 | 5.2 | 单尖 正尖 | T2⑦：165 | 骨铲 | 52 | 35.5 | 9 | 10.4 | 骨铲 |
| T2⑦：136 | 骨锥 | 35.7 | 15.6 | 7.8 | 1.8 | 双尖 正尖 | T2⑦：166 | 骨铲 | 75.2 | 31.2 | 14 | 14.8 | 骨铲 |
| T2⑦：137 | 骨锥 | 45 | 5.5 | 7.3 | 2.8 | 单尖 正尖 | T2⑦：167 | 骨锥 | 93.5 | 18.8 | 11.8 | 15 | 单尖 正尖 |
| T2⑦：138 | 骨锥 | 442 | 17 | 10 | 4.6 | 单尖 正尖 | T2⑦：168 | 骨铲 | 49.2 | 24 | 9 | 5.2 | 骨铲 |
| T2⑦：139 | 骨锥 | 66 | 10 | 10 | 3.4 | 双尖 角尖 | T2⑦：169 | 骨锥 | 70 | 30.6 | 9.2 | 21.4 | 单尖 角尖 |
| T2⑦：140 | 骨铲 | 55.2 | 21.5 | 9.5 | 7.4 | 骨铲 | T2⑦：170 | 骨铲 | 52.8 | 20 | 7 | 6.2 | 骨铲 |
| T2⑦：141 | 骨铲 | 70.5 | 30.5 | 13.5 | 16.6 | 骨铲 | T2⑦：171 | 骨锥 | 73 | 27 | 11 | 18.4 | 单尖 角尖 |
| T2⑦：142 | 骨锥 | 71.2 | 25 | 12.5 | 13.6 | 单尖 角尖 | T2⑦：172 | 骨铲 | 77 | 36 | 11 | 17.6 | 骨铲 |
| T2⑦：143 | 骨锥 | 91.8 | 20 | 11.5 | 16.4 | 单尖 正尖 | T2⑦：173 | 骨铲 | 50 | 28.5 | 13 | 12 | 骨铲 |
| T2⑦：144 | 骨锥 | 60 | 28 | 12.8 | 12.2 | 单尖 正尖 | T2⑦：174 | 骨铲 | 69 | 30 | 13.5 | 15.6 | 骨铲 |
| T2⑦：145 | 骨锥 | 60.3 | 21 | 8 | 6.6 | 双尖 正尖 | T2⑦：175 | 骨铲 | 50 | 30 | 11.5 | 9.4 | 骨铲 |
| T2⑦：146 | 骨锥 | 61 | 26 | 6 | 9.4 | 单尖 正尖 | T2⑦：176 | 骨锥 | 88.2 | 34 | 17 | 29.8 | 单尖 正尖 |
| T2⑦：147 | 骨锥 | 47 | 27 | 13.6 | 10.8 | 单尖 角尖 | T2⑦：177 | 骨锥 | 37.8 | 9.8 | 6.5 | 2.4 | 单尖 正尖 |
| T2⑦：148 | 骨铲 | 47 | 22 | 8 | 6.4 | 骨铲 | T2⑦：178 | 骨锥 | 93.8 | 31.8 | 18.8 | 26.8 | 单尖 正尖 |
| T2⑦：149 | 骨锥 | 80 | 30 | 12 | 25 | 单尖 正尖 | T2⑦：179 | 骨锥 | 75 | 18 | 7 | 8.6 | 双尖 正尖 |
| T2⑦：150 | 骨铲 | 53 | 16.2 | 7.8 | 5 | 骨铲 | T2⑦：180 | 骨铲 | 71 | 23.5 | 8 | 9 | 骨铲 |
| T2⑦：151 | 骨锥 | 89.5 | 33.5 | 9 | 17 | 双尖 正尖 | T2⑦：181 | 骨锥 | 66 | 22 | 16 | 18.2 | 单尖 正尖 |
| T2⑦：152 | 骨锥 | 48.3 | 21 | 13.6 | 7.6 | 双尖 正尖 | T2⑦：182 | 骨锥 | 84 | 29 | 8 | 16.2 | 单尖 正尖 |
| T2⑦：153 | 骨锥 | 74.3 | 21 | 12.8 | 13.2 | 单尖 角尖 | T2⑦：183 | 骨锥 | 66.3 | 20 | 16 | 10.8 | 双尖 正尖 |
| T2⑦：154 | 骨铲 | 61 | 21.8 | 12.2 | 13 | 骨铲 | T2⑦：184 | 骨铲 | 61.8 | 33 | 9.5 | 15 | 骨铲 |
| T2⑦：155 | 骨锥 | 70 | 12.5 | 6.8 | 6.6 | 单尖 正尖 | T2⑦：185 | 骨锥 | 90 | 21 | 15 | 21.4 | 单尖 正尖 |

**续附表四**

| 器物号 | 名称 | 长 | 宽 | 厚 | 重 | 类型 | 器物号 | 名称 | 长 | 宽 | 厚 | 重 | 类型 |
|---|---|---|---|---|---|---|---|---|---|---|---|---|---|
| T2⑦：186 | 骨铲 | 61 | 15.5 | 7.2 | 6.2 | 骨铲 | T2⑦：216 | 骨铲 | 66 | 18 | 13.2 | 15 | 骨铲 |
| T2⑦：187 | 骨锥 | 35 | 17 | 11.5 | 34 | 单尖 正尖 | T2⑦：217 | 骨锥 | 76.5 | 24 | 12.8 | 14.4 | 单尖 正尖 |
| T2⑦：188 | 骨铲 | 64 | 18 | 11.5 | 8.6 | 骨铲 | T2⑦：218 | 骨铲 | 48 | 19 | 6.5 | 4.4 | 骨铲 |
| T2⑦：189 | 骨铲 | 54 | 22.5 | 9 | 6.2 | 骨铲 | T2⑦：219 | 骨锥 | 54.7 | 12.6 | 10 | 5.4 | 双尖 正尖 |
| T2⑦：190 | 骨锥 | 84.8 | 29.1 | 9 | 16 | 双尖 正尖 | T2⑦：220 | 骨锥 | 41.2 | 21.5 | 13.4 | 6.4 | 单尖 正尖 |
| T2⑦：191 | 骨锥 | 124 | 29 | 9 | 30.6 | 双尖 正尖 | T2⑦：221 | 骨铲 | 56 | 16.2 | 8.2 | 5.2 | 骨铲 |
| T2⑦：192 | 骨锥 | 77.5 | 23.5 | 10 | 13.2 | 双尖 正尖 | T2⑦：222 | 骨锥 | 36.1 | 12 | 6.5 | 2.4 | 单尖 正尖 |
| T2⑦：193 | 骨铲 | 79 | 36.5 | 17 | 27.4 | 骨铲 | T2⑦：223 | 骨铲 | 53 | 19.8 | 8.2 | 6 | 骨铲 |
| T2⑦：194 | 骨锥 | 63 | 23.5 | 9.8 | 9 | 单尖 正尖 | T2⑦：224 | 骨锥 | 48.4 | 16.4 | 6.8 | 4.6 | 单尖 正尖 |
| T2⑦：195 | 骨锥 | 64 | 18 | 7.1 | 6.4 | 双尖 正尖 | T2⑦：225 | 骨锥 | 48 | 23 | 9 | 6.8 | 单尖 角尖 |
| T2⑦：196 | 骨铲 | 71 | 27 | 12 | 17.2 | 单尖 正尖 | T2⑦：226 | 骨锥 | 72 | 26 | 15.3 | 13.4 | 单尖 正尖 |
| T2⑦：197 | 骨锥 | 77.5 | 25 | 13.8 | 14.4 | 单尖 正尖 | T2⑦：227 | 骨铲 | 47.2 | 16 | 12.2 | 6.6 | 骨铲 |
| T2⑦：198 | 骨锥 | 89.8 | 17 | 11 | 8.4 | 双尖 正尖 | T2⑦：228 | 骨铲 | 83 | 18.8 | 7.5 | 10.2 | 骨铲 |
| T2⑦：199 | 骨铲 | 68 | 19.8 | 9.8 | 9.6 | 骨铲 | T2⑦：229 | 骨铲 | 71 | 19.2 | 11 | 8.2 | 骨铲 |
| T2⑦：200 | 骨锥 | 68.5 | 24.2 | 12.8 | 12 | 双尖 正尖 | T2⑦：230 | 骨锥 | 60.8 | 17.8 | 10 | 7 | 单尖 角尖 |
| T2⑦：201 | 骨锥 | 90 | 23 | 16.2 | 26.4 | 单尖 正尖 | T2⑦：231 | 骨铲 | 55.8 | 9 | 9.2 | 3.8 | 骨铲 |
| T2⑦：202 | 骨铲 | 55 | 21 | 8.8 | 6.8 | 骨铲 | T2⑦：232 | 骨锥 | 51 | 14 | 6 | 3.6 | 双尖 正尖 |
| T2⑦：203 | 骨锥 | 62.2 | 18.5 | 7.2 | 6.4 | 单尖 角尖 | T2⑦：233 | 骨锥 | 47 | 14.7 | 7.2 | 4.4 | 单尖 正尖 |
| T2⑦：204 | 骨铲 | 49.5 | 17.8 | 7.8 | 5.2 | 骨铲 | T2⑦：234 | 骨锥 | 45 | 18.8 | 11.5 | 6.8 | 双尖 角尖 |
| T2⑦：205 | 骨锥 | 70.2 | 19.8 | 8.5 | 8 | 单尖 正尖 | T2⑦：235 | 骨铲 | 45.8 | 11.8 | 10.5 | 5.4 | 骨铲 |
| T2⑦：206 | 骨锥 | 74.8 | 22.8 | 16 | 18.4 | 单尖 正尖 | T2⑦：236 | 骨铲 | 68.5 | 16.5 | 11.5 | 8.6 | 骨铲 |
| T2⑦：207 | 骨铲 | 95 | 27 | 20.5 | 28 | 骨铲 | T2⑦：237 | 骨锥 | 44.5 | 14 | 7.3 | 3.6 | 双尖 正尖 |
| T2⑦：208 | 骨铲 | 62 | 18 | 7 | 5.6 | 骨铲 | T2⑦：238 | 骨锥 | 47 | 16 | 6.8 | 3.8 | 双尖 正尖 |
| T2⑦：209 | 骨锥 | 70 | 20 | 13 | 10.8 | 单尖 角尖 | T2⑦：239 | 骨锥 | 49 | 19.8 | 8.7 | 5.8 | 双尖 正尖 |
| T2⑦：210 | 骨铲 | 50 | 19.8 | 15 | 10.6 | 骨铲 | T2⑦：240 | 骨锥 | 62.7 | 25.6 | 9.2 | 10.4 | 双尖 正尖 |
| T2⑦：211 | 骨锥 | 123 | 19 | 19 | 20.8 | 双尖 正尖 | T2⑦：241 | 骨锥 | 71 | 24.8 | 12.8 | 11.2 | 单尖 正尖 |
| T2⑦：212 | 骨铲 | 52.5 | 24 | 13.5 | 9.4 | 骨铲 | T2⑦：242 | 骨锥 | 56 | 14.7 | 6 | 3.4 | 双尖 正尖 |
| T2⑦：213 | 骨铲 | 64.5 | 21.2 | 10 | 10.2 | 骨铲 | T2⑦：243 | 骨锥 | 75.5 | 15.2 | 9 | 7.8 | 双尖 正尖 |
| T2⑦：214 | 骨锥 | 58.2 | 24.8 | 10.8 | 8.8 | 双尖 正尖 | T2⑦：244 | 骨锥 | 64.7 | 13 | 7.3 | 4.8 | 单尖 角尖 |
| T2⑦：215 | 骨铲 | 67 | 16 | 8 | 8.2 | 双尖 角尖 | T2⑦：246 | 骨锥 | 43.5 | 14.5 | 6.2 | 3.2 | 双尖 角尖 |

**续附表四**

| 器物号 | 名称 | 长 | 宽 | 厚 | 重 | 类型 | 器物号 | 名称 | 长 | 宽 | 厚 | 重 | 类型 |
|---|---|---|---|---|---|---|---|---|---|---|---|---|---|
| T2⑦：247 | 骨锥 | 87.8 | 21.5 | 14 | 16.8 | 双尖 正尖 | T2⑦：277 | 骨锥 | 83.6 | 18 | 16.2 | 16.2 | 双尖 正尖 |
| T2⑦：248 | 骨铲 | 62.2 | 16 | 10 | 7.6 | 骨铲 | T2⑦：278 | 骨铲 | 48.3 | 22.3 | 6.2 | 4.6 | 骨铲 |
| T2⑦：249 | 骨锥 | 84 | 21 | 14.2 | 15.2 | 双尖 正尖 | T2⑦：279 | 骨锥 | 55 | 18.4 | 10.3 | 8.2 | 单尖 角尖 |
| T2⑦：250 | 骨铲 | 79.5 | 21 | 16.5 | 21.8 | 骨铲 | T2⑦：280 | 骨锥 | 71.2 | 31 | 14.5 | 15.2 | 单尖 正尖 |
| T2⑦：251 | 骨锥 | 83.2 | 20 | 11 | 16.5 | 单尖 正尖 | T2⑦：281 | 骨锥 | 85.6 | 29 | 8.1 | 17.8 | 双尖 正尖 |
| T2⑦：252 | 骨铲 | 53.2 | 15.8 | 8 | 4.2 | 骨铲 | T2⑦：282 | 骨锥 | 49 | 15.8 | 6.8 | 5 | 双尖 角尖 |
| T2⑦：253 | 骨锥 | 41.8 | 13.8 | 6.2 | 3 | 单尖 角尖 | T2⑦：283 | 骨锥 | 75.4 | 20.5 | 7.3 | 8.8 | 单尖 角尖 |
| T2⑦：254 | 骨铲 | 42 | 12 | 9.5 | 2.8 | 骨铲 | T2⑦：284 | 骨锥 | 56.7 | 16 | 7 | 4.4 | 双尖 正尖 |
| T2⑦：255 | 骨铲 | 59.8 | 17 | 11.8 | 5.2 | 骨铲 | T2⑦：285 | 骨锥 | 64 | 22 | 15 | 14.2 | 单尖 正尖 |
| T2⑦：256 | 骨锥 | 59 | 12 | 7.2 | 4.4 | 双尖 正尖 | T2⑦：286 | 骨锥 | 37 | 19 | 5 | 2.6 | 双尖 正尖 |
| T2⑦：257 | 骨锥 | 61 | 8.5 | 6.5 | 3.6 | 双尖 正尖 | T2⑦：287 | 骨锥 | 81.2 | 23.8 | 9 | 12.6 | 单尖 正尖 |
| T2⑦：258 | 骨铲 | 63.2 | 21 | 14.8 | 9 | 骨铲 | T2⑦：288 | 骨锥 | 40.5 | 17 | 3.8 | 2.2 | 双尖 角尖 |
| T2⑦：259 | 骨锥 | 48 | 19.6 | 7.5 | 5.6 | 单尖 正尖 | T2⑦：289 | 骨锥 | 48 | 23 | 6.9 | 6 | 单尖 角尖 |
| T2⑦：260 | 骨锥 | 43 | 14 | 8 | 3.4 | 单尖 正尖 | T2⑦：290 | 骨铲 | 48.8 | 17.2 | 6 | 4.2 | 骨铲 |
| T2⑦：261 | 骨铲 | 53.5 | 15.2 | 8.8 | 4.4 | 骨铲 | T2⑦：291 | 骨铲 | 43.8 | 22.8 | 12 | 7.2 | 骨铲 |
| T2⑦：262 | 骨锥 | 38.8 | 17 | 6.4 | 4 | 单尖 正尖 | T2⑦：292 | 骨锥 | 49 | 12.3 | 5.5 | 3.2 | 双尖 正尖 |
| T2⑦：263 | 骨铲 | 63.2 | 23 | 16 | 17.8 | 骨铲 | T2⑦：293 | 骨铲 | 50 | 14.8 | 10 | 5.2 | 骨铲 |
| T2⑦：264 | 骨铲 | 53.2 | 25 | 9 | 8.2 | 骨铲 | T2⑦：294 | 骨铲 | 47.2 | 17 | 9.2 | 5.8 | 骨铲 |
| T2⑦：265 | 骨锥 | 76.8 | 21.8 | 8 | 9.2 | 单尖 正尖 | T2⑦：295 | 骨锥 | 44.2 | 17.5 | 8.4 | 3.6 | 双尖 正尖 |
| T2⑦：266 | 骨锥 | 45.5 | 15.5 | 9.3 | 5.2 | 单尖 正尖 | T2⑦：297 | 骨锥 | 71 | 20 | 9.4 | 9.4 | 双尖 正尖 |
| T2⑦：267 | 骨铲 | 56 | 20 | 9.8 | 8 | 骨铲 | T2⑦：298 | 骨锥 | 64 | 14 | 5 | 4 | 单尖 正尖 |
| T2⑦：268 | 骨锥 | 38.6 | 16.3 | 7 | 2.8 | 单尖 角尖 | T2⑦：300 | 骨锥 | 67 | 16.2 | 5.5 | 4.6 | 双尖 角尖 |
| T2⑦：269 | 骨铲 | 41 | 26.8 | 11 | 8.2 | 骨铲 | T2⑦：301 | 骨锥 | 47 | 18.2 | 8.8 | 4.8 | 双尖 正尖 |
| T2⑦：270 | 骨铲 | 55.5 | 16 | 7.2 | 4 | 骨铲 | T2⑦：302 | 骨铲 | 58.5 | 15.8 | 9.8 | 6.8 | 骨铲 |
| T2⑦：271 | 骨锥 | 34.2 | 24 | 10.8 | 6.2 | 单尖 正尖 | T2⑦：303 | 骨锥 | 51 | 18.4 | 14 | 9.4 | 双尖 正尖 |
| T2⑦：272 | 骨锥 | 45.8 | 21.4 | 8 | 5 | 单尖 正尖 | T2⑦：304 | 骨铲 | 75 | 20.5 | 8.2 | 9.4 | 骨铲 |
| T2⑦：273 | 骨锥 | 43 | 15 | 6.6 | 3.8 | 单尖 正尖 | T2⑦：305 | 骨锥 | 35.8 | 20 | 7.2 | 3.4 | 单尖 正尖 |
| T2⑦：274 | 骨锥 | 44.5 | 18.7 | 7.2 | 4.2 | 单尖 角尖 | T2⑦：306 | 骨锥 | 61.4 | 26.3 | 12 | 13.6 | 单尖 角尖 |
| T2⑦：275 | 骨锥 | 41.6 | 16.5 | 6.1 | 3 | 双尖 正尖 | T2⑦：307 | 骨锥 | 45.5 | 21 | 10 | 5.2 | 单尖 角尖 |
| T2⑦：276 | 骨锥 | 47.2 | 14.8 | 7 | 3.4 | 双尖 正尖 | T2⑦：308 | 骨锥 | 45.1 | 18.3 | 8.4 | 5.6 | 单尖 角尖 |

**续附表四**

| 器物号 | 名称 | 长 | 宽 | 厚 | 重 | 类型 | 器物号 | 名称 | 长 | 宽 | 厚 | 重 | 类型 |
|---|---|---|---|---|---|---|---|---|---|---|---|---|---|
| T2⑦:309 | 骨锥 | 44 | 16.5 | 7 | 2.6 | 单尖 正尖 | T2⑦:339 | 骨锥 | 53.5 | 11 | 4.8 | 3.4 | 单尖 正尖 |
| T2⑦:310 | 骨锥 | 41 | 16.5 | 6.4 | 3.2 | 单尖 正尖 | T2⑦:340 | 骨锥 | 42 | 18.8 | 8 | 4.2 | 单尖 正尖 |
| T2⑦:311 | 骨锥 | 47 | 10 | 5 | 2 | 双尖 正尖 | T2⑦:341 | 骨锥 | 32.5 | 15 | 7.2 | 2.2 | 单尖 正尖 |
| T2⑦:312 | 骨锥 | 27.5 | 18.2 | 8.2 | 2.8 | 单尖 正尖 | T2⑦:342 | 骨锥 | 37 | 12 | 5.9 | 2.4 | 单尖 正尖 |
| T2⑦:313 | 骨锥 | 42.8 | 13.6 | 5.5 | 3 | 单尖 正尖 | T2⑦:343 | 骨锥 | 54.6 | 13.5 | 5.8 | 3.8 | 单尖 正尖 |
| T2⑦:314 | 骨锥 | 46 | 13.6 | 4.2 | 2.2 | 双尖 正尖 | T2⑦:344 | 骨锥 | 39 | 15 | 7.2 | 2.8 | 双尖 角尖 |
| T2⑦:315 | 骨锥 | 42.2 | 9.8 | 8.2 | 2.6 | 单尖 正尖 | T2⑦:345 | 骨铲 | 41.8 | 11.2 | 5 | 2.2 | 骨铲 |
| T2⑦:316 | 骨锥 | 42 | 14 | 4.8 | 2 | 单尖 角尖 | T2⑦:346 | 骨锥 | 38.8 | 11 | 8.2 | 2 | 单尖 正尖 |
| T2⑦:317 | 骨锥 | 28.8 | 15.6 | 8.1 | 8.4 | 单尖 正尖 | T2⑦:347 | 骨铲 | 49.8 | 20 | 9.8 | 7.6 | 骨铲 |
| T2⑦:318 | 骨锥 | 32.8 | 9.5 | 5 | 1 | 单尖 正尖 | T2⑦:348 | 骨锥 | 76.5 | 27 | 9.8 | 10.6 | 单尖 正尖 |
| T2⑦:319 | 骨锥 | 32.3 | 11.2 | 5 | 1.4 | 单尖 角尖 | T2⑦:349 | 骨铲 | 67 | 26.5 | 14 | 11.4 | 骨铲 |
| T2⑦:320 | 骨锥 | 52.5 | 18.7 | 9.5 | 6 | 单尖 角尖 | T2⑦:350 | 骨锥 | 58.6 | 20.5 | 10 | 9 | 双尖 正尖 |
| T2⑦:321 | 骨铲 | 51.2 | 17 | 8.8 | 6.8 | 骨铲 | T2⑦:351 | 骨锥 | 68.6 | 26 | 43.7 | 43.6 | 双尖 正尖 |
| T2⑦:322 | 骨锥 | 35.5 | 16 | 5.2 | 2.8 | 单尖 正尖 | T2⑦:352 | 骨锥 | 66 | 12.2 | 9.3 | 5 | 双尖 正尖 |
| T2⑦:323 | 骨锥 | 46.5 | 11.5 | 6 | 2.8 | 单尖 正尖 | T2⑦:353 | 骨铲 | 62.5 | 15.5 | 9.5 | 6.2 | 骨铲 |
| T2⑦:324 | 骨锥 | 36.6 | 31.8 | 11.5 | 4.4 | 单尖 正尖 | T2⑦:354 | 骨铲 | 52 | 35 | 9 | 15 | 骨铲 |
| T2⑦:325 | 骨锥 | 43.3 | 14.4 | 5.3 | 2.4 | 单尖 正尖 | T2⑦:355 | 骨铲 | 99.5 | 50.8 | 26.5 | 66.6 | 骨铲 |
| T2⑦:326 | 骨锥 | 37.2 | 18.8 | 7.2 | 3.4 | 单尖 正尖 | T2⑦:356 | 骨铲 | 77.5 | 42.5 | 11 | 22.6 | 骨铲 |
| T2⑦:327 | 骨锥 | 67 | 17 | 9 | 8 | 单尖 角尖 | T2⑦:357 | 骨锥 | 39 | 26 | 15 | 5.8 | 单尖 正尖 |
| T2⑦:328 | 骨锥 | 45.2 | 12.2 | 8.2 | 3.2 | 单尖 正尖 | T2⑦:358 | 骨锥 | 75.4 | 25 | 8 | 9 | 双尖 正尖 |
| T2⑦:329 | 骨锥 | 37.5 | 11.8 | 4.3 | 1.6 | 单尖 正尖 | T2⑦:359 | 骨铲 | 57.5 | 23.5 | 8.2 | 9.4 | 骨铲 |
| T2⑦:330 | 骨锥 | 38.7 | 11.5 | 5.8 | 1.8 | 双尖 正尖 | T2⑦:360 | 骨锥 | 44.4 | 17 | 11.2 | 4 | 双尖 正尖 |
| T2⑦:331 | 骨锥 | 35 | 15.5 | 10 | 2.4 | 双尖 角尖 | T2⑦:361 | 骨锥 | 65 | 24 | 11 | 11.6 | 单尖 正尖 |
| T2⑦:332 | 骨铲 | 57 | 21 | 11 | 8 | 骨铲 | T2⑦:362 | 骨锥 | 82 | 24.3 | 9.8 | 14 | 双尖 正尖 |
| T2⑦:333 | 骨锥 | 47.3 | 17.5 | 7.5 | 3.6 | 单尖 正尖 | T2⑦:363 | 骨锥 | 65.4 | 28.5 | 9.2 | 12 | 双尖 正尖 |
| T2⑦:334 | 骨锥 | 47.3 | 27 | 8.3 | 7.2 | 双尖 正尖 | T2⑦:364 | 骨铲 | 63.5 | 17.5 | 10.2 | 6 | 骨铲 |
| T2⑦:335 | 骨锥 | 41.2 | 18.7 | 7.1 | 4.2 | 单尖 角尖 | T2⑦:365 | 骨锥 | 43 | 18.8 | 9 | 4.4 | 单尖 正尖 |
| T2⑦:336 | 骨锥 | 48 | 19 | 5.8 | 3.4 | 单尖 角尖 | T2⑦:366 | 骨锥 | 48.1 | 18 | 8.2 | 4.2 | 单尖 正尖 |
| T2⑦:337 | 骨铲 | 53.2 | 19 | 8.2 | 4.8 | 骨铲 | T2⑦:367 | 骨锥 | 46.3 | 22.5 | 9.7 | 6.2 | 双尖 正尖 |
| T2⑦:338 | 骨锥 | 41 | 15.8 | 6.2 | 3.2 | 单尖 正尖 | T2⑦:368 | 骨锥 | 53.4 | 20 | 8.7 | 6 | 双尖 正尖 |

续附表四

| 器物号 | 名称 | 长 | 宽 | 厚 | 重 | 类型 | 器物号 | 名称 | 长 | 宽 | 厚 | 重 | 类型 |
|---|---|---|---|---|---|---|---|---|---|---|---|---|---|
| T2⑦:370 | 骨铲 | 52.2 | 19 | 9.5 | 6.2 | 骨铲 | T2⑦:401 | 骨铲 | 67.8 | 22 | 8 | 8.2 | 骨铲 |
| T2⑦:371 | 角铲 | 46 | 27 | 10 | 7.6 | 单尖 正尖 | T2⑦:402 | 骨铲 | 64 | 19 | 6.8 | 7 | 骨铲 |
| T2⑦:372 | 骨锥 | 45 | 11.5 | 15.8 | 4.8 | 单尖 正尖 | T2⑦:403 | 骨锥 | 49.8 | 19.8 | 6.5 | 3.6 | 单尖 正尖 |
| T2⑦:373 | 骨铲 | 48.8 | 16 | 5 | 3.4 | 骨铲 | T2⑦:404 | 骨锥 | 53.2 | 15 | 7 | 4.8 | 单尖 正尖 |
| T2⑦:374 | 骨锥 | 59.8 | 19 | 8.5 | 7.2 | 单尖 角尖 | T2⑦:405 | 骨铲 | 52.8 | 48.8 | 7.5 | 5 | 骨铲 |
| T2⑦:375 | 骨铲 | 54.5 | 13.5 | 10 | 6.2 | 骨铲 | T2⑦:406 | 骨锥 | 65 | 24.2 | 7.9 | 7.4 | 双尖 正尖 |
| T2⑦:376 | 骨铲 | 58 | 16.8 | 12.2 | 5 | 骨铲 | T2⑦:407 | 骨锥 | 46.2 | 20 | 12 | 7.2 | 单尖 正尖 |
| T2⑦:377 | 骨锥 | 45.4 | 12.8 | 8.6 | 3.6 | 双尖 正尖 | T2⑦:408 | 骨锥 | 58.4 | 21.6 | 7.2 | 5.8 | 双尖 正尖 |
| T2⑦:378 | 骨铲 | 49.5 | 22 | 10 | 7.6 | 骨铲 | T2⑦:409 | 骨铲 | 55 | 18.5 | 8.2 | 5.4 | 骨铲 |
| T2⑦:379 | 骨锥 | 77 | 29.3 | 16.8 | 18.6 | 双尖 正尖 | T2⑦:410 | 骨铲 | 51.2 | 19 | 8.2 | 4.6 | 骨铲 |
| T2⑦:380 | 骨锥 | 44 | 19 | 7.8 | 4 | 双尖 正尖 | T2⑦:411 | 骨铲 | 52.2 | 10.5 | 12 | 6.4 | 骨铲 |
| T2⑦:381 | 骨锥 | 60.3 | 12.5 | 8 | 4.6 | 双尖 正尖 | T2⑦:412 | 骨铲 | 57 | 15.8 | 7.2 | 6 | 骨铲 |
| T2⑦:382 | 骨铲 | 54.2 | 16 | 6.8 | 5 | 骨铲 | T2⑦:413 | 骨锥 | 35 | 18 | 8.7 | 2.6 | 双尖 正尖 |
| T2⑦:383 | 骨锥 | 51.8 | 18.3 | 10 | 5.2 | 双尖 正尖 | T2⑦:414 | 骨锥 | 49 | 12 | 5 | 2.6 | 单尖 正尖 |
| T2⑦:384 | 骨锥 | 48.2 | 18.5 | 4.4 | 3.4 | 双尖 正尖 | T2⑦:415 | 骨铲 | 41.8 | 20 | 8 | 6.6 | 骨铲 |
| T2⑦:385 | 骨铲 | 46 | 15 | 9 | 4.2 | 骨铲 | T2⑦:416 | 骨锥 | 75.2 | 22.2 | 9.8 | 11 | 单尖 正尖 |
| T2⑦:386 | 骨锥 | 68.4 | 13 | 12 | 9 | 双尖 正尖 | T2⑦:417 | 骨锥 | 46.2 | 14.3 | 8.2 | 3.6 | 单尖 正尖 |
| T2⑦:387 | 骨锥 | 56 | 16.2 | 5.6 | 3.4 | 双尖 正尖 | T2⑦:418 | 骨锥 | 39.5 | 17.4 | 7.8 | 4.4 | 双尖 正尖 |
| T2⑦:389 | 骨锥 | 37 | 13 | 7 | 3 | 单尖 正尖 | T2⑦:419 | 骨锥 | 39 | 12 | 5 | 2.4 | 单尖 正尖 |
| T2⑦:390 | 骨锥 | 35.6 | 10.2 | 5.8 | 2.4 | 单尖 正尖 | T2⑦:420 | 骨锥 | 39 | 21 | 4.4 | 3.2 | 单尖 正尖 |
| T2⑦:391 | 骨锥 | 93 | 37 | 9 | 28.2 | 单尖 正尖 | T2⑦:421 | 骨锥 | 42.8 | 14.5 | 5 | 2.4 | 单尖 正尖 |
| T2⑦:392 | 骨铲 | 73.5 | 33.5 | 8 | 16 | 骨铲 | T2⑦:422 | 骨锥 | 35.2 | 18 | 7.8 | 3.2 | 单尖 正尖 |
| T2⑦:393 | 骨铲 | 67 | 34 | 15.2 | 19.8 | 骨铲 | T2⑦:424 | 骨锥 | 42.8 | 16 | 8.2 | 2.8 | 单尖 正尖 |
| T2⑦:394 | 骨铲 | 47.5 | 17.5 | 11.8 | 6.8 | 双尖 正尖 | T2⑦:425 | 骨锥 | 48.3 | 14 | 8.7 | 4.2 | 单尖 角尖 |
| T2⑦:395 | 骨铲 | 74.5 | 40 | 10.5 | 14.8 | 骨铲 | T2⑦:426 | 骨铲 | 50 | 15.6 | 10 | 6 | 骨铲 |
| T2⑦:396 | 骨铲 | 72 | 29.5 | 13 | 16 | 骨铲 | T2⑦:427 | 骨铲 | 64 | 20 | 11 | 10.8 | 骨铲 |
| T2⑦:397 | 骨锥 | 61.8 | 24.8 | 10 | 8 | 单尖 正尖 | T2⑦:428 | 骨锥 | 30.5 | 14 | 6.9 | 1.8 | 双尖 正尖 |
| T2⑦:398 | 骨锥 | 68.3 | 20.8 | 10 | 9.6 | 双尖 正尖 | T2⑦:429 | 骨锥 | 45.6 | 18 | 6.1 | 4.4 | 双尖 正尖 |
| T2⑦:399 | 骨锥 | 46.8 | 22 | 8.5 | 5.4 | 双尖 正尖 | T2⑦:430 | 骨锥 | 38.8 | 12.2 | 4.5 | 1.6 | 单尖 正尖 |
| T2⑦:400 | 骨铲 | 62.8 | 19.8 | 8.8 | 8.8 | 骨铲 | T2⑦:431 | 骨锥 | 41 | 14 | 16.2 | 4.4 | 单尖 正尖 |

**续附表四**

| 器物号 | 名称 | 长 | 宽 | 厚 | 重 | 类型 | 器物号 | 名称 | 长 | 宽 | 厚 | 重 | 类型 |
|---|---|---|---|---|---|---|---|---|---|---|---|---|---|
| T2⑦：432 | 骨锥 | 38.8 | 16.8 | 6 | 2.6 | 单尖 正尖 | T2⑦：462 | 骨锥 | 49.6 | 9 | 7.5 | 5.2 | 单尖 正尖 |
| T2⑦：433 | 骨锥 | 48 | 15 | 5.5 | 3.8 | 双尖 正尖 | T2⑦：463 | 骨锥 | 42 | 10.8 | 6.4 | 2.2 | 双尖 正尖 |
| T2⑦：434 | 骨锥 | 32.8 | 9 | 5.5 | 1.6 | 单尖 正尖 | T2⑦：464 | 骨锥 | 50.4 | 12.8 | 8.5 | 4.6 | 双尖 正尖 |
| T2⑦：435 | 骨铲 | 36 | 14.5 | 7 | 3.8 | 骨铲 | T2⑦：465 | 骨锥 | 39.2 | 18 | 7.8 | 4 | 单尖 正尖 |
| T2⑦：436 | 骨铲 | 51 | 11 | 4.8 | 2.6 | 骨铲 | T2⑦：466 | 骨锥 | 35.5 | 21.5 | 8.8 | 3.2 | 双尖 角尖 |
| T2⑦：437 | 骨锥 | 37.2 | 14.2 | 6.8 | 2.4 | 单尖 正尖 | T2⑦：467 | 骨锥 | 43.5 | 19.7 | 8 | 4 | 单尖 角尖 |
| T2⑦：438 | 骨锥 | 42.5 | 22.5 | 7 | 4.6 | 双尖 角尖 | T2⑦：468 | 骨锥 | 40.5 | 12.8 | 5.8 | 2.2 | 单尖 正尖 |
| T2⑦：439 | 骨锥 | 38.4 | 12.5 | 5 | 1.8 | 单尖 正尖 | T2⑦：469 | 骨铲 | 51 | 22 | 5 | 4.8 | 骨铲 |
| T2⑦：440 | 骨锥 | 50 | 12.2 | 7.7 | 4.6 | 单尖 正尖 | T2⑦：470 | 骨锥 | 34.5 | 16.8 | 7.5 | 3 | 单尖 正尖 |
| T2⑦：441 | 骨锥 | 45 | 17 | 5.9 | 3 | 单尖 角尖 | T2⑦：471 | 骨锥 | 30 | 19 | 6.2 | 2.4 | 单尖 角尖 |
| T2⑦：442 | 骨铲 | 51.5 | 18 | 10.5 | 7.2 | 骨铲 | T2⑦：472 | 骨锥 | 33.8 | 14 | 7.5 | 2 | 单尖 正尖 |
| T2⑦：443 | 骨锥 | 66 | 20 | 14.6 | 13.6 | 单尖 角尖 | T2⑦：473 | 骨锥 | 38 | 18.2 | 8 | 2.8 | 单尖 正尖 |
| T2⑦：444 | 骨锥 | 43.5 | 21.5 | 9 | 4.6 | 单尖 角尖 | T2⑦：474 | 骨锥 | 52 | 20.7 | 14 | 9.4 | 单尖 正尖 |
| T2⑦：445 | 骨铲 | 55 | 11 | 7 | 3.2 | 骨铲 | T2⑦：475 | 骨锥 | 38.8 | 19.4 | 8.8 | 5 | 单尖 正尖 |
| T2⑦：446 | 骨锥 | 40 | 13.8 | 7 | 3 | 单尖 正尖 | T2⑦：476 | 骨锥 | 48.8 | 16.3 | 7 | 4 | 双尖 正尖 |
| T2⑦：447 | 骨锥 | 48.7 | 13.8 | 6.1 | 3.8 | 单尖 角尖 | T2⑦：477 | 骨锥 | 39.8 | 27 | 6.8 | 4.8 | 单尖 正尖 |
| T2⑦：448 | 骨锥 | 45.5 | 16 | 6 | 3.2 | 单尖 正尖 | T2⑦：478 | 骨锥 | 39 | 15.7 | 7.6 | 3 | 双尖 正尖 |
| T2⑦：449 | 骨锥 | 45 | 20.4 | 7 | 4 | 双尖 正尖 | T2⑦：479 | 骨铲 | 69 | 25.5 | 10 | 13.8 | 骨铲 |
| T2⑦：450 | 骨锥 | 35.8 | 17.8 | 6.3 | 8.8 | 单尖 正尖 | T2⑦：480 | 骨锥 | 32 | 22 | 9.8 | 3.2 | 单尖 正尖 |
| T2⑦：451 | 骨锥 | 36.7 | 9 | 7.1 | 1.6 | 双尖 正尖 | T2⑦：481 | 骨铲 | 85 | 25.2 | 10.8 | 17 | 骨铲 |
| T2⑦：452 | 骨铲 | 60.2 | 13.5 | 9 | 5.2 | 骨铲 | T2⑦：482 | 骨铲 | 45.5 | 16.2 | 5.2 | 3 | 骨铲 |
| T2⑦：453 | 骨锥 | 40.5 | 12 | 6.2 | 2.6 | 单尖 正尖 | T2⑦：483 | 骨锥 | 55 | 16.5 | 9.2 | 6.4 | 单尖 正尖 |
| T2⑦：454 | 骨锥 | 50.3 | 22.6 | 6 | 4 | 单尖 正尖 | T2⑦：484 | 骨锥 | 52.5 | 9.8 | 5 | 2 | 双尖 正尖 |
| T2⑦：455 | 骨锥 | 32 | 9.8 | 3.5 | 1.2 | 单尖 正尖 | T2⑦：485 | 骨锥 | 43.8 | 14.2 | 8.8 | 4 | 单尖 正尖 |
| T2⑦：456 | 骨锥 | 47.2 | 12.2 | 5.8 | 2.8 | 单尖 正尖 | T2⑦：486 | 骨锥 | 54 | 20 | 9 | 5.6 | 双尖 角尖 |
| T2⑦：457 | 骨锥 | 36.3 | 8.8 | 8.8 | 2.4 | 单尖 正尖 | T2⑦：487 | 骨锥 | 34 | 7.6 | 5.5 | 1.4 | 双尖 正尖 |
| T2⑦：458 | 骨锥 | 33.2 | 13.8 | 5.5 | 1.8 | 单尖 正尖 | T2⑦：488 | 骨铲 | 41 | 19 | 6.5 | 5.2 | 骨铲 |
| T2⑦：459 | 骨锥 | 40 | 11 | 7.5 | 1.6 | 单尖 正尖 | T2⑦：489 | 骨铲 | 61 | 31.5 | 12 | 14.8 | 骨铲 |
| T2⑦：460 | 骨锥 | 33.8 | 8 | 7.4 | 1.4 | 双尖 正尖 | T2⑦：490 | 骨铲 | 50 | 15.5 | 11 | 5.6 | 骨铲 |
| T2⑦：461 | 骨铲 | 32.8 | 18.2 | 6 | 2.6 | 骨铲 | T2⑦：491 | 骨锥 | 46.2 | 13.2 | 6.2 | 4.2 | 单尖 正尖 |

**续附表四**

| 器物号 | 名称 | 长 | 宽 | 厚 | 重 | 类型 | 器物号 | 名称 | 长 | 宽 | 厚 | 重 | 类型 |
|---|---|---|---|---|---|---|---|---|---|---|---|---|---|
| T2⑦：493 | 骨铲 | 52.8 | 22 | 10.2 | 7 | 骨铲 | T2⑦：525 | 骨锥 | 28 | 12.8 | 5.8 | 1.8 | 单尖 正尖 |
| T2⑦：494 | 骨铲 | 59 | 22 | 10 | 9.8 | 骨铲 | T2⑦：526 | 骨锥 | 30 | 18 | 6.2 | 2.6 | 单尖 正尖 |
| T2⑦：495 | 骨铲 | 73 | 17 | 11.8 | 12.6 | 骨铲 | T2⑦：527 | 骨锥 | 41.8 | 13.5 | 6.8 | 3.4 | 单尖 正尖 |
| T2⑦：496 | 骨锥 | 53 | 13.5 | 6 | 3.6 | 双尖 正尖 | T2⑦：528 | 骨铲 | 46 | 12 | 4.5 | 2.6 | 骨铲 |
| T2⑦：497 | 骨锥 | 36.5 | 11.5 | 18 | 2.4 | 双尖 正尖 | T2⑦：529 | 骨锥 | 37.2 | 14.5 | 7.5 | 3 | 双尖 角尖 |
| T2⑦：498 | 骨锥 | 38 | 13 | 6.2 | 2.2 | 双尖 角尖 | T2⑦：530 | 骨锥 | 43.2 | 13 | 4.5 | 1.8 | 双尖 正尖 |
| T2⑦：499 | 骨铲 | 41 | 16 | 7.8 | 4.6 | 骨铲 | T2⑦：531 | 骨铲 | 35 | 15 | 6 | 1.8 | 骨铲 |
| T2⑦：500 | 骨锥 | 49.8 | 16.5 | 6.6 | 4.2 | 单尖 正尖 | T2⑦：532 | 骨锥 | 45 | 15.2 | 6.2 | 3.2 | 双尖 角尖 |
| T2⑦：501 | 骨锥 | 71 | 21 | 13 | 11 | 单尖 正尖 | T2⑦：533 | 骨锥 | 43.2 | 21 | 7.8 | 4.4 | 单尖 角尖 |
| T2⑦：502 | 骨锥 | 32 | 16 | 8.6 | 2.6 | 单尖 正尖 | T2⑦：534 | 骨铲 | 55.2 | 14 | 7 | 4.8 | 骨铲 |
| T2⑦：503 | 骨铲 | 39 | 23 | 8.5 | 4.8 | 骨铲 | T2⑦：535 | 骨锥 | 96.8 | 23 | 7.2 | 9.8 | 单尖 正尖 |
| T2⑦：504 | 骨锥 | 43.7 | 28.5 | 12 | 7.8 | 单尖 正尖 | T2⑦：536 | 骨锥 | 26.2 | 12 | 7 | 1.6 | 单尖 正尖 |
| T2⑦：505 | 骨铲 | 55.8 | 12.2 | 6.8 | 4.8 | 骨铲 | T2⑦：537 | 骨锥 | 39.5 | 15 | 7 | 3 | 单尖 角尖 |
| T2⑦：506 | 骨锥 | 41 | 17 | 9.5 | 3 | 单尖 正尖 | T2⑦：538 | 骨锥 | 32.2 | 7.8 | 6.8 | 1.4 | 单尖 正尖 |
| T2⑦：507 | 骨锥 | 39 | 14.3 | 4.2 | 1.8 | 单尖 角尖 | T2⑦：539 | 骨锥 | 24.5 | 12 | 6 | 1.2 | 单尖 正尖 |
| T2⑦：508 | 骨锥 | 27 | 14.5 | 6.5 | 1.4 | 单尖 正尖 | T2⑦：540 | 骨锥 | 59 | 21.5 | 10.2 | 4.8 | 双尖 角尖 |
| T2⑦：509 | 骨锥 | 32.2 | 10 | 6.5 | 2 | 单尖 角尖 | T2⑦：541 | 骨锥 | 36 | 16.2 | 8.5 | 3 | 单尖 正尖 |
| T2⑦：510 | 骨锥 | 45 | 24.8 | 8.4 | 5 | 双尖 正尖 | T2⑦：542 | 骨锥 | 45.5 | 11.2 | 6.2 | 2.6 | 单尖 正尖 |
| T2⑦：511 | 骨铲 | 47 | 10.2 | 7 | 3.2 | 骨铲 | T2⑦：543 | 骨锥 | 37.2 | 8.5 | 6.5 | 18 | 单尖 正尖 |
| T2⑦：512 | 骨锥 | 44.3 | 24 | 6.8 | 4.4 | 双尖 正尖 | T2⑦：544 | 骨锥 | 52.2 | 19.6 | 9.5 | 6.2 | 双尖 正尖 |
| T2⑦：514 | 骨锥 | 45.7 | 14.3 | 8 | 3.6 | 双尖 正尖 | T2⑦：545 | 骨锥 | 26.5 | 18 | 5 | 2.4 | 双尖 正尖 |
| T2⑦：515 | 骨锥 | 37 | 11.8 | 6.5 | 2 | 单尖 正尖 | T2⑦：546 | 骨铲 | 53.5 | 12 | 8.5 | 5 | 骨铲 |
| T2⑦：516 | 骨铲 | 38 | 27 | 8 | 5 | 骨铲 | T2⑦：547 | 骨锥 | 36.7 | 10.8 | 8 | 3.2 | 单尖 角尖 |
| T2⑦：517 | 骨锥 | 46 | 19 | 9.5 | 5.8 | 单尖 正尖 | T2⑦：548 | 骨铲 | 53 | 18 | 10 | 4 | 骨铲 |
| T2⑦：518 | 骨锥 | 35 | 14 | 8 | 2.8 | 双尖 角尖 | T2⑦：549 | 骨锥 | 64 | 20 | 12 | 7.6 | 单尖 正尖 |
| T2⑦：520 | 骨铲 | 44 | 15.5 | 4.5 | 3.6 | 骨铲 | T2⑦：550 | 骨锥 | 68.7 | 14 | 7 | 5.2 | 双尖 正尖 |
| T2⑦：521 | 骨锥 | 56 | 13.2 | 5 | 2.8 | 单尖 正尖 | T2⑦：551 | 骨锥 | 57 | 14 | 7 | 4.2 | 双尖 正尖 |
| T2⑦：522 | 骨铲 | 63 | 17 | 6 | 6.4 | 骨铲 | T2⑦：552 | 骨铲 | 47 | 10.2 | 6.2 | 3.2 | 骨铲 |
| T2⑦：523 | 骨锥 | 27 | 10.5 | 4.5 | 1.2 | 单尖 正尖 | T2⑦：553 | 骨锥 | 41 | 10.5 | 4.2 | 1.8 | 双尖 角尖 |
| T2⑦：524 | 骨锥 | 39.2 | 11.5 | 8.5 | 1.6 | 双尖 角尖 | T2⑦：554 | 骨锥 | 40.5 | 10.8 | 4 | 1.4 | 双尖 正尖 |

**续附表四**

| 器物号 | 名称 | 长 | 宽 | 厚 | 重 | 类型 | 器物号 | 名称 | 长 | 宽 | 厚 | 重 | 类型 |
|---|---|---|---|---|---|---|---|---|---|---|---|---|---|
| T2⑦：555 | 骨锥 | 33.8 | 12.5 | 6.8 | 2.2 | 单尖 角尖 | T2⑦：586 | 骨铲 | 60.2 | 18 | 8.8 | 6.4 | 骨铲 |
| T2⑦：556 | 骨锥 | 45 | 16 | 6 | 2.4 | 单尖 正尖 | T2⑦：587 | 骨锥 | 37 | 17 | 6 | 2.2 | 单尖 正尖 |
| T2⑦：557 | 骨锥 | 73.5 | 19.8 | 11.9 | 14.4 | 双尖 正尖 | T2⑦：588 | 骨锥 | 30.5 | 15.6 | 6.5 | 2 | 单尖 正尖 |
| T2⑦：558 | 骨锥 | 35.3 | 12 | 9.5 | 2.8 | 双尖 正尖 | T2⑦：589 | 骨锥 | 48 | 11 | 10 | 2.8 | 单尖 角尖 |
| T2⑦：560 | 骨锥 | 43.2 | 14.8 | 5.8 | 2.8 | 双尖 角尖 | T2⑦：590 | 骨锥 | 58.2 | 15.7 | 10.8 | 5.6 | 双尖 正尖 |
| T2⑦：561 | 骨锥 | 45 | 17 | 8.2 | 3.2 | 双尖 角尖 | T2⑦：591 | 骨铲 | 56 | 20.5 | 9 | 9.2 | 骨铲 |
| T2⑦：562 | 骨锥 | 40 | 13 | 3.8 | 1.4 | 双尖 角尖 | T2⑦：592 | 骨锥 | 46 | 14 | 6 | 4.2 | 单尖 角尖 |
| T2⑦：563 | 骨铲 | 29.8 | 16 | 8.8 | 3.2 | 骨铲 | T2⑦：593 | 骨锥 | 27.3 | 25.3 | 12.8 | 3.4 | 单尖 正尖 |
| T2⑦：564 | 骨铲 | 54.8 | 20 | 11 | 7.8 | 骨铲 | T2⑦：594 | 骨锥 | 33 | 17 | 6 | 1.8 | 单尖 正尖 |
| T2⑦：565 | 骨锥 | 60 | 22.1 | 10.7 | 7.2 | 双尖 正尖 | T2⑦：595 | 骨锥 | 34 | 19 | 10 | 4.2 | 单尖 正尖 |
| T2⑦：566 | 骨锥 | 44 | 17.2 | 8.5 | 4.2 | 单尖 正尖 | T2⑦：596 | 骨锥 | 51 | 29 | 6 | 6.8 | 单尖 正尖 |
| T2⑦：567 | 骨锥 | 42.8 | 21 | 6 | 4.6 | 单尖 正尖 | T2⑦：597 | 骨锥 | 40 | 19 | 13 | 5.4 | 单尖 正尖 |
| T2⑦：568 | 骨锥 | 47 | 15.8 | 8.8 | 3.2 | 单尖 角尖 | T2⑦：598 | 骨锥 | 39.8 | 14.8 | 7 | 2.6 | 双尖 角尖 |
| T2⑦：569 | 骨锥 | 66 | 23 | 7 | 10.6 | 双尖 正尖 | T2⑦：599 | 骨锥 | 39 | 8.5 | 5.5 | 2.6 | 双尖 角尖 |
| T2⑦：570 | 骨铲 | 43.2 | 21 | 5.2 | 4 | 骨铲 | T2⑦：600 | 骨铲 | 46.2 | 21 | 11 | 5.2 | 骨铲 |
| T2⑦：571 | 骨锥 | 46 | 10.4 | 6 | 2.8 | 单尖 正尖 | T2⑦：601 | 骨锥 | 32.5 | 24.3 | 10.4 | 2.6 | 单尖 正尖 |
| T2⑦：572 | 骨铲 | 48.2 | 23.5 | 9.8 | 5.2 | 骨铲 | T2⑦：602 | 骨锥 | 43.1 | 14.4 | 9 | 4.4 | 双尖 正尖 |
| T2⑦：573 | 骨锥 | 48 | 16 | 9 | 5.2 | 单尖 正尖 | T2⑦：603 | 骨锥 | 40 | 19 | 8 | 3.4 | 单尖 角尖 |
| T2⑦：574 | 骨铲 | 60 | 19 | 6.5 | 5.8 | 骨铲 | T2⑦：604 | 骨铲 | 72 | 15.2 | 8.2 | 9.6 | 骨铲 |
| T2⑦：575 | 骨铲 | 52.2 | 13.8 | 7.8 | 4.4 | 骨铲 | T2⑦：605 | 骨锥 | 35 | 14.5 | 6 | 1.8 | 单尖 正尖 |
| T2⑦：576 | 骨锥 | 49.5 | 15 | 12 | 3.4 | 单尖 正尖 | T2⑦：607 | 骨锥 | 42 | 10 | 5 | 2 | 单尖 正尖 |
| T2⑦：577 | 骨锥 | 49.3 | 15 | 7 | 3 | 单尖 正尖 | T2⑦：608 | 骨锥 | 33.4 | 18 | 5.5 | 2.2 | 单尖 正尖 |
| T2⑦：578 | 骨锥 | 46 | 6.6 | 5.4 | 1.4 | 双尖 正尖 | T2⑦：609 | 骨锥 | 47.4 | 19 | 7 | 4.2 | 单尖 正尖 |
| T2⑦：579 | 骨锥 | 41.3 | 15.5 | 8.6 | 4.2 | 单尖 角尖 | T2⑦：610 | 骨锥 | 34 | 16 | 10 | 2.2 | 单尖 正尖 |
| T2⑦：580 | 骨锥 | 51 | 12.2 | 6.8 | 3 | 单尖 正尖 | T2⑦：611 | 骨锥 | 32.8 | 13.8 | 6.2 | 2.4 | 双尖 角尖 |
| T2⑦：581 | 骨铲 | 35.2 | 23.8 | 7 | 3.6 | 骨铲 | T2⑦：612 | 骨锥 | 36 | 10 | 5.5 | 2 | 双尖 角尖 |
| T2⑦：582 | 骨锥 | 39.4 | 11 | 5.4 | 2 | 双尖 正尖 | T2⑦：613 | 骨锥 | 41 | 16 | 5.8 | 3.2 | 双尖 角尖 |
| T2⑦：583 | 骨锥 | 56 | 20 | 8 | 6 | 单尖 角尖 | T2⑦：614 | 骨锥 | 53 | 12 | 9 | 4.4 | 单尖 正尖 |
| T2⑦：584 | 骨锥 | 41.2 | 21 | 7 | 4 | 单尖 正尖 | T2⑦：616 | 骨铲 | 39.8 | 19 | 7 | 3.8 | 骨铲 |
| T2⑦：585 | 骨锥 | 38.2 | 14 | 9.5 | 3.2 | 单尖 正尖 | T2⑦：617 | 骨锥 | 33 | 25 | 4 | 4.4 | 单尖 正尖 |

**续附表四**

| 器物号 | 名称 | 长 | 宽 | 厚 | 重 | 类型 | 器物号 | 名称 | 长 | 宽 | 厚 | 重 | 类型 |
|---|---|---|---|---|---|---|---|---|---|---|---|---|---|
| T2⑦：618 | 骨锥 | 47.1 | 16.8 | 10.5 | 5.8 | 双尖 正尖 | T2⑦：650 | 骨锥 | 56 | 19 | 9 | 9.6 | 单尖 正尖 |
| T2⑦：619 | 骨锥 | 41.2 | 18.3 | 12 | 5.6 | 单尖 正尖 | T2⑦：651 | 骨锥 | 45 | 21 | 5 | 3.2 | 单尖 正尖 |
| T2⑦：620 | 骨锥 | 42.5 | 11.2 | 7.1 | 2.6 | 单尖 正尖 | T2⑦：652 | 骨锥 | 43.5 | 12 | 8.3 | 3 | 单尖 正尖 |
| T2⑦：621 | 骨锥 | 34.3 | 8.2 | 7 | 1.6 | 双尖 正尖 | T2⑦：653 | 骨锥 | 56.5 | 17.5 | 10.2 | 6.6 | 双尖 正尖 |
| T2⑦：622 | 骨锥 | 34.2 | 11.1 | 7.1 | 2 | 单尖 正尖 | T2⑦：654 | 骨锥 | 41.5 | 11.2 | 7.1 | 2.8 | 单尖 正尖 |
| T2⑦：623 | 骨锥 | 38 | 21 | 10 | 5.8 | 单尖 正尖 | T2⑦：655 | 骨锥 | 40.5 | 16.8 | 5.5 | 3 | 单尖 正尖 |
| T2⑦：624 | 骨锥 | 51 | 19 | 8 | 4.8 | 单尖 正尖 | T2⑦：656 | 骨锥 | 42 | 12 | 7 | 3.8 | 单尖 正尖 |
| T2⑦：625 | 骨锥 | 27 | 15 | 5 | 1.8 | 单尖 正尖 | T2⑦：657 | 骨锥 | 41 | 8.3 | 6.5 | 2 | 双尖 正尖 |
| T2⑦：626 | 骨锥 | 38.2 | 17 | 7.5 | 3.8 | 单尖 正尖 | T2⑦：658 | 骨锥 | 33 | 14 | 6 | 2.4 | 单尖 角尖 |
| T2⑦：627 | 骨锥 | 36 | 17 | 10 | 2 | 单尖 正尖 | T2⑦：659 | 骨锥 | 25.9 | 14.3 | 6.1 | 1.4 | 单尖 正尖 |
| T2⑦：628 | 骨锥 | 34.1 | 12.9 | 8.2 | 8.8 | 单尖 正尖 | T2⑦：660 | 骨锥 | 33.4 | 16.9 | 7 | 3.6 | 单尖 正尖 |
| T2⑦：629 | 骨锥 | 36.5 | 13.7 | 8 | 2.6 | 单尖 正尖 | T2⑦：661 | 骨锥 | 39.5 | 12 | 7.2 | 3 | 双尖 角尖 |
| T2⑦：630 | 骨锥 | 54 | 14 | 14.9 | 8.2 | 双尖 正尖 | T2⑦：662 | 骨锥 | 40 | 9.2 | 5.2 | 1.6 | 双尖 角尖 |
| T2⑦：632 | 骨锥 | 42.9 | 9.1 | 8 | 2.6 | 双尖 正尖 | T2⑦：663 | 骨锥 | 50 | 15 | 7 | 5.2 | 单尖 正尖 |
| T2⑦：634 | 骨锥 | 53 | 22 | 7 | 6 | 单尖 正尖 | T2⑦：664 | 骨铲 | 49 | 7.8 | 7 | 4 | 骨铲 |
| T2⑦：635 | 骨锥 | 46.3 | 20 | 6.7 | 4 | 单尖 正尖 | T2⑦：665 | 骨铲 | 36 | 16 | 6.5 | 3.2 | 骨铲 |
| T2⑦：636 | 骨锥 | 34 | 17 | 9 | 3.2 | 单尖 正尖 | T2⑦：666 | 骨锥 | 28.3 | 13 | 4.9 | 1.2 | 单尖 正尖 |
| T2⑦：637 | 骨锥 | 35.2 | 8.3 | 5.8 | 1.2 | 双尖 正尖 | T2⑦：668 | 骨锥 | 33.5 | 14 | 7.7 | 1.6 | 单尖 正尖 |
| T2⑦：638 | 骨锥 | 32 | 16 | 5 | 2.2 | 单尖 正尖 | T2⑦：669 | 骨锥 | 36.5 | 12.2 | 7.5 | 2.2 | 双尖 角尖 |
| T2⑦：639 | 骨锥 | 47 | 11 | 5 | 3.2 | 单尖 正尖 | T2⑦：670 | 骨锥 | 36.2 | 12.8 | 6.5 | 1.6 | 单尖 正尖 |
| T2⑦：640 | 骨锥 | 36.5 | 13.5 | 5 | 1.6 | 双尖 正尖 | T2⑦：671 | 骨锥 | 48.2 | 17.5 | 8.5 | 5 | 双尖 角尖 |
| T2⑦：641 | 骨锥 | 45 | 15 | 6 | 2.8 | 单尖 正尖 | T2⑦：672 | 骨锥 | 59 | 12 | 5 | 4.4 | 单尖 角尖 |
| T2⑦：642 | 骨锥 | 74.1 | 25 | 12 | 14.8 | 双尖 正尖 | T2⑦：673 | 骨锥 | 33 | 14 | 5.4 | 1.6 | 单尖 正尖 |
| T2⑦：643 | 骨锥 | 60.2 | 22.8 | 8.5 | 7 | 双尖 角尖 | T2⑦：674 | 骨锥 | 37.8 | 17.8 | 10 | 3.8 | 单尖 正尖 |
| T2⑦：644 | 骨锥 | 41.5 | 18.8 | 7.4 | 4 | 双尖 正尖 | T2⑦：675 | 骨锥 | 35.2 | 14.5 | 5.8 | 2 | 单尖 正尖 |
| T2⑦：645 | 骨锥 | 49 | 18 | 9 | 5.6 | 单尖 正尖 | T2⑦：676 | 骨锥 | 36.1 | 13 | 5.2 | 1.8 | 单尖 正尖 |
| T2⑦：646 | 骨铲 | 50.5 | 22.5 | 13.2 | 6.6 | 骨铲 | T2⑦：679 | 骨锥 | 43.1 | 13 | 9.3 | 3.6 | 双尖 正尖 |
| T2⑦：647 | 骨锥 | 35.2 | 11 | 7 | 1.6 | 双尖 角尖 | T2⑦：680 | 骨铲 | 41.2 | 18.5 | 8.8 | 5.2 | 骨铲 |
| T2⑦：648 | 骨锥 | 56 | 18 | 13 | 8.8 | 单尖 正尖 | T2⑦：681 | 骨锥 | 39 | 12 | 5.3 | 2 | 单尖 正尖 |
| T2⑦：649 | 骨锥 | 42.2 | 9.2 | 7.2 | 2.6 | 双尖 正尖 | T2⑦：682 | 骨铲 | 34 | 25 | 7 | 4.4 | 骨铲 |

**续附表四**

| 器物号 | 名称 | 长 | 宽 | 厚 | 重 | 类型 | 器物号 | 名称 | 长 | 宽 | 厚 | 重 | 类型 |
|---|---|---|---|---|---|---|---|---|---|---|---|---|---|
| T2⑦：683 | 骨锥 | 29 | 14 | 5 | 1.4 | 单尖 正尖 | T2⑦：714 | 骨锥 | 60.2 | 14.3 | 7.2 | 4.8 | 双尖 正尖 |
| T2⑦：684 | 骨锥 | 39 | 17 | 6 | 2.8 | 单尖 正尖 | T2⑦：715 | 骨锥 | 47.2 | 10.5 | 4.8 | 1.8 | 单尖 正尖 |
| T2⑦：685 | 骨锥 | 47.2 | 16 | 7.2 | 4 | 双尖 角尖 | T2⑦：716 | 骨铲 | 59.8 | 16.5 | 5.2 | 5.4 | 骨铲 |
| T2⑦：686 | 骨锥 | 37.9 | 16.1 | 7.8 | 3.4 | 双尖 正尖 | T2⑦：718 | 骨锥 | 45 | 12 | 5 | 2.4 | 单尖 角尖 |
| T2⑦：687 | 骨锥 | 48.2 | 15 | 8.6 | 4.8 | 双尖 正尖 | T2⑦：719 | 骨铲 | 35.5 | 21 | 8.2 | 3.6 | 骨铲 |
| T2⑦：688 | 骨锥 | 33.2 | 15.9 | 6 | 3 | 单尖 正尖 | T2⑦：720 | 骨铲 | 59.8 | 9.8 | 5.2 | 3.6 | 骨铲 |
| T2⑦：689 | 骨锥 | 39 | 13 | 5 | 2.2 | 单尖 角尖 | T2⑦：721 | 骨锥 | 29 | 10 | 4 | 1.2 | 单尖 正尖 |
| T2⑦：690 | 骨锥 | 38.5 | 13.2 | 7.2 | 2 | 双尖 正尖 | T2⑦：722 | 骨锥 | 45 | 25 | 10.8 | 7.4 | 双尖 角尖 |
| T2⑦：691 | 骨锥 | 29 | 10 | 6 | 1.6 | 单尖 角尖 | T2⑦：723 | 骨锥 | 29 | 21 | 10 | 32 | 单尖 正尖 |
| T2⑦：692 | 骨锥 | 38.8 | 23.5 | 9.5 | 6 | 双尖 正尖 | T2⑦：724 | 骨锥 | 48 | 24 | 10 | 7.6 | 单尖 正尖 |
| T2⑦：693 | 骨锥 | 62 | 25 | 12 | 11 | 单尖 正尖 | T2⑦：725 | 骨锥 | 56 | 21 | 7 | 5.2 | 双尖 正尖 |
| T2⑦：694 | 骨锥 | 51 | 24 | 7 | 6.6 | 单尖 正尖 | T2⑦：726 | 骨锥 | 57.1 | 30.4 | 14.9 | 15 | 双尖 正尖 |
| T2⑦：695 | 骨锥 | 63 | 14 | 5 | 4.6 | 双尖 正尖 | T2⑦：727 | 骨锥 | 63 | 18 | 8 | 7.2 | 单尖 正尖 |
| T2⑦：696 | 骨铲 | 55.2 | 20.8 | 11 | 9.2 | 骨铲 | T2⑦：728 | 骨锥 | 39 | 15 | 12 | 4.2 | 单尖 正尖 |
| T2⑦：697 | 骨锥 | 58 | 15 | 12 | 4.8 | 单尖 正尖 | T2⑦：729 | 骨锥 | 75.5 | 28 | 15.2 | 15 | 双尖 角尖 |
| T2⑦：698 | 骨锥 | 52.8 | 10.5 | 5.3 | 2.6 | 双尖 正尖 | T2⑦：730 | 骨锥 | 50 | 15 | 9 | 7.6 | 单尖 正尖 |
| T2⑦：699 | 骨锥 | 41 | 34 | 11 | 9.4 | 单尖 角尖 | T2⑦：731 | 骨锥 | 91.2 | 22.2 | 14.2 | 18.8 | 双尖 正尖 |
| T2⑦：701 | 骨锥 | 49.2 | 21.3 | 11 | 7.4 | 双尖 正尖 | T2⑦：732 | 骨锥 | 75 | 12 | 6 | 6 | 双尖 角尖 |
| T2⑦：702 | 骨锥 | 36 | 19 | 12 | 4.2 | 单尖 正尖 | T2⑦：733 | 骨锥 | 40 | 22 | 5 | 4 | 单尖 正尖 |
| T2⑦：703 | 骨锥 | 46 | 10 | 8 | 3 | 单尖 角尖 | T2⑦：734 | 骨锥 | 53 | 22 | 7.8 | 4 | 双尖 角尖 |
| T2⑦：704 | 骨锥 | 37.9 | 16.4 | 8.9 | 2.6 | 单尖 正尖 | T2⑦：735 | 骨锥 | 58.5 | 19 | 9.5 | 6 | 双尖 角尖 |
| T2⑦：705 | 骨锥 | 56 | 16 | 13 | 5.4 | 单尖 正尖 | T2⑦：736 | 骨锥 | 45 | 20 | 9 | 5.6 | 单尖 正尖 |
| T2⑦：706 | 骨锥 | 58 | 23 | 7 | 5.8 | 单尖 正尖 | T2⑦：737 | 骨锥 | 46.2 | 15 | 10.5 | 3.4 | 双尖 正尖 |
| T2⑦：707 | 骨锥 | 54.1 | 21.8 | 9.2 | 5.8 | 双尖 正尖 | T2⑦：739 | 骨锥 | 52.5 | 21.5 | 12 | 8.6 | 双尖 角尖 |
| T2⑦：708 | 骨铲 | 59.5 | 25.5 | 13 | 16.2 | 骨铲 | T2⑦：740 | 骨锥 | 30.8 | 9.8 | 5.8 | 1.6 | 单尖 正尖 |
| T2⑦：709 | 骨锥 | 49 | 13 | 9 | 4.6 | 单尖 正尖 | T2⑦：741 | 骨锥 | 50 | 15 | 7 | 3.4 | 单尖 正尖 |
| T2⑦：710 | 骨铲 | 47.5 | 31.5 | 15.8 | 14.8 | 骨铲 | T2⑦：742 | 骨锥 | 56 | 15 | 6 | 4.8 | 单尖 正尖 |
| T2⑦：711 | 骨锥 | 43 | 21 | 7 | 3.6 | 单尖 正尖 | T2⑦：744 | 骨锥 | 52.1 | 10.3 | 5 | 2.2 | 双尖 正尖 |
| T2⑦：712 | 骨铲 | 57.2 | 25 | 8.8 | 6.6 | 骨铲 | T2⑦：745 | 骨锥 | 47 | 16.9 | 6.8 | 3.2 | 单尖 正尖 |
| T2⑦：713 | 骨铲 | 72 | 28 | 15 | 20.6 | 双尖 角尖 | T2⑦：746 | 骨锥 | 42 | 14.5 | 6 | 2.8 | 单尖 正尖 |

续附表四

| 器物号 | 名称 | 长 | 宽 | 厚 | 重 | 类型 | 器物号 | 名称 | 长 | 宽 | 厚 | 重 | 类型 |
|---|---|---|---|---|---|---|---|---|---|---|---|---|---|
| T2⑦：747 | 骨锥 | 41.2 | 10.1 | 6.4 | 2 | 双尖 正尖 | T2⑦：781 | 骨锥 | 40 | 11 | 7 | 2.4 | 单尖 正尖 |
| T2⑦：748 | 骨锥 | 40.5 | 11.6 | 5.3 | 2.2 | 单尖 正尖 | T2⑦：782 | 骨锥 | 54 | 14 | 8 | 4.8 | 单尖 角尖 |
| T2⑦：749 | 骨锥 | 56 | 18 | 8 | 5.8 | 单尖 正尖 | T2⑦：783 | 骨锥 | 41 | 9.1 | 5.2 | 1.8 | 双尖 正尖 |
| T2⑦：750 | 骨铲 | 61.5 | 17.8 | 10.5 | 9.2 | 骨铲 | T2⑦：784 | 骨锥 | 30.5 | 11.5 | 7.8 | 1.4 | 双尖 角尖 |
| T2⑦：751 | 骨锥 | 27 | 12 | 4 | 0.8 | 单尖 正尖 | T2⑦：785 | 骨锥 | 40 | 9 | 5 | 2.4 | 单尖 正尖 |
| T2⑦：752 | 骨锥 | 49 | 15 | 5 | 3.4 | 单尖 正尖 | T2⑦：786 | 骨锥 | 28.3 | 8.9 | 4 | 0.6 | 单尖 正尖 |
| T2⑦：753 | 骨锥 | 52 | 20 | 5 | 4.8 | 单尖 正尖 | T2⑦：787 | 骨锥 | 36 | 16 | 7 | 2.4 | 单尖 正尖 |
| T2⑦：754 | 骨锥 | 62 | 31 | 14 | 13.6 | 单尖 角尖 | T2⑦：788 | 骨锥 | 49 | 21 | 6 | 5.8 | 单尖 正尖 |
| T2⑦：755 | 骨锥 | 49.4 | 22.3 | 7.1 | 6 | 单尖 正尖 | T2⑦：789 | 骨锥 | 36 | 12 | 7 | 2.6 | 单尖 正尖 |
| T2⑦：757 | 骨锥 | 45 | 15.8 | 6.5 | 3 | 双尖 角尖 | T2⑦：790 | 骨锥 | 31.5 | 8.9 | 4.5 | 1 | 双尖 正尖 |
| T2⑦：758 | 骨锥 | 53 | 15 | 6 | 4.4 | 双尖 角尖 | T2⑦：791 | 骨锥 | 31.8 | 17.1 | 7.2 | 3 | 单尖 正尖 |
| T2⑦：760 | 骨锥 | 54.2 | 15 | 15.9 | 7.4 | 双尖 正尖 | T2⑦：792 | 骨锥 | 38 | 11 | 5 | 1.6 | 单尖 正尖 |
| T2⑦：761 | 骨锥 | 59.8 | 20.1 | 9.3 | 6.2 | 双尖 正尖 | T2⑦：793 | 骨锥 | 27.3 | 9.5 | 5.9 | 1.2 | 单尖 正尖 |
| T2⑦：762 | 骨锥 | 33 | 23 | 8 | 4.2 | 单尖 正尖 | T2⑦：794 | 骨锥 | 36 | 13 | 9 | 2.4 | 单尖 正尖 |
| T2⑦：763 | 骨锥 | 40.8 | 20.5 | 5.5 | 3.4 | 单尖 正尖 | T2⑦：795 | 骨锥 | 33.5 | 12.8 | 6 | 1.6 | 双尖 角尖 |
| T2⑦：764 | 骨锥 | 63 | 17.2 | 7.9 | 6.4 | 双尖 正尖 | T2⑦：796 | 骨锥 | 47 | 9 | 5.5 | 2.4 | 单尖 正尖 |
| T2⑦：765 | 骨锥 | 49.7 | 15.6 | 6 | 2.8 | 单尖 正尖 | T2⑦：797 | 骨锥 | 55 | 21 | 7.2 | 7 | 单尖 正尖 |
| T2⑦：766 | 骨锥 | 47 | 14 | 6 | 3 | 双尖 角尖 | T2⑦：798 | 骨锥 | 53.9 | 19.5 | 10.2 | 6.4 | 双尖 正尖 |
| T2⑦：767 | 骨锥 | 55 | 2 | 11 | 5.8 | 单尖 正尖 | T2⑦：799 | 骨锥 | 52 | 23 | 7 | 7.8 | 单尖 正尖 |
| T2⑦：769 | 骨锥 | 27.4 | 16.9 | 6.1 | 2.2 | 单尖 正尖 | T2⑦：800 | 骨锥 | 46.9 | 23.5 | 9.8 | 6.2 | 双尖 正尖 |
| T2⑦：770 | 骨锥 | 36.4 | 20.5 | 6.8 | 3 | 双尖 正尖 | T2⑦：801 | 骨锥 | 53 | 15 | 8 | 4.8 | 单尖 正尖 |
| T2⑦：771 | 骨锥 | 43 | 19 | 5 | 3.2 | 单尖 正尖 | T2⑦：803 | 骨铲 | 43 | 17.2 | 6 | 2.8 | 骨铲 |
| T2⑦：772 | 骨锥 | 58.5 | 15.1 | 8 | 5.4 | 双尖 正尖 | T2⑦：804 | 骨锥 | 55.2 | 17 | 7.3 | 6 | 单尖 正尖 |
| T2⑦：773 | 骨锥 | 41.5 | 11.5 | 6.6 | 2.4 | 单尖 正尖 | T2⑦：805 | 骨锥 | 33 | 12 | 6 | 2.2 | 单尖 正尖 |
| T2⑦：774 | 骨锥 | 30.5 | 14.5 | 9 | 2.2 | 双尖 角尖 | T2⑦：806 | 骨锥 | 33.5 | 19 | 9.4 | 4 | 双尖 正尖 |
| T2⑦：775 | 骨锥 | 36 | 10.5 | 6.2 | 1.6 | 双尖 角尖 | T2⑦：807 | 骨锥 | 43 | 28 | 5 | 5.2 | 单尖 正尖 |
| T2⑦：776 | 骨锥 | 49 | 17 | 6 | 4.4 | 单尖 正尖 | T2⑦：808 | 骨锥 | 51 | 18 | 7 | 4.4 | 单尖 正尖 |
| T2⑦：778 | 骨锥 | 40 | 13.8 | 6.7 | 3.2 | 单尖 正尖 | T2⑦：809 | 骨锥 | 48 | 16 | 7 | 5.4 | 单尖 角尖 |
| T2⑦：779 | 骨锥 | 49.8 | 15 | 6.7 | 5.4 | 单尖 正尖 | T2⑦：810 | 骨锥 | 32 | 11 | 5 | 1.4 | 单尖 正尖 |
| T2⑦：780 | 骨锥 | 43.6 | 19 | 5.6 | 3.6 | 单尖 正尖 | T2⑦：812 | 骨锥 | 41 | 23 | 11 | 6.8 | 单尖 正尖 |

**续附表四**

| 器物号 | 名称 | 长 | 宽 | 厚 | 重 | 类型 | 器物号 | 名称 | 长 | 宽 | 厚 | 重 | 类型 |
|---|---|---|---|---|---|---|---|---|---|---|---|---|---|
| T2⑦：813 | 骨锥 | 30.5 | 11.4 | 5.2 | 1.6 | 单尖 正尖 | T2⑦：845 | 骨铲 | 107.5 | 36 | 14.8 | 37.6 | 骨铲 |
| T2⑦：814 | 骨锥 | 43.1 | 9.4 | 6.4 | 2.2 | 双尖 正尖 | T2⑦：846 | 骨铲 | 79 | 37 | 10.5 | 28.8 | 骨铲 |
| T2⑦：815 | 骨铲 | 56 | 23 | 9 | 8 | 骨铲 | T2⑦：847 | 骨锥 | 47 | 11 | 7 | 3 | 单尖 正尖 |
| T2⑦：816 | 骨锥 | 40.5 | 15 | 6.3 | 2.8 | 单尖 正尖 | T2⑦：848 | 骨锥 | 75 | 16 | 5 | 6.2 | 单尖 正尖 |
| T2⑦：817 | 骨锥 | 34 | 19 | 5 | 2.4 | 单尖 角尖 | T2⑦：875 | 骨锥 | 53 | 15.6 | 6 | 3.6 | 双尖 正尖 |
| T2⑦：818 | 骨锥 | 44 | 12 | 6 | 3.6 | 单尖 正尖 | T2⑦：876 | 骨锥 | 31 | 12 | 4 | 1.4 | 单尖 正尖 |
| T2⑦：819 | 骨铲 | 62.5 | 34 | 15 | 27.4 | 骨铲 | T2⑦：877 | 骨锥 | 41.6 | 14.6 | 10 | 4.2 | 单尖 正尖 |
| T2⑦：820 | 骨锥 | | 18.4 | 9 | 7.2 | 双尖 正尖 | T2⑦：878 | 骨铲 | 55 | 21 | 7.8 | 5.6 | 骨铲 |
| T2⑦：821 | 骨锥 | 93 | 25 | 7 | 13.6 | 单尖 角尖 | T2⑦：879 | 骨铲 | 22.5 | 7.5 | 4.2 | 0.4 | 骨铲 |
| T2⑦：822 | 骨锥 | 60 | 12.2 | 7 | 5.8 | 单尖 正尖 | T2⑦：880 | 骨锥 | 49.9 | 29.4 | 6.1 | 6.6 | 双尖 正尖 |
| T2⑦：823 | 骨锥 | 66 | 18 | 6 | 6.2 | 单尖 正尖 | T2⑦：881 | 骨铲 | 61.2 | 28.5 | 8 | 10.8 | 骨铲 |
| T2⑦：824 | 骨锥 | 31.9 | 21.5 | 6.5 | 2.4 | 单尖 正尖 | T2⑦：882 | 骨锥 | 51 | 16 | 6 | 4.4 | 单尖 角尖 |
| T2⑦：825 | 骨锥 | 43 | 11 | 8 | 2.8 | 单尖 正尖 | T2⑦：883 | 骨锥 | 38 | 28.8 | 6.5 | 5 | 单尖 正尖 |
| T2⑦：826 | 骨锥 | 37.1 | 14.5 | 7.8 | 3.4 | 双尖 正尖 | T2⑧：12 | 骨铲 | 80 | 22 | 12 | 22.4 | 单尖 |
| T2⑦：827 | 骨锥 | 44 | 17 | 7 | 4.6 | 单尖 正尖 | T2⑧：16 | 骨锥 | 133 | 37 | 18 | 71 | 双尖 |
| T2⑦：828 | 骨锥 | 43 | 13 | 9 | 4 | 单尖 正尖 | T2⑧：17 | 骨锥 | 86.5 | 37 | 20.8 | 41 | 双尖 |
| T2⑦：829 | 骨锥 | 34.8 | 11.2 | 5 | 1.2 | 双尖 角尖 | T2⑧：18 | 骨铲 | 111 | 52 | 16 | 54.6 | 正尖 |
| T2⑦：830 | 骨锥 | 31.8 | 14 | 5.8 | 2 | 双尖 角尖 | T2⑧：19 | 骨铲 | 136 | 67 | 35 | 101.8 | 骨铲 |
| T2⑦：831 | 骨锥 | 25.8 | 12.5 | 25.8 | 1.6 | 单尖 正尖 | T2⑧：20 | 骨锥 | 80 | 56 | 35 | 82.2 | 单尖 正尖 |
| T2⑦：832 | 骨锥 | 33.8 | 16 | 6.2 | 2.8 | 双尖 角尖 | T2⑧：21 | 骨锥 | 53.8 | 18 | 7 | 5.2 | 角尖 |
| T2⑦：833 | 骨锥 | 32 | 14.1 | 8.8 | 2 | 单尖 正尖 | T2⑧：22 | 骨锥 | 77 | 32 | 11 | 21.6 | 双尖 正尖 |
| T2⑦：834 | 骨锥 | 32 | 10.5 | 4.9 | 1.6 | 单尖 正尖 | T2⑧：26 | 骨锥 | 73 | 18 | 6 | 7.4 | 单尖 |
| T2⑦：835 | 骨锥 | 28 | 12 | 5 | 1 | 单尖 正尖 | T2⑧：28 | 骨锥 | 67 | 18 | 6 | 5.8 | 单尖 正尖 |
| T2⑦：837 | 骨锥 | 29.3 | 7.8 | 3.5 | 0.8 | 单尖 正尖 | T2⑧：31 | 骨锥 | 53 | 17 | 7 | 5 | 单尖 角尖 |
| T2⑦：838 | 骨锥 | 27.2 | 11.2 | 6 | 1.4 | 单尖 正尖 | T2⑧：36 | 骨锥 | 62 | 14 | 7 | 4.6 | 双尖 正尖 |
| T2⑦：839 | 骨锥 | 30 | 9.2 | 6.2 | 1.2 | 单尖 正尖 | T2⑧：40 | 骨锥 | 51 | 21 | 6 | 5.2 | 单尖 正尖 |
| T2⑦：841 | 骨锥 | 31.3 | 10.1 | 3.1 | 1.2 | 单尖 正尖 | T2⑧：63 | 骨铲 | 80 | 22 | 12 | 22.4 | 单尖 |
| T2⑦：842 | 骨铲 | 60.5 | 12 | 5.5 | 4.6 | 骨铲 | T2⑧：64 | 骨锥 | 133 | 37 | 18 | 71 | 双尖 正尖 |
| T2⑦：843 | 骨锥 | 45.2 | 7.9 | 4.1 | 1.6 | 双尖 正尖 | T2⑧：65 | 骨锥 | 66 | 16 | 6 | 5.4 | 双尖 正尖 |
| T2⑦：844 | 骨锥 | 49 | 17 | 5 | 4 | 单尖 正尖 | T3①：28 | 骨锥 | 43 | 17 | 6 | 5 | 正尖 |

**续附表四**

| 器物号 | 名称 | 长 | 宽 | 厚 | 重 | 类型 | 器物号 | 名称 | 长 | 宽 | 厚 | 重 | 类型 |
|---|---|---|---|---|---|---|---|---|---|---|---|---|---|
| T3①：35 | 骨锥 | 64 | 27 | 9 | 12.6 | 单尖 角尖 | T3①：119 | 骨锥 | 37 | 15 | 5 | 1.6 | 双尖 正尖 |
| T3①：39 | 骨锥 | 38 | 11 | 6 | 2 | 双尖 正尖 | T3①：120 | 骨锥 | 55 | 14 | 7 | 5 | 单尖 角尖 |
| T3①：40 | 骨铲 | 33 | 11 | 5.4 | 2 | 骨铲 | T3①：121 | 骨锥 | 37 | 11 | 4 | 1.4 | 双尖 正尖 |
| T3①：44 | 骨锥 | 57 | 19 | 5 | 4 | 双尖 正尖 | T3①：122 | 骨锥 | 47 | 31.5 | 15 | 16.4 | 双尖 角尖 |
| T3①：67 | 骨铲 | 51 | 21 | 6.5 | 7 | 骨铲 | T3①：123 | 骨锥 | 43.7 | 16.5 | 3 | 2.6 | 双尖 角尖 |
| T3①：68 | 骨铲 | 48.6 | 25 | 8 | 8.4 | 骨铲 | T3①：124 | 骨锥 | 45 | 13 | 5 | 2.6 | 双尖 正尖 |
| T3①：75 | 骨锥 | 32 | 13 | 6 | 2 | 双尖 角尖 | T3①：125 | 骨锥 | 40 | 19 | 7 | 4.2 | 双尖 角尖 |
| T3①：76 | 骨锥 | 32 | 8 | 6 | 1.4 | 双尖 正尖 | T3①：126 | 骨锥 | 44.5 | 25 | 9.5 | 10.4 | 双尖 角尖 |
| T3①：79 | 骨铲 | 26 | 10.9 | 5 | 1.2 | 骨铲 | T3①：127 | 骨锥 | 37 | 11 | 7 | 1.8 | 双尖 角尖 |
| T3①：81 | 骨锥 | 36 | 16 | 5 | 2 | 单尖 角尖 | T3①：128 | 骨锥 | 39.5 | 16.5 | 6.5 | 4 | 双尖 角尖 |
| T3①：85 | 骨锥 | 44 | 15 | 4 | 2.2 | 双尖 正尖 | T3①：129 | 骨锥 | 38.1 | 11 | 7.2 | 2.8 | 单尖 正尖 |
| T3①：94 | 骨锥 | 36.1 | 11.1 | 3.5 | 1.8 | 单尖 正尖 | T3①：130 | 骨锥 | 37 | 18 | 8 | 3 | 双尖 正尖 |
| T3①：95 | 骨锥 | 39 | 16 | 6 | 3.4 | 单尖 角尖 | T3①：131 | 骨锥 | 38 | 18 | 8 | 3.6 | 双尖 角尖 |
| T3①：102 | 骨锥 | 46 | 17 | 6 | 5 | 双尖 正尖 | T3①：132 | 骨锥 | 36 | 11.2 | 7 | 1.8 | 双尖 角尖 |
| T3①：103 | 骨锥 | 54 | 18 | 8 | 6 | 双尖 正尖 | T3①：133 | 骨锥 | 46 | 17 | 9 | 7.2 | 单尖 角尖 |
| T3①：104 | 骨锥 | 37.2 | 12.2 | 6 | 2.4 | 单尖 正尖 | T3①：134 | 骨铲 | 42 | 19 | 9.6 | 4.6 | 骨铲 |
| T3①：105 | 骨锥 | 33 | 17 | 8 | 3 | 双尖 正尖 | T3①：135 | 骨锥 | 33 | 10 | 11 | 2 | 双尖 角尖 |
| T3①：106 | 骨锥 | 32 | 9 | 5 | 1 | 双尖 正尖 | T3①：136 | 骨锥 | 31 | 16 | 8 | 3.2 | 双尖 角尖 |
| T3①：107 | 骨铲 | 50.9 | 18.5 | 8 | 6.2 | 骨铲 | T3①：137 | 骨锥 | 31 | 13 | 6 | 2.2 | 双尖 角尖 |
| T3①：108 | 骨铲 | 40 | 16 | 6.6 | 4.6 | 骨铲 | T3①：138 | 骨铲 | 35 | 17.4 | 5.6 | 3 | 骨铲 |
| T3①：109 | 骨锥 | 35 | 21 | 7 | 3.6 | 双尖 正尖 | T3①：139 | 骨锥 | 36 | 10 | 6 | 1.4 | 双尖 角尖 |
| T3①：110 | 骨锥 | 33 | 17 | 10 | 3.4 | 单尖 角尖 | T3①：140 | 骨锥 | 30 | 10 | 4.2 | 0.6 | 双尖 角尖 |
| T3①：111 | 骨锥 | 50 | 13 | 8 | 4.2 | 双尖 正尖 | T3①：141 | 骨锥 | 28 | 14 | 6 | 2 | 单尖 角尖 |
| T3①：112 | 骨锥 | 33 | 8 | 4 | 1 | 双尖 正尖 | T3①：142 | 骨锥 | 36.5 | 8 | 4.2 | 1 | 双尖 角尖 |
| T3①：113 | 骨锥 | 33 | 9 | 4 | 1 | 双尖 正尖 | T3①：143 | 骨锥 | 26.2 | 14 | 6 | 1.6 | 双尖 角尖 |
| T3①：114 | 骨锥 | 39 | 22 | 8 | 4.4 | 双尖 正尖 | T3①：144 | 骨锥 | 37 | 14 | 5.6 | 2.2 | 双尖 角尖 |
| T3①：115 | 骨锥 | 38 | 11 | 4 | 1.4 | 双尖 正尖 | T3①：145 | 骨锥 | 62 | 28 | 10 | 24 | 单尖 角尖 |
| T3①：116 | 骨锥 | 34 | 11 | 5 | 1 | 双尖 正尖 | T3①：146 | 骨锥 | 58 | 17 | 9 | 9.4 | 单尖 角尖 |
| T3①：117 | 骨锥 | 41 | 1.5 | 8 | 4.4 | 双尖 角尖 | T3①：147 | 骨锥 | 37 | 18 | 7 | 3.6 | 单尖 角尖 |
| T3①：118 | 骨锥 | 38 | 20 | 7 | 3.4 | 双尖 正尖 | T3①：148 | 骨锥 | 28.5 | 9.8 | 5.8 | 0.8 | 单尖 正尖 |

**续附表四**

| 器物号 | 名称 | 长 | 宽 | 厚 | 重 | 类型 | 器物号 | 名称 | 长 | 宽 | 厚 | 重 | 类型 |
|---|---|---|---|---|---|---|---|---|---|---|---|---|---|
| T3①：149 | 骨锥 | 25 | 8 | 7 | 1.2 | 单尖 角尖 | T3①：178 | 骨锥 | 51 | 24 | 12 | 9.4 | 单尖 正尖 |
| T3①：150 | 骨锥 | 41.5 | 15 | 9.1 | 4.2 | 单尖 正尖 | T3①：179 | 骨锥 | 55 | 16 | 8.2 | 9.5 | 单尖 正尖 |
| T3①：151 | 骨锥 | 39 | 13 | 9 | 3.6 | 单尖 角尖 | T3①：180 | 骨锥 | 56 | 20 | 7.2 | 7 | 单尖 正尖 |
| T3①：152 | 骨锥 | 33 | 11 | 4 | 1.4 | 单尖 角尖 | T3①：181 | 骨锥 | 3 | 8 | 4 | 0.8 | 单尖 角尖 |
| T3①：153 | 骨锥 | 29 | 10 | 5 | 0.8 | 单尖 角尖 | T3①：182 | 骨锥 | 31 | 18 | 5 | 2 | 单尖 正尖 |
| T3①：154 | 骨锥 | 22 | 7 | 4 | 0.6 | 单尖 角尖 | T3①：183 | 骨锥 | 41 | 11 | 6 | 2.6 | 单尖 正尖 |
| T3①：155 | 骨锥 | 33 | 12 | 5 | 1.6 | 单尖 角尖 | T3①：184 | 骨锥 | 30 | 15 | 5 | 1.4 | 单尖 角尖 |
| T3①：156 | 骨铲 | 39.4 | 27.5 | 10.8 | 8.6 | 骨铲 | T3①：185 | 骨锥 | 41 | 11 | 4 | 1.8 | 单尖 正尖 |
| T3①：157 | 骨锥 | 74 | 25 | 8 | 13 | 单尖 角尖 | T3①：186 | 骨锥 | 37.9 | 16.5 | 4.1 | 2.4 | 单尖 正尖 |
| T3①：158 | 骨铲 | 33 | 13 | 5 | 0.4 | 骨铲 | T3①：187 | 骨锥 | 49 | 22 | 7 | 7 | 单尖 正尖 |
| T3①：159 | 骨铲 | 53 | 18.5 | 8.2 | 6 | 骨铲 | T3①：188 | 骨锥 | 32 | 12 | 7 | 2 | 单尖 正尖 |
| T3①：160 | 骨铲 | 64 | 24 | 12 | 12.4 | 骨铲 | T3①：189 | 骨锥 | 31 | 8 | 5 | 1.2 | 单尖 正尖 |
| T3①：161 | 骨锥 | 51 | 24 | 5 | 4 | 单尖 角尖 | T3①：190 | 骨锥 | 65 | 15 | 8 | 5 | 单尖 正尖 |
| T3①：162 | 骨铲 | 38 | 15 | 11.5 | 5.2 | 骨铲 | T3①：191 | 骨锥 | 87 | 33 | 16 | 32.4 | 单尖 正尖 |
| T3①：163 | 骨铲 | 43.5 | 26.7 | 9.8 | 6 | 骨铲 | T3①：192 | 骨锥 | 41 | 15 | 8 | 2.6 | 单尖 正尖 |
| T3①：164 | 骨铲 | 38 | 24 | 9 | 6.4 | 骨铲 | T3①：193 | 骨锥 | 36 | 12 | 8 | 2 | 单尖 正尖 |
| T3①：165 | 骨铲 | 39 | 17.5 | 5.5 | 2.4 | 骨铲 | T3①：194 | 骨锥 | 33 | 11 | 10 | 1.6 | 单尖 正尖 |
| T3①：166 | 骨铲 | 32 | 13.5 | 6.5 | 2 | 骨铲 | T3①：195 | 骨锥 | 30 | 17.2 | 10.8 | 3 | 单尖 正尖 |
| T3①：167 | 骨铲 | 44.5 | 13 | 5.4 | 3.2 | 骨铲 | T3①：196 | 骨锥 | 29 | 5 | 4 | 0.8 | 单尖 正尖 |
| T3①：168 | 骨铲 | 38.8 | 12.7 | 5.6 | 3.2 | 骨铲 | T3①：197 | 骨锥 | 30 | 11 | 5 | 1.6 | 单尖 正尖 |
| T3①：169 | 骨铲 | 42.3 | 20 | 7.9 | 5.4 | 骨铲 | T3①：198 | 骨锥 | 29 | 9 | 5 | 0.8 | 单尖 正尖 |
| T3①：170 | 骨矛头形器 | 65.5 | 8 | 8.5 | 6.4 | 正尖 | T3①：199 | 骨锥 | 51 | 11 | 9 | 3.8 | 单尖 正尖 |
| | | | | | | | T3①：200 | 骨锥 | 43 | 14 | 6 | 3 | 单尖 正尖 |
| T3①：171 | 骨锥 | 43 | 22 | 7 | 5.6 | 单尖 正尖 | T3①：201 | 骨锥 | 54 | 16 | 13 | 9.8 | 单尖 正尖 |
| T3①：172 | 骨锥 | 42.5 | 14.1 | 7.5 | 3.6 | 单尖 正尖 | T3①：202 | 骨锥 | 42 | 15 | 7 | 4.8 | 单尖 正尖 |
| T3①：173 | 骨锥 | 39 | 17 | 8 | 3 | 单尖 正尖 | T3①：203 | 骨锥 | 42 | 22 | 15 | 7.6 | 单尖 正尖 |
| T3①：174 | 骨锥 | 62 | 16 | 7 | 5 | 单尖 正尖 | T3①：205 | 骨锥 | 43 | 15 | 11 | 4.2 | 双尖 正尖 |
| T3①：175 | 骨锥 | 60 | 24 | 16 | 12 | 单尖 正尖 | T3①：206 | 骨锥 | 26 | 10 | 6 | 1.4 | 双尖 正尖 |
| T3①：176 | 骨锥 | 32 | 13 | 7 | 2.2 | 单尖 角尖 | T3①：207 | 骨锥 | 35 | 10 | 7 | 1.8 | 单尖 正尖 |
| T3①：177 | 骨锥 | 30 | 9 | 4 | 1 | 双尖 角尖 | T3①：208 | 骨锥 | 28 | 8 | 4 | 0.6 | 单尖 正尖 |

**续附表四**

| 器物号 | 名称 | 长 | 宽 | 厚 | 重 | 类型 | 器物号 | 名称 | 长 | 宽 | 厚 | 重 | 类型 |
|---|---|---|---|---|---|---|---|---|---|---|---|---|---|
| T3①：209 | 骨锥 | 29 | 11 | 4 | 1.2 | 单尖 正尖 | T3①：240 | 骨锥 | 44 | 13 | 4 | 2.2 | 单尖 正尖 |
| T3①：210 | 骨锥 | 40 | 12 | 10 | 6.4 | 单尖 正尖 | T3①：241 | 骨锥 | 24 | 12 | 5 | 1.2 | 双尖 角尖 |
| T3①：211 | 骨锥 | 42 | 16 | 10 | 3.4 | 单尖 正尖 | T3①：242 | 骨锥 | 38 | 18 | 8 | 3.2 | 单尖 正尖 |
| T3①：212 | 骨锥 | 40 | 9 | 6 | 1.2 | 双尖 正尖 | T3①：243 | 骨锥 | 39 | 14 | 8 | 2.8 | 单尖 正尖 |
| T3①：213 | 骨锥 | 29 | 11 | 5 | 1.2 | 单尖 正尖 | T3①：244 | 骨锥 | 30 | 9 | 4 | 1.2 | 双尖 角尖 |
| T3①：214 | 骨锥 | 25 | 22 | 10 | 1.6 | 单尖 正尖 | T3①：245 | 骨锥 | 36 | 18 | 6 | 3.6 | 单尖 正尖 |
| T3①：215 | 骨锥 | 30 | 9 | 5 | 1 | 双尖 角尖 | T3①：246 | 骨锥 | 27 | 12 | 8 | 2.2 | 单尖 角尖 |
| T3①：216 | 骨锥 | 36 | 10 | 5 | 1 | 单尖 正尖 | T3①：247 | 骨锥 | 37 | 13 | 9 | 2.6 | 单尖 正尖 |
| T3①：217 | 骨锥 | 35 | 19 | 9 | 4.2 | 单尖 正尖 | T3①：248 | 骨锥 | 34 | 8 | 3 | 1 | 单尖 正尖 |
| T3①：218 | 骨锥 | 48 | 18 | 9 | 6.2 | 单尖 正尖 | T3①：249 | 骨锥 | 32 | 12 | 5 | 1.4 | 单尖 正尖 |
| T3①：219 | 骨锥 | 43 | 12 | 5 | 3.4 | 单尖 正尖 | T3①：250 | 骨锥 | 42 | 14 | 8 | 2.8 | 单尖 正尖 |
| T3①：220 | 骨锥 | 29 | 11 | 5 | 1.4 | 单尖 正尖 | T3①：251 | 骨锥 | 45 | 13 | 0.6 | 3 | 单尖 正尖 |
| T3①：221 | 骨锥 | 27 | 13 | 9 | 1 | 单尖 角尖 | T3①：252 | 骨锥 | 35 | 12 | 4 | 1.8 | 单尖 正尖 |
| T3①：222 | 骨锥 | 32 | 9 | 5 | 1.4 | 双尖 正尖 | T3①：253 | 骨锥 | 36 | 13 | 6 | 3 | 单尖 正尖 |
| T3①：223 | 骨锥 | 33 | 7 | 4 | 0.6 | 双尖 正尖 | T3①：254 | 骨锥 | 37 | 20 | 7 | 4 | 单尖 正尖 |
| T3①：224 | 骨锥 | 27 | 13 | 6 | 2 | 单尖 正尖 | T3①：255 | 骨锥 | 38 | 15 | 5 | 1.8 | 单尖 正尖 |
| T3①：225 | 骨锥 | 32 | 14.2 | 3.9 | 2.2 | 单尖 正尖 | T3①：256 | 骨锥 | 29 | 9 | 7 | 1.6 | 双尖 正尖 |
| T3①：226 | 骨锥 | 27 | 12.5 | 10 | 1 | 单尖 正尖 | T3①：257 | 骨锥 | 29 | 13 | 5 | 2.2 | 单尖 正尖 |
| T3①：227 | 骨锥 | 38 | 14 | 7 | 2.8 | 单尖 正尖 | T3①：258 | 骨锥 | 43 | 13 | 4 | 2 | 双尖 正尖 |
| T3①：228 | 骨锥 | 39 | 16 | 5 | 3.2 | 单尖 正尖 | T3①：259 | 骨锥 | 31 | 8 | 3 | 1 | 单尖 正尖 |
| T3①：229 | 骨锥 | 37 | 13.7 | 6 | 2.8 | 单尖 正尖 | T3①：260 | 骨锥 | 28 | 6 | 4 | 0.8 | 单尖 正尖 |
| T3①：230 | 骨锥 | 59 | 22.5 | 10.5 | 10 | 单尖 正尖 | T3①：261 | 骨锥 | 38 | 13 | 6 | 2 | 双尖 正尖 |
| T3①：231 | 骨锥 | 29 | 16 | 9 | 2.8 | 单尖 角尖 | T3①：262 | 骨锥 | 40 | 8 | 4 | 1.2 | 单尖 正尖 |
| T3①：233 | 骨锥 | 56 | 13 | 10 | 6.4 | 单尖 正尖 | T3①：263 | 骨锥 | 43 | 12 | 6 | 3 | 单尖 正尖 |
| T3①：234 | 骨锥 | 37 | 15 | 6 | 2.2 | 单尖 正尖 | T3①：264 | 骨锥 | 29 | 13 | 9 | 1.6 | 双尖 角尖 |
| T3①：235 | 骨锥 | 38 | 17 | 5 | 3.2 | 单尖 正尖 | T3①：265 | 骨锥 | 81 | 30 | 7 | 18 | 单尖 正尖 |
| T3①：236 | 骨锥 | 35 | 11 | 4 | 8 | 双尖 正尖 | T3①：266 | 骨锥 | 52 | 11 | 8 | 3.2 | 单尖 正尖 |
| T3①：237 | 骨锥 | 39 | 15 | 5 | 2.8 | 单尖 正尖 | T3①：267 | 骨锥 | 37 | 13 | 7 | 3.4 | 单尖 正尖 |
| T3①：238 | 骨锥 | 33 | 10 | 5 | 1.6 | 单尖 角尖 | T3①：268 | 骨铲 | 38 | 9.8 | 6.3 | 2.2 | 骨铲 |
| T3①：239 | 骨锥 | 59 | 13 | 8 | 5.8 | 单尖 正尖 | T3①：269 | 骨锥 | 31 | 11 | 3 | 1.2 | 双尖 角尖 |

**续附表四**

| 器物号 | 名称 | 长 | 宽 | 厚 | 重 | 类型 | 器物号 | 名称 | 长 | 宽 | 厚 | 重 | 类型 |
|---|---|---|---|---|---|---|---|---|---|---|---|---|---|
| T3①：270 | 骨锥 | 26 | 12 | 5 | 1.8 | 双尖 角尖 | T3①：300 | 骨铲 | 55 | 22.8 | 8 | 9.4 | 骨铲 |
| T3①：271 | 骨锥 | 32 | 14.2 | 3.9 | 2.2 | 单尖 正尖 | T3①：301 | 骨锥 | 24.5 | 12.2 | 7 | 1.8 | 单尖 正尖 |
| T3①：272 | 骨锥 | 52 | 20 | 10 | 7.8 | 单尖 正尖 | T3①：302 | 骨锥 | 20.6 | 12 | 9 | 1.2 | 单尖 正尖 |
| T3①：273 | 骨锥 | 34 | 10 | 8 | 1.8 | 双尖 正尖 | T3①：303 | 骨锥 | 20.5 | 9 | 5 | 0.4 | 单尖 正尖 |
| T3①：274 | 骨锥 | 28 | 12 | 5 | 2.2 | 单尖 正尖 | T3①：304 | 骨锥 | 28.5 | 8 | 3 | 0.6 | 单尖 正尖 |
| T3①：275 | 骨锥 | 42 | 9.2 | 7.2 | 2 | 单尖 正尖 | T3①：305 | 骨锥 | 24 | 9 | 6 | 1.4 | 单尖 正尖 |
| T3①：276 | 骨锥 | 35 | 6 | 3 | 0.6 | 双尖 正尖 | T3①：306 | 骨锥 | 28 | 14 | 5.4 | 1.8 | 单尖 正尖 |
| T3①：277 | 骨锥 | 44 | 12 | 7 | 2.8 | 单尖 正尖 | T3①：307 | 骨锥 | 31.2 | 6 | 3 | 0.6 | 单尖 正尖 |
| T3①：278 | 骨锥 | 32 | 17 | 5 | 1.6 | 单尖 正尖 | T3①：308 | 骨锥 | 34 | 8.2 | 8.8 | 0.8 | 单尖 正尖 |
| T3①：279 | 骨锥 | 31 | 16 | 8 | 2.2 | 单尖 正尖 | T3①：309 | 骨锥 | 30 | 6.4 | 3.5 | 0.6 | 单尖 正尖 |
| T3①：280 | 骨锥 | 31 | 14 | 7 | 2.8 | 单尖 正尖 | T3①：310 | 骨锥 | 22 | 8.4 | 4.9 | 0.6 | 单尖 正尖 |
| T3①：281 | 骨锥 | 31 | 9 | 6 | 1.4 | 单尖 正尖 | T3①：323 | 骨锥 | 37 | 23 | 5 | 4.2 | 单尖 正尖 |
| T3①：282 | 骨锥 | 41 | 24 | 10 | 6 | 单尖 正尖 | T3①：325 | 骨锥 | 31.5 | 23.4 | 6.8 | 3.6 | 单尖 正尖 |
| T3①：283 | 骨锥 | 36 | 12 | 5 | 1.6 | 双尖 角尖 | T3①：340 | 骨铲 | 41.3 | 16 | 4.4 | 2 | 骨铲 |
| T3①：284 | 骨锥 | 32 | 8 | 5 | 1.2 | 单尖 正尖 | T3①：367 | 骨锥 | 41.9 | 20.3 | 7.3 | 5 | 单尖 正尖 |
| T3①：285 | 骨锥 | 46 | 11 | 9 | 4 | 单尖 正尖 | T3①：369 | 骨锥 | 39.3 | 15.4 | 9.8 | 5.6 | 单尖 正尖 |
| T3①：286 | 骨锥 | 35 | 15 | 8 | 2.6 | 单尖 正尖 | T3①：384 | 骨锥 | 35 | 13 | 6 | 1.8 | 双尖 正尖 |
| T3①：287 | 骨锥 | 32 | 15 | 6 | 2.4 | 单尖 正尖 | T3①：394 | 骨锥 | 32.2 | 14.8 | 9 | 3 | 单尖 正尖 |
| T3①：288 | 骨锥 | 41 | 15 | 4 | 2 | 单尖 正尖 | T3①：428 | 骨锥 | 31.8 | 17.8 | 11.5 | 4 | 单尖 正尖 |
| T3①：289 | 骨锥 | 37 | 20 | 9 | 4.8 | 单尖 正尖 | T3①：431 | 骨锥 | 34.1 | 16 | 17.1 | 2.2 | 单尖 正尖 |
| T3①：290 | 骨锥 | 27 | 10 | 6 | 1.4 | 单尖 正尖 | T3①：435 | 骨锥 | 31.3 | 8.1 | 4.1 | 1 | 单尖 正尖 |
| T3①：291 | 骨锥 | 33 | 10 | 8 | 2 | 单尖 正尖 | T3①：454 | 骨锥 | 33 | 10.2 | 6.1 | 1.8 | 单尖 正尖 |
| T3①：292 | 骨锥 | 25 | 12 | 3 | 1 | 单尖 正尖 | T3①：475 | 骨锥 | 33.8 | 9.4 | 4.4 | 1.2 | 单尖 正尖 |
| T3①：293 | 骨锥 | 29 | 14 | 7 | 2 | 单尖 正尖 | T3①：492 | 骨锥 | 28.8 | 13.9 | 3.8 | 1.6 | 单尖 正尖 |
| T3①：294 | 骨锥 | 27 | 10 | 7 | 1.6 | 单尖 角尖 | T3①：506 | 骨锥 | 33.2 | 9.1 | 5.4 | 1.6 | 单尖 正尖 |
| T3①：295 | 骨锥 | 24 | 11 | 10 | 1.4 | 单尖 角尖 | T3①：510 | 骨锥 | 24.1 | 5.5 | 4.1 | 6 | 单尖 正尖 |
| T3①：296 | 骨锥 | 36 | 8 | 8 | 1.8 | 单尖 正尖 | T3①：511 | 骨锥 | 33.1 | 8.1 | 7.2 | 2.2 | 单尖 正尖 |
| T3①：297 | 骨锥 | 26.4 | 6.5 | 3.9 | 0.6 | 单尖 正尖 | T3①：512 | 骨铲 | 23 | 4.9 | 2.2 | 6 | 骨铲 |
| T3①：298 | 骨锥 | 27 | 8 | 7.6 | 1 | 单尖 正尖 | T3①：513 | 骨锥 | 47 | 16 | 5 | 3.4 | 双尖 正尖 |
| T3①：299 | 骨锥 | 35.4 | 13.8 | 5.8 | 2.4 | 单尖 正尖 | T3①：514 | 骨铲 | 50 | 25.8 | 8 | 6.6 | 骨铲 |

**续附表四**

| 器物号 | 名称 | 长 | 宽 | 厚 | 重 | 类型 | 器物号 | 名称 | 长 | 宽 | 厚 | 重 | 类型 |
|---|---|---|---|---|---|---|---|---|---|---|---|---|---|
| T3①:515 | 骨锥 | 45 | 19 | 4 | 3.4 | 双尖 正尖 | T3②:554 | 骨锥 | 41.7 | 18.2 | 8.1 | 4.8 | 单尖 角尖 |
| T3①:516 | 骨铲 | 45.7 | 22.6 | 6.8 | 6.2 | 骨铲 | T3②:555 | 骨锥 | 43.5 | 52.5 | 8 | 7.4 | 双尖 正尖 |
| T3①:517 | 骨锥 | 49 | 19 | 10 | 6.8 | 双尖 正尖 | T3②:556 | 骨锥 | 59 | 14 | 8.5 | 5.8 | |
| T3①:518 | 骨锥 | 52 | 14 | 13 | 6 | 单尖 正尖 | T3②:557 | 骨锥 | 54 | 17.2 | 9.1 | 8.4 | 单尖 角尖 |
| T3①:519 | 骨锥 | 46.5 | 18 | 12 | 11.2 | 单尖 正尖 | T3②:558 | 骨锥 | 84 | 30.5 | 18 | 28 | 单尖 正尖 |
| T3①:520 | 骨锥 | 40 | 16 | 9 | 3.6 | 双尖 角尖 | T3②:559 | 骨锥 | 53.2 | 16.5 | 7 | 5.8 | |
| T3①:521 | 骨锥 | 63 | 14 | 6 | 5 | 双尖 正尖 | T3②:560 | 骨锥 | 76.5 | 20 | 8.8 | 11.8 | 单尖 正尖 |
| T3①:522 | 骨锥 | 33 | 19 | 7 | 3.6 | 单尖 角尖 | T3②:561 | 骨铲 | 59.2 | 13.4 | 9.5 | 7 | 骨铲 |
| T3②:532 | 骨铲 | 80.6 | 16.8 | 12.2 | 18 | 骨铲 | T3②:562 | 骨铲 | 57.4 | 23 | 13.8 | 15.6 | 骨铲 |
| T3②:533 | 骨锥 | 107.9 | 20 | 12 | 16.8 | 单尖 正尖 | T3②:563 | 骨铲 | 54.5 | 26.3 | 11.6 | 12.4 | 骨铲 |
| T3②:534 | 骨锥 | 58.3 | 15 | 11.9 | 7.4 | | T3②:564 | 骨锥 | 41 | 14.7 | 7.1 | 5 | 单尖 角尖 |
| T3②:535 | 骨锥 | 43.9 | 15 | 8.2 | 4.2 | 双尖 正尖 | T3②:565 | 骨锥 | 55.6 | 18.4 | 8.3 | 4.6 | 单尖 角尖 |
| T3②:536 | 骨锥 | 50.9 | 9.9 | 5.3 | 3 | 单尖 正尖 | T3②:566 | 骨锥 | 73.5 | 16 | 11.5 | 10.6 | 单尖 角尖 |
| T3②:537 | 骨锥 | 40.2 | 11.2 | 7.1 | 3.2 | 单尖 正尖 | T3②:566 | 骨锥 | 49 | 24.5 | 7 | 5.6 | 单尖 正尖 |
| T3②:538 | 角铲 | 70 | 23 | 12.8 | 15 | 单尖 正尖 | T3②:567 | 骨锥 | 46.8 | 12 | 6.4 | 3 | 单尖 正尖 |
| T3②:539 | 骨锥 | 63 | 25 | 21.5 | 20.2 | 单尖 正尖 | T3②:568 | 骨锥 | 42 | 12.7 | 6.8 | 3 | 双尖 正尖 |
| T3②:540 | 骨锥 | 44.2 | 19 | 7.6 | 4.8 | 单尖 正尖 | T3②:569 | 骨锥 | 47.6 | 26 | 12.5 | 11 | 单尖 正尖 |
| T3②:541 | 骨锥 | 60.9 | 14.5 | 7.5 | 7.2 | 单尖 正尖 | T3②:570 | 骨锥 | 47.7 | 22 | 8 | 5 | 双尖 角尖 |
| T3②:542 | 骨锥 | 45 | 20 | 11.8 | 6.6 | 单尖 正尖 | T3②:571 | 骨锥 | 47.8 | 19.4 | 9.7 | 7 | 单尖 正尖 |
| T3②:543 | 骨锥 | 58 | 21.7 | 12.8 | 8.2 | | T3②:572 | 骨铲 | 51.3 | 21 | 11.3 | 8.4 | 骨铲 |
| T3②:544 | 骨锥 | 67.9 | 14.8 | 7.8 | 6.6 | 单尖 正尖 | T3②:573 | 骨锥 | 87.1 | 16.9 | 19.9 | 25 | 单尖 正尖 |
| T3②:545 | 骨锥 | 57.2 | 25 | 11.5 | 8.5 | 单尖 正尖 | T3②:574 | 骨锥 | 52.4 | 16 | 7.8 | 5.4 | 单尖 正尖 |
| T3②:546 | 骨锥 | 45.8 | 21.4 | 8.6 | 6.7 | 单尖 正尖 | T3②:575 | 骨锥 | 40.8 | 19.5 | 8.1 | 6.8 | |
| T3②:547 | 骨锥 | 43 | 22.2 | 9 | 7.2 | 单尖 正尖 | T3②:576 | 骨铲 | 46.4 | 18.7 | 7.8 | 6.2 | 骨铲 |
| T3②:548 | 骨铲 | 44.5 | 19.4 | 10.4 | 6.8 | 骨铲 | T3②:577 | 骨锥 | 52 | 16.5 | 7.3 | 6.4 | 单尖 正尖 |
| T3②:549 | 骨锥 | 46.7 | 18 | 9 | 8.8 | 单尖 正尖 | T3②:578 | 骨锥 | 40.8 | 28.4 | 9.5 | 9.6 | 双尖 正尖 |
| T3②:550 | 骨锥 | 51.5 | 17 | 5.5 | 5.2 | 单尖 角尖 | T3②:579 | 骨锥 | 54 | 12.8 | 10.3 | 5.4 | |
| T3②:551 | 骨锥 | 38.9 | 16.1 | 5.9 | 2.8 | 单尖 角尖 | T3②:580 | 骨铲 | 51.2 | 16.6 | 8 | 6.6 | 骨铲 |
| T3②:552 | 骨锥 | 50.9 | 25 | 7.5 | 6.6 | 单尖 角尖 | T3②:581 | 骨锥 | 40 | 18 | 7 | 5.2 | 单尖 正尖 |
| T3②:553 | 骨锥 | 41.7 | 18.2 | 8.1 | 4.8 | 单尖 角尖 | T3②:582 | 骨锥 | 37.3 | 20.7 | 14.8 | 5.2 | 单尖 正尖 |

**续附表四**

| 器物号 | 名称 | 长 | 宽 | 厚 | 重 | 类型 | 器物号 | 名称 | 长 | 宽 | 厚 | 重 | 类型 |
|---|---|---|---|---|---|---|---|---|---|---|---|---|---|
| T3②：583 | 骨锥 | 30.4 | 9.1 | 6 | 1.8 | 双尖 正尖 | T3②：614 | 骨锥 | 34.8 | 29 | 7.1 | 3.4 | 单尖 正尖 |
| T3②：584 | 骨锥 | 48 | 24 | 11.7 | 8.2 | 单尖 正尖 | T3②：615 | 骨铲 | 49 | 15.8 | 12.1 | 6.8 | 骨铲 |
| T3②：585 | 骨铲 | 46.7 | 19 | 12 | 8 | 骨铲 | T3②：616 | 骨锥 | 99.5 | 30 | 14.2 | 32 | 双尖 角尖 |
| T3②：586 | 骨锥 | 37 | 17 | 7 | 3.6 | 单尖 正尖 | T3②：617 | 骨铲 | 64.5 | 25.2 | 12.1 | 15.6 | 骨铲 |
| T3②：587 | 骨锥 | 50.8 | 18.6 | 8 | 5.6 | 单尖 正尖 | T3②：618 | 骨铲 | 53.1 | 16.5 | 11.5 | 10.6 | 骨铲 |
| T3②：588 | 骨锥 | 69.5 | 11 | 10.9 | 6.6 | 单尖 正尖 | T3②：619 | 骨锥 | 66.5 | 21.5 | 20 | 17.6 | |
| T3②：589 | 骨锥 | 59 | 10.9 | 10 | 6.2 | 单尖 正尖 | T3②：620 | 骨锥 | 48.9 | 18.1 | 7 | 4.2 | 单尖 角尖 |
| T3②：590 | 骨锥 | 59.6 | 16 | 7.1 | 6.4 | 单尖 正尖 | T3②：621 | 骨锥 | 70.1 | 14.9 | 10.1 | 10.8 | 单尖 正尖 |
| T3②：591 | 骨锥 | 57.3 | 23.5 | 7.8 | 6.8 | 单尖 正尖 | T3②：622 | 骨锥 | 37 | 10.1 | 10 | 4.2 | 单尖 正尖 |
| T3②：592 | 骨锥 | 63 | 27 | 9.3 | 10 | 单尖 正尖 | T3②：623 | 骨锥 | 48.5 | 28 | 9.8 | 9.2 | 单尖 正尖 |
| T3②：593 | 骨锥 | 57.2 | 10.2 | 5.4 | 3 | 单尖 角尖 | T3②：624 | 骨锥 | 70.9 | 16.2 | 12.9 | 26.2 | 双尖 正尖 |
| T3②：594 | 骨锥 | 29.5 | 9 | 6.8 | 1.8 | 单尖 正尖 | T3②：625 | 骨锥 | 65.1 | 13.5 | 6.5 | 4.8 | 双尖 正尖 |
| T3②：595 | 骨铲 | 47.8 | 19.5 | 7.2 | 6 | 骨铲 | T3②：626 | 骨锥 | 39.2 | 12 | 10 | 3.6 | 单尖 正尖 |
| T3②：597 | 骨铲 | 50 | 30 | 9.1 | 11.4 | 骨铲 | T3②：627 | 骨锥 | 41 | 16.8 | 7.2 | 4 | 单尖 正尖 |
| T3②：598 | 骨锥 | 48.1 | 15 | 8 | 5.2 | 单尖 正尖 | T3②：628 | 骨锥 | 43.9 | 16.5 | 5.8 | 4.4 | 双尖 角尖 |
| T3②：599 | 骨锥 | 39.4 | 23.1 | 7 | 5.2 | 单尖 角尖 | T3②：629 | 骨锥 | 48.9 | 18.1 | 7 | 4.2 | 单尖 角尖 |
| T3②：600 | 骨锥 | 34.5 | 17.5 | 6.4 | 3.2 | 单尖 正尖 | T3②：630 | 骨锥 | 36.9 | 13 | 5.5 | 2.8 | 双尖 正尖 |
| T3②：601 | 骨锥 | 43 | 9.1 | 5.5 | 2.8 | 双尖 正尖 | T3②：631 | 骨锥 | 44.9 | 15.5 | 7.1 | 5 | 单尖 角尖 |
| T3②：602 | 骨锥 | 44.6 | 17.3 | 5.5 | 4.8 | 单尖 角尖 | T3②：632 | 骨锥 | 48.5 | 11.5 | 6.2 | 2.4 | |
| T3②：603 | 骨锥 | 45.9 | 18.1 | 8.1 | 5 | 双尖 角尖 | T3②：633 | 骨锥 | 40 | 36.2 | 11.2 | 5.8 | 双尖 正尖 |
| T3②：604 | 骨锥 | 67 | 26 | 14.5 | 5.8 | 双尖 角尖 | T3②：634 | 骨锥 | 26.5 | 0.7 | 4.5 | 1 | 单尖 正尖 |
| T3②：605 | 骨锥 | 36.2 | 19.2 | 10 | 3.6 | 单尖 正尖 | T3②：635 | 骨锥 | 44 | 18.5 | 7.5 | 4.6 | 双尖 角尖 |
| T3②：606 | 骨铲 | 61.6 | 29.4 | 12.5 | 11.6 | 骨铲 | T3②：636 | 骨锥 | 52.2 | 35.5 | 13 | 21.4 | 单尖 角尖 |
| T3②：607 | 骨锥 | 56 | 19.5 | 12 | 8.4 | 单尖 正尖 | T3②：637 | 骨锥 | 46.5 | 13.8 | 6.1 | 3.4 | 双尖 角尖 |
| T3②：608 | 骨锥 | 64.5 | 15.5 | 6.1 | 5.8 | 双尖 正尖 | T3②：638 | 骨锥 | 46.5 | 13.8 | 6.1 | 3.4 | |
| T3②：609 | 骨铲 | 55.1 | 19.2 | 10 | 10.2 | 骨铲 | T3②：639 | 骨锥 | 66 | 13.2 | 6.5 | 4 | 双尖 正尖 |
| T3②：610 | 骨锥 | 41.2 | 17.2 | 7.5 | 4.2 | 双尖 正尖 | T3②：640 | 骨锥 | 89 | 28 | 16 | 32 | 单尖 角尖 |
| T3②：611 | 骨锥 | 54 | 17.5 | 7.5 | 4.8 | 单尖 角尖 | T3②：641 | 骨锥 | 40.5 | 11.2 | 6.9 | 4.2 | 单尖 正尖 |
| T3②：612 | 骨锥 | 52 | 18.5 | 7.7 | 5.8 | 双尖 正尖 | T3②：642 | 骨锥 | 35 | 0.92 | 5 | 2 | 单尖 正尖 |
| T3②：613 | 骨锥 | 58.16 | 7.3 | 5.8 | 3.4 | 双尖 正尖 | T3②：643 | 骨锥 | 52 | 15.5 | 7.9 | 5 | 双尖 正尖 |

**续附表四**

| 器物号 | 名称 | 长 | 宽 | 厚 | 重 | 类型 | 器物号 | 名称 | 长 | 宽 | 厚 | 重 | 类型 |
|---|---|---|---|---|---|---|---|---|---|---|---|---|---|
| T3②：644 | 骨锥 | 36.5 | 11.8 | 6.2 | 2.6 | 双尖 正尖 | T3②：674 | 骨锥 | 56.8 | 25 | 13.1 | 12.2 | 单尖 正尖 |
| T3②：645 | 骨锥 | 53.3 | 34 | 7.6 | 11.2 | 双尖 角尖 | T3②：675 | 骨锥 | 39.5 | 12.9 | 10 | 3.8 | 单尖 正尖 |
| T3②：646 | 骨锥 | 63.2 | 13.3 | 13.8 | 11.4 | 双尖 正尖 | T3②：676 | 骨铲 | 57 | 22.1 | 12.5 | 16.4 | 骨铲 |
| T3②：647 | 骨锥 | 42.8 | 12.8 | 8 | 3.8 | | T3②：677 | 骨铲 | 69.5 | 28.6 | 16.5 | 29.6 | 骨铲 |
| T3②：648 | 骨锥 | 41.5 | 15.8 | 8.5 | 4.4 | 单尖 正尖 | T3②：678 | 骨锥 | 56.5 | 22 | 9.2 | 8 | 双尖 正尖 |
| T3②：649 | 骨锥 | 40.8 | 10.3 | 7.2 | 3.8 | | T3②：679 | 骨锥 | 54.9 | 30.5 | 24.8 | 20 | 单尖 角尖 |
| T3②：650 | 骨锥 | 38 | 19.8 | 5.9 | 3.8 | 单尖 正尖 | T3②：680 | 骨锥 | 51.5 | 23.2 | 13.2 | 8.8 | 单尖 角尖 |
| T3②：651 | 骨锥 | 46 | 29.2 | 10 | 9.4 | 双尖 正尖 | T3②：681 | 骨锥 | 78.2 | 21.5 | 16.5 | 17.2 | 单尖 正尖 |
| T3②：652 | 骨锥 | 57.5 | 15.5 | 8.8 | 7.8 | 单尖 正尖 | T3②：682 | 骨锥 | 71 | 28.8 | 16.8 | 24.4 | 双尖 正尖 |
| T3②：653 | 骨铲 | 62 | 21.1 | 9.1 | 12.6 | 骨铲 | T3②：683 | 骨锥 | 53.1 | 26.5 | 12 | 13.2 | 单尖 角尖 |
| T3②：654 | 骨铲 | 52.9 | 34.4 | 10.9 | 14.8 | 骨铲 | T3②：684 | 骨锥 | 35 | 15.5 | 7.2 | 3.8 | 单尖 角尖 |
| T3②：655 | 骨锥 | 41.3 | 12 | 8.5 | 3.6 | 单尖 正尖 | T3②：685 | 骨铲 | 43 | 23 | 11.2 | 10.8 | 骨铲 |
| T3②：656 | 骨锥 | 56 | 22.9 | 9.2 | 10 | 双尖 正尖 | T3②：686 | 骨铲 | 59.2 | 26.9 | 14.5 | 17.6 | 骨铲 |
| T3②：657 | 骨锥 | 78.4 | 14 | 5.9 | 7 | 双尖 正尖 | T3②：687 | 骨锥 | 66 | 39 | 17.5 | 27.2 | 单尖 角尖 |
| T3②：658 | 骨锥 | 55.2 | 18.8 | 7.1 | 5.6 | 单尖 正尖 | T3②：688 | 骨锥 | 67.2 | 31.5 | 19 | 31.4 | 单尖 正尖 |
| T3②：659 | 骨锥 | 31 | 15.1 | 6.5 | 2.8 | 单尖 角尖 | T3②：689 | 骨锥 | 61 | 18.5 | 9.8 | 7.8 | 双尖 正尖 |
| T3②：660 | 骨锥 | 53.8 | 18.8 | 13 | 9 | 单尖 正尖 | T3②：690 | 骨锥 | 30.8 | 14.8 | 4.1 | 2.4 | 单尖 正尖 |
| T3②：661 | 骨锥 | 45 | 13.1 | 6.5 | 3.8 | 双尖 正尖 | T3②：691 | 骨锥 | 42.2 | 16.1 | 9.9 | 4.8 | 单尖 正尖 |
| T3②：662 | 骨锥 | 37.5 | 9 | 5.4 | 2.2 | 单尖 正尖 | T3②：692 | 骨铲 | 48.4 | 26.3 | 11.9 | 10.4 | 骨铲 |
| T3②：663 | 骨锥 | 54.7 | 17.2 | 10.5 | 6.2 | 单尖 正尖 | T3②：693 | 骨锥 | 51.3 | 14 | 7.8 | 4.6 | 单尖 正尖 |
| T3②：664 | 骨锥 | 64.1 | 14.8 | 6.5 | 5.8 | 单尖 正尖 | T3②：694 | 骨锥 | 50 | 14.2 | 6 | 3.8 | 双尖 正尖 |
| T3②：665 | 骨锥 | 36 | 18.5 | 7.1 | 3.4 | 单尖 角尖 | T3②：695 | 骨锥 | 52.5 | 22 | 9.5 | 8.6 | 单尖 正尖 |
| T3②：666 | 骨锥 | 56 | 16.5 | 8 | 4.8 | 双尖 正尖 | T3②：696 | 骨锥 | 42.8 | 21.5 | 7.5 | 6.2 | 双尖 角尖 |
| T3②：667 | 骨锥 | 43.5 | 30.5 | 18.5 | 11.8 | 双尖 角尖 | T3②：697 | 骨锥 | 43.8 | 16.5 | 9.7 | 4.2 | 单尖 正尖 |
| T3②：668 | 骨锥 | 60 | 22.2 | 6.2 | 7 | 单尖 正尖 | T3②：698 | 骨锥 | 46.8 | 25 | 21.5 | 9.2 | 单尖 正尖 |
| T3②：669 | 骨锥 | 46.8 | 16.8 | 9.9 | 6.4 | 单尖 正尖 | T3②：699 | 骨锥 | 58.2 | 20 | 7.9 | 6.2 | 单尖 正尖 |
| T3②：670 | 骨锥 | 60 | 17 | 10.6 | 8.2 | 双尖 正尖 | T3②：700 | 骨锥 | 108 | 42.2 | 17.8 | 46.8 | 双尖 角尖 |
| T3②：671 | 骨锥 | 58.9 | 19 | 4.2 | 4.2 | 单尖 正尖 | T3②：701 | 骨铲 | 80 | 56.5 | 34 | 52.2 | 骨铲 |
| T3②：672 | 骨锥 | 62.9 | 19.5 | 18.2 | 6.4 | 单尖 正尖 | T3②：702 | 骨锥 | 33.9 | 11.8 | 7.3 | 1.8 | 双尖 正尖 |
| T3②：673 | 骨锥 | 46.5 | 25 | 9.2 | 8 | 单尖 正尖 | T3②：703 | 骨锥 | 56.3 | 19.9 | 10.5 | 8.6 | 单尖 正尖 |

**续附表四**

| 器物号 | 名称 | 长 | 宽 | 厚 | 重 | 类型 | 器物号 | 名称 | 长 | 宽 | 厚 | 重 | 类型 |
|---|---|---|---|---|---|---|---|---|---|---|---|---|---|
| T3②：704 | 骨锥 | 51.5 | 17 | 5.5 | 5.2 | 单尖 角尖 | T3②：734 | 骨锥 | 38.5 | 24.1 | 13 | 6.2 | |
| T3②：705 | 骨锥 | 50.9 | 16.1 | 7.8 | 5.4 | 单尖 正尖 | T3②：735 | 骨锥 | 42.8 | 0.91 | 7.5 | 3.4 | 单尖 正尖 |
| T3②：706 | 骨铲 | 54.1 | 19.9 | 10 | 13 | 骨铲 | T3②：736 | 骨铲 | 76.5 | 53 | 26 | 51 | 骨铲 |
| T3②：707 | 骨锥 | 74 | 31 | 13.5 | 19.8 | 双尖 角尖 | T3②：737 | 骨锥 | 71.5 | 10 | 8.5 | 7.2 | 双尖 正尖 |
| T3②：708 | 骨锥 | 85.5 | 29 | 24.5 | 35 | 单尖 角尖 | T3②：738 | 骨铲 | 156.9 | 37.4 | 20.3 | 72.6 | 骨铲 |
| T3②：709 | 骨铲 | 47.5 | 28 | 10 | 11.4 | 骨铲 | T3②：739 | 骨锥 | 47.1 | 16.5 | 13.1 | 3.8 | 双尖 正尖 |
| T3②：710 | 骨锥 | 67 | 18.2 | 7.5 | 6.4 | 双尖 正尖 | T3②：740 | 骨锥 | 47.2 | 13.3 | 7 | 4 | 单尖 正尖 |
| T3②：711 | 骨锥 | 57 | 23 | 6.2 | 7.4 | 单尖 正尖 | T3②：741 | 骨铲 | 60.6 | 39.8 | 9.2 | 23.8 | 骨铲 |
| T3②：712 | 骨锥 | 38.9 | 16.1 | 5.9 | 2.8 | 单尖 角尖 | T3②：742 | 骨锥 | 77.2 | 25.3 | 7.7 | 15.4 | 双尖 正尖 |
| T3②：713 | 骨锥 | 54.5 | 24.4 | 15 | 8.4 | 单尖 正尖 | T3②：743 | 骨锥 | 46 | 13 | 4.5 | 3 | 单尖 正尖 |
| T3②：714 | 骨锥 | 56 | 15 | 7.1 | 4.6 | 双尖 正尖 | T3②：744 | 骨锥 | 44.5 | 16 | 6.5 | 3.4 | 双尖 角尖 |
| T3②：715 | 骨铲 | 60 | 22.1 | 13.2 | 13.8 | 骨铲 | T3②：745 | 骨锥 | 50 | 10.1 | 10 | 4.6 | 双尖 正尖 |
| T3②：716 | 骨锥 | 50.9 | 25 | 7.5 | 6.6 | 单尖 角尖 | T3②：746 | 骨锥 | 37.5 | 14.8 | 5.9 | 3.4 | 单尖 正尖 |
| T3②：717 | 骨锥 | 51.9 | 13.5 | 8 | 6.4 | 双尖 正尖 | T3②：747 | 骨锥 | 48.9 | 17.1 | 7 | 5.8 | 单尖 正尖 |
| T3②：718 | 骨锥 | 32.8 | 13.1 | 6 | 3 | 单尖 正尖 | T3②：748 | 骨铲 | 55.7 | 22.5 | 12.5 | 11.2 | 骨铲 |
| T3②：719 | 骨锥 | 54.9 | 16 | 9 | 6.8 | 双尖 正尖 | T3②：749 | 骨锥 | 66.5 | 40 | 16.2 | 30.6 | 单尖 正尖 |
| T3②：720 | 骨锥 | 49.1 | 22.5 | 12 | 8.6 | 单尖 正尖 | T3②：750 | 骨锥 | 52.5 | 12.2 | 7.8 | 3.8 | 单尖 正尖 |
| T3②：721 | 骨锥 | 48.3 | 22.4 | 7.1 | 6 | 单尖 角尖 | T3②：751 | 骨锥 | 51.5 | 13.9 | 6.35 | 3.2 | 双尖 正尖 |
| T3②：722 | 骨锥 | 50 | 16.5 | 9.1 | 4.6 | 单尖 正尖 | T3②：752 | 骨锥 | 48 | 13.9 | 6.8 | 3.4 | 双尖 正尖 |
| T3②：723 | 骨锥 | 37.2 | 19 | 7.1 | 4 | | T3②：753 | 骨锥 | 40 | 0.85 | 6.2 | 1.6 | |
| T3②：724 | 骨锥 | 47.8 | 16.1 | 10 | 5.8 | 双尖 角尖 | T3②：754 | 骨锥 | 35 | 0.75 | 5.1 | 1.6 | 单尖 正尖 |
| T3②：725 | 骨锥 | 31.2 | 12.8 | 11 | 3.8 | 单尖 正尖 | T3②：755 | 骨锥 | 38.1 | 6.5 | 7 | 1.8 | |
| T3②：726 | 骨锥 | 43.9 | 19 | 9.5 | 5.4 | 单尖 角尖 | T3②：756 | 骨锥 | 41.8 | 0.98 | 9 | 2.6 | 双尖 角尖 |
| T3②：727 | 骨锥 | 64 | 17.1 | 8.7 | 2.4 | 双尖 正尖 | T3②：757 | 骨铲 | 108 | 50.1 | 30.2 | 65.6 | 骨铲 |
| T3②：728 | 骨锥 | 66.5 | 24.5 | 8.8 | 14.6 | 单尖 正尖 | T3②：758 | 骨铲 | 60 | 24.5 | 9 | 13.2 | 骨铲 |
| T3②：729 | 骨锥 | 46.9 | 29 | 13 | 8.4 | 双尖 角尖 | T3②：759 | 骨锥 | 52.8 | 30.5 | 13 | 14.4 | 单尖 正尖 |
| T3②：730 | 骨锥 | 60 | 22 | 9 | 7.4 | | T3②：760 | 骨锥 | 35.8 | 13.1 | 5.5 | 2.4 | 单尖 正尖 |
| T3②：731 | 骨锥 | 50.2 | 18.3 | 10 | 9.2 | 单尖 正尖 | T3②：761 | 骨锥 | 50 | 16.4 | 8 | 5.2 | 单尖 正尖 |
| T3②：732 | 骨锥 | 57 | 19.1 | 9.9 | 8.8 | 双尖 正尖 | T3②：762 | 骨锥 | 43.9 | 19 | 9.5 | 5.4 | 单尖 角尖 |
| T3②：733 | 骨锥 | 58.3 | 24.2 | 8.9 | 11.4 | 单尖 正尖 | T3②：763 | 骨锥 | 33.2 | 17.2 | 8.2 | 4.6 | 单尖 正尖 |

续附表四

| 器物号 | 名称 | 长 | 宽 | 厚 | 重 | 类型 | 器物号 | 名称 | 长 | 宽 | 厚 | 重 | 类型 |
|---|---|---|---|---|---|---|---|---|---|---|---|---|---|
| T3②：764 | 骨锥 | 27.2 | 11.1 | 8.1 | 1.6 | 单尖 正尖 | T3②：794 | 骨铲 | 140.5 | 46.2 | 29.2 | 162.4 | 骨铲 |
| T3②：765 | 骨锥 | 31.7 | 11.6 | 3.5 | 1.6 | 单尖 正尖 | T3②：795 | 骨锥 | 30.1 | 17.8 | 11 | 3.4 | |
| T3②：766 | 骨锥 | 57.9 | 20.5 | 7.6 | 7.6 | 双尖 正尖 | T3②：796 | 骨锥 | 58 | 19.8 | 10 | 8.6 | 双尖 角尖 |
| T3②：767 | 骨锥 | 35.9 | 15 | 8.1 | 2.6 | 双尖 角尖 | T3②：797 | 骨锥 | 34.1 | 17.8 | 6.2 | 3 | 单尖 角尖 |
| T3②：768 | 骨锥 | 52 | 15.5 | 10.1 | 5.8 | 单尖 正尖 | T3②：799 | 骨锥 | 32.4 | 10.8 | 7.4 | 2.4 | 单尖 正尖 |
| T3②：769 | 骨锥 | 44.3 | 15.1 | 7.8 | 4.4 | 双尖 正尖 | T3②：800 | 骨锥 | 55 | 19.8 | 7.9 | 6.6 | 双尖 正尖 |
| T3②：770 | 骨铲 | 103.4 | 37.2 | 17 | 52.2 | 骨铲 | T3②：801 | 骨锥 | 64.5 | 31 | 22.1 | 16.2 | 单尖 角尖 |
| T3②：771 | 骨铲 | 55.8 | 27.2 | 18.2 | 25.2 | 骨铲 | T3②：802 | 骨锥 | 42 | 25.1 | 9.5 | 6.6 | 单尖 正尖 |
| T3②：772 | 骨锥 | 93.9 | 21.5 | 5 | 13.6 | 单尖 正尖 | T3②：803 | 骨锥 | 38.1 | 15.5 | 7 | 4 | 单尖 正尖 |
| T3②：773 | 骨锥 | 130.2 | 42.5 | 22.2 | 90.4 | 单尖 正尖 | T3②：804 | 骨锥 | 28.8 | 13 | 6 | 1.8 | 单尖 正尖 |
| T3②：774 | 骨锥 | 16.8 | 16.5 | 7 | 2.6 | 单尖 角尖 | T3②：805 | 骨锥 | 79.6 | 15 | 13 | 15.2 | 双尖 正尖 |
| T3②：775 | 骨锥 | 66.5 | 29.5 | 15.3 | 15.6 | 单尖 正尖 | T3②：806 | 骨铲 | 83.9 | 33.2 | 11.8 | 28.2 | 骨铲 |
| T3②：776 | 骨锥 | 58.3 | 24.5 | 13 | 9.2 | 双尖 正尖 | T3②：807 | 骨铲 | 69.2 | 27.8 | 14.5 | 27.8 | 骨铲 |
| T3②：777 | 骨锥 | 39.5 | 15 | 6 | 3.8 | 单尖 正尖 | T3②：808 | 骨铲 | 62.5 | 27.9 | 14 | 17.4 | 骨铲 |
| T3②：778 | 骨锥 | 59.8 | 27 | 7.8 | 10.2 | 双尖 正尖 | T3②：809 | 骨锥 | 63.3 | 23.3 | 10.8 | 12 | 单尖 正尖 |
| T3②：779 | 骨锥 | 61.2 | 25.2 | 15.2 | 13.8 | 单尖 正尖 | T3②：810 | 骨锥 | 79.2 | 29.8 | 14.7 | 16.2 | 单尖 正尖 |
| T3②：780 | 骨铲 | 64 | 21.2 | 8.9 | 10.8 | 骨铲 | T3②：811 | 骨铲 | 50.1 | 50 | 11.5 | 28.4 | 骨铲 |
| T3②：781 | 骨锥 | 36.5 | 15 | 5.5 | 2.2 | 双尖 正尖 | T3②：812 | 骨铲 | 67.8 | 25.4 | 16.5 | 19.8 | 骨铲 |
| T3②：782 | 骨铲 | 87.8 | 44.4 | 16 | 30.4 | 骨铲 | T3②：813 | 骨锥 | 42 | 19.2 | 10.2 | 5.8 | 单尖 角尖 |
| T3②：783 | 骨锥 | 48.2 | 21 | 15 | 9.4 | 单尖 正尖 | T3②：814 | 骨锥 | 86 | 30.5 | 9.5 | 22.6 | 单尖 角尖 |
| T3②：784 | 骨锥 | 54 | 17.2 | 9.1 | 8.4 | 单尖 角尖 | T3②：815 | 骨铲 | 56.8 | 25.5 | 19 | 16.8 | 骨铲 |
| T3②：785 | 骨锥 | 49 | 21.5 | 23.8 | 16 | 单尖 正尖 | T3②：816 | 骨锥 | 51 | 32.7 | 13.5 | 12.6 | 单尖 正尖 |
| T3②：786 | 骨锥 | 53.9 | 20.6 | 7.5 | 6.2 | 单尖 正尖 | T3②：817 | 骨锥 | 65 | 21.7 | 8 | 10 | 单尖 正尖 |
| T3②：787 | 骨锥 | 37.5 | 14.8 | 5.9 | 3.4 | 单尖 正尖 | T3②：818 | 骨锥 | 62.5 | 24 | 11 | 12 | 双尖 正尖 |
| T3②：788 | 骨锥 | 42 | 11.8 | 5.5 | 2.2 | 双尖 正尖 | T3②：819 | 骨锥 | 69 | 24 | 11.6 | 15.4 | 单尖 正尖 |
| T3②：789 | 骨锥 | 48.2 | 16.1 | 13 | 8.4 | 单尖 正尖 | T3②：820 | 骨锥 | 126.7 | 30.5 | 22.8 | 53 | 单尖 正尖 |
| T3②：790 | 骨锥 | 82.1 | 32.7 | 9.5 | 21.4 | 单尖 正尖 | T3②：821 | 骨铲 | 69 | 33.1 | 10.5 | 23.4 | 骨铲 |
| T3②：791 | 骨铲 | 71.8 | 26.2 | 10 | 19.6 | 骨铲 | T3②：823 | 骨锥 | 136.5 | 30.4 | 8.4 | 31.4 | 单尖 正尖 |
| T3②：792 | 骨锥 | 45.5 | 19.5 | 13 | 4.8 | 单尖 正尖 | T3②：824 | 骨锥 | 99 | 29.6 | 18.3 | 29.8 | 单尖 正尖 |
| T3②：793 | 骨锥 | 38 | 19.5 | 5.9 | 4.2 | 单尖 正尖 | T3②：825 | 骨铲 | 55.1 | 47 | 16.5 | 32.2 | 骨铲 |

**续附表四**

| 器物号 | 名称 | 长 | 宽 | 厚 | 重 | 类型 | 器物号 | 名称 | 长 | 宽 | 厚 | 重 | 类型 |
|---|---|---|---|---|---|---|---|---|---|---|---|---|---|
| T3②：826 | 骨铲 | 71 | 36.5 | 9.2 | 19.8 | 骨铲 | T3②：856 | 骨铲 | 69.2 | 24.1 | 16.7 | 24.6 | 骨铲 |
| T3②：827 | 骨锥 | 75.3 | 24.2 | 8.4 | 11.2 | 双尖 角尖 | T3②：857 | 骨铲 | 69.7 | 28.1 | 16.5 | 27 | 骨铲 |
| T3②：828 | 骨锥 | 98 | 35.5 | 26 | 55.6 | 单尖 角尖 | T3②：858 | 骨铲 | 107.5 | 51.1 | 19.7 | 76.4 | 骨铲 |
| T3②：829 | 骨铲 | 56.2 | 26.2 | 11.5 | 13.2 | 骨铲 | T3②：859 | 骨锥 | 82.5 | 42 | 17.5 | 41.4 | 单尖 正尖 |
| T3②：830 | 骨铲 | 55 | 22.5 | 19 | 13 | 骨铲 | T3②：860 | 骨铲 | 84.4 | 31.4 | 13.9 | 28.6 | 骨铲 |
| T3②：831 | 骨锥 | 57 | 27 | 12.8 | 13.8 | 双尖 角尖 | T3②：861 | 骨锥 | 91 | 32.8 | 13 | 27.8 | 双尖 正尖 |
| T3②：832 | 骨铲 | 150.4 | 45.1 | 30.5 | 128 | 骨铲 | T3②：862 | 骨锥 | 69.4 | 21 | 13.5 | 17.8 | 双尖 正尖 |
| T3②：833 | 骨铲 | 83.1 | 31 | 13.9 | 17.4 | 骨铲 | T3②：863 | 骨锥 | 140 | 45.8 | 30.6 | 115.2 | 单尖 正尖 |
| T3②：834 | 骨铲 | 65.8 | 18.5 | 12.8 | 11 | 骨铲 | T3②：864 | 骨铲 | 105.4 | 64.5 | 20.4 | 109 | 骨铲 |
| T3②：835 | 骨锥 | 54.6 | 35.5 | 10.8 | 13.6 | 单尖 正尖 | T3②：865 | 骨锥 | 122 | 47 | 21 | 56.4 | 单尖 角尖 |
| T3②：836 | 骨锥 | 54 | 22 | 7.5 | 7 | 单尖 角尖 | T3②：866 | 骨锥 | 97.7 | 38.2 | 21.3 | 60.2 | 单尖 正尖 |
| T3②：837 | 骨锥 | 45.6 | 22 | 12 | 10 | 单尖 正尖 | T3②：867 | 骨锥 | 117 | 33.4 | 18 | 51.2 | 单尖 正尖 |
| T3②：838 | 骨锥 | 57.3 | 19.4 | 14.3 | 14.2 | 单尖 正尖 | T3②：868 | 骨锥 | 98.5 | 25 | 14.5 | 31.2 | 单尖 正尖 |
| T3②：839 | 骨锥 | 43.6 | 36 | 16.2 | 18.6 | 单尖 正尖 | T3②：869 | 骨铲 | 118.5 | 35.1 | 26.7 | 112.8 | 骨铲 |
| T3②：840 | 骨锥 | 51.8 | 33.5 | 9.3 | 14 | 单尖 正尖 | T3②：870 | 骨铲 | 82.1 | 55.1 | 12.1 | 40.2 | 骨铲 |
| T3②：841 | 骨锥 | 108.5 | 36.6 | 14.8 | 39.2 | 单尖 角尖 | T3②：871 | 骨铲 | 113.9 | 31.7 | 18.2 | 63 | 骨铲 |
| T3②：842 | 骨锥 | 57.2 | 23.5 | 6 | 6 | 单尖 正尖 | T3②：872 | 骨锥 | 61.8 | 21.1 | 12 | 9.8 | |
| T3②：843 | 骨锥 | 81 | 19 | 10 | 11.8 | 单尖 正尖 | T3②：873 | 骨铲 | 103.2 | 22.9 | 14.3 | 25.8 | 骨铲 |
| T3②：844 | 骨锥 | 47 | 29 | 11.4 | 10.6 | 单尖 正尖 | T3②：874 | 骨锥 | 98 | 24.8 | 13 | 30.4 | 双尖 正尖 |
| T3②：845 | 骨锥 | 50 | 26 | 10 | 12.4 | 单尖 角尖 | T3②：875 | 骨锥 | 138 | 36 | 34 | 99.8 | 双尖 正尖 |
| T3②：846 | 骨铲 | 49.5 | 21.2 | 8.2 | 9 | 骨铲 | T3②：876 | 骨铲 | 120.5 | 54.6 | 39.5 | 184.2 | 骨铲 |
| T3②：847 | 骨锥 | 65.5 | 18 | 11 | 10.8 | 单尖 正尖 | T3②：877 | 骨铲 | 151.8 | 47.2 | 33 | 166.8 | 骨铲 |
| T3②：848 | 骨锥 | 73.4 | 17.8 | 15.8 | 17.6 | 单尖 正尖 | T3②：878 | 骨铲 | 109.2 | 59.2 | 25.2 | 103.6 | 骨铲 |
| T3②：849 | 骨锥 | 71 | 18 | 12.5 | 10.6 | 单尖 正尖 | T3②：879 | 骨锥 | 110 | 21 | 12.2 | 18.8 | 单尖 正尖 |
| T3②：850 | 骨锥 | 59.7 | 20 | 17 | 13.8 | 单尖 正尖 | T3②：880 | 骨铲 | 135.8 | 59 | 23.9 | 150.2 | 骨铲 |
| T3②：851 | 骨锥 | 57.2 | 29.1 | 16.5 | 6.2 | 单尖 正尖 | T3②：881 | 骨锥 | 86.4 | 39.5 | 15.3 | 28.8 | 双尖 角尖 |
| T3②：852 | 骨铲 | 61.9 | 25.5 | 9.8 | 15 | 骨铲 | T3②：882 | 骨铲 | 125.9 | 37 | 18.8 | 55.2 | 骨铲 |
| T3②：853 | 骨锥 | 50 | 27 | 12 | 11 | 单尖 角尖 | T3②：883 | 骨锥 | 137.9 | 51.2 | 38.6 | 124.6 | 单尖 正尖 |
| T3②：854 | 骨锥 | 58 | 32.5 | 16.5 | 23.8 | 单尖 正尖 | T3②：884 | 骨锥 | 127.4 | 36 | 13.9 | 44.2 | 单尖 正尖 |
| T3②：855 | 骨锥 | 119.5 | 24.7 | 18.5 | 34.8 | 双尖 正尖 | T3②：885 | 骨铲 | 145.4 | 62.4 | 39.8 | 142.8 | 骨铲 |

**续附表四**

| 器物号 | 名称 | 长 | 宽 | 厚 | 重 | 类型 | 器物号 | 名称 | 长 | 宽 | 厚 | 重 | 类型 |
|---|---|---|---|---|---|---|---|---|---|---|---|---|---|
| T3②：886 | 骨锥 | 121.5 | 38.4 | 16.4 | 56.2 | 单尖 正尖 | T3②：917 | 骨锥 | 74.8 | 36.6 | 13 | 29.8 | 单尖 正尖 |
| T3②：887 | 骨锥 | 106 | 33 | 20 | 45 | 单尖 角尖 | T3②：918 | 骨锥 | 55 | 31 | 15.3 | 22 | 单尖 正尖 |
| T3②：888 | 骨铲 | 92.9 | 45.4 | 26 | 65 | 骨铲 | T3②：919 | 骨锥 | 62.7 | 23.4 | 8.9 | 12.4 | 单尖 正尖 |
| T3②：889 | 骨铲 | 79.2 | 45.4 | 28.2 | 72.8 | 骨铲 | T3②：920 | 骨锥 | 63 | 25.8 | 7 | 9.2 | 双尖 角尖 |
| T3②：890 | 骨锥 | 76 | 19.5 | 13 | 22.8 | 单尖 角尖 | T3②：921 | 骨锥 | 86.2 | 19 | 10.3 | 12.4 | 双尖 角尖 |
| T3②：891 | 骨锥 | 116 | 45.7 | 17.3 | 70.6 | 单尖 正尖 | T3②：922 | 骨锥 | 53 | 20.8 | 12.2 | 8.4 | 单尖 正尖 |
| T3②：892 | 骨锥 | 49 | 23 | 10.5 | 8.8 | 单尖 正尖 | T3②：923 | 骨锥 | 53.5 | 31.6 | 15.8 | 16.8 | 双尖 正尖 |
| T3②：893 | 骨铲 | 58.2 | 20.9 | 10.9 | 12 | 骨铲 | T3②：924 | 骨锥 | 54.7 | 25.5 | 12 | 12.2 | 双尖 正尖 |
| T3②：894 | 骨铲 | 25.5 | 31.4 | 19.9 | 20 | 骨铲 | T3②：925 | 骨锥 | 54 | 22 | 17.4 | 12.2 | 单尖 正尖 |
| T3②：895 | 骨铲 | 34.2 | 32.8 | 13.1 | 13 | 骨铲 | T3②：926 | 骨锥 | 71.5 | 26.5 | 10 | 12.8 | 单尖 角尖 |
| T3②：896 | 骨锥 | 47.4 | 20.5 | 8.9 | 6 | 单尖 正尖 | T3②：927 | 骨锥 | 68.8 | 27 | 14.9 | 19.8 | 双尖 角尖 |
| T3②：897 | 骨铲 | 65.1 | 32.5 | 11.2 | 13.6 | 骨铲 | T3②：928 | 骨铲 | 53.3 | 35 | 11.4 | 11.4 | 骨铲 |
| T3②：898 | 骨锥 | 49.5 | 25 | 8 | 9.6 | 单尖 角尖 | T3②：929 | 骨锥 | 57 | 27 | 9.5 | 9.8 | 单尖 角尖 |
| T3②：899 | 骨锥 | 60.5 | 19 | 8.9 | 8.6 | 单尖 正尖 | T3②：930 | 骨铲 | 63.6 | 34 | 32.5 | 27.6 | 骨铲 |
| T3②：900 | 骨锥 | 44.5 | 24 | 10 | 7.6 | 单尖 正尖 | T3②：931 | 骨锥 | 74.6 | 27.8 | 11.9 | 18 | 单尖 正尖 |
| T3②：901 | 骨锥 | 37.7 | 17 | 9.5 | 6 | 单尖 正尖 | T3②：932 | 骨锥 | 74 | 23.5 | 12 | 16.8 | 单尖 角尖 |
| T3②：902 | 骨锥 | 35 | 21.5 | 11.6 | 3 | 单尖 正尖 | T3②：933 | 骨铲 | 73.1 | 36.9 | 12.9 | 24.2 | 骨铲 |
| T3②：903 | 骨锥 | 35 | 25 | 5.4 | 3.6 | 单尖 正尖 | T3②：934 | 骨锥 | 159 | 33.8 | 21.5 | 76.4 | 双尖 正尖 |
| T3②：904 | 骨锥 | 44.6 | 16.8 | 6.3 | 3.8 | 单尖 正尖 | T3②：935 | 骨锥 | 92.5 | 42.8 | 19 | 41.4 | 单尖 正尖 |
| T3②：905 | 骨铲 | 69.9 | 22.9 | 15.5 | 15 | 骨铲 | T3②：936 | 骨锥 | 102 | 41 | 28 | 70.2 | 单尖 角尖 |
| T3②：906 | 骨锥 | 62.8 | 16 | 12.7 | 8.8 | 单尖 正尖 | T3②：937 | 骨锥 | 154 | 51.2 | 40 | 197.6 | 单尖 角尖 |
| T3②：907 | 骨锥 | 51 | 21 | 18.2 | 8 | 单尖 正尖 | T3②：938 | 骨锥 | 63 | 21 | 7.9 | 10.2 | 单尖 正尖 |
| T3②：908 | 骨锥 | 69.5 | 27 | 9 | 13.8 | 单尖 角尖 | T3②：939 | 骨锥 | 63.8 | 21.9 | 12.3 | 9.4 | 单尖 正尖 |
| T3②：909 | 骨铲 | 72.5 | 25.5 | 13.8 | 21.2 | 骨铲 | T3②：940 | 骨锥 | 70 | 26 | 7.5 | 10.6 | 单尖 角尖 |
| T3②：911 | 骨铲 | 74.8 | 36.5 | 16.5 | 38.4 | 骨铲 | T3②：941 | 骨铲 | 69.8 | 22.5 | 12 | 14.2 | 骨铲 |
| T3②：912 | 骨铲 | 57.1 | 36.9 | 18.4 | 24 | 骨铲 | T3②：942 | 骨锥 | 73 | 22 | 11.2 | 15.4 | 单尖 正尖 |
| T3②：913 | 骨锥 | 68 | 25.5 | 13.8 | 15.6 | 单尖 角尖 | T3②：943 | 骨铲 | 72.4 | 26.8 | 9.8 | 15 | 骨铲 |
| T3②：914 | 骨锥 | 74 | 24 | 10 | 12.8 | 单尖 角尖 | T3②：944 | 骨铲 | 60.5 | 21.2 | 7.5 | 7 | 骨铲 |
| T3②：915 | 骨铲 | 66.3 | 23.2 | 12 | 16.8 | 骨铲 | T3②：945 | 骨锥 | 65.8 | 23.4 | 10 | 10 | 双尖 正尖 |
| T3②：916 | 骨锥 | 80.6 | 17 | 16.8 | 14.4 | 单尖 正尖 | T3②：946 | 骨锥 | 51 | 26.5 | 9 | 6.2 | 单尖 角尖 |

**续附表四**

| 器物号 | 名称 | 长 | 宽 | 厚 | 重 | 类型 | 器物号 | 名称 | 长 | 宽 | 厚 | 重 | 类型 |
|---|---|---|---|---|---|---|---|---|---|---|---|---|---|
| T3②：947 | 骨锥 | 60.8 | 13 | 9 | 6.8 | 单尖 正尖 | T3②：978 | 骨锥 | 62.5 | 18.5 | 10 | 7.6 | 单尖 角尖 |
| T3②：949 | 骨锥 | 64 | 19.5 | 11.5 | 6.8 | 单尖 正尖 | T3②：979 | 骨锥 | 42 | 25.5 | 12.2 | 6.6 | 单尖 正尖 |
| T3②：950 | 骨锥 | 55.6 | 25.8 | 6 | 5.4 | 双尖 正尖 | T3②：980 | 骨锥 | 34 | 14.3 | 6.2 | 3.4 | 单尖 正尖 |
| T3②：951 | 骨锥 | 47.5 | 22 | 10.6 | 8.2 | 单尖 正尖 | T3②：981 | 骨铲 | 96.9 | 43.2 | 22 | 51.6 | 骨铲 |
| T3②：952 | 骨锥 | 66 | 26.8 | 9.3 | 14.2 | 单尖 正尖 | T3②：982 | 骨锥 | 52 | 20 | 12 | 11.6 | 单尖 角尖 |
| T3②：953 | 骨锥 | 40.3 | 11.1 | 7.5 | 3.2 | 单尖 正尖 | T3②：983 | 骨锥 | 50 | 19 | 8.6 | 7.2 | 双尖 正尖 |
| T3②：954 | 骨铲 | 39.3 | 45 | 21.5 | 26.5 | 骨铲 | T3②：984 | 骨锥 | 51 | 23 | 6.7 | 8.4 | 单尖 正尖 |
| T3②：955 | 骨锥 | 50.6 | 19.5 | 11 | 10 | 单尖 正尖 | T3②：985 | 骨锥 | 53 | 20.7 | 12 | 13.4 | 单尖 正尖 |
| T3②：956 | 骨锥 | 64.5 | 22.8 | 8.9 | 10.2 | 单尖 正尖 | T3②：986 | 骨锥 | 104.5 | 28.1 | 21.8 | 60.4 | 单尖 正尖 |
| T3②：957 | 骨锥 | 64.3 | 24.8 | 15 | 13.8 | 单尖 正尖 | T3②：987 | 骨锥 | 49.5 | 24.5 | 8.8 | 6.4 | 单尖 角尖 |
| T3②：958 | 骨锥 | 61 | 21.5 | 6.4 | 8 | 单尖 正尖 | T3②：988 | 骨铲 | 51.5 | 26.9 | 12.5 | 13 | 骨铲 |
| T3②：959 | 骨锥 | 44.8 | 22.5 | 10.5 | 7 | 单尖 正尖 | T3②：989 | 骨锥 | 50 | 18.5 | 7 | 8.4 | 单尖 角尖 |
| T3②：960 | 骨锥 | 67.5 | 9.8 | 7 | 4 | 单尖 正尖 | T3②：990 | 骨锥 | 53.8 | 28.5 | 16.2 | 12.8 | 单尖 正尖 |
| T3②：961 | 骨铲 | 36.4 | 14 | 13.8 | 6 | 骨铲 | T3②：991 | 骨锥 | 40 | 17 | 6 | 3.4 | 单尖 角尖 |
| T3②：962 | 骨铲 | 41.2 | 18.1 | 9.5 | 4 | 骨铲 | T3②：992 | 骨锥 | 41.5 | 25 | 7 | 6.6 | 单尖 角尖 |
| T3②：963 | 骨锥 | 39.5 | 26 | 8.5 | 7.8 | 单尖 正尖 | T3②：993 | 骨锥 | 52.6 | 18.7 | 7 | 4.6 | 双尖 角尖 |
| T3②：964 | 骨锥 | 50.8 | 17 | 13.8 | 6.4 | 双尖 正尖 | T3②：994 | 骨锥 | 35.6 | 24.3 | 6.5 | 5 | 双尖 角尖 |
| T3②：965 | 骨锥 | 49.8 | 18 | 17.3 | 11.6 | 单尖 正尖 | T3②：995 | 骨锥 | 42 | 21 | 11.2 | 5.8 | 双尖 角尖 |
| T3②：966 | 骨锥 | 41 | 14.6 | 8.5 | 4.2 | 双尖 正尖 | T3②：996 | 骨铲 | 127.9 | 51.8 | 33.2 | 134.6 | 骨铲 |
| T3②：967 | 骨锥 | 41.5 | 19 | 12.5 | 5.2 | 双尖 角尖 | T3②：997 | 骨锥 | 37.5 | 12 | 9.8 | 4.2 | 单尖 正尖 |
| T3②：968 | 骨锥 | 39 | 19 | 14 | 6.4 | 单尖 角尖 | T3②：998 | 骨锥 | 28.8 | 20.8 | 8 | 3.4 | 单尖 正尖 |
| T3②：969 | 骨锥 | 48.9 | 12 | 5 | 2.8 | 单尖 正尖 | T3②：999 | 骨锥 | 47 | 17.2 | 8.4 | 5.4 | 单尖 正尖 |
| T3②：970 | 骨锥 | 46 | 23.2 | 6.9 | 5.6 | 单尖 正尖 | T3②：1000 | 骨铲 | 49.5 | 15 | 8.2 | 5.2 | 骨铲 |
| T3②：971 | 骨锥 | 47.3 | 22.8 | 12.8 | 7 | 单尖 正尖 | T3②：1001 | 骨锥 | 41 | 22.5 | 10.5 | 6.4 | 双尖 角尖 |
| T3②：972 | 骨锥 | 108.2 | 41.8 | 20 | 55.2 | 双尖 正尖 | T3②：1002 | 骨锥 | 45.8 | 21.2 | 7.5 | 7 | 单尖 正尖 |
| T3②：973 | 骨锥 | 39.6 | 17.6 | 11.5 | 7.6 | 单尖 正尖 | T3②：1003 | 骨锥 | 43 | 19 | 7.3 | 5.2 | 单尖 正尖 |
| T3②：974 | 骨锥 | 63 | 14 | 14.6 | 8 | 单尖 正尖 | T3②：1004 | 骨锥 | 35 | 17 | 5.2 | 3 | 单尖 正尖 |
| T3②：975 | 骨锥 | 42.8 | 15.8 | 8 | 5.2 | 单尖 正尖 | T3②：1005 | 骨锥 | 48.2 | 15 | 7.2 | 5 | 单尖 正尖 |
| T3②：976 | 骨锥 | 39 | 7.5 | 6 | 2 | 单尖 正尖 | T3②：1006 | 骨锥 | 36.2 | 19.4 | 9.8 | 4.8 | 单尖 正尖 |
| T3②：977 | 骨锥 | 52 | 10.5 | 4 | 2.4 | 单尖 正尖 | T3②：1007 | 骨锥 | 46 | 29.5 | 8 | 7.4 | 单尖 角尖 |

**续附表四**

| 器物号 | 名称 | 长 | 宽 | 厚 | 重 | 类型 | 器物号 | 名称 | 长 | 宽 | 厚 | 重 | 类型 |
|---|---|---|---|---|---|---|---|---|---|---|---|---|---|
| T3②：1008 | 骨锥 | 36 | 17 | 5.5 | 2.6 | 单尖 角尖 | T3②：1038 | 骨锥 | 36.5 | 16.5 | 7.5 | 4 | 单尖 角尖 |
| T3②：1009 | 骨锥 | 50 | 17.2 | 9 | 6.2 | 单尖 正尖 | T3②：1039 | 骨铲 | 43.1 | 17.1 | 9.6 | 6 | 骨铲 |
| T3②：1010 | 骨锥 | 45.7 | 16.3 | 7.9 | 4 | 单尖 正尖 | T3②：1040 | 骨铲 | 37.5 | 19.1 | 7.3 | 4.4 | 骨铲 |
| T3②：1011 | 骨锥 | 52 | 17.6 | 8.5 | 5.2 | 单尖 正尖 | T3②：1041 | 骨锥 | 61 | 22 | 14 | 12 | 单尖 角尖 |
| T3②：1012 | 骨锥 | 42.8 | 20 | 8.6 | 5.8 | 单尖 正尖 | T3②：1042 | 骨锥 | 50.4 | 20.3 | 7 | 5.4 | 单尖 正尖 |
| T3②：1013 | 骨锥 | 45 | 18 | 10 | 7.2 | 单尖 角尖 | T3②：1043 | 骨锥 | 47.1 | 18 | 10.5 | 6.6 | 双尖 正尖 |
| T3②：1014 | 骨锥 | 41 | 11.4 | 8.3 | 3 | 双尖 角尖 | T3②：1044 | 骨锥 | 46 | 20 | 9.5 | 6.2 | 单尖 角尖 |
| T3②：1015 | 骨锥 | 53.6 | 17.8 | 8 | 4.4 | 双尖 正尖 | T3②：1045 | 骨锥 | 40.2 | 21.8 | 22.2 | 7.4 | 单尖 正尖 |
| T3②：1016 | 骨锥 | 44.8 | 24.5 | 6 | 4.8 | 单尖 正尖 | T3②：1046 | 骨锥 | 49.3 | 16.2 | 17 | 7.8 | 单尖 正尖 |
| T3②：1017 | 骨锥 | 60 | 13.9 | 6.3 | 4.2 | 双尖 正尖 | T3②：1047 | 骨锥 | 48 | 19 | 9 | 7.4 | 单尖 角尖 |
| T3②：1018 | 骨锥 | 48 | 22 | 7.9 | 5.8 | 单尖 正尖 | T3②：1048 | 骨锥 | 42.7 | 13 | 6 | 3.2 | 单尖 正尖 |
| T3②：1019 | 骨锥 | 47.8 | 17 | 10.5 | 5.8 | 双尖 正尖 | T3②：1049 | 骨锥 | 36.3 | 21 | 6 | 2.8 | 单尖 正尖 |
| T3②：1020 | 骨锥 | 52.8 | 16.4 | 11.2 | 8 | 单尖 正尖 | T3②：1050 | 骨锥 | 52.5 | 21.8 | 6.5 | 7.6 | 单尖 正尖 |
| T3②：1021 | 骨锥 | 49.9 | 14 | 5.6 | 3 | 单尖 正尖 | T3②：1051 | 骨锥 | 47.5 | 17.6 | 10 | 5.4 | 双尖 正尖 |
| T3②：1022 | 骨锥 | 39.8 | 17.3 | 6.8 | 2.2 | 单尖 正尖 | T3②：1053 | 骨锥 | 39.5 | 12.9 | 10 | 3.8 | 单尖 正尖 |
| T3②：1023 | 骨铲 | 43 | 23 | 11.2 | 10.8 | 骨铲 | T3②：1054 | 骨锥 | 29.5 | 8.4 | 4.6 | 1.2 | |
| T3②：1024 | 骨锥 | 54.6 | 21.2 | 11 | 10.6 | 单尖 正尖 | T3②：1055 | 骨锥 | 47 | 14 | 5 | 3.6 | 单尖 正尖 |
| T3②：1025 | 骨锥 | 49 | 18 | 8.9 | 5 | 单尖 正尖 | T3②：1056 | 骨锥 | 45.4 | 17.6 | 6.9 | 4 | 单尖 正尖 |
| T3②：1026 | 骨锥 | 42 | 18.8 | 5.5 | 3 | 单尖 正尖 | T3②：1057 | 骨锥 | 43 | 16 | 8 | 4.2 | 单尖 正尖 |
| T3②：1027 | 骨锥 | 44.5 | 17.3 | 9.2 | 4.4 | 单尖 正尖 | T3②：1058 | 骨锥 | 45 | 17 | 16.5 | 7.6 | 单尖 角尖 |
| T3②：1028 | 骨锥 | 44 | 15.3 | 9.7 | 6 | 单尖 正尖 | T3②：1059 | 骨锥 | 49 | 15.5 | 11.8 | 5.2 | 单尖 正尖 |
| T3②：1029 | 骨锥 | 39.7 | 16 | 7 | 4.2 | 单尖 正尖 | T3②：1060 | 骨铲 | 40 | 23.5 | 6.2 | 4.8 | 骨铲 |
| T3②：1030 | 骨锥 | 48 | 25.3 | 7.6 | 6.8 | 双尖 角尖 | T3②：1061 | 骨锥 | 34.7 | 19.3 | 6.8 | 3.4 | 单尖 正尖 |
| T3②：1031 | 骨锥 | 42 | 36 | 8 | 7.4 | 单尖 角尖 | T3②：1062 | 骨铲 | 92.5 | 34.9 | 14.2 | 37.6 | 骨铲 |
| T3②：1032 | 骨锥 | 50 | 19 | 10 | 7.4 | 双尖 正尖 | T3②：1063 | 骨铲 | 60.4 | 23.2 | 15.2 | 11.6 | 骨铲 |
| T3②：1033 | 骨铲 | 30.8 | 27.9 | 11.5 | 7 | 骨铲 | T3②：1064 | 骨锥 | 36.7 | 12 | 8 | 3.2 | 单尖 正尖 |
| T3②：1034 | 骨锥 | 45.5 | 16.5 | 5 | 3.2 | 单尖 角尖 | T3②：1065 | 骨锥 | 34.5 | 10.8 | 4.1 | 1.4 | |
| T3②：1035 | 骨铲 | 33.2 | 21.2 | 9.1 | 6.6 | 骨铲 | T3②：1066 | 骨锥 | 43.7 | 29.6 | 12 | 8 | 单尖 正尖 |
| T3②：1036 | 骨锥 | 47.7 | 19 | 17 | 16.2 | 单尖 角尖 | T3②：1067 | 骨锥 | 41.3 | 22.1 | 8.3 | 5.8 | 单尖 正尖 |
| T3②：1037 | 骨锥 | 39.8 | 10 | 6.3 | 2.2 | 单尖 正尖 | T3②：1068 | 骨锥 | 48.5 | 27.5 | 15 | 12.2 | 单尖 角尖 |

**续附表四**

| 器物号 | 名称 | 长 | 宽 | 厚 | 重 | 类型 | 器物号 | 名称 | 长 | 宽 | 厚 | 重 | 类型 |
|---|---|---|---|---|---|---|---|---|---|---|---|---|---|
| T3②：1069 | 骨锥 | 42.1 | 16.4 | 10.3 | 4.8 | 单尖 正尖 | T3②：1099 | 骨锥 | 40.5 | 18.5 | 11 | 7.4 | 单尖 正尖 |
| T3②：1070 | 骨锥 | 61 | 27.3 | 9.8 | 12.2 | 单尖 正尖 | T3②：1100 | 骨锥 | 41.8 | 21 | 12.4 | 5.2 | 单尖 正尖 |
| T3②：1071 | 骨锥 | 28.1 | 0.82 | 3.9 | 0.8 | | T3②：1101 | 骨锥 | 35 | 15.5 | 13 | 4.4 | 单尖 正尖 |
| T3②：1072 | 骨锥 | 36.5 | 17.6 | 8.5 | 3.8 | 单尖 正尖 | T3②：1102 | 骨锥 | 51 | 20.8 | 10.5 | 7.2 | 双尖 正尖 |
| T3②：1073 | 骨锥 | 48.2 | 16.5 | 6 | 3.4 | 双尖 正尖 | T3②：1103 | 骨锥 | 49.5 | 16.5 | 7.3 | 4 | 双尖 角尖 |
| T3②：1074 | 骨铲 | 56 | 33 | 18.5 | 18 | 骨铲 | T3②：1104 | 骨锥 | 49.4 | 25.8 | 10.8 | 11.8 | 单尖 正尖 |
| T3②：1075 | 骨锥 | 49 | 17.3 | 11.2 | 8.6 | 单尖 正尖 | T3②：1105 | 骨锥 | 49 | 11.8 | 3.7 | 2.6 | 单尖 正尖 |
| T3②：1076 | 骨锥 | 53 | 25 | 12.5 | 11.2 | 单尖 角尖 | T3②：1106 | 骨锥 | 46.2 | 15.6 | 5.4 | 3.4 | 单尖 正尖 |
| T3②：1077 | 骨锥 | 62 | 20 | 8 | 6.4 | 单尖 角尖 | T3②：1107 | 骨锥 | 31.1 | 0.71 | 3.8 | 0.8 | |
| T3②：1078 | 骨锥 | 75 | 29.6 | 8.7 | 15.4 | 单尖 正尖 | T3②：1108 | 骨锥 | 46 | 10.3 | 5.5 | 2.2 | 双尖 正尖 |
| T3②：1079 | 骨锥 | 26 | 12.8 | 4.3 | 1.8 | | T3②：1109 | 骨锥 | 79.4 | 31 | 8.5 | 14.8 | 单尖 正尖 |
| T3②：1080 | 骨锥 | 49.3 | 24 | 8 | 7.6 | 单尖 正尖 | T3②：1110 | 骨锥 | 63.7 | 30 | 14 | 14.8 | 单尖 正尖 |
| T3②：1081 | 骨铲 | 46.1 | 21.4 | 13.5 | 8.8 | 骨铲 | T3②：1111 | 骨锥 | 44.6 | 21 | 10 | 5.2 | 单尖 正尖 |
| T3②：1082 | 骨锥 | 61 | 19 | 7.5 | 6.6 | 双尖 正尖 | T3②：1112 | 骨锥 | 63.6 | 18.7 | 9.5 | 7.2 | 单尖 正尖 |
| T3②：1083 | 骨锥 | 76.2 | 19.2 | 6.7 | 5.2 | 双尖 正尖 | T3②：1113 | 骨锥 | 65.5 | 18.5 | 12.5 | 14.8 | 单尖 角尖 |
| T3②：1084 | 骨锥 | 36.8 | 10.2 | 5.5 | 2.2 | | T3②：1114 | 骨铲 | 54.5 | 26.2 | 14 | 19.8 | 骨铲 |
| T3②：1085 | 骨锥 | 49 | 14.8 | 11 | 7 | 单尖 正尖 | T3②：1115 | 骨锥 | 63 | 17 | 10 | 9.8 | 单尖 角尖 |
| T3②：1086 | 骨锥 | 30.9 | 0.85 | 4.5 | 1.4 | | T3②：1116 | 骨锥 | 74.5 | 25 | 14 | 15 | 单尖 角尖 |
| T3②：1087 | 骨锥 | 35 | 18.7 | 6 | 3.6 | 单尖 正尖 | T3②：1117 | 骨锥 | 61 | 18.3 | 10.4 | 9.8 | 单尖 正尖 |
| T3②：1088 | 骨锥 | 51.1 | 15.6 | 8.1 | 5.4 | | T3②：1118 | 骨锥 | 63.6 | 16 | 8.3 | 6.8 | 单尖 正尖 |
| T3②：1089 | 骨锥 | 30.5 | 17 | 5.4 | 2 | 单尖 正尖 | T3②：1119 | 骨锥 | 45 | 28 | 6.4 | 5.6 | 单尖 正尖 |
| T3②：1090 | 骨锥 | 58 | 17 | 5.9 | 4.8 | 双尖 正尖 | T3②：1120 | 骨锥 | 38.3 | 15.6 | 7 | 3.6 | 单尖 正尖 |
| T3②：1091 | 骨锥 | 54.5 | 15 | 6.7 | 5.6 | 单尖 正尖 | T3②：1121 | 骨锥 | 45.5 | 15 | 7.3 | 3 | 双尖 正尖 |
| T3②：1092 | 骨锥 | 50.5 | 15.3 | 9.4 | 5.6 | 单尖 正尖 | T3②：1122 | 骨锥 | 34 | 17 | 6.9 | 3.4 | 双尖 正尖 |
| T3②：1093 | 骨锥 | 37.8 | 15.5 | 5.6 | 3 | 双尖 角尖 | T3②：1123 | 骨锥 | 66 | 22 | 13.8 | 14.2 | 单尖 正尖 |
| T3②：1094 | 骨铲 | 53.9 | 20.9 | 8.4 | 6.6 | 骨铲 | T3②：1124 | 骨锥 | 68.4 | 22.2 | 11.8 | 13.8 | 单尖 正尖 |
| T3②：1095 | 骨锥 | 56 | 18 | 8 | 6.8 | 单尖 角尖 | T3②：1125 | 骨锥 | 56 | 22.5 | 12.4 | 11.8 | 单尖 正尖 |
| T3②：1096 | 骨锥 | 63 | 20 | 10 | 9.8 | 单尖 角尖 | T3②：1126 | 骨锥 | 25 | 8.9 | 3.3 | 0.8 | 单尖 正尖 |
| T3②：1097 | 骨铲 | 66.1 | 13.9 | 12.5 | 10.6 | 骨铲 | T3②：1127 | 骨锥 | 60 | 17 | 11 | 7 | 双尖 正尖 |
| T3②：1098 | 骨铲 | 53.8 | 31.2 | 9.9 | 10.4 | 骨铲 | T3②：1128 | 骨锥 | 38 | 14.8 | 10 | 4.6 | 单尖 正尖 |

续附表四

| 器物号 | 名称 | 长 | 宽 | 厚 | 重 | 类型 | 器物号 | 名称 | 长 | 宽 | 厚 | 重 | 类型 |
|---|---|---|---|---|---|---|---|---|---|---|---|---|---|
| T3②：1129 | 骨锥 | 29.2 | 19 | 4 | 1.8 | 单尖 正尖 | T3②：1159 | 骨铲 | 100 | 30 | 13.4 | 28.2 | 双尖 角尖 |
| T3②：1130 | 骨铲 | 28 | 14 | 13.2 | 4.8 | 单尖 角尖 | T3②：1160 | 骨锥 | 27.2 | 9.8 | 5.4 | 1.4 | 单尖 正尖 |
| T3②：1131 | 骨锥 | 40.5 | 11.5 | 5.8 | 2.2 | 双尖 正尖 | T3②：1161 | 骨锥 | 87.5 | 36.5 | 13.2 | 22.6 | 单尖 正尖 |
| T3②：1132 | 骨铲 | 109.5 | 30.8 | 15.1 | 46.4 | 骨铲 | T3②：1162 | 骨铲 | 89 | 38.6 | 24.3 | 48.2 | 单尖 角尖 |
| T3②：1133 | 骨锥 | 24 | 8 | 6.8 | 1.2 | 单尖 正尖 | T3②：1163 | 骨锥 | 71.2 | 26 | 8.9 | 12.8 | 单尖 角尖 |
| T3②：1134 | 骨锥 | 45.3 | 22.2 | 7.3 | 6.4 | 双尖 正尖 | T3②：1164 | 骨锥 | 78 | 31.4 | 14 | 25.8 | 双尖 角尖 |
| T3②：1135 | 骨锥 | 45 | 14.4 | 8.9 | 7.8 | 单尖 正尖 | T3②：1165 | 骨锥 | 27.9 | 14.5 | 7.1 | 2 | |
| T3②：1136 | 骨铲 | 43.3 | 21.9 | 18.8 | 14.2 | 骨铲 | T3②：1166 | 骨铲 | 60.9 | 27.2 | 20.8 | 20.4 | 单尖 正尖 |
| T3②：1137 | 骨铲 | 29.9 | 24 | 15.6 | 11 | 骨铲 | T3②：1167 | 骨锥 | 174 | 29 | 23 | 70.6 | 单尖 正尖 |
| T3②：1138 | | 31.5 | 12.2 | 10 | 2.2 | 单尖 正尖 | T3②：1168 | 骨锥 | 67.9 | 31 | 15 | 16 | 单尖 角尖 |
| T3②：1139 | 骨铲 | 78.5 | 23 | 13 | 18.2 | 单尖 角尖 | T3②：1169 | 骨锥 | 78.2 | 23 | 11 | 18.2 | 双尖 正尖 |
| T3②：1140 | 骨铲 | 115.2 | 48.2 | 32.5 | 104.8 | 骨铲 | T3②：1170 | 骨锥 | 29 | 9.6 | 6 | 1.2 | |
| T3②：1141 | 骨铲 | 102 | 40.2 | 22.2 | 63.6 | 双尖 | T3②：1171 | 骨锥 | 82 | 29.1 | 25 | 41.4 | 单尖 正尖 |
| T3②：1142 | 骨锥 | 115 | 41.5 | 19.8 | 51.2 | 双尖 正尖 | T3②：1172 | 骨铲 | 70.8 | 40.2 | 16.5 | 40.8 | 骨铲 |
| T3②：1143 | 骨铲 | 55.6 | 23 | 6.8 | 7.2 | 双尖 角尖 | T3②：1173 | 骨锥 | 77.3 | 32.5 | 23.5 | 37 | 单尖 正尖 |
| T3②：1144 | 骨锥 | 78 | 35 | 8.7 | 19.6 | 双尖 正尖 | T3②：1174 | 骨锥 | 42.9 | 31.5 | 23.2 | 10.2 | 单尖 正尖 |
| T3②：1145 | 骨锥 | 63.2 | 32.5 | 7.6 | 14 | 单尖 正尖 | T3②：1175 | 骨锥 | 84.2 | 56.7 | 25 | 51.8 | 双尖 角尖 |
| T3②：1146 | 骨铲 | 76.5 | 30 | 12.5 | 27.4 | 单尖 正尖 | T3②：1176 | 骨锥 | 94.1 | 47.8 | 19.4 | 54.6 | 单尖 正尖 |
| T3②：1147 | 骨铲 | 101.4 | 38 | 19.2 | 45 | 单尖 正尖 | T3②：1177 | 骨锥 | 101 | 44.8 | 12.2 | 22.2 | 双尖 正尖 |
| T3②：1148 | 骨铲 | 87.5 | 28 | 16.8 | 32.8 | 骨铲 | T3②：1178 | 骨锥 | 63.9 | 35 | 17.8 | 23.4 | 单尖 角尖 |
| T3②：1149 | 骨锥 | 104.1 | 50.1 | 32.2 | 72.6 | 单尖 正尖 | T3②：1179 | 骨锥 | 66.2 | 15.3 | 12.8 | 13 | 单尖 正尖 |
| T3②：1150 | 骨锥 | 95 | 55 | 14 | 32 | 单尖 正尖 | T3②：1180 | 骨锥 | 77.9 | 29.5 | 18.2 | 18.8 | 单尖 正尖 |
| T3②：1151 | 骨铲 | 130 | 87 | 30.5 | 253 | 单尖 正尖 | T3②：1181 | 骨铲 | 86.8 | 27 | 11 | 25 | 骨铲 |
| T3②：1152 | 骨铲 | 60 | 40.5 | 9.3 | 15.8 | 双尖 正尖 | T3②：1182 | 骨锥 | 31.8 | 10 | 6.3 | 1.8 | |
| T3②：1153 | 骨铲 | 63.2 | 24.9 | 10.2 | 9.4 | 骨铲 | T3②：1183 | 骨锥 | 74 | 24.5 | 15.4 | 20.8 | 双尖 正尖 |
| T3②：1154 | 骨锥 | 123.5 | 33.6 | 18 | 56.8 | 双尖 正尖 | T3②：1184 | 骨锥 | 80.4 | 25.4 | 22 | 38.2 | 单尖 正尖 |
| T3②：1155 | 骨铲 | 91.5 | 42.8 | 22.6 | 66.2 | 骨铲 | T3②：1185 | 骨锥 | 89.1 | 28.5 | 16 | 33.6 | 单尖 正尖 |
| T3②：1156 | 骨锥 | 56.2 | 32.2 | 13.6 | 16.4 | 双尖 正尖 | T3②：1186 | 骨铲 | 60.5 | 22 | 10 | 13.6 | 骨铲 |
| T3②：1157 | 骨锥 | 91 | 29 | 12 | 20.2 | 双尖 正尖 | T3②：1187 | 骨锥 | 53.2 | 14.3 | 11.5 | 7.8 | 单尖 正尖 |
| T3②：1158 | 角铲 | 61 | 35.9 | 14.2 | 20.4 | 单尖 正尖 | T3②：1188 | 骨锥 | 64.5 | 23.5 | 11.1 | 14.6 | 单尖 正尖 |

**续附表四**

| 器物号 | 名称 | 长 | 宽 | 厚 | 重 | 类型 | 器物号 | 名称 | 长 | 宽 | 厚 | 重 | 类型 |
|---|---|---|---|---|---|---|---|---|---|---|---|---|---|
| T3②：1189 | 骨锥 | 93.8 | 51 | 18 | 57.4 | 双尖 角尖 | T3②：1220 | 骨锥 | 78.5 | 39.2 | 14.5 | 20.2 | 单尖 正尖 |
| T3②：1190 | 骨铲 | 110.2 | 38.1 | 32 | 75.6 | 骨铲 | T3②：1221 | 骨锥 | 76.8 | 29.5 | 11.9 | 20.8 | 单尖 正尖 |
| T3②：1191 | 骨锥 | 30.5 | 18.5 | 7.1 | 2.6 | 单尖 正尖 | T3②：1222 | 骨铲 | 107.9 | 34.2 | 17.8 | 37.8 | 骨铲 |
| T3②：1192 | 骨锥 | 71.9 | 22.9 | 10.1 | 5.8 | 单尖 正尖 | T3②：1223 | 骨锥 | 52.8 | 17.2 | 7.2 | 6.4 | 单尖 正尖 |
| T3②：1193 | 骨锥 | 30.1 | 8 | 2.9 | 8 | 单尖 正尖 | T3②：1225 | 骨铲 | 74.8 | 28.1 | 15.1 | 22.8 | 单尖 |
| T3②：1194 | 骨锥 | 55.6 | 26.9 | 16 | 14.8 | 单尖 正尖 | T3②：1226 | 骨锥 | 91 | 30.5 | 15 | 36.8 | 双尖 正尖 |
| T3②：1195 | 骨锥 | 96.4 | 29.3 | 8 | 16.6 | 双尖 角尖 | T3②：1228 | 骨锥 | 63 | 22.8 | 8.8 | 12.2 | 单尖 正尖 |
| T3②：1196 | 骨锥 | 80 | 22 | 12.6 | 12.8 | 双尖 正尖 | T3②：1229 | 骨锥 | 88.2 | 27 | 14.9 | 25 | 单尖 正尖 |
| T3②：1197 | 骨铲 | 167.5 | 40.8 | 19.1 | 107.4 | 单尖 | T3②：1230 | 骨锥 | 71.5 | 21.8 | 8.5 | 10 | 单尖 正尖 |
| T3②：1198 | 骨锥 | 45 | 15.4 | 9.7 | 9.2 | 单尖 角尖 | T3②：1231 | 骨锥 | 66 | 18.2 | 9.3 | 7.2 | 单尖 角尖 |
| T3②：1199 | 骨锥 | 45.6 | 29.4 | 19.2 | 15 | 单尖 角尖 | T3②：1232 | 骨锥 | 60.5 | 21.2 | 15 | 15.6 | 单尖 正尖 |
| T3②：1200 | 骨锥 | 106.5 | 27 | 6 | 35.6 | 单尖 正尖 | T3②：1233 | 骨铲 | 98.2 | 47 | 18 | 67.6 | 单尖 |
| T3②：1201 | 骨锥 | 89.8 | 21.8 | 13.5 | 23.6 | 单尖 正尖 | T3②：1235 | 骨铲 | 106.5 | 51.2 | 26 | 89.2 | 骨铲 |
| T3②：1202 | 骨铲 | 93.5 | 60.1 | 30 | 88 | 骨铲 | T3②：1236 | 骨锥 | 78.4 | 33.9 | 18.5 | 27.6 | 单尖 正尖 |
| T3②：1203 | 骨锥 | 100 | 31 | 16.3 | 27.2 | 单尖 正尖 | T3②：1238 | 骨锥 | 109 | 39 | 19 | 52 | 双尖 角尖 |
| T3②：1204 | 骨锥 | 55 | 20.1 | 8.8 | 7.6 | 单尖 正尖 | T3②：1239 | 骨锥 | 51.8 | 16.2 | 5.4 | 5 | 单尖 正尖 |
| T3②：1205 | 骨锥 | 31.2 | 7 | 5 | 1.2 | | T3②：1240 | 骨铲 | 62 | 29.8 | 11.8 | 21 | 单尖 正尖 |
| T3②：1206 | 骨锥 | 64.7 | 36.8 | 10.6 | 23.6 | 单尖 正尖 | T3②：1241 | 骨锥 | 59 | 21.8 | 13.2 | 9.8 | 单尖 正尖 |
| T3②：1207 | 骨锥 | 38.5 | 27 | 10.2 | 10.4 | 单尖 正尖 | T3②：1242 | 骨锥 | 104.2 | 12 | 8.7 | 13.6 | 双尖 正尖 |
| T3②：1208 | 骨锥 | 23.5 | 5.6 | 5.5 | 0.6 | | T3②：1243 | 骨锥 | 109 | 48.2 | 27.4 | 11.4 | 单尖 正尖 |
| T3②：1209 | 骨铲 | 75.7 | 43 | 14 | 34 | 单尖 角尖 | T3②：1244 | 骨锥 | 59.9 | 28 | 12.4 | 13.4 | 单尖 正尖 |
| T3②：1210 | 骨锥 | 79 | 39 | 16 | 38.2 | 双尖 正尖 | T3②：1245 | 骨锥 | 86.5 | 24.2 | 11 | 11.6 | 单尖 正尖 |
| T3②：1211 | 骨锥 | 96 | 12.9 | 5.5 | 8.6 | 单尖 正尖 | T3②：1246 | 骨锥 | 68.8 | 24.7 | 9 | 12 | 单尖 角尖 |
| T3②：1212 | 骨铲 | 85.5 | 26.8 | 10.5 | 18.8 | 单尖 | T3②：1248 | 骨锥 | 65.8 | 33.5 | 16.1 | 19 | 单尖 正尖 |
| T3②：1213 | 骨锥 | 79 | 20.8 | 5 | 10.4 | 双尖 正尖 | T3②：1249 | 骨锥 | 68.6 | 20 | 9.7 | 6.4 | 双尖 正尖 |
| T3②：1214 | 骨锥 | 95.6 | 42 | 23 | 54.8 | 双尖 正尖 | T3②：1250 | 骨锥 | 69 | 19 | 10 | 9.8 | 双尖 正尖 |
| T3②：1215 | 骨锥 | 97 | 25.8 | 14.4 | 15.4 | 单尖 正尖 | T3②：1251 | 骨锥 | 80 | 19 | 12 | 11.2 | 双尖 正尖 |
| T3②：1217 | 骨锥 | 76.4 | 18.3 | 8.2 | 11.8 | 双尖 正尖 | T3②：1252 | 骨铲 | 84.5 | 26.5 | 10.3 | 24.6 | 单尖 |
| T3②：1218 | 骨铲 | 64.4 | 31.5 | 16.4 | 22.8 | 骨铲 | T3②：1253 | 骨铲 | 61.9 | 23.1 | 16.6 | 15.4 | 单尖 正尖 |
| T3②：1219 | 骨锥 | 73.8 | 22 | 14.5 | 19.2 | 单尖 正尖 | T3②：1254 | 骨锥 | 81.3 | 27.8 | 9.2 | 20.8 | 双尖 正尖 |

**续附表四**

| 器物号 | 名称 | 长 | 宽 | 厚 | 重 | 类型 | 器物号 | 名称 | 长 | 宽 | 厚 | 重 | 类型 |
|---|---|---|---|---|---|---|---|---|---|---|---|---|---|
| T3②：1255 | 骨锥 | 76.6 | 27.1 | 15.9 | 22.2 | 单尖 正尖 | T3②：1300 | 骨锥 | 64.7 | 11.6 | 6.7 | 4.4 | 双尖 正尖 |
| T3②：1257 | 骨锥 | 100.5 | 18.5 | 13.1 | 23.8 | 单尖 正尖 | T3②：1301 | 骨锥 | 79.9 | 17.2 | 10.9 | 5.8 | 单尖 正尖 |
| T3②：1259 | 骨锥 | 80 | 24.5 | 12.7 | 21.8 | 双尖 角尖 | T3②：1302 | 骨锥 | 61.2 | 17.3 | 10 | 5.6 | 双尖 正尖 |
| T3②：1260 | 骨锥 | 71.3 | 14.6 | 5 | 6 | 双尖 正尖 | T3②：1303 | 骨锥 | 52.8 | 21.8 | 8.9 | 9 | 单尖 正尖 |
| T3②：1262 | 骨锥 | 58 | 17.1 | 10.8 | 5.4 | 单尖 正尖 | T3②：1304 | 骨锥 | 56 | 22 | 11 | 2.4 | 单尖 正尖 |
| T3②：1263 | 骨锥 | 66.5 | 25.6 | 10.4 | 10.6 | 单尖 正尖 | T3②：1305 | 骨锥 | 54.2 | 19 | 7.4 | 4.8 | 单尖 角尖 |
| T3②：1264 | 骨锥 | 58.1 | 22.1 | 11.6 | 12.4 | 单尖 正尖 | T3②：1306 | 骨锥 | 49.5 | 28.8 | 7.8 | 6.2 | 单尖 正尖 |
| T3②：1265 | 骨锥 | 60.9 | 22.5 | 12.9 | 15.6 | 单尖 正尖 | T3②：1308 | 骨锥 | 62.1 | 21.8 | 13.3 | 11 | 单尖 正尖 |
| T3②：1266 | 骨铲 | 66 | 25.5 | 9.4 | 12.6 | 骨铲 | T3②：1310 | 骨锥 | 57.3 | 19.5 | 8.9 | 6.4 | 单尖 正尖 |
| T3②：1267 | 骨锥 | 59.1 | 22.5 | 7.4 | 7.4 | 单尖 正尖 | T3②：1312 | 骨锥 | 54 | 17.2 | 7.4 | 7.8 | 双尖 正尖 |
| T3②：1268 | 骨锥 | 67 | 21.5 | 12 | 13 | 单尖 角尖 | T3②：1314 | 骨锥 | 113 | 50.9 | 16.1 | 62.8 | 单尖 正尖 |
| T3②：1269 | 骨锥 | 51.2 | 15.6 | 8.4 | 6.2 | 双尖 正尖 | T3②：1315 | 骨锥 | 56 | 30 | 10 | 15.2 | 单尖 角尖 |
| T3②：1270 | 骨锥 | 60.4 | 13 | 9 | 8.6 | 双尖 正尖 | T3②：1316 | 骨铲 | 71.5 | 28.2 | 10 | 19 | 骨铲 |
| T3②：1271 | 骨锥 | 59.5 | 19.8 | 4.8 | 6.4 | 单尖 正尖 | T3②：1317 | 骨锥 | 62 | 20.8 | 18 | 17 | 单尖 角尖 |
| T3②：1272 | 骨锥 | 53.8 | 21.5 | 13 | 9 | 单尖 正尖 | T3②：1319 | 骨锥 | 72.1 | 49 | 24.5 | 39.4 | 单尖 正尖 |
| T3②：1273 | 骨锥 | 51 | 16.6 | 10 | 6 | 双尖 正尖 | T3②：1320 | 骨锥 | 25 | 9 | 6 | 1 | 单尖 正尖 |
| T3②：1274 | 骨锥 | 42.2 | 21.8 | 9 | 6.2 | 单尖 正尖 | T3②：1325 | 骨锥 | 59.2 | 30.3 | 10.2 | 12 | 单尖 正尖 |
| T3②：1275 | 骨锥 | 49.8 | 19.2 | 7.2 | 5.6 | 单尖 正尖 | T3②：1336 | 骨锥 | 338.5 | 16.7 | 7.2 | 4 | 单尖 角尖 |
| T3②：1276 | 骨锥 | 75.9 | 19.8 | 13.4 | 15.2 | 单尖 正尖 | T3②：1340 | 骨锥 | 80.8 | 22.1 | 9.2 | 18 | 双尖 正尖 |
| T3②：1277 | 骨锥 | 77 | 20 | 13.5 | 26.2 | 单尖 角尖 | T3②：1341 | 骨锥 | 84 | 23.2 | 8.9 | 17.2 | 单尖 正尖 |
| T3②：1283 | 骨锥 | 54.6 | 30 | 9.4 | 10.4 | 双尖 正尖 | T3②：1342 | 骨锥 | 68.7 | 22.9 | 10.5 | 13 | 单尖 角尖 |
| T3②：1289 | 骨锥 | 50.3 | 16.3 | 8.3 | 6.2 | 单尖 正尖 | T3②：1344 | 骨锥 | 117.8 | 35.9 | 15.5 | 56 | 单尖 正尖 |
| T3②：1290 | 骨锥 | 55.4 | 20 | 9.7 | 9.6 | 双尖 正尖 | T3②：1345 | 骨锥 | 156.8 | 37.9 | 27.4 | 160.2 | 单尖 正尖 |
| T3②：1291 | 骨锥 | 56.4 | 22.6 | 9.4 | 8.2 | 单尖 正尖 | T3②：1347 | 骨锥 | 96 | 31 | 14 | 34.2 | 双尖 角尖 |
| T3②：1293 | 骨锥 | 49.2 | 13 | 6 | 3.2 | 单尖 正尖 | T3②：1348 | 骨锥 | 74.7 | 38 | 19.6 | 34.4 | 双尖 角尖 |
| T3②：1294 | 骨锥 | 50 | 17.6 | 7.2 | 5.4 | 双尖 角尖 | T3②：1349 | 骨锥 | 70.6 | 12.2 | 9.8 | 13.2 | 单尖 角尖 |
| T3②：1295 | 骨锥 | 38.4 | 17.5 | 5.7 | 3.8 | 单尖 正尖 | T3②：1350 | 骨锥 | 70 | 35.7 | 11.6 | 22.6 | 双尖 角尖 |
| T3②：1296 | 骨锥 | 42.4 | 21.5 | 9.1 | 5 | 单尖 正尖 | T3②：1352 | 骨锥 | 56.5 | 19.9 | 8.1 | 7 | 单尖 正尖 |
| T3②：1297 | 骨锥 | 54.8 | 24 | 5.8 | 5.2 | 双尖 正尖 | T3②：1353 | 骨锥 | 41.4 | 20 | 7.8 | 4 | 双尖 正尖 |
| T3②：1298 | 骨铲 | 52.9 | 15.5 | 5.9 | 4.8 | 骨铲 | T3②：1355 | 骨锥 | 56.1 | 20.9 | 8.9 | 14.2 | 单尖 正尖 |

**续附表四**

| 器物号 | 名称 | 长 | 宽 | 厚 | 重 | 类型 | 器物号 | 名称 | 长 | 宽 | 厚 | 重 | 类型 |
|---|---|---|---|---|---|---|---|---|---|---|---|---|---|
| T3②：1356 | 骨锥 | 62.5 | 27 | 10.2 | 13.6 | 双尖 角尖 | T3②：1395 | 骨铲 | 87.5 | 28 | 16.8 | 32.6 | 骨铲 |
| T3②：1357 | 骨锥 | 82.5 | 25.2 | 13 | 22.6 | 单尖 正尖 | T3②：1396 | 骨锥 | 78 | 24.8 | 16.2 | 25.2 | 单尖 角尖 |
| T3②：1358 | 骨锥 | 42.4 | 20.8 | 9.7 | 6.6 | 双尖 正尖 | T3②：1397 | 骨锥 | 90 | 22.2 | 15.3 | 8.4 | 单尖 正尖 |
| T3②：1360 | 骨锥 | 50.4 | 24 | 8.9 | 9.6 | 单尖 正尖 | T3②：1398 | 骨铲 | 76.2 | 25.5 | 12.2 | 21.4 | 骨铲 |
| T3②：1361 | 骨锥 | 50.9 | 13.8 | 12.8 | 7.4 | 单尖 正尖 | T3②：1400 | 骨锥 | 72.9 | 24.9 | 15.9 | 22.6 | 单尖 正尖 |
| T3②：1363 | 骨锥 | 51.5 | 17.5 | 12.1 | 6.2 | 单尖 正尖 | T3②：1401 | 骨锥 | 64.8 | 20.5 | 14.8 | 15.6 | 单尖 正尖 |
| T3②：1364 | 骨锥 | 57.8 | 12 | 6 | 4.4 | 单尖 正尖 | T3②：1402 | 骨锥 | 68.5 | 15 | 11.4 | 8.8 | 双尖 正尖 |
| T3②：1365 | 骨铲 | 110 | 27 | 22 | 59.8 | 骨铲 | T3②：1403 | 骨锥 | 67.5 | 35.5 | 8.5 | 18 | 单尖 正尖 |
| T3②：1366 | 骨锥 | 95.5 | 31.5 | 28.8 | 35.2 | 单尖 正尖 | T3②：1404 | 骨锥 | 46 | 26.5 | 12.5 | 6 | 单尖 正尖 |
| T3②：1367 | 骨锥 | 68.1 | 45 | 24.4 | 35 | 单尖 正尖 | T3②：1405 | 骨锥 | 78.4 | 30.8 | 11 | 20 | 双尖 角尖 |
| T3②：1369 | 骨锥 | 72.5 | 28.5 | 11.5 | 26.2 | 单尖 正尖 | T3②：1406 | 骨铲 | 75.7 | 17.9 | 14.8 | 15.8 | 单尖 正尖 |
| T3②：1370 | 骨铲 | 70.5 | 26 | 16 | 15.6 | 骨铲 | T3②：1408 | 骨锥 | 56.2 | 25 | 8.8 | 10.4 | 双尖 正尖 |
| T3②：1371 | 骨铲 | 85.2 | 36.5 | 10 | 32 | 双尖 角尖 | T3②：1409 | 骨铲 | 70 | 28.8 | 16.2 | 21 | 骨铲 |
| T3②：1372 | 骨锥 | 67.8 | 31.8 | 14.2 | 14.8 | 单尖 正尖 | T3②：1410 | 骨锥 | 54.8 | 42 | 20 | 28.2 | 单尖 角尖 |
| T3②：1373 | 骨锥 | 64.5 | 21.2 | 7.8 | 10.4 | 单尖 正尖 | T3②：1412 | 骨锥 | 55 | 21 | 7.7 | 6 | 双尖 正尖 |
| T3②：1374 | 骨铲 | 69.2 | 20.9 | 9.5 | 14.8 | 骨铲 | T3②：1413 | 骨锥 | 76.2 | 20 | 10.8 | 14.5 | 双尖 正尖 |
| T3②：1376 | 骨锥 | 53.4 | 30.4 | 9 | 13 | 单尖 角尖 | T3②：1415 | 骨锥 | 53.3 | 22.1 | 10.2 | 11.8 | 单尖 正尖 |
| T3②：1377 | 骨锥 | 81.5 | 25 | 7.9 | 16.4 | 单尖 正尖 | T3②：1416 | 骨锥 | 64 | 26 | 12.6 | 13.2 | 单尖 正尖 |
| T3②：1378 | 骨锥 | 16.1 | 23.8 | 6.4 | 9 | 单尖 正尖 | T3②：1417 | 骨锥 | 60.5 | 33.2 | 17 | 29.8 | 单尖 正尖 |
| T3②：1379 | 骨锥 | 70 | 17 | 8 | 8.8 | 单尖 正尖 | T3②：1418 | 骨锥 | 54.8 | 27.9 | 9.5 | 2.4 | 单尖 正尖 |
| T3②：1381 | 骨铲 | 60 | 32 | 15 | 15.8 | 单尖 角尖 | T3②：1420 | 骨锥 | 55 | 23 | 9 | 9.4 | 单尖 正尖 |
| T3②：1382 | 骨锥 | 57.2 | 19.5 | 7.9 | 8.4 | 单尖 正尖 | T3②：1421 | 骨锥 | 49 | 19.7 | 11.6 | 7.4 | 单尖 正尖 |
| T3②：1383 | 骨锥 | 72 | 18.8 | 10 | 9.6 | 单尖 正尖 | T3②：1423 | 骨锥 | 50.1 | 10.8 | 4.3 | 2.4 | 单尖 正尖 |
| T3②：1384 | 骨锥 | 69.8 | 15.5 | 9 | 11.2 | 单尖 正尖 | T3②：1425 | 骨锥 | 48.6 | 22 | 7.6 | 7.8 | 双尖 角尖 |
| T3②：1386 | 骨锥 | 66.5 | 12.4 | 6.7 | 5.2 | 双尖 正尖 | T3②：1426 | 骨锥 | 61.8 | 18.4 | 11.9 | 9.2 | 单尖 正尖 |
| T3②：1388 | 骨锥 | 56.9 | 19.8 | 8.2 | 11.2 | 单尖 正尖 | T3②：1427 | 骨锥 | 45.7 | 19.4 | 11.5 | 7.4 | 单尖 正尖 |
| T3②：1389 | 骨铲 | 108.8 | 42.9 | 22 | 77.2 | 单尖 | T3②：1429 | 骨锥 | 36.7 | 8.5 | 10.4 | 2.6 | 双尖 角尖 |
| T3②：1391 | 骨锥 | 69.4 | 24 | 8.4 | 23.6 | 单尖 正尖 | T3②：1430 | 骨锥 | 55.1 | 23 | 8.8 | 9.4 | 单尖 正尖 |
| T3②：1392 | 骨铲 | 89 | 37.5 | 26.8 | 42.4 | 骨铲 | T3②：1431 | 骨锥 | 78.5 | 27.2 | 5.3 | 9.8 | 单尖 正尖 |
| T3②：1394 | 骨铲 | 128.5 | 50.2 | 18.5 | 97 | 骨铲 | T3②：1433 | 骨锥 | 51.7 | 22.3 | 11 | 9.2 | 双尖 角尖 |

**续附表四**

| 器物号 | 名称 | 长 | 宽 | 厚 | 重 | 类型 | 器物号 | 名称 | 长 | 宽 | 厚 | 重 | 类型 |
|---|---|---|---|---|---|---|---|---|---|---|---|---|---|
| T3②：1434 | 骨锥 | 32 | 26.8 | 4.8 | 3.6 | 单尖 角尖 | T3②：1477 | 骨锥 | 46.9 | 24.4 | 17 | 17 | 单尖 正尖 |
| T3②：1437 | 骨锥 | 40 | 19.8 | 10 | 6.4 | 双尖 角尖 | T3②：1478 | 骨锥 | 64.5 | 40.5 | 31.5 | 31.4 | 单尖 正尖 |
| T3②：1438 | 骨锥 | 48.5 | 14.3 | 7.2 | 4.4 | 单尖 正尖 | T3②：1479 | 骨锥 | 53.5 | 27.9 | 11.5 | 19.4 | 单尖 正尖 |
| T3②：1442 | 骨锥 | 53.5 | 22 | 10.9 | 12.2 | 单尖 正尖 | T3②：1480 | 骨锥 | 65.3 | 17.2 | 8 | 7.6 | 双尖 角尖 |
| T3②：1449 | 骨锥 | 81 | 30.8 | 26.3 | 21.2 | 单尖 角尖 | T3②：1481 | 骨铲 | 52.5 | 35.5 | 14 | 19 | 骨铲 |
| T3②：1450 | 骨锥 | 95.2 | 23 | 15.1 | 52.4 | 单尖 正尖 | T3②：1482 | 骨锥 | 76.5 | 25 | 12.5 | 25.6 | 单尖 正尖 |
| T3②：1451 | 骨锥 | 45 | 24.1 | 6.1 | 20.6 | 单尖 正尖 | T3②：1483 | 骨铲 | 78.6 | 2.5 | 11.2 | 18 | 骨铲 |
| T3②：1452 | 骨锥 | 86.9 | 42 | 21.4 | 40.8 | 单尖 正尖 | T3②：1484 | 骨铲 | 75.4 | 31.3 | 18.9 | 32.2 | 骨铲 |
| T3②：1453 | 骨铲 | 34.8 | 17.3 | 16 | 7.4 | 骨铲 | T3②：1485 | 骨锥 | 55 | 16.3 | 8.2 | 6.6 | 单尖 正尖 |
| T3②：1454 | 骨铲 | 136 | 63.6 | 40 | 160.8 | 单尖 | T3②：1486 | 骨锥 | 64.8 | 17.6 | 16.4 | 18.4 | 单尖 角尖 |
| T3②：1455 | 骨锥 | 88.2 | 32 | 24.5 | 37.2 | 单尖 正尖 | T3②：1487 | 骨锥 | 52 | 26.5 | 11 | 9.6 | 双尖 正尖 |
| T3②：1457 | 骨锥 | 144.3 | 47 | 52.7 | 132.8 | 双尖 角尖 | T3②：1488 | 骨锥 | 70.9 | 21.4 | 7.1 | 12.2 | 单尖 正尖 |
| T3②：1458 | 骨锥 | 82.8 | 38 | 12 | 37.6 | 双尖 正尖 | T3②：1490 | 骨锥 | 46.3 | 28.3 | 15.5 | 13.2 | 单尖 正尖 |
| T3②：1459 | 骨铲 | 32.8 | 29.9 | 21.9 | 9.4 | 骨铲 | T3②：1491 | 骨锥 | 58.2 | 23.3 | 12.6 | 12.2 | 单尖 正尖 |
| T3②：1460 | 骨锥 | 108.1 | 33.1 | 19.8 | 68.4 | 单尖 正尖 | T3②：1492 | 骨锥 | 43 | 14.5 | 9.3 | 5 | 单尖 正尖 |
| T3②：1461 | 骨铲 | 86.2 | 47.5 | 25 | 67 | 骨铲 | T3②：1493 | 骨锥 | 49.9 | 26.9 | 8.9 | 13.6 | 单尖 正尖 |
| T3②：1463 | 骨铲 | 77.9 | 22 | 13.9 | 23.8 | 骨铲 | T3②：1494 | 骨锥 | 41.2 | 23 | 4.9 | 3.6 | 单尖 正尖 |
| T3②：1464 | 骨锥 | 74.3 | 22.5 | 10.4 | 12.4 | 双尖 正尖 | T3②：1495 | 骨锥 | 36.1 | 20.2 | 10 | 4.8 | 单尖 正尖 |
| T3②：1465 | 骨锥 | 85.6 | 35.3 | 19 | 30.6 | 单尖 角尖 | T3②：1499 | 骨锥 | 57.4 | 16.5 | 14.5 | 7.6 | 单尖 正尖 |
| T3②：1466 | 骨锥 | 67.4 | 28 | 11.3 | 15 | 单尖 角尖 | T3②：1500 | 骨锥 | 120.6 | 95.5 | 28.1 | 99.4 | 单尖 正尖 |
| T3②：1467 | 骨铲 | 73.9 | 33.4 | 11.2 | 23 | 骨铲 | T3②：1501 | 骨锥 | 83 | 50.6 | 9.6 | 25.6 | 单尖 角尖 |
| T3②：1468 | 骨铲 | 195 | 26.3 | 16.4 | 82.4 | 骨铲 | T3②：1502 | 骨锥 | 61.1 | 30.9 | 16.5 | 6.6 | |
| T3②：1469 | 骨铲 | 115.6 | 30 | 29.5 | 67.2 | 骨铲 | T3②：1503 | 骨铲 | 45.2 | 25 | 18.5 | 8.6 | 骨铲 |
| T3②：1470 | 骨铲 | 116.5 | 52 | 20.5 | 79.2 | 骨铲 | T3②：1504 | 骨锥 | 39 | 20.8 | 11.4 | 6.4 | |
| T3②：1471 | 骨铲 | 109.7 | 43 | 11.9 | 53.2 | 骨铲 | T3②：1505 | 骨锥 | 36.3 | 10.9 | 8.8 | 3.4 | 单尖 角尖 |
| T3②：1472 | 骨铲 | 119.8 | 32.9 | 18.2 | 47.8 | 骨铲 | T3②：1506 | 骨锥 | 34.1 | 10.1 | 2.5 | 0.8 | |
| T3②：1473 | 骨铲 | 127 | 35 | 21.1 | 58.6 | 骨铲 | T3②：1507 | 骨锥 | 44.9 | 16.2 | 9.5 | 4.2 | 单尖 角尖 |
| T3②：1474 | 骨锥 | 55 | 17.8 | 7.5 | 7.2 | 单尖 角尖 | T3②：1508 | 骨锥 | 37.6 | 15.1 | 6.8 | 4.2 | 双尖 角尖 |
| T3②：1475 | 骨铲 | 101.5 | 30.7 | 15 | 35.2 | 骨铲 | T3②：1509 | 骨锥 | 26.8 | 12 | 4 | 1 | 单尖 正尖 |
| T3②：1476 | 骨锥 | 87.4 | 38.3 | 19.2 | 43.4 | 单尖 角尖 | T3②：1510 | 骨锥 | 56 | 11.6 | 6 | 4.4 | 双尖 角尖 |

**续附表四**

| 器物号 | 名称 | 长 | 宽 | 厚 | 重 | 类型 | 器物号 | 名称 | 长 | 宽 | 厚 | 重 | 类型 |
|---|---|---|---|---|---|---|---|---|---|---|---|---|---|
| T3②：1511 | 骨锥 | 37.2 | 10.3 | 6.6 | 2 | 单尖 角尖 | T3②：1543 | 骨锥 | 41 | 0.71 | 7.6 | 2.4 | 双尖 角尖 |
| T3②：1512 | 骨锥 | 41.5 | 14.4 | 6 | 3.8 | | T3②：1545 | 骨锥 | 29.2 | 8.9 | 5 | 1.2 | 单尖 正尖 |
| T3②：1513 | 骨锥 | 35 | 12 | 6.5 | 2.6 | 双尖 正尖 | T3②：1546 | 骨锥 | 32.5 | 10.8 | 3.1 | 1.2 | |
| T3②：1514 | 骨锥 | 39 | 20.9 | 9.8 | 4.2 | | T3②：1547 | 骨锥 | 33.1 | 12.1 | 6.1 | 2.4 | 单尖 正尖 |
| T3②：1515 | 骨锥 | 32.6 | 11 | 4 | 1.2 | 单尖 正尖 | T3②：1548 | 骨锥 | 36.2 | 13 | 5 | 2.4 | 单尖 正尖 |
| T3②：1516 | 骨锥 | 36.5 | 14.2 | 6.5 | 3 | 双尖 正尖 | T3②：1549 | 骨锥 | 40 | 9 | 7 | 2.8 | 双尖 角尖 |
| T3②：1517 | 骨锥 | 42.3 | 12.2 | 13.3 | 3.8 | | T3②：1550 | 骨锥 | 25.9 | 0.78 | 5.5 | 1 | 单尖 正尖 |
| T3②：1518 | 骨锥 | 30.5 | 10.5 | 5.5 | 1.8 | 单尖 正尖 | T3②：1551 | 骨锥 | 30.5 | 8 | 3.4 | 0.8 | 双尖 正尖 |
| T3②：1519 | 骨铲 | 52.7 | 19.7 | 9.2 | 6.2 | 骨铲 | T3②：1552 | 骨锥 | 26 | 9.2 | 3.1 | 0.6 | 双尖 正尖 |
| T3②：1520 | 骨锥 | 28.7 | 11.6 | 12 | 3 | 单尖 正尖 | T3②：1553 | 骨锥 | 21.2 | 8 | 4.7 | 0.8 | 单尖 正尖 |
| T3②：1521 | 骨锥 | 38.9 | 12 | 3.3 | 1.4 | 双尖 正尖 | T3②：1554 | 骨锥 | 25.8 | 0.6 | 4.1 | 0.8 | 单尖 角尖 |
| T3②：1522 | 骨锥 | 33 | 0.75 | 6.6 | 1.6 | | T3②：1555 | 骨锥 | 35.4 | 22.9 | 14.5 | 5.4 | 单尖 正尖 |
| T3②：1524 | 骨锥 | 29.1 | 11.9 | 5.9 | 1.6 | 双尖 角尖 | T3②：1556 | 骨锥 | 48.3 | 11.9 | 4.2 | 2.6 | 单尖 正尖 |
| T3②：1525 | 骨锥 | 23.8 | 7.8 | 3.9 | 1 | | T3②：1557 | 骨锥 | 30.5 | 14 | 10.8 | 3.4 | 单尖 正尖 |
| T3②：1526 | 骨锥 | 48.5 | 14.9 | 7 | 5.4 | 双尖 角尖 | T3②：1558 | 骨锥 | 33.1 | 15.9 | 5.3 | 1.4 | 单尖 正尖 |
| T3②：1527 | 骨锥 | 42 | 16.5 | 8.4 | 5.2 | 单尖 正尖 | T3②：1559 | 骨锥 | 29 | 13.5 | 4 | 1.4 | 单尖 角尖 |
| T3②：1528 | 骨锥 | 42.4 | 13 | 11 | 5.4 | 单尖 正尖 | T3②：1560 | 骨锥 | 27.8 | 10.8 | 5.8 | 1.4 | 单尖 角尖 |
| T3②：1529 | 骨锥 | 38 | 13.7 | 6.3 | 3.4 | 单尖 正尖 | T3②：1562 | 骨锥 | 30.2 | 0.75 | 6.5 | 1 | 双尖 正尖 |
| T3②：1531 | 骨锥 | 37 | 10.8 | 5.7 | 2.4 | 单尖 正尖 | T3②：1563 | 骨锥 | 24.6 | 8.5 | 5.2 | 1 | 单尖 正尖 |
| T3②：1532 | 骨锥 | 36.4 | 0.92 | 3.9 | 1.2 | 双尖 正尖 | T3②：1564 | 骨锥 | 31 | 13.5 | 5 | 1.8 | 单尖 正尖 |
| T3②：1533 | 骨锥 | 31 | 11.9 | 5.8 | 1.8 | 单尖 正尖 | T3②：1565 | 骨锥 | 33.7 | 12.1 | 6.5 | 2 | |
| T3②：1534 | 骨锥 | 34.9 | 10 | 8 | 2.2 | 单尖 正尖 | T3②：1566 | 骨锥 | 27.8 | 8.1 | 3.4 | 0.8 | 单尖 角尖 |
| T3②：1535 | 骨锥 | 37.4 | 12.1 | 6 | 2.4 | 双尖 正尖 | T3②：1567 | 骨锥 | 27 | 0.89 | 4.5 | 1 | |
| T3②：1536 | 骨锥 | 44.5 | 10.8 | 5.5 | 2.6 | 单尖 角尖 | T3②：1568 | 骨锥 | 29.5 | 17.1 | 11 | 3.2 | 单尖 正尖 |
| T3②：1537 | 骨锥 | 31.2 | 11.8 | 4.9 | 2 | 单尖 角尖 | T3②：1569 | 骨铲 | 43.2 | 19.6 | 10 | 8.8 | 骨铲 |
| T3②：1538 | 骨锥 | 32.9 | 14.1 | 7 | 1.6 | | T3②：1570 | 骨锥 | 46.2 | 20.2 | 7.5 | 6 | 单尖 正尖 |
| T3②：1539 | 骨锥 | 27.8 | 12.9 | 37 | 1.2 | 单尖 正尖 | T3②：1572 | 骨锥 | 35 | 17.8 | 7 | 2.6 | 单尖 正尖 |
| T3②：1540 | 骨锥 | 31.5 | 11.7 | 6 | 2.2 | 单尖 正尖 | T3②：1573 | 骨锥 | 40.1 | 12.5 | 6.5 | 3.4 | 单尖 正尖 |
| T3②：1541 | 骨锥 | 44 | 16.8 | 6.5 | 3.8 | 单尖 正尖 | T3②：1574 | 骨锥 | 33.1 | 14.2 | 6.3 | 1.6 | 单尖 正尖 |
| T3②：1542 | 骨锥 | 36.3 | 0.95 | 5.5 | 1.8 | 单尖 正尖 | T3②：1575 | 骨锥 | 36.2 | 11 | 6.2 | 2.2 | 单尖 正尖 |

续附表四

| 器物号 | 名称 | 长 | 宽 | 厚 | 重 | 类型 | 器物号 | 名称 | 长 | 宽 | 厚 | 重 | 类型 |
|---|---|---|---|---|---|---|---|---|---|---|---|---|---|
| T3②：1576 | 骨锥 | 30.7 | 21.2 | 15 | 6.2 | 单尖 正尖 | T3②：1609 | 骨锥 | 32.6 | 11.2 | 8.5 | 2.8 | 单尖 正尖 |
| T3②：1577 | 骨锥 | 36.5 | 12.5 | 5.8 | 2.8 | 单尖 正尖 | T3②：1610 | 骨锥 | 47 | 11.9 | 9.8 | 4.6 | |
| T3②：1578 | 骨锥 | 36.9 | 11.5 | 8 | 2.4 | 双尖 角尖 | T3②：1611 | 骨锥 | 36.3 | 10.8 | 6 | 2.8 | 单尖 角尖 |
| T3②：1579 | 骨锥 | 30.8 | 10 | 5.2 | 1.6 | 单尖 角尖 | T3②：1612 | 骨锥 | 44.2 | 16.5 | 6.8 | 4.6 | 单尖 角尖 |
| T3②：1581 | 骨锥 | 32.2 | 10 | 8.5 | 2 | | T3②：1614 | 骨锥 | 27.1 | 21.3 | 19 | 5 | 单尖 正尖 |
| T3②：1582 | 骨锥 | 46 | 16.8 | 8.4 | 5.2 | 单尖 角尖 | T3②：1615 | 骨锥 | 30.9 | 7.3 | 6.6 | 1.6 | 单尖 正尖 |
| T3②：1583 | 骨锥 | 28.8 | 8 | 6.1 | 1.6 | 双尖 角尖 | T3②：1616 | 骨锥 | 23.4 | 9 | 4 | 0.6 | 单尖 正尖 |
| T3②：1584 | 骨锥 | 40.2 | 11 | 7.2 | 3.2 | 双尖 正尖 | T3②：1617 | 骨锥 | 49.2 | 14.2 | 8.5 | 5.2 | 单尖 正尖 |
| T3②：1585 | 骨锥 | 38 | 12 | 5.8 | 2 | | T3②：1618 | 骨锥 | 30.1 | 11.4 | 4.1 | 1.4 | 单尖 正尖 |
| T3②：1586 | 骨锥 | 38.5 | 12.7 | 6.6 | 2.6 | 单尖 角尖 | T3②：1619 | 骨铲 | 37.5 | 14.1 | 6.5 | 2.4 | 骨铲 |
| T3②：1587 | 骨铲 | 43.5 | 14.5 | 5.5 | 3.8 | 骨铲 | T3②：1621 | 骨锥 | 37.7 | 14.3 | 4.4 | 2 | 单尖 角尖 |
| T3②：1588 | 骨锥 | 38.4 | 7.4 | 6.5 | 1.6 | 单尖 角尖 | T3②：1622 | 骨锥 | 34.2 | 11.5 | 5 | 2 | 单尖 正尖 |
| T3②：1589 | 骨锥 | 29.4 | 11.6 | 6.3 | 2 | 单尖 正尖 | T3②：1623 | 骨锥 | 33.4 | 14 | 6.8 | 2.4 | 单尖 正尖 |
| T3②：1590 | 骨锥 | 32 | 11.8 | 3.9 | 1.4 | 单尖 正尖 | T3②：1624 | 骨锥 | 38.4 | 0.79 | 6.2 | 1.6 | 单尖 正尖 |
| T3②：1591 | 骨锥 | 29 | 15.8 | 5.9 | 2.4 | 单尖 正尖 | T3②：1625 | 骨锥 | 36.8 | 11 | 6 | 2.4 | 双尖 角尖 |
| T3②：1592 | 骨锥 | 29.5 | 6 | 4 | 0.8 | 单尖 正尖 | T3②：1626 | 骨锥 | 39 | 13 | 9.3 | 2.6 | |
| T3②：1593 | 骨铲 | 34 | 12.4 | 6.5 | 2.2 | 骨铲 | T3②：1627 | 骨锥 | 27.9 | 10.5 | 7.1 | 1.6 | 双尖 正尖 |
| T3②：1594 | 骨锥 | 40.1 | 12.2 | 3.8 | 1.4 | 单尖 正尖 | T3②：1628 | 骨锥 | 27.6 | 11.1 | 5.5 | 1.2 | 单尖 正尖 |
| T3②：1596 | 骨锥 | 44 | 14.9 | 5.8 | 3.6 | 单尖 正尖 | T3②：1629 | 骨锥 | 28.1 | 10.5 | 7 | 1.6 | 单尖 正尖 |
| T3②：1597 | 骨锥 | 27.8 | 11.9 | 6.4 | 1.4 | 单尖 正尖 | T3②：1630 | 骨锥 | 31 | 13.5 | 5 | 1.8 | 单尖 正尖 |
| T3②：1598 | 骨锥 | 57 | 17.1 | 6.5 | 5 | | T3②：1631 | 骨锥 | 49 | 13.1 | 8.5 | 2.8 | |
| T3②：1599 | 骨锥 | 34 | 8.2 | 8 | 1.6 | 双尖 正尖 | T3②：1632 | 骨锥 | 30 | 14.5 | 6.4 | 2.6 | 双尖 正尖 |
| T3②：1600 | 骨锥 | 36 | 16.5 | 7.1 | 3.6 | 单尖 正尖 | T3②：1633 | 骨锥 | 40.5 | 14.5 | 9.8 | 6 | |
| T3②：1601 | 骨锥 | 27 | 9.6 | 5 | 1.4 | 单尖 角尖 | T3②：1634 | 骨锥 | 35 | 10.5 | 5 | 1.4 | |
| T3②：1602 | 骨锥 | 35.1 | 0.94 | 4.2 | 1.4 | 单尖 正尖 | T3②：1635 | 骨锥 | 45.8 | 21.5 | 13.5 | 5.8 | 单尖 正尖 |
| T3②：1603 | 骨锥 | 25.7 | 5.9 | 4.9 | 0.8 | 单尖 正尖 | T3②：1637 | 骨锥 | 41.2 | 9 | 6.5 | 2.4 | 单尖 角尖 |
| T3②：1604 | 骨铲 | 27.9 | 10.5 | 8.5 | 2.2 | 骨铲 | T3②：1638 | 骨锥 | 34 | 14.5 | 6 | 2.2 | 单尖 正尖 |
| T3②：1605 | 骨锥 | 33.3 | 0.89 | 5 | 1.6 | 双尖 正尖 | T3②：1639 | 骨锥 | 39.4 | 16 | 8 | 4.4 | 单尖 正尖 |
| T3②：1607 | 骨锥 | 35.1 | 0.98 | 4.5 | 1.8 | | T3②：1640 | 骨锥 | 29.3 | 10 | 4 | 1 | 单尖 正尖 |
| T3②：1608 | 骨锥 | 45.6 | 15.5 | 5.6 | 3.2 | 单尖 正尖 | T3②：1641 | 骨铲 | 35.4 | 10.9 | 5.5 | 2 | 骨铲 |

**续附表四**

| 器物号 | 名称 | 长 | 宽 | 厚 | 重 | 类型 | 器物号 | 名称 | 长 | 宽 | 厚 | 重 | 类型 |
|---|---|---|---|---|---|---|---|---|---|---|---|---|---|
| T3②：1642 | 骨锥 | 23.6 | 10.8 | 6 | 1.2 | 单尖 正尖 | T3②：1686 | 骨锥 | 36.2 | 11 | 9 | 1.8 | 单尖 正尖 |
| T3②：1643 | 骨锥 | 27.5 | 7.5 | 5.6 | 0.8 | 单尖 正尖 | T3②：1687 | 骨锥 | 32.8 | 11.8 | 3.9 | 1.4 | 单尖 正尖 |
| T3②：1644 | 骨锥 | 36.5 | 16.3 | 5 | 2.8 | 双尖 正尖 | T3②：1688 | 骨锥 | 29.8 | 11.7 | 4.8 | 2 | 单尖 正尖 |
| T3②：1645 | 骨锥 | 24.4 | 10.8 | 5.5 | 1.8 | 双尖 正尖 | T3②：1689 | 骨锥 | 34.7 | 14.5 | 7.1 | 3.2 | 双尖 角尖 |
| T3②：1646 | 骨锥 | 26.8 | 9 | 4.5 | 1 | 双尖 正尖 | T3②：1690 | 骨锥 | 30.4 | 9.8 | 6 | 1.2 | |
| T3②：1647 | 骨锥 | 27.2 | 10.1 | 6 | 1.4 | 单尖 正尖 | T3②：1691 | 骨锥 | 28.2 | 10.5 | 7 | 1.7 | 单尖 角尖 |
| T3②：1649 | 骨锥 | 41 | 10 | 5.8 | 2 | | T3②：1692 | 骨锥 | 40.5 | 14.8 | 7.5 | 5.2 | 单尖 正尖 |
| T3②：1650 | 骨锥 | 28.6 | 9.2 | 7.1 | 1.8 | 单尖 正尖 | T3②：1693 | 骨锥 | 26 | 8.9 | 4 | 1 | 单尖 正尖 |
| T3②：1651 | 骨锥 | 35.5 | 11.8 | 6.2 | 2.2 | 单尖 正尖 | T3②：1694 | 骨锥 | 25.5 | 8.2 | 5.5 | 1 | 单尖 正尖 |
| T3②：1652 | 骨锥 | 25.9 | 0.73 | 3.1 | 0.6 | 双尖 正尖 | T3②：1696 | 骨锥 | 30 | 7 | 5.8 | 1.2 | 双尖 正尖 |
| T3②：1653 | 骨锥 | 24.3 | 9 | 3.6 | 0.8 | 单尖 正尖 | T3②：1697 | 骨锥 | 25.4 | 4.7 | 3.8 | 0.4 | 单尖 正尖 |
| T3②：1654 | 骨锥 | 31.5 | 10.7 | 4 | 1 | 双尖 正尖 | T3②：1699 | 骨锥 | 29.5 | 10.3 | 6.2 | 1.4 | 双尖 正尖 |
| T3②：1655 | 骨锥 | 49.5 | 9.1 | 6.1 | 2.8 | 单尖 正尖 | T3②：1700 | 骨锥 | 27.6 | 6 | 4 | 0.6 | 单尖 正尖 |
| T3②：1656 | 骨锥 | 37.3 | 10 | 5.2 | 1.4 | 单尖 角尖 | T3②：1701 | 骨锥 | 25.8 | 5 | 5 | 0.8 | 单尖 正尖 |
| T3②：1657 | 骨锥 | 29.5 | 12.1 | 5.4 | 1.6 | 单尖 正尖 | T3②：1702 | 骨锥 | 30.1 | 8 | 2.9 | 0.8 | 单尖 正尖 |
| T3②：1658 | 骨锥 | 26.8 | 0.92 | 4.5 | 1 | | T3②：1703 | 骨锥 | 31.2 | 5.5 | 3.6 | 0.8 | 单尖 正尖 |
| T3②：1659 | 骨锥 | 43 | 10.4 | 4 | 2 | | T3②：1704 | 骨锥 | 26.5 | 10 | 4.2 | 1 | 单尖 正尖 |
| T3②：1670 | 骨锥 | 23.2 | 10.5 | 5.9 | 1.4 | 双尖 角尖 | T3②：1705 | 骨锥 | 34.5 | 14.7 | 3.6 | 1.8 | 单尖 角尖 |
| T3②：1671 | 骨锥 | 34 | 10 | 5.7 | 1.8 | 双尖 角尖 | T3②：1706 | 骨锥 | 15.5 | 8 | 3.5 | 0.4 | 双尖 正尖 |
| T3②：1672 | 骨锥 | 33 | 10.5 | 5 | 2 | 双尖 角尖 | T3②：1707 | 骨锥 | 34.9 | 5.4 | 5.1 | 1 | 单尖 正尖 |
| T3②：1674 | 骨锥 | 30.3 | 11.4 | 6 | 2.4 | 单尖 正尖 | T3②：1708 | 骨锥 | 21.2 | 11 | 4 | 0.6 | 单尖 正尖 |
| T3②：1675 | 骨锥 | 32.5 | 9.5 | 4.2 | 1.4 | | T3②：1709 | 骨锥 | 31.8 | 11.7 | 2.8 | 1 | 单尖 正尖 |
| T3②：1677 | 骨锥 | 23.5 | 5.9 | 4.2 | 1 | 单尖 正尖 | T3②：1710 | 骨锥 | 22.8 | 11 | 4.2 | 1 | 单尖 正尖 |
| T3②：1678 | 骨锥 | 33 | 13.8 | 7 | 3 | 单尖 正尖 | T3②：1711 | 骨锥 | 24.5 | 8 | 5 | 0.8 | 单尖 角尖 |
| T3②：1679 | 骨锥 | 30.5 | 13.5 | 4 | 1.1 | 单尖 正尖 | T3②：1712 | 骨锥 | 27.3 | 7 | 5 | 1 | 单尖 角尖 |
| T3②：1681 | 骨锥 | 27.5 | 10.1 | 5.8 | 1.6 | 单尖 正尖 | T3②：1713 | 骨锥 | 22.6 | 16.2 | 6 | 2 | 单尖 正尖 |
| T3②：1682 | 骨锥 | 34.5 | 14.9 | 7.9 | 2.8 | | T3②：1714 | 骨锥 | 26.2 | 10.3 | 3.8 | 1 | 单尖 正尖 |
| T3②：1683 | 骨锥 | 36.9 | 0.9 | 6.5 | 1.8 | 双尖 角尖 | T3②：1715 | 骨锥 | 20.8 | 9 | 4.9 | 0.8 | 单尖 正尖 |
| T3②：1684 | 骨锥 | 41.7 | 11 | 8.1 | 3.8 | | T3②：1716 | 骨锥 | 25.8 | 8 | 4 | 0.8 | 单尖 正尖 |
| T3②：1685 | 骨锥 | 35.2 | 23.5 | 11.2 | 5.4 | | T3②：1717 | 骨锥 | 28 | 10.8 | 6.3 | 1.8 | 单尖 正尖 |

**续附表四**

| 器物号 | 名称 | 长 | 宽 | 厚 | 重 | 类型 | 器物号 | 名称 | 长 | 宽 | 厚 | 重 | 类型 |
|---|---|---|---|---|---|---|---|---|---|---|---|---|---|
| T3②：1719 | 骨锥 | 19 | 7.4 | 4.3 | 0.6 | | T3②：1833 | 骨锥 | 61.9 | 21.6 | 11.7 | 9 | 单尖 正尖 |
| T3②：1804 | 骨锥 | 52.8 | 44 | 42.5 | 45.4 | 单尖 角尖 | T3②：1834 | 骨铲 | 44.6 | 21 | 9.2 | 5 | 骨铲 |
| T3②：1805 | 骨锥 | 46.5 | 10.9 | 5.1 | 2.6 | 单尖 正尖 | T3②：1835 | 骨锥 | 62.8 | 30.2 | 19.2 | 14.2 | 单尖 正尖 |
| T3②：1806 | 骨锥 | 57 | 12.5 | 9.1 | 5.6 | 单尖 正尖 | T3②：1836 | 骨锥 | 52 | 15.8 | 8.4 | 5.4 | |
| T3②：1807 | 骨铲 | 60.2 | 18.2 | 11 | 13 | 骨铲 | T3②：1837 | 骨锥 | 54.6 | 21.8 | 11.9 | 9.4 | 单尖 角尖 |
| T3②：1808 | 骨铲 | 97.1 | 30.3 | 20.5 | 40.6 | 骨铲 | T3②：1838 | 骨锥 | 47.3 | 21.9 | 6.9 | 5.8 | 单尖 角尖 |
| T3②：1809 | 骨锥 | 53.8 | 16.4 | 7.6 | 7 | 单尖 正尖 | T3②：1839 | 骨锥 | 48.9 | 25.5 | 13 | 13.2 | 单尖 正尖 |
| T3②：1810 | 骨铲 | 74.7 | 43 | 21 | 56.2 | 骨铲 | T3②：1840 | 骨铲 | 47.6 | 22.1 | 8.8 | 8 | 骨铲 |
| T3②：1811 | 骨锥 | 68.7 | 25.8 | 4.8 | 7.8 | | T3②：1841 | 骨锥 | 61 | 14.8 | 8.6 | 4.8 | 单尖 正尖 |
| T3②：1812 | 骨锥 | 60.8 | 19.8 | 10.8 | 12 | 单尖 角尖 | T3②：1842 | 骨锥 | 73 | 23.2 | 9.6 | 12 | 单尖 正尖 |
| T3②：1813 | 骨锥 | 54.6 | 22 | 8 | 9 | 双尖 正尖 | T3②：1843 | 骨锥 | 53 | 30.8 | 22.2 | 9.6 | 单尖 正尖 |
| T3②：1814 | 骨锥 | 85.2 | 18.5 | 6.4 | 9.4 | 双尖 正尖 | T3②：1844 | 骨铲 | 46.3 | 24 | 9.5 | 10.4 | 骨铲 |
| T3②：1815 | 骨锥 | 56 | 35 | 11.8 | 19 | 双尖 正尖 | T3②：1845 | 骨锥 | 42 | 17 | 10.3 | 5.6 | 单尖 正尖 |
| T3②：1816 | 骨铲 | 78.5 | 43.6 | 13.8 | 40.8 | 骨铲 | T3③：265 | 骨铲 | 121 | 36 | 16 | 56.2 | 单尖 角尖 |
| T3②：1817 | 骨锥 | 99 | 68.8 | 39.1 | 137 | 单尖 正尖 | T3③：323 | 骨铲 | 87 | 21 | 15 | 12.8 | 双尖 |
| T3②：1818 | 骨铲 | 90 | 36 | 19 | 50 | 骨铲 | T3③：325 | 骨锥 | 34 | 21.5 | 11 | 4.4 | 单尖 正尖 |
| T3②：1819 | 骨铲 | 96.1 | 208 | 10.6 | 20 | 骨铲 | T3③：339 | 骨锥 | 67 | 21 | 16 | 13.8 | 单尖 正尖 |
| T3②：1820 | 骨铲 | 87 | 25.9 | 11.8 | 23.6 | 骨铲 | T3③：372 | 骨铲 | 63 | 16 | 16 | 8.8 | 双尖 |
| T3②：1821 | 骨锥 | 96.8 | 29.1 | 14 | 25.2 | 单尖 正尖 | T3③：389 | 骨锥 | 69.5 | 30 | 5 | 12.4 | 单尖 正尖 |
| T3②：1822 | 骨锥 | 82.7 | 20 | 16 | 25.2 | 单尖 正尖 | T3③：390 | 骨锥 | 69 | 22 | 10 | 10.4 | 单尖 角尖 |
| T3②：1823 | 骨锥 | 47.4 | 12.5 | 13 | 6.2 | | T3③：393 | 骨锥 | 69 | 35 | 30.5 | 23.6 | 单尖 角尖 |
| T3②：1824 | 骨锥 | 91.2 | 36.8 | 16 | 20 | 单尖 正尖 | T3③：430 | 骨锥 | 62 | 11 | 8 | 6 | 单尖 正尖 |
| T3②：1825 | 骨锥 | 74 | 28 | 13 | 15 | | T3③：436 | 骨锥 | 80 | 21 | 12 | 13.2 | 双尖 |
| T3②：1826 | 骨锥 | 92.9 | 31.3 | 14.1 | 23.8 | 单尖 正尖 | T3③：500 | 骨铲 | 65 | 28 | 17 | 31 | 骨铲 |
| T3②：1827 | 骨锥 | 50 | 24.5 | 9.8 | 10 | 单尖 正尖 | T3③：501 | 骨锥 | 46 | 22 | 18 | 8.8 | 单尖 角尖 |
| T3②：1828 | 骨铲 | 67 | 42.9 | 6.6 | 14.4 | 骨铲 | T3③：502 | 骨锥 | 79 | 45 | 16 | 39.6 | 双尖 正尖 |
| T3②：1829 | 骨锥 | 55.2 | 16 | 10 | 10.8 | | T3③：503 | 骨锥 | 62 | 29 | 10 | 15 | 单尖 正尖 |
| T3②：1830 | 骨锥 | 61.8 | 19.6 | 7.5 | 8 | 单尖 正尖 | T3③：504 | 骨锥 | 49 | 19 | 10 | 9.4 | 单尖 角尖 |
| T3②：1831 | 骨铲 | 44.2 | 20.5 | 9.4 | 7.4 | 骨铲 | T3③：505 | 骨锥 | 50 | 24 | 10 | 9.8 | 单尖 角尖 |
| T3②：1832 | 骨锥 | 69 | 36 | 17.9 | 28.4 | 单尖 正尖 | T3③：506 | 骨铲 | 99 | 19 | 12 | 16.2 | 骨铲 |

**续附表四**

| 器物号 | 名称 | 长 | 宽 | 厚 | 重 | 类型 | 器物号 | 名称 | 长 | 宽 | 厚 | 重 | 类型 |
|---|---|---|---|---|---|---|---|---|---|---|---|---|---|
| T3③:507 | 骨锥 | 49 | 18 | 7 | 5.6 | 双尖 正尖 | T3③:537 | 骨锥 | 75 | 28 | 10 | 16.4 | 双尖 正尖 |
| T3③:508 | 骨锥 | 59 | 25 | 9 | 12 | 单尖 角尖 | T3③:538 | 骨锥 | 50 | 23 | 12 | 13.4 | 双尖 正尖 |
| T3③:509 | 骨锥 | 47 | 28 | 9 | 9.2 | 双尖 角尖 | T3③:539 | 骨锥 | 70 | 29 | 10 | 13 | 单尖 正尖 |
| T3③:510 | 骨锥 | 64 | 15 | 7 | 7.2 | 单尖 正尖 | T3③:540 | 骨锥 | 41 | 16 | 8 | 4.8 | 双尖 正尖 |
| T3③:511 | 骨铲 | 31 | 18 | 7 | 3.8 | 骨铲 | T3③:541 | 骨锥 | 54 | 20 | 7 | 7.4 | 双尖 角尖 |
| T3③:512 | 骨铲 | 63 | 22 | 12 | 9 | 骨铲 | T3③:542 | 骨锥 | 62 | 21 | 18 | 14.2 | 单尖 正尖 |
| T3③:513 | 骨锥 | 49 | 24 | 11 | 10.6 | 双尖 角尖 | T3③:543 | 骨锥 | 59 | 35 | 15 | 18.4 | 单尖 正尖 |
| T3③:514 | 骨锥 | 54 | 21 | 7 | 6 | 双尖 角尖 | T3③:544 | 骨锥 | 38 | 19 | 7 | 4.6 | 双尖 角尖 |
| T3③:515 | 骨锥 | 65 | 27 | 19 | 25.6 | 单尖 角尖 | T3③:545 | 骨锥 | 65 | 31 | 10 | 12.4 | 单尖 角尖 |
| T3③:516 | 骨锥 | 39 | 30 | 12 | 10.6 | 单尖 正尖 | T3③:546 | 骨锥 | 54 | 26 | 14 | 19.2 | 单尖 正尖 |
| T3③:517 | 骨锥 | 40 | 18 | 8 | 4.4 | 单尖 角尖 | T3③:547 | 骨铲 | 112 | 46 | 22 | 46.2 | 双尖 |
| T3③:518 | 骨锥 | 50 | 24 | 9 | 10.4 | 单尖 角尖 | T3③:548 | 骨锥 | 64 | 21 | 19 | 9 | 单尖 正尖 |
| T3③:519 | 骨锥 | 50 | 15 | 9 | 6 | 单尖 正尖 | T3③:549 | 骨锥 | 48 | 26 | 8 | 8.4 | 单尖 正尖 |
| T3③:520 | 骨锥 | 39 | 17 | 9 | 6.2 | 单尖 角尖 | T3③:550 | 骨锥 | 45 | 18 | 8 | 4.6 | 双尖 正尖 |
| T3③:521 | 骨锥 | 88 | 24 | 15 | 28.6 | 双尖 正尖 | T3③:551 | 骨锥 | 80 | 27 | 18 | 25 | 双尖 正尖 |
| T3③:522 | 骨锥 | 60 | 22 | 9 | 9.6 | 单尖 角尖 | T3③:552 | 骨锥 | 52 | 17 | 12 | 6.4 | 单尖 正尖 |
| T3③:523 | 骨锥 | 61 | 20 | 9 | 9.8 | 单尖 正尖 | T3③:553 | 骨锥 | 49 | 18 | 8 | 5.6 | 单尖 正尖 |
| T3③:524 | 骨锥 | 29 | 22 | 7 | 3.4 | 单尖 角尖 | T3③:554 | 骨锥 | 70 | 20 | 9 | 13 | 单尖 角尖 |
| T3③:525 | 骨锥 | 50 | 11 | 9 | 5.2 | 单尖 角尖 | T3③:555 | 骨锥 | 47 | 15 | 11 | 6.6 | 单尖 角尖 |
| T3③:526 | 骨锥 | 86 | 22 | 10 | 15.8 | 单尖 角尖 | T3③:556 | 骨锥 | 102 | 28 | 14 | 32.4 | 单尖 角尖 |
| T3③:527 | 骨锥 | 96 | 17 | 10 | 15.8 | 双尖 正尖 | T3③:557 | 骨锥 | 53 | 24 | 13 | 13.6 | 单尖 正尖 |
| T3③:528 | 骨锥 | 51 | 24 | 11 | 94 | 单尖 正尖 | T3③:558 | 骨锥 | 59 | 26 | 11 | 14.6 | 单尖 角尖 |
| T3③:529 | 骨锥 | 41 | 18 | 7 | 3 | 双尖 角尖 | T3③:559 | 骨铲 | 89 | 18 | 11 | 19.2 | 单尖 正尖 |
| T3③:530 | 骨锥 | 46 | 20 | 11 | 44 | 单尖 角尖 | T3③:560 | 骨锥 | 66 | 49 | 32 | 27.2 | 单尖 角尖 |
| T3③:531 | 骨锥 | 82 | 27 | 20 | 29.6 | 单尖 正尖 | T3③:561 | 骨铲 | 48 | 21 | 9 | 8.8 | 骨铲 |
| T3③:532 | 骨锥 | 86 | 44 | 16 | 41.2 | 单尖 角尖 | T3③:562 | 骨锥 | 33 | 11 | 5 | 2.4 | 单尖 角尖 |
| T3③:533 | 骨锥 | 80 | 24 | 12 | 16.6 | 双尖 正尖 | T3③:563 | 骨锥 | 52 | 28 | 23 | 17 | 单尖 角尖 |
| T3③:534 | 骨铲 | 73 | 20 | 11 | 15.4 | 骨铲 | T3③:564 | 骨锥 | 48 | 15 | 9 | 5 | 双尖 角尖 |
| T3③:535 | 骨锥 | 76 | 32 | 13 | 22.4 | 单尖 正尖 | T3③:565 | 骨锥 | 70 | 22 | 8 | 7.8 | 双尖 正尖 |
| T3③:536 | 骨锥 | 74 | 55 | 25 | 25 | 单尖 正尖 | T3③:566 | 骨锥 | 60 | 13 | 5 | 3.6 | 单尖 正尖 |

续附表四

| 器物号 | 名称 | 长 | 宽 | 厚 | 重 | 类型 | 器物号 | 名称 | 长 | 宽 | 厚 | 重 | 类型 |
|---|---|---|---|---|---|---|---|---|---|---|---|---|---|
| T3③：567 | 骨锥 | 84 | 28 | 8 | 15.6 | 单尖 正尖 | T3③：597 | 骨锥 | 29 | 14 | 4 | 1.8 | 双尖 角尖 |
| T3③：568 | 骨铲 | 68 | 32 | 19 | 26.4 | 骨铲 | T3③：598 | 骨铲 | 60 | 19 | 6 | 8.8 | 单尖 角尖 |
| T3③：569 | 骨锥 | 40 | 15 | 6 | 4.4 | 单尖 角尖 | T3③：599 | 骨铲 | 112 | 37 | 17 | 42.2 | 骨铲 |
| T3③：570 | 骨锥 | 50 | 20 | 16 | 4.6 | 单尖 正尖 | T3③：600 | 骨锥 | 91 | 35 | 21 | 50 | 单尖 角尖 |
| T3③：571 | 骨铲 | 27 | 8 | 5 | 1.2 | 骨铲 | T3③：601 | 骨锥 | 80 | 25 | 8 | 11.8 | 双尖 正尖 |
| T3③：572 | 角铲 | 110 | 24 | 9 | 21.4 | 弧刃圆钝 | T3③：602 | 骨锥 | 57 | 20 | 8 | 10.6 | 单尖 正尖 |
| T3③：573 | 骨锥 | 88 | 24 | 12 | 16.4 | 双尖 正尖 | T3③：603 | 骨锥 | 81 | 36 | 12 | 26.4 | 双尖 正尖 |
| T3③：574 | 骨铲 | 61 | 48 | 20 | 34.4 | 骨铲 | T3③：604 | 骨锥 | 82 | 31 | 14 | 30.4 | 双尖 正尖 |
| T3③：575 | 骨铲 | 94 | 27 | 16 | 29.2 | 骨铲 | T3③：605 | 骨锥 | 70 | 33 | 16 | 19.4 | 单尖 角尖 |
| T3③：576 | 骨铲 | 65 | 29 | 8 | 14.8 | 骨铲 | T3③：606 | 骨锥 | 51 | 20 | 10 | 12.8 | 单尖 角尖 |
| T3③：577 | 骨铲 | 62 | 36 | 18 | 32.4 | 骨铲 | T3③：607 | 骨锥 | 74 | 21 | 13 | 13.4 | 单尖 角尖 |
| T3③：578 | 骨锥 | 107 | 21 | 14 | 30.6 | 单尖 正尖 | T3③：608 | 骨锥 | 41 | 18 | 13 | 7 | 单尖 正尖 |
| T3③：579 | 骨铲 | 72 | 38 | 14 | 32.6 | 骨铲 | T3③：609 | 骨铲 | 105 | 45 | 13 | 42.4 | 单尖 正尖 |
| T3③：580 | 骨铲 | 165 | 62 | 42 | 220 | 骨铲 | T3③：610 | 骨锥 | 50 | 16 | 7 | 5.4 | 单尖 正尖 |
| T3③：581 | 骨锥 | 31 | 32 | 7 | 4.8 | 单尖 角尖 | T3③：611 | 骨铲 | 120 | 55 | 25 | 73.6 | 骨铲 |
| T3③：582 | 骨铲 | 74 | 34 | 35 | 32.4 | 骨铲 | T3③：612 | 骨铲 | 42 | 17 | 9 | 6 | 骨铲 |
| T3③：583 | 骨铲 | 107 | 48 | 31 | 86.4 | 骨铲 | T3③：613 | 骨锥 | 100 | 21 | 8 | 20.6 | 双尖 正尖 |
| T3③：584 | 骨锥 | 71 | 21 | 13 | 16.4 | 单尖 角尖 | T3③：614 | 骨锥 | 52 | 21 | 11 | 6.6 | 双尖 正尖 |
| T3③：585 | 骨锥 | 62 | 25 | 9 | 13.8 | 单尖 正尖 | T3③：615 | 骨锥 | 63 | 22 | 7 | 9 | 单尖 角尖 |
| T3③：586 | 骨锥 | 62 | 21 | 9 | 10.6 | 双尖 正尖 | T3③：616 | 骨锥 | 60 | 54 | 12 | 17.2 | 单尖 角尖 |
| T3③：587 | 骨锥 | 45 | 32 | 18 | 11.8 | 单尖 正尖 | T3③：617 | 骨铲 | 100 | 21 | 10 | 10 | 单尖 正尖 |
| T3③：588 | 骨锥 | 60 | 22 | 12 | 13.6 | 双尖 角尖 | T3③：618 | 骨锥 | 58 | 18 | 9 | 7.4 | 单尖 正尖 |
| T3③：589 | 骨锥 | 63 | 23 | 15 | 14.8 | 单尖 角尖 | T3③：619 | 骨锥 | 57 | 38 | 15 | 17 | 单尖 正尖 |
| T3③：590 | 骨铲 | 62 | 14 | 13 | 7.2 | 骨铲 | T3③：620 | 骨铲 | 89 | 28 | 16 | 31.6 | 双尖 |
| T3③：591 | 骨锥 | 35 | 18 | 7 | 2.4 | 双尖 正尖 | T3③：621 | 骨铲 | 99 | 41 | 20 | 56 | 单尖 角尖 |
| T3③：592 | 骨锥 | 24 | 6 | 6 | 0.8 | 单尖 角尖 | T3③：622 | 骨锥 | 75 | 31 | 10 | 16 | 双尖 角尖 |
| T3③：593 | 骨锥 | 88 | 20 | 9 | 12.2 | 单尖 角尖 | T3③：623 | 骨锥 | 66 | 29 | 13 | 22 | 单尖 正尖 |
| T3③：594 | 骨锥 | 64 | 19 | 8 | 10.4 | 单尖 角尖 | T3③：624 | 骨锥 | 52 | 26 | 7 | 9.6 | 双尖 正尖 |
| T3③：595 | 骨锥 | 67 | 21 | 13 | 13.2 | 单尖 正尖 | T3③：625 | 骨锥 | 46 | 23 | 10 | 7 | 双尖 角尖 |
| T3③：596 | 骨锥 | 10 | 1.8 | 1.7 | 24.2 | 双尖 正尖 | T3③：626 | 骨锥 | 76 | 24 | 12 | 16.6 | 双尖 正尖 |

**续附表四**

| 器物号 | 名称 | 长 | 宽 | 厚 | 重 | 类型 | 器物号 | 名称 | 长 | 宽 | 厚 | 重 | 类型 |
|---|---|---|---|---|---|---|---|---|---|---|---|---|---|
| T3③：627 | 骨锥 | 86 | 25 | 10 | 18.8 | 单尖 角尖 | T3③：657 | 骨锥 | 28 | 25 | 1.4 | 6.2 | 单尖 角尖 |
| T3③：628 | 骨铲 | 86 | 34 | 12 | 30 | 骨铲 | T3③：658 | 骨锥 | 49 | 29 | 8 | 7.2 | 单尖 正尖 |
| T3③：629 | 骨锥 | 64 | 25 | 12 | 15.6 | 单尖 正尖 | T3③：659 | 骨锥 | 52 | 20 | 7 | 5.8 | 双尖 正尖 |
| T3③：630 | 骨锥 | 41 | 17 | 7 | 4.2 | 单尖 正尖 | T3③：660 | 骨锥 | 65 | 21 | 10 | 8.8 | 双尖 正尖 |
| T3③：631 | 骨锥 | 58 | 20 | 11 | 10.4 | 双尖 正尖 | T3③：661 | 骨锥 | 53 | 15 | 8 | 5.8 | 单尖 角尖 |
| T3③：632 | 骨锥 | 44 | 20 | 9 | 6.4 | 单尖 正尖 | T3③：662 | 骨锥 | 51 | 18 | 7 | 4.6 | 双尖 角尖 |
| T3③：633 | 骨锥 | 34 | 9 | 5 | 1.4 | 双尖 正尖 | T3③：663 | 骨锥 | 34 | 26 | 6 | 6 | 单尖 正尖 |
| T3③：634 | 骨锥 | 28 | 12 | 8 | 2 | 单尖 角尖 | T3③：664 | 骨锥 | 48 | 21 | 10 | 8.2 | 单尖 正尖 |
| T3③：635 | 骨铲 | 121 | 34 | 16 | 55.8 | 骨铲 | T3③：665 | 骨锥 | 46 | 21 | 9 | 7.6 | 单尖 角尖 |
| T3③：636 | 骨锥 | 62 | 18 | 9 | 7 | 双尖 正尖 | T3③：666 | 骨锥 | 41 | 21 | 6 | 5.6 | 双尖 角尖 |
| T3③：637 | 骨锥 | 35 | 10 | 8 | 2.4 | 单尖 角尖 | T3③：667 | 骨锥 | 55 | 26 | 8 | 9 | 双尖 正尖 |
| T3③：638 | 骨锥 | 32 | 11 | 8 | 2.4 | 单尖 正尖 | T3③：668 | 骨锥 | 45 | 34 | 11 | 10.4 | 单尖 角尖 |
| T3③：639 | 骨锥 | 47 | 25 | 16 | 11.2 | 单尖 正尖 | T3③：669 | 骨铲 | 47 | 18 | 10 | 8.6 | 骨铲 |
| T3③：640 | 骨锥 | 43 | 25 | 11 | 9.4 | 单尖 正尖 | T3③：670 | 骨锥 | 45 | 25 | 9 | 9.2 | 单尖 角尖 |
| T3③：641 | 骨锥 | 43 | 19 | 7 | 5.2 | 双尖 角尖 | T3③：671 | 骨锥 | 92 | 24 | 13 | 17.6 | 双尖 正尖 |
| T3③：642 | 骨锥 | 40 | 21 | 6 | 3.4 | 双尖 正尖 | T3③：672 | 骨锥 | 57 | 21 | 11 | 9.6 | 双尖 角尖 |
| T3③：643 | 骨锥 | 37 | 22 | 12 | 7.2 | 单尖 角尖 | T3③：673 | 骨锥 | 65 | 36 | 22 | 34 | 单尖 角尖 |
| T3③：644 | 骨锥 | 26 | 10 | 8 | 1.4 | 双尖 角尖 | T3③：674 | 骨锥 | 42 | 26 | 10 | 5.4 | 双尖 角尖 |
| T3③：645 | 骨锥 | 50 | 24 | 8 | 7 | 双尖 角尖 | T3③：675 | 骨锥 | 32 | 13 | 10 | 3.8 | 单尖 正尖 |
| T3③：646 | 骨锥 | 44 | 17 | 10 | 5.4 | 双尖 正尖 | T3③：676 | 骨锥 | 37 | 13 | 7 | 2.6 | 单尖 正尖 |
| T3③：647 | 骨锥 | 37 | 26 | 14 | 8 | 单尖 正尖 | T3③：677 | 骨锥 | 40 | 19 | 6 | 3 | 双尖 角尖 |
| T3③：648 | 骨锥 | 24 | 6 | 4 | 0.6 | 单尖 正尖 | T3③：678 | 骨锥 | 38 | 18 | 5 | 3.2 | 单尖 正尖 |
| T3③：649 | 骨锥 | 18 | 6 | 3 | 0.4 | 单尖 正尖 | T3③：679 | 骨锥 | 42 | 20 | 7 | 5 | 双尖 正尖 |
| T3③：650 | 骨锥 | 28 | 7 | 4 | 0.8 | 单尖 正尖 | T3③：680 | 骨锥 | 31 | 11 | 5 | 1.8 | 双尖 正尖 |
| T3③：651 | 骨锥 | 64 | 21 | 15 | 15 | 单尖 角尖 | T3③：681 | 骨锥 | 56 | 23 | 11 | 8.8 | 单尖 正尖 |
| T3③：652 | 骨铲 | 37 | 19 | 11 | 5.2 | 骨铲 | T3③：682 | 骨铲 | 30 | 12 | 7 | 2.8 | 骨铲 |
| T3③：653 | 骨铲 | 76 | 43 | 35 | 42 | 骨铲 | T3③：683 | 骨锥 | 69 | 24 | 13 | 16 | 双尖 正尖 |
| T3③：654 | 骨铲 | 101 | 43 | 18 | 52.2 | 骨铲 | T3③：684 | 骨锥 | 34 | 15 | 8 | 3.6 | 单尖 角尖 |
| T3③：655 | 骨锥 | 58 | 17 | 10 | 7 | 单尖 角尖 | T3③：685 | 骨锥 | 59 | 15 | 9 | 5.8 | 双尖 角尖 |
| T3③：656 | 骨锥 | 35 | 24 | 8 | 4.6 | 单尖 正尖 | T3③：686 | 骨锥 | 53 | 16 | 8 | 5.8 | 双尖 正尖 |

续附表四

| 器物号 | 名称 | 长 | 宽 | 厚 | 重 | 类型 | 器物号 | 名称 | 长 | 宽 | 厚 | 重 | 类型 |
|---|---|---|---|---|---|---|---|---|---|---|---|---|---|
| T3③:687 | 骨锥 | 42 | 16 | 7 | 4.6 | 单尖 正尖 | T3③:717 | 骨锥 | 53 | 19 | 10 | 8 | 双尖 正尖 |
| T3③:688 | 骨锥 | 30 | 9 | 6 | 1.8 | 单尖 角尖 | T3③:718 | 骨锥 | 42 | 15 | 9 | 5 | 双尖 正尖 |
| T3③:689 | 骨锥 | 52 | 20 | 5 | 6 | 单尖 角尖 | T3③:719 | 骨锥 | 42 | 20 | 21 | 7 | 单尖 正尖 |
| T3③:690 | 骨锥 | 54 | 19 | 18 | 8.4 | 单尖 角尖 | T3③:720 | 骨锥 | 53 | 15 | 7 | 4.8 | 单尖 角尖 |
| T3③:691 | 骨锥 | 45 | 20 | 11 | 6.8 | 单尖 角尖 | T3③:721 | 骨锥 | 50 | 18 | 6 | 4.8 | 双尖 角尖 |
| T3③:692 | 骨锥 | 69 | 17 | 8 | 11.6 | 单尖 正尖 | T3③:722 | 骨锥 | 55 | 17 | 17 | 6.8 | 单尖 角尖 |
| T3③:693 | 骨锥 | 37 | 15 | 10 | 4.4 | 单尖 正尖 | T3③:723 | 骨锥 | 44 | 17 | 7 | 4.2 | 双尖 正尖 |
| T3③:694 | 骨锥 | 45 | 17 | 6 | 4.4 | 双尖 正尖 | T3③:724 | 骨锥 | 30 | 3 | 5 | 1.6 | 双尖 角尖 |
| T3③:695 | 骨锥 | 43 | 31 | 10 | 8.6 | 单尖 角尖 | T3③:725 | 骨锥 | 87 | 19 | 13 | 12.8 | 双尖 角尖 |
| T3③:696 | 骨锥 | 28 | 11 | 5 | 1.6 | 单尖 正尖 | T3③:726 | 骨锥 | 25 | 11 | 5 | 1.4 | 双尖 正尖 |
| T3③:697 | 骨锥 | 31 | 14 | 5 | 2 | 单尖 正尖 | T3③:727 | 骨锥 | 49 | 19 | 9 | 6.8 | 双尖 角尖 |
| T3③:698 | 骨锥 | 48 | 13 | 7 | 3.2 | 双尖 角尖 | T3③:728 | 骨锥 | 47 | 11 | 9 | 5 | 双尖 正尖 |
| T3③:699 | 骨锥 | 30 | 22 | 6 | 3.2 | 单尖 正尖 | T3③:729 | 骨锥 | 35 | 21 | 10 | 4.4 | 单尖 正尖 |
| T3③:700 | 骨铲 | 44 | 16 | 9 | 6.6 | 骨铲 | T3③:730 | 骨锥 | 23 | 10 | 4 | 1 | 单尖 正尖 |
| T3③:701 | 骨锥 | 50 | 15 | 8 | 4.4 | 双尖 角尖 | T3③:731 | 骨锥 | 59 | 18 | 5 | 5.4 | 双尖 正尖 |
| T3③:702 | 骨锥 | 49 | 15 | 7 | 4.6 | 双尖 正尖 | T3③:732 | 骨锥 | 25 | 18 | 8 | 3.4 | 单尖 角尖 |
| T3③:703 | 骨锥 | 35 | 22 | 8 | 4.8 | 单尖 角尖 | T3③:733 | 骨锥 | 29 | 14 | 4 | 1.8 | 双尖 正尖 |
| T3③:704 | 骨锥 | 57 | 24 | 12 | 14.6 | 双尖 角尖 | T3③:734 | 骨锥 | 66 | 19 | 11 | 10 | 双尖 角尖 |
| T3③:705 | 骨锥 | 55 | 16 | 15 | 6 | 单尖 正尖 | T3③:735 | 骨锥 | 29 | 18 | 6 | 1.8 | 双尖 角尖 |
| T3③:706 | 骨锥 | 41 | 17 | 5 | 4 | 单尖 角尖 | T3③:736 | 骨锥 | 54 | 22 | 11 | 6.6 | 单尖 正尖 |
| T3③:707 | 骨锥 | 75 | 12 | 12 | 8.8 | 双尖 正尖 | T3③:737 | 骨锥 | 41 | 11 | 12 | 4.6 | 单尖 角尖 |
| T3③:708 | 骨铲 | 41 | 15 | 11 | 6.6 | 骨铲 | T3③:738 | 骨锥 | 47 | 17 | 8 | 4.6 | 双尖 角尖 |
| T3③:709 | 骨锥 | 44 | 16 | 8 | 6 | 单尖 角尖 | T3③:739 | 骨锥 | 45 | 12 | 6 | 3.2 | 单尖 角尖 |
| T3③:710 | 骨锥 | 47 | 14 | 6 | 5.6 | 单尖 角尖 | T3③:740 | 骨锥 | 50 | 12 | 6 | 3.2 | 双尖 角尖 |
| T3③:711 | 骨锥 | 51 | 17 | 4 | 4 | 双尖 正尖 | T3③:741 | 骨锥 | 47 | 18 | 5 | 3.8 | 双尖 正尖 |
| T3③:712 | 骨锥 | 48 | 16 | 9 | 5.4 | 双尖 正尖 | T3③:742 | 骨锥 | 44 | 19 | 10 | 7 | 单尖 角尖 |
| T3③:713 | 骨铲 | 48 | 17 | 7 | 6.4 | 骨铲 | T3③:743 | 骨锥 | 58 | 16 | 8 | 6.4 | 双尖 角尖 |
| T3③:714 | 骨锥 | 48 | 23 | 11 | 7.8 | 单尖 正尖 | T3③:744 | 骨锥 | 39 | 9 | 14 | 4 | 单尖 角尖 |
| T3③:715 | 骨锥 | 51 | 19 | 8 | 7.4 | 双尖 正尖 | T3③:745 | 骨锥 | 40 | 11 | 6 | 4 | 单尖 正尖 |
| T3③:716 | 骨锥 | 36 | 20 | 7 | 4.6 | 双尖 角尖 | T3③:746 | 骨锥 | 66 | 26 | 12 | 16.8 | 单尖 角尖 |

**续附表四**

| 器物号 | 名称 | 长 | 宽 | 厚 | 重 | 类型 | 器物号 | 名称 | 长 | 宽 | 厚 | 重 | 类型 |
|---|---|---|---|---|---|---|---|---|---|---|---|---|---|
| T3③:747 | 骨锥 | 57 | 29 | 12 | 12 | 单尖 角尖 | T3③:777 | 骨锥 | 45 | 19 | 6 | 4.4 | 单尖 角尖 |
| T3③:748 | 骨锥 | 47 | 16 | 6 | 4 | 单尖 角尖 | T3③:778 | 骨锥 | 38 | 21 | 11 | 7.6 | 单尖 正尖 |
| T3③:749 | 骨锥 | 49 | 18 | 9 | 4.4 | 单尖 正尖 | T3③:779 | 骨锥 | 41 | 19 | 8 | 5.2 | 单尖 角尖 |
| T3③:750 | 骨锥 | 28 | 12 | 5 | 1.6 | 单尖 角尖 | T3③:780 | 骨锥 | 95 | 32 | 13 | 28.2 | 双尖 角尖 |
| T3③:751 | 骨锥 | 49 | 25 | 20 | 11.6 | 单尖 角尖 | T3③:781 | 骨锥 | 43 | 18 | 5 | 4.8 | 双尖 角尖 |
| T3③:752 | 骨锥 | 26 | 19 | 10 | 3.2 | 单尖 正尖 | T3③:782 | 骨锥 | 52 | 31 | 10 | 14.6 | 单尖 角尖 |
| T3③:753 | 骨锥 | 66 | 22 | 7 | 8 | 双尖 正尖 | T3③:783 | 骨锥 | 38 | 19 | 5 | 4 | 双尖 角尖 |
| T3③:754 | 骨锥 | 41 | 10 | 6 | 2.2 | 双尖 正尖 | T3③:784 | 骨锥 | 30 | 11 | 6 | 1.8 | 双尖 正尖 |
| T3③:755 | 骨锥 | 82 | 33 | 22 | 32.6 | 单尖 角尖 | T3③:785 | 骨锥 | 46 | 15 | 8 | 5 | 双尖 正尖 |
| T3③:756 | 骨锥 | 33 | 15 | 5 | 2.4 | 双尖 正尖 | T3③:786 | 骨锥 | 35 | 12 | 7 | 3.6 | 单尖 正尖 |
| T3③:757 | 骨锥 | 31 | 17 | 10 | 2.8 | 单尖 角尖 | T3③:787 | 骨锥 | 81 | 35 | 17 | 30.2 | 双尖 |
| T3③:758 | 骨锥 | 49 | 19 | 9 | 7 | 双尖 角尖 | T3③:788 | 骨锥 | 54 | 22 | 18 | 10 | 双尖 正尖 |
| T3③:759 | 骨锥 | 29 | 17 | 9 | 3.4 | 双尖 正尖 | T3③:789 | 骨锥 | 113 | 46 | 21 | 64.2 | 双尖 正尖 |
| T3③:760 | 骨锥 | 46 | 24 | 9 | 6.4 | 双尖 正尖 | T3③:790 | 骨锥 | 113 | 46 | 21 | 64.2 | 双尖 正尖 |
| T3③:761 | 骨锥 | 30 | 12 | 5 | 2 | 单尖 正尖 | T3③:791 | 骨锥 | 43 | 19 | 6 | 4.2 | 双尖 角尖 |
| T3③:762 | 骨锥 | 66 | 21 | 13 | 13.6 | 单尖 正尖 | T3③:792 | 骨锥 | 48 | 31 | 19 | 12 | 单尖 正尖 |
| T3③:763 | 骨锥 | 71 | 23 | 12 | 15.8 | 单尖 正尖 | T3③:793 | 骨锥 | 46 | 22 | 12 | 7 | 双尖 角尖 |
| T3③:764 | 骨锥 | 35 | 20 | 6 | 3.6 | 双尖 角尖 | T3③:794 | 骨锥 | 43 | 29 | 6 | 7 | 双尖 角尖 |
| T3③:765 | 骨锥 | 44 | 13 | 7 | 3.4 | 单尖 角尖 | T3③:795 | 骨锥 | 62 | 19 | 9 | 9.8 | 单尖 角尖 |
| T3③:766 | 骨锥 | 37 | 12 | 7 | 3.6 | 单尖 正尖 | T3③:796 | 骨锥 | 56 | 23 | 8 | 7.8 | 单尖 角尖 |
| T3③:767 | 骨锥 | 41 | 25 | 8 | 6.4 | 单尖 角尖 | T3③:797 | 骨锥 | 63 | 28 | 11 | 16.4 | 单尖 角尖 |
| T3③:768 | 骨锥 | 40 | 22 | 9 | 5.4 | 双尖 正尖 | T3③:798 | 骨锥 | 43 | 24 | 8 | 5.8 | 单尖 角尖 |
| T3③:769 | 骨锥 | 74 | 21 | 10 | 12.2 | 单尖 角尖 | T3③:799 | 骨锥 | 37 | 14 | 8 | 3.8 | 双尖 正尖 |
| T3③:770 | 骨锥 | 40 | 25 | 8 | 7.4 | 单尖 角尖 | T3③:800 | 骨锥 | 66 | 14 | 10 | 7.8 | 双尖 正尖 |
| T3③:771 | 骨锥 | 46 | 21 | 9 | 7.8 | 单尖 角尖 | T3③:801 | 骨锥 | 63 | 16 | 13 | 8.8 | 双尖 角尖 |
| T3③:772 | 骨锥 | 58 | 21 | 10 | 9.8 | 单尖 正尖 | T3③:802 | 骨锥 | 81 | 26 | 13 | 25.2 | 单尖 角尖 |
| T3③:773 | 骨锥 | 51 | 19 | 8 | 7.6 | 单尖 正尖 | T3③:803 | 骨锥 | 55 | 14 | 9 | 7 | 单尖 正尖 |
| T3③:774 | 骨锥 | 35 | 18 | 10 | 4.4 | 单尖 角尖 | T3③:804 | 骨锥 | 31 | 16 | 5 | 3 | 单尖 正尖 |
| T3③:775 | 骨铲 | 56 | 21 | 13 | 13.4 | 骨铲 | T3③:805 | 骨锥 | 32 | 16 | 8 | 4 | 单尖 角尖 |
| T3③:776 | 骨锥 | 31 | 14 | 7 | 3.2 | 单尖 角尖 | T3③:806 | 骨锥 | 46 | 14 | 8 | 4.2 | 单尖 角尖 |

**续附表四**

| 器物号 | 名称 | 长 | 宽 | 厚 | 重 | 类型 | 器物号 | 名称 | 长 | 宽 | 厚 | 重 | 类型 |
|---|---|---|---|---|---|---|---|---|---|---|---|---|---|
| T3③：807 | 骨锥 | 39 | 12 | 9 | 3.6 | 双尖 正尖 | T3③：837 | 骨锥 | 54 | 23 | 8 | 9.2 | 单尖 角尖 |
| T3③：808 | 骨锥 | 54 | 19 | 5 | 6 | 单尖 正尖 | T3③：838 | 骨锥 | 27 | 18 | 9 | 3.4 | 单尖 角尖 |
| T3③：809 | 骨锥 | 42 | 16 | 7 | 4.2 | 单尖 正尖 | T3③：839 | 骨锥 | 32 | 12 | 6 | 9 | 单尖 正尖 |
| T3③：810 | 骨锥 | 44 | 19 | 10 | 6.8 | 双尖 正尖 | T3③：840 | 骨锥 | 40 | 14 | 5 | 3 | 双尖 正尖 |
| T3③：811 | 骨锥 | 47 | 17 | 47 | 6 | 双尖 正尖 | T3③：841 | 骨锥 | 30 | 12 | 6 | 2.2 | 双尖 正尖 |
| T3③：812 | 骨锥 | 75 | 29 | 10 | 16 | 双尖 正尖 | T3③：842 | 骨锥 | 46 | 18 | 8 | 4.4 | 单尖 正尖 |
| T3③：813 | 骨锥 | 40 | 12 | 6 | 1.8 | 双尖 角尖 | T3③：843 | 骨锥 | 43 | 11 | 5 | 2.4 | 双尖 正尖 |
| T3③：814 | 骨锥 | 45 | 22 | 10 | 8 | 单尖 角尖 | T3③：844 | 骨锥 | 36 | 18 | 16 | 3 | 双尖 正尖 |
| T3③：815 | 骨锥 | 69 | 27 | 7 | 12.2 | 双尖 角尖 | T3③：845 | 骨锥 | 52 | 23 | 11 | 8.6 | 双尖 正尖 |
| T3③：816 | 骨锥 | 59 | 15 | 9 | 6.2 | 双尖 正尖 | T3③：846 | 骨锥 | 29 | 16 | 4 | 1.6 | 单尖 正尖 |
| T3③：817 | 骨锥 | 45 | 12 | 15 | 7.6 | 双尖 正尖 | T3③：847 | 骨锥 | 27 | 15 | 8 | 1.8 | 双尖 角尖 |
| T3③：818 | 骨锥 | 48 | 20 | 10 | 7.8 | 单尖 角尖 | T3③：848 | 骨锥 | 37 | 14 | 6 | 3.6 | 单尖 角尖 |
| T3③：819 | 骨锥 | 69 | 21 | 10 | 10 | 单尖 角尖 | T3③：849 | 骨锥 | 27 | 12 | 5 | 1.2 | 双尖 正尖 |
| T3③：820 | 骨锥 | 59 | 21 | 9 | 8.2 | 单尖 角尖 | T3③：850 | 骨锥 | 37 | 15 | 7 | 3 | 单尖 角尖 |
| T3③：821 | 骨锥 | 39 | 28 | 19 | 5.8 | 双尖 角尖 | T3③：851 | 骨锥 | 31 | 9 | 4 | 1.2 | 单尖 角尖 |
| T3③：822 | 骨锥 | 46 | 19 | 8 | 5.4 | 双尖 正尖 | T3③：852 | 骨锥 | 31 | 13 | 6 | 2.4 | 双尖 正尖 |
| T3③：823 | 骨锥 | 34 | 10 | 7 | 1.8 | 双尖 角尖 | T3③：853 | 骨锥 | 60 | 21 | 12 | 9.4 | 单尖 正尖 |
| T3③：824 | 骨铲 | 42 | 17 | 8 | 4.6 | 骨铲 | T3③：854 | 骨锥 | 27 | 13 | 8 | 2.2 | 双尖 角尖 |
| T3③：825 | 骨锥 | 67 | 33 | 30 | 23.4 | 单尖 角尖 | T3③：855 | 骨锥 | 30 | 13 | 5 | 2.2 | 单尖 角尖 |
| T3③：826 | 骨锥 | 60 | 25 | 24 | 18.6 | 双尖 正尖 | T3③：856 | 骨锥 | 27 | 13 | 5 | 1.4 | 单尖 角尖 |
| T3③：827 | 骨锥 | 49 | 20 | 12 | 8.4 | 单尖 角尖 | T3③：857 | 骨锥 | 70 | 20 | 9 | 10.2 | 单尖 角尖 |
| T3③：828 | 骨锥 | 107 | 30 | 18 | 24 | 双尖 角尖 | T3③：858 | 骨锥 | 101 | 31 | 13 | 30.8 | 单尖 正尖 |
| T3③：829 | 骨锥 | 32 | 13 | 6 | 2 | 单尖 角尖 | T3③：859 | 骨锥 | 61 | 32 | 11 | 18.2 | 单尖 角尖 |
| T3③：830 | 骨铲 | 40 | 19 | 8 | 4.8 | 骨铲 | T3③：860 | 骨锥 | 59 | 15 | 11 | 9.4 | 单尖 正尖 |
| T3③：831 | 骨锥 | 29 | 13 | 9 | 3 | 单尖 正尖 | T3③：861 | 骨锥 | 72 | 27 | 11 | 17.8 | 单尖 正尖 |
| T3③：832 | 骨锥 | 51 | 13 | 8 | 4.4 | 双尖 正尖 | T3③：862 | 骨锥 | 64 | 25 | 5 | 12 | 双尖 角尖 |
| T3③：833 | 骨锥 | 33 | 13 | 5 | 2.4 | 双尖 角尖 | T3③：863 | 骨锥 | 37 | 20 | 8 | 5 | 双尖 正尖 |
| T3③：834 | 骨锥 | 46 | 13 | 6 | 2.4 | 双尖 正尖 | T3③：864 | 骨锥 | 47 | 15 | 6 | 3.2 | 单尖 正尖 |
| T3③：835 | 骨锥 | 64 | 24 | 12 | 15 | 双尖 正尖 | T3③：865 | 骨锥 | 60 | 24 | 6 | 8 | 单尖 角尖 |
| T3③：836 | 骨锥 | 31 | 9 | 4 | 1.8 | 单尖 角尖 | T3③：866 | 骨锥 | 29 | 8 | 5 | 1 | 双尖 正尖 |

**续附表四**

| 器物号 | 名称 | 长 | 宽 | 厚 | 重 | 类型 | 器物号 | 名称 | 长 | 宽 | 厚 | 重 | 类型 |
|---|---|---|---|---|---|---|---|---|---|---|---|---|---|
| T3③：867 | 骨锥 | 36 | 20 | 5 | 2.8 | 单尖 正尖 | T3③：897 | 骨锥 | 55 | 20 | 9 | 8.8 | 双尖 正尖 |
| T3③：868 | 骨锥 | 66 | 23 | 10 | 9.6 | 双尖 角尖 | T3③：898 | 骨锥 | 57 | 11 | 11 | 7.6 | 单尖 角尖 |
| T3③：869 | 骨锥 | 59 | 17 | 8 | 8.6 | 双尖 正尖 | T3③：899 | 骨锥 | 49 | 23 | 10 | 8.8 | 单尖 角尖 |
| T3③：870 | 骨锥 | 49 | 22 | 10 | 7.6 | 双尖 正尖 | T3③：900 | 骨锥 | 36 | 18 | 16 | 5.2 | 单尖 角尖 |
| T3③：871 | 骨锥 | 51 | 14 | 13 | 5.4 | 双尖 角尖 | T3③：901 | 骨锥 | 63 | 24 | 16 | 7.6 | 单尖 角尖 |
| T3③：872 | 骨锥 | 52 | 15 | 7 | 4.6 | 单尖 正尖 | T3③：902 | 骨锥 | 77 | 38 | 19 | 27.2 | 单尖 角尖 |
| T3③：873 | 骨锥 | 57 | 14 | 9 | 6.4 | 双尖 角尖 | T3③：903 | 骨锥 | 61 | 33 | 18 | 31.6 | 单尖 正尖 |
| T3③：874 | 骨锥 | 44 | 21 | 13 | 8.2 | 单尖 角尖 | T3③：904 | 骨铲 | 41 | 40 | 21 | 26.4 | 骨铲 |
| T3③：875 | 骨锥 | 49 | 15 | 8 | 6.2 | 双尖 正尖 | T3③：905 | 骨锥 | 45 | 21 | 7 | 5.2 | 单尖 角尖 |
| T3③：876 | 骨锥 | 72 | 14 | 6 | 5 | 双尖 正尖 | T3③：906 | 骨锥 | 70 | 29 | 7 | 11.8 | 双尖 正尖 |
| T3③：877 | 骨锥 | 58 | 14 | 5 | 4.6 | 单尖 角尖 | T3③：907 | 骨锥 | 53 | 31 | 18 | 10.4 | 单尖 角尖 |
| T3③：878 | 骨锥 | 42 | 17 | 8 | 5.4 | 双尖 正尖 | T3③：908 | 骨锥 | 60 | 26 | 8 | 11.4 | 双尖 角尖 |
| T3③：879 | 骨锥 | 31 | 7 | 3 | 0.6 | 双尖 角尖 | T3③：909 | 骨铲 | 49 | 24 | 11 | 14.2 | 骨铲 |
| T3③：880 | 骨锥 | 31 | 11 | 8 | 2 | 双尖 角尖 | T3③：910 | 骨锥 | 54 | 22 | 9 | 7 | 单尖 角尖 |
| T3③：881 | 骨锥 | 26 | 10 | 5 | 1.2 | 单尖 正尖 | T3③：911 | 骨锥 | 59 | 24 | 13 | 16.8 | 单尖 角尖 |
| T3③：882 | 骨锥 | 52 | 20 | 10 | 6.2 | 双尖 角尖 | T3③：912 | 骨锥 | 50 | 21 | 10 | 6.6 | 单尖 正尖 |
| T3③：883 | 骨锥 | 41 | 15 | 8 | 3.4 | 双尖 角尖 | T3③：913 | 骨锥 | 55 | 21 | 10 | 7.6 | 双尖 角尖 |
| T3③：884 | 骨锥 | 34 | 13 | 5 | 2.8 | 单尖 角尖 | T3③：914 | 骨铲 | 64 | 20 | 14 | 16.8 | 骨铲 |
| T3③：885 | 骨锥 | 35 | 12 | 5 | 2.6 | 单尖 正尖 | T3③：915 | 骨锥 | 44 | 21 | 11 | 8.4 | 单尖 角尖 |
| T3③：886 | 骨锥 | 37 | 11 | 7 | 2.8 | 单尖 角尖 | T3③：916 | 骨锥 | 58 | 24 | 10 | 11.4 | 单尖 角尖 |
| T3③：887 | 骨锥 | 35 | 15 | 5 | 2.4 | 单尖 角尖 | T3③：917 | 骨锥 | 68 | 31 | 11 | 14.6 | 双尖 正尖 |
| T3③：888 | 骨锥 | 41 | 12 | 6 | 2.2 | 双尖 角尖 | T3③：918 | 骨锥 | 68 | 28 | 10 | 11.2 | 双尖 角尖 |
| T3③：889 | 骨锥 | 33 | 10 | 6 | 1.8 | 双尖 正尖 | T3③：919 | 骨锥 | 28 | 16 | 5 | 1.6 | 双尖 正尖 |
| T3③：890 | 骨锥 | 62 | 11 | 9 | 6.2 | 单尖 角尖 | T3③：920 | 骨锥 | 91 | 29 | 7 | 20 | 双尖 正尖 |
| T3③：891 | 骨锥 | 53 | 17 | 14 | 8.8 | 单尖 角尖 | T3③：921 | 骨铲 | 162 | 44 | 15 | 91.2 | 双尖 角尖 |
| T3③：892 | 骨铲 | 46 | 19 | 6 | 4.8 | 骨铲 | T3③：922 | 骨铲 | 101 | 23 | 13 | 29.8 | 单尖 角尖 |
| T3③：893 | 骨铲 | 49 | 17 | 7 | 5.2 | 骨铲 | T3③：923 | 骨锥 | 73 | 31 | 22 | 35.6 | 单尖 正尖 |
| T3③：894 | 骨锥 | 41 | 9 | 4 | 1.8 | 双尖 正尖 | T3③：924 | 骨锥 | 44 | 21 | 9 | 6.2 | 单尖 角尖 |
| T3③：895 | 骨锥 | 80 | 21 | 12 | 13 | 双尖 角尖 | T3③：925 | 骨锥 | 90 | 46 | 13 | 37.2 | 双尖 正尖 |
| T3③：896 | 骨锥 | 64 | 27 | 10 | 11 | 双尖 角尖 | T3③：926 | 骨锥 | 62 | 27 | 9 | 16.2 | 双尖 正尖 |

续附表四

| 器物号 | 名称 | 长 | 宽 | 厚 | 重 | 类型 | 器物号 | 名称 | 长 | 宽 | 厚 | 重 | 类型 |
|---|---|---|---|---|---|---|---|---|---|---|---|---|---|
| T3③：927 | 骨铲 | 92 | 41 | 9 | 32.4 | 单尖 正尖 | T3③：957 | 骨锥 | 54 | 22 | 9 | 8.4 | 双尖 角尖 |
| T3③：928 | 骨锥 | 42 | 13 | 6 | 3.4 | 双尖 正尖 | T3③：958 | 骨锥 | 33 | 14 | 7 | 3.6 | 单尖 角尖 |
| T3③：929 | 骨锥 | 35 | 12 | 7 | 2.6 | 双尖 角尖 | T3③：959 | 骨锥 | 31 | 15 | 5 | 1.6 | 双尖 正尖 |
| T3③：930 | 骨锥 | 49 | 34 | 12 | 12.4 | 单尖 角尖 | T3③：960 | 骨铲 | 65 | 38 | 16 | 20.6 | 骨铲 |
| T3③：931 | 骨锥 | 49 | 12 | 7 | 4.8 | 双尖 正尖 | T3③：961 | 骨锥 | 48 | 18 | 10 | 8.2 | 单尖 正尖 |
| T3③：932 | 骨锥 | 36 | 21 | 7 | 4.4 | 单尖 角尖 | T3③：962 | 骨锥 | 76 | 21 | 11 | 14.2 | 双尖 正尖 |
| T3③：933 | 骨锥 | 63 | 23 | 9 | 8.8 | 单尖 正尖 | T3③：963 | 骨锥 | 61 | 15 | 13 | 7.6 | 单尖 正尖 |
| T3③：934 | 骨锥 | 39 | 18 | 6 | 3.2 | 双尖 角尖 | T3③：964 | 骨锥 | 47 | 19 | 15 | 10.6 | 单尖 角尖 |
| T3③：935 | 骨锥 | 36 | 20 | 9 | 5.4 | 单尖 角尖 | T3③：965 | 骨铲 | 80 | 30 | 21 | 49 | 骨铲 |
| T3③：936 | 骨锥 | 54 | 18 | 9 | 6.8 | 单尖 正尖 | T3③：966 | 骨锥 | 38 | 14 | 14 | 5.4 | 单尖 正尖 |
| T3③：937 | 骨锥 | 38 | 17 | 7 | 3.4 | 双尖 角尖 | T3③：967 | 骨锥 | 38 | 24 | 12 | 5.2 | 单尖 角尖 |
| T3③：938 | 骨锥 | 69 | 12 | 7 | 6.2 | 双尖 正尖 | T3③：968 | 骨锥 | 62 | 24 | 10 | 13 | 单尖 正尖 |
| T3③：939 | 骨锥 | 57 | 16 | 6 | 4.2 | 双尖 正尖 | T3③：969 | 骨锥 | 50 | 22 | 8 | 10.2 | 单尖 正尖 |
| T3③：940 | 骨锥 | 42 | 9 | 7 | 2.8 | 单尖 角尖 | T3③：970 | 骨锥 | 61 | 17 | 10 | 9 | 双尖 正尖 |
| T3③：941 | 骨锥 | 50 | 20 | 7 | 7.2 | 双尖 正尖 | T3③：971 | 骨锥 | 51 | 17 | 6 | 5.4 | 双尖 正尖 |
| T3③：942 | 骨铲 | 89 | 30 | 13 | 31.8 | 骨铲 | T3③：972 | 骨锥 | 36 | 23 | 17 | 3.8 | 单尖 角尖 |
| T3③：943 | 骨锥 | 41 | 10 | 6 | 2.6 | 单尖 正尖 | T3③：973 | 骨锥 | 50 | 16 | 10 | 5 | 单尖 角尖 |
| T3③：944 | 骨锥 | 44 | 12 | 6 | 3 | 单尖 正尖 | T3③：974 | 骨锥 | 108 | 39 | 32 | 80.8 | 单尖 角尖 |
| T3③：945 | 骨锥 | 42 | 19 | 7 | 4.2 | 双尖 正尖 | T3③：975 | 骨锥 | 51 | 23 | 6 | 6.4 | 单尖 正尖 |
| T3③：946 | 骨锥 | 40 | 10 | 7 | 4.4 | 单尖 角尖 | T3③：976 | 骨锥 | 51 | 23 | 6 | 6 | 单尖 正尖 |
| T3③：947 | 骨锥 | 57 | 22 | 10 | 10.8 | 单尖 正尖 | T3③：977 | 骨锥 | 42 | 19 | 6 | 5.8 | 单尖 角尖 |
| T3③：948 | 骨锥 | 29 | 26 | 10 | 3.8 | 双尖 角尖 | T3③：978 | 骨锥 | 26 | 9 | 6 | 1.6 | 单尖 角尖 |
| T3③：949 | 骨锥 | 39 | 12 | 6 | 2.8 | 单尖 正尖 | T3③：979 | 骨锥 | 33 | 11 | 7 | 3 | 单尖 角尖 |
| T3③：950 | 骨锥 | 44 | 18 | 7 | 5 | 单尖 角尖 | T3③：980 | 骨锥 | 67 | 30 | 14 | 18 | 双尖 正尖 |
| T3③：951 | 骨锥 | 59 | 17 | 10 | 9.2 | 单尖 角尖 | T3③：981 | 骨锥 | 45 | 13 | 12 | 3.2 | 单尖 角尖 |
| T3③：952 | 骨锥 | 68 | 22 | 10 | 12.6 | 双尖 正尖 | T3③：982 | 骨锥 | 47 | 20 | 6 | 5.8 | 单尖 角尖 |
| T3③：953 | 骨锥 | 33 | 16 | 6 | 3.2 | 双尖 正尖 | T3③：983 | 骨锥 | 45 | 14 | 5 | 3.4 | 单尖 正尖 |
| T3③：954 | 骨锥 | 64 | 24 | 13 | 15.2 | 单尖 正尖 | T3③：984 | 骨锥 | 50 | 13 | 5 | 3.6 | 单尖 正尖 |
| T3③：955 | 骨锥 | 55 | 14 | 7 | 6 | 单尖 正尖 | T3③：985 | 骨锥 | 43 | 14 | 3 | 1.6 | 单尖 角尖 |
| T3③：956 | 骨锥 | 46 | 20 | 8 | 6 | 双尖 正尖 | T3③：986 | 骨锥 | 51 | 30 | 12 | 13.6 | 单尖 正尖 |

**续附表四**

| 器物号 | 名称 | 长 | 宽 | 厚 | 重 | 类型 | 器物号 | 名称 | 长 | 宽 | 厚 | 重 | 类型 |
|---|---|---|---|---|---|---|---|---|---|---|---|---|---|
| T3③：987 | 骨锥 | 41 | 8 | 10 | 2.8 | 双尖 正尖 | T3③：1017 | 骨锥 | 57 | 14 | 13 | 8.2 | 单尖 角尖 |
| T3③：988 | 骨锥 | 64 | 12 | 6 | 4 | 双尖 正尖 | T3③：1018 | 骨锥 | 46 | 22 | 11 | 8.6 | 双尖 角尖 |
| T3③：989 | 骨锥 | 46 | 29 | 8 | 9.4 | 双尖 正尖 | T3③：1019 | 骨锥 | 52 | 41 | 17 | 11.2 | 双尖 角尖 |
| T3③：990 | 骨锥 | 47 | 19 | 8 | 5.2 | 双尖 角尖 | T3③：1020 | 骨锥 | 38 | 19 | 9 | 3.8 | 双尖 角尖 |
| T3③：991 | 骨锥 | 51 | 21 | 11 | 7.6 | 单尖 正尖 | T3③：1021 | 骨锥 | 29 | 13 | 4 | 1.4 | 双尖 正尖 |
| T3③：992 | 骨锥 | 36 | 10 | 7 | 2 | 单尖 角尖 | T3③：1022 | 骨锥 | 67 | 24 | 9 | 12.2 | 双尖 角尖 |
| T3③：993 | 骨锥 | 59 | 18 | 10 | 6.8 | 双尖 正尖 | T3③：1023 | 骨锥 | 54 | 22 | 18 | 10 | 双尖 正尖 |
| T3③：994 | 骨锥 | 30 | 8 | 4 | 1 | 单尖 正尖 | T3③：1024 | 骨锥 | 52 | 28 | 13 | 20 | 单尖 角尖 |
| T3③：995 | 骨锥 | 77 | 31 | 14 | 21.2 | 单尖 正尖 | T3③：1025 | 骨锥 | 42 | 15 | 8 | 4.8 | 双尖 正尖 |
| T3③：996 | 骨锥 | 29 | 9 | 6 | 1.6 | 单尖 正尖 | T3③：1026 | 骨锥 | 31 | 11 | 5 | 1.8 | 双尖 角尖 |
| T3③：997 | 骨锥 | 36 | 10 | 6 | 2.2 | 单尖 角尖 | T3③：1027 | 骨锥 | 61 | 16 | 10 | 10.8 | 双尖 正尖 |
| T3③：998 | 骨锥 | 44 | 34 | 20 | 13.2 | 单尖 正尖 | T3③：1028 | 骨锥 | 57 | 14 | 11 | 6.4 | 双尖 正尖 |
| T3③：999 | 骨锥 | 34 | 12 | 5 | 1.6 | 单尖 角尖 | T3③：1029 | 骨锥 | 42 | 15 | 6 | 3.2 | 单尖 角尖 |
| T3③：1000 | 骨锥 | 57 | 24 | 7 | 9 | 双尖 角尖 | T3③：1030 | 骨铲 | 54 | 19 | 12 | 11 | 骨铲 |
| T3③：1001 | 骨锥 | 61 | 8 | 5 | 2.6 | 单尖 正尖 | T3③：1031 | 骨铲 | 46 | 21 | 12 | 10.6 | 骨铲 |
| T3③：1002 | 骨铲 | 73 | 33 | 13 | 27.4 | 骨铲 | T3③：1032 | 骨锥 | 41 | 17 | 10 | 5 | 单尖 正尖 |
| T3③：1003 | 骨锥 | 36 | 9 | 5 | 2 | 单尖 角尖 | T3③：1033 | 骨锥 | 40 | 15 | 6 | 2.6 | 双尖 正尖 |
| T3③：1004 | 骨锥 | 54 | 16 | 10 | 5.6 | 双尖 正尖 | T3③：1034 | 骨锥 | 81 | 23 | 12 | 16.6 | 单尖 正尖 |
| T3③：1005 | 骨锥 | 32 | 19 | 5 | 2.6 | 单尖 正尖 | T3③：1035 | 骨铲 | 55 | 18 | 8 | 7 | 骨铲 |
| T3③：1006 | 骨锥 | 55 | 22 | 9 | 7.8 | 双尖 角尖 | T3③：1036 | 骨锥 | 69 | 21 | 11 | 12.6 | 单尖 正尖 |
| T3③：1007 | 骨锥 | 40 | 15 | 6 | 4.4 | 单尖 角尖 | T3③：1037 | 骨锥 | 33 | 11 | 5 | 2 | 双尖 正尖 |
| T3③：1008 | 骨铲 | 39 | 18 | 8 | 5.2 | 骨铲 | T3③：1038 | 骨锥 | 61 | 15 | 10 | 7 | 双尖 正尖 |
| T3③：1009 | 骨铲 | 115 | 45 | 27 | 87.2 | 骨铲 | T3③：1039 | 骨锥 | 77 | 38 | 19 | 27.2 | 单尖 角尖 |
| T3③：1010 | 骨锥 | 46 | 22 | 12 | 9.4 | 双尖 正尖 | T3③：1040 | 骨锥 | 53 | 31 | 18 | 10.4 | 双尖 角尖 |
| T3③：1011 | 骨锥 | 29 | 12 | 6 | 2.2 | 单尖 角尖 | T3③：1041 | 骨锥 | 58 | 29 | 13 | 15.8 | 单尖 角尖 |
| T3③：1012 | 骨锥 | 29 | 13 | 8 | 1.4 | 单尖 角尖 | T3③：1042 | 骨锥 | 55 | 18 | 10 | 8.6 | 双尖 正尖 |
| T3③：1013 | 骨锥 | 50 | 24 | 10 | 8.8 | 双尖 角尖 | T3③：1043 | 骨锥 | 64 | 23 | 9 | 12.4 | 双尖 正尖 |
| T3③：1014 | 骨锥 | 26 | 12 | 5 | 1.6 | 双尖 正尖 | T3③：1044 | 骨锥 | 43 | 10 | 5 | 1.8 | 单尖 正尖 |
| T3③：1015 | 骨锥 | 45 | 12 | 8 | 2.2 | 双尖 角尖 | T3③：1045 | 骨锥 | 36 | 12 | 6 | 2 | 双尖 正尖 |
| T3③：1016 | 骨锥 | 44 | 16 | 8 | 6 | 单尖 角尖 | T3③：1046 | 骨锥 | 34 | 27 | 8 | 5.6 | 单尖 角尖 |

**续附表四**

| 器物号 | 名称 | 长 | 宽 | 厚 | 重 | 类型 | 器物号 | 名称 | 长 | 宽 | 厚 | 重 | 类型 |
|---|---|---|---|---|---|---|---|---|---|---|---|---|---|
| T3③：1047 | 骨锥 | 61 | 34 | 15 | 23.8 | 单尖 角尖 | T3③：1077 | 骨锥 | 62 | 23 | 10 | 15.8 | 单尖 正尖 |
| T3③：1048 | 骨铲 | 48 | 16 | 6 | 5.4 | 骨铲 | T3③：1078 | 骨锥 | 49 | 23 | 10 | 6.2 | 单尖 正尖 |
| T3③：1049 | 骨锥 | 48 | 19 | 9 | 7 | 单尖 正尖 | T3③：1079 | 骨铲 | 51 | 20 | 13 | 8.8 | 骨铲 |
| T3③：1050 | 骨锥 | 53 | 13 | 7 | 5 | 双尖 正尖 | T3③：1080 | 骨锥 | 55 | 17 | 12 | 6.4 | 双尖 正尖 |
| T3③：1051 | 骨锥 | 60 | 18 | 12 | 11.4 | 双尖 角尖 | T3③：1081 | 骨锥 | 53 | 13 | 10 | 6.6 | 双尖 正尖 |
| T3③：1052 | 骨铲 | 62 | 26 | 13 | 12.6 | 骨铲 | T3③：1082 | 骨锥 | 34 | 16 | 9 | 4.4 | 双尖 角尖 |
| T3③：1053 | 骨锥 | 43 | 14 | 5 | 3 | 单尖 正尖 | T3③：1083 | 骨锥 | 37 | 13 | 12 | 3.8 | 单尖 正尖 |
| T3③：1054 | 骨锥 | 45 | 21 | 9 | 4.4 | 单尖 正尖 | T3③：1084 | 骨锥 | 40 | 18 | 9 | 4.6 | 单尖 正尖 |
| T3③：1055 | 骨锥 | 37 | 16 | 6 | 3.8 | 双尖 正尖 | T3③：1085 | 骨锥 | 58 | 23 | 11 | 10.8 | 单尖 角尖 |
| T3③：1056 | 骨锥 | 47 | 19 | 6 | 7.2 | 双尖 正尖 | T3③：1086 | 骨锥 | 29 | 10 | 7 | 1.8 | 单尖 角尖 |
| T3③：1057 | 骨锥 | 64 | 27 | 12 | 10.4 | 双尖 角尖 | T3③：1087 | 骨铲 | 50 | 24 | 12 | 11 | 骨铲 |
| T3③：1058 | 骨锥 | 45 | 16 | 11 | 7.6 | 单尖 角尖 | T3③：1088 | 骨锥 | 78 | 36 | 12 | 26.4 | 双尖 角尖 |
| T3③：1059 | 骨锥 | 52 | 20 | 13 | 9 | 单尖 角尖 | T3③：1089 | 角铲 | 73 | 32 | 12 | 18.6 | 双尖 角尖 |
| T3③：1060 | 骨锥 | 47 | 19 | 6 | 7.2 | 双尖 正尖 | T3③：1090 | 骨锥 | 45 | 33 | 9 | 12.2 | 双尖 角尖 |
| T3③：1061 | 骨锥 | 89 | 31 | 11 | 22.4 | 单尖 正尖 | T3③：1091 | 骨锥 | 82 | 30 | 14 | 18.4 | 双尖 角尖 |
| T3③：1062 | 骨锥 | 118 | 35 | 13 | 47.8 | 单尖 角尖 | T3③：1092 | 骨锥 | 50 | 21 | 7 | 6.4 | 双尖 角尖 |
| T3③：1063 | 骨锥 | 43 | 14 | 6 | 4 | 双尖 角尖 | T3③：1093 | 骨锥 | 50 | 23 | 9 | 7.8 | 双尖 角尖 |
| T3③：1064 | 骨锥 | 36 | 9 | 11 | 2.4 | 双尖 角尖 | T3③：1094 | 骨锥 | 68 | 32 | 13 | 14.2 | 双尖 角尖 |
| T3③：1065 | 骨锥 | 36 | 14 | 7 | 2.8 | 双尖 角尖 | T3③：1095 | 骨锥 | 76 | 24 | 15 | 15 | 双尖 角尖 |
| T3③：1066 | 骨锥 | 25 | 10 | 11 | 1.6 | 双尖 正尖 | T3③：1096 | 骨锥 | 79 | 32 | 10 | 24.4 | 双尖 角尖 |
| T3③：1067 | 骨锥 | 45 | 14 | 7 | 3.6 | 双尖 正尖 | T3③：1097 | 骨锥 | 70 | 23 | 8 | 8.8 | 双尖 角尖 |
| T3③：1068 | 骨锥 | 42 | 21 | 8 | 6 | 双尖 正尖 | T3③：1098 | 骨锥 | 65 | 26 | 12 | 15.2 | 双尖 角尖 |
| T3③：1069 | 骨锥 | 41 | 14 | 7 | 3.6 | 双尖 正尖 | T3③：1099 | 骨锥 | 56 | 20 | 6 | 6.4 | 双尖 角尖 |
| T3③：1070 | 骨锥 | 30 | 16 | 8 | 3 | 单尖 角尖 | T3③：1100 | 骨锥 | 49 | 23 | 6 | 6.6 | 双尖 角尖 |
| T3③：1071 | 骨锥 | 34 | 13 | 8 | 2.2 | 单尖 正尖 | T3③：1101 | 骨锥 | 61 | 19 | 10 | 7.4 | 双尖 角尖 |
| T3③：1072 | 骨锥 | 42 | 17 | 10 | 5.4 | 双尖 正尖 | T3③：1102 | 骨锥 | 71 | 24 | 9 | 11.6 | 双尖 角尖 |
| T3③：1073 | 骨锥 | 38 | 13 | 5 | 2.8 | 单尖 角尖 | T3③：1103 | 骨锥 | 55 | 14 | 13 | 6.4 | 双尖 角尖 |
| T3③：1074 | 骨锥 | 49 | 19 | 10 | 6.8 | 单尖 角尖 | T3③：1104 | 骨锥 | 36 | 21 | 8 | 5.8 | 双尖 角尖 |
| T3③：1075 | 骨锥 | 44 | 18 | 11 | 6.4 | 双尖 角尖 | T3③：1105 | 骨锥 | 39 | 14 | 11 | 4.2 | 双尖 角尖 |
| T3③：1076 | 骨锥 | 48 | 20 | 10 | 7.8 | 单尖 角尖 | T3③：1106 | 骨锥 | 31 | 12 | 5 | 1.4 | 双尖 角尖 |

**续附表四**

| 器物号 | 名称 | 长 | 宽 | 厚 | 重 | 类型 | 器物号 | 名称 | 长 | 宽 | 厚 | 重 | 类型 |
|---|---|---|---|---|---|---|---|---|---|---|---|---|---|
| T3③：1107 | 骨锥 | 39 | 14 | 6 | 2.2 | 双尖 角尖 | T3③：1137 | 骨锥 | 122.5 | 42.5 | 26.8 | 73.2 | 双尖 正尖 |
| T3③：1108 | 骨锥 | 27 | 12 | 7 | 1.8 | 双尖 角尖 | T3③：1138 | 骨锥 | 180 | 48.6 | 24 | 165.4 | 双尖 正尖 |
| T3③：1109 | 骨锥 | 47 | 14 | 12 | 6.6 | 双尖 角尖 | T3③：1139 | 骨锥 | 65 | 31.2 | 17 | 25.8 | 双尖 正尖 |
| T3③：1110 | 骨锥 | 59 | 24 | 11 | 12.8 | 双尖 角尖 | T3③：1140 | 骨锥 | 85 | 18.8 | 9.8 | 11 | 双尖 |
| T3③：1111 | 骨锥 | 34 | 20 | 6 | 3.4 | 双尖 角尖 | T3③：1141 | 骨锥 | 71.8 | 24.5 | 15 | 18.8 | 双尖 正尖 |
| T3③：1112 | 骨锥 | 55 | 19 | 8 | 6 | 双尖 角尖 | T3③：1142 | 骨锥 | 66.5 | 23.4 | 9.5 | 12.6 | 双尖 正尖 |
| T3③：1113 | 骨锥 | 31 | 13 | 7 | 2.6 | 双尖 角尖 | T3③：1143 | 骨锥 | 64.8 | 20.8 | 11.9 | 11 | 双尖 正尖 |
| T3③：1114 | 骨锥 | 35 | 15 | 5 | 2.8 | 双尖 角尖 | T3③：1144 | 骨锥 | 63.3 | 18.9 | 11.3 | 12 | 双尖 正尖 |
| T3③：1115 | 骨锥 | 38 | 20 | 6 | 3.8 | 双尖 角尖 | T3③：1145 | 骨锥 | 63.1 | 23.3 | 11 | 10 | 双尖 正尖 |
| T3③：1116 | 骨锥 | 33 | 14 | 11 | 3.2 | 双尖 角尖 | T3③：1146 | 骨锥 | 51.4 | 18.2 | 13.8 | 7.6 | 双尖 正尖 |
| T3③：1117 | 骨锥 | 31 | 11 | 5 | 1.6 | 双尖 角尖 | T3③：1147 | 骨锥 | 45.4 | 28.5 | 11.8 | 9.4 | 双尖 正尖 |
| T3③：1118 | 骨锥 | 38 | 15 | 10 | 4.4 | 双尖 角尖 | T3③：1148 | 骨锥 | 44.8 | 21 | 11 | 6.8 | 双尖 正尖 |
| T3③：1119 | 骨铲 | 305 | 58 | 28.7 | 85.6 | 骨铲 | T3③：1149 | 骨锥 | 51.9 | 20 | 8 | 6.4 | 双尖 正尖 |
| T3③：1120 | 骨铲 | 85.6 | 38.2 | 21 | 51.2 | 骨铲 | T3③：1150 | 骨锥 | 62 | 16 | 7 | 6.2 | 双尖 正尖 |
| T3③：1121 | 骨铲 | 109.5 | 41.8 | 16.2 | 58.4 | 单尖 正尖 | T3③：1151 | 骨锥 | 43.2 | 19.8 | 10 | 6.2 | 双尖 正尖 |
| T3③：1122 | 骨铲 | 67.3 | 35.5 | 13.8 | 26 | 骨铲 | T3③：1152 | 骨锥 | 47 | 19.8 | 8.2 | 5.4 | 双尖 正尖 |
| T3③：1123 | 骨铲 | 55 | 23.4 | 11.3 | 12.2 | 骨铲 | T3③：1153 | 骨锥 | 44.2 | 21.8 | 4.3 | 3.4 | 双尖 正尖 |
| T3③：1124 | 骨铲 | 60.4 | 28.2 | 11 | 13.2 | 骨铲 | T3③：1154 | 骨锥 | 43 | 22.4 | 10 | 6.8 | 双尖 正尖 |
| T3③：1125 | 骨铲 | 56 | 16.8 | 9.2 | 6.2 | 骨铲 | T3③：1155 | 骨锥 | 48.9 | 12.8 | 7.5 | 6 | 双尖 正尖 |
| T3③：1126 | 骨铲 | 50 | 22 | 10 | 11.2 | 骨铲 | T3③：1156 | 骨锥 | 43 | 16 | 10.4 | 4.6 | 双尖 正尖 |
| T3③：1127 | 骨铲 | 48.5 | 17.8 | 13.4 | 10.8 | 骨铲 | T3③：1157 | 骨锥 | 44 | 21 | 8.6 | 6.6 | 双尖 正尖 |
| T3③：1128 | 骨铲 | 54.8 | 23 | 9.3 | 10.6 | 骨铲 | T3③：1158 | 骨锥 | 49.8 | 14.8 | 6.8 | 4.2 | 双尖 正尖 |
| T3③：1129 | 骨铲 | 39.5 | 31.2 | 15 | 12.4 | 骨铲 | T3③：1159 | 骨锥 | 44.8 | 16.5 | 9.2 | 6 | 双尖 正尖 |
| T3③：1130 | 骨铲 | 50 | 24.8 | 9.8 | 10.2 | 骨铲 | T3③：1160 | 骨锥 | 61 | 10 | 6.8 | 4.2 | 双尖 正尖 |
| T3③：1131 | 骨铲 | 50 | 15.2 | 6.5 | 4.8 | 骨铲 | T3③：1161 | 骨锥 | 56 | 12 | 6.8 | 4.2 | 双尖 正尖 |
| T3③：1132 | 骨铲 | 49.6 | 17.2 | 8.5 | 7.4 | 骨铲 | T3③：1162 | 骨锥 | 46.5 | 16.5 | 6.8 | 3.8 | 双尖 正尖 |
| T3③：1133 | 骨铲 | 37 | 20.5 | 6.8 | 4.2 | 骨铲 | T3③：1163 | 骨锥 | 46.8 | 17.2 | 8 | 5.8 | 双尖 正尖 |
| T3③：1134 | 骨铲 | 39.2 | 16.5 | 11.8 | 6 | 骨铲 | T3③：1164 | 骨锥 | 62.8 | 11.4 | 3.2 | 1.8 | 双尖 正尖 |
| T3③：1135 | 骨铲 | 47.8 | 17.8 | 9 | 7.6 | 骨铲 | T3③：1165 | 骨锥 | 52.5 | 13.5 | 6 | 3.8 | 双尖 正尖 |
| T3③：1136 | 骨铲 | 29 | 14 | 3.8 | 1.8 | 骨铲 | T3③：1166 | 骨锥 | 28.8 | 14 | 10.4 | 2.8 | 双尖 正尖 |

**续附表四**

| 器物号 | 名称 | 长 | 宽 | 厚 | 重 | 类型 | 器物号 | 名称 | 长 | 宽 | 厚 | 重 | 类型 |
|---|---|---|---|---|---|---|---|---|---|---|---|---|---|
| T3③:1167 | 骨锥 | 31.8 | 16.2 | 7.6 | 3.8 | 双尖 正尖 | T3③:1197 | 骨锥 | 65.2 | 27 | 13.5 | 14.2 | 双尖 正尖 |
| T3③:1168 | 骨锥 | 34.6 | 14.5 | 5 | 2.8 | 双尖 正尖 | T3③:1198 | 骨锥 | 56 | 14 | 8.3 | 5.4 | 双尖 正尖 |
| T3③:1169 | 骨锥 | 37.8 | 14 | 5.5 | 2.6 | 双尖 正尖 | T3③:1199 | 骨锥 | 42.8 | 22.6 | 6.5 | 4 | 双尖 正尖 |
| T3③:1170 | 骨锥 | 45.6 | 9 | 7 | 3.6 | 双尖 正尖 | T3③:1200 | 骨锥 | 52.8 | 21.1 | 14.1 | 14.8 | 双尖 正尖 |
| T3③:1171 | 骨锥 | 35.8 | 14 | 9.5 | 3.2 | 双尖 正尖 | T3③:1201 | 骨锥 | 43.8 | 25.6 | 11.8 | 8.8 | 双尖 正尖 |
| T3③:1172 | 骨锥 | 43 | 11 | 7.5 | 3.6 | 双尖 正尖 | T3③:1202 | 骨锥 | 61 | 21 | 12 | 13 | 双尖 正尖 |
| T3③:1173 | 骨锥 | 35 | 14 | 8.5 | 3 | 双尖 正尖 | T3③:1203 | 骨锥 | 45.2 | 20.8 | 8.8 | 8.2 | 双尖 正尖 |
| T3③:1174 | 骨锥 | 37.2 | 12 | 8.5 | 2.2 | 双尖 正尖 | T3③:1204 | 骨锥 | 41 | 25.8 | 10 | 8.2 | 双尖 正尖 |
| T3③:1175 | 骨锥 | 41.2 | 8.2 | 4.5 | 1.6 | 双尖 正尖 | T3③:1205 | 骨锥 | 43.3 | 21.8 | 11 | 7 | 双尖 正尖 |
| T3③:1176 | 骨锥 | 30 | 10 | 7 | 2.6 | 双尖 正尖 | T3③:1206 | 骨锥 | 43.8 | 18 | 7.8 | 5.6 | 双尖 正尖 |
| T3③:1177 | 骨锥 | 26 | 12 | 7 | 2.2 | 双尖 正尖 | T3③:1207 | 骨锥 | 48.8 | 9 | 8.8 | 4.2 | 双尖 正尖 |
| T3③:1178 | 骨锥 | 30.7 | 15.2 | 5.5 | 2.2 | 双尖 正尖 | T3③:1208 | 骨锥 | 56.8 | 13.5 | 10 | 7.4 | 双尖 正尖 |
| T3③:1179 | 骨锥 | 30 | 14 | 6 | 2.2 | 双尖 正尖 | T3③:1209 | 骨锥 | 42 | 15.6 | 8 | 4.6 | 双尖 正尖 |
| T3③:1180 | 骨锥 | 34.4 | 11.4 | 4.2 | 1.6 | 双尖 正尖 | T3③:1210 | 骨锥 | 56.2 | 13.8 | 5.4 | 4.2 | 双尖 正尖 |
| T3③:1181 | 骨锥 | 311 | 12.7 | 5.8 | 2.4 | 双尖 正尖 | T3③:1211 | 骨锥 | 45 | 18.5 | 9 | 6.6 | 双尖 正尖 |
| T3③:1182 | 骨锥 | 28.8 | 13.4 | 6 | 1.8 | 双尖 正尖 | T3③:1212 | 骨锥 | 40 | 23 | 8 | 5 | 双尖 正尖 |
| T3③:1183 | 骨锥 | 30 | 12 | 6 | 2.2 | 双尖 正尖 | T3③:1213 | 骨锥 | 29 | 24.3 | 7.6 | 6.4 | 双尖 正尖 |
| T3③:1184 | 骨锥 | 29.5 | 13 | 5 | 1.6 | 双尖 正尖 | T3③:1214 | 骨锥 | 37.8 | 24.5 | 7.2 | 6.2 | 双尖 正尖 |
| T3③:1185 | 骨锥 | 29.5 | 7.8 | 4.8 | 1 | 双尖 正尖 | T3③:1215 | 骨锥 | 42 | 15.2 | 8 | 4.4 | 双尖 正尖 |
| T3③:1186 | 骨锥 | 31 | 8.2 | 5 | 1.2 | 双尖 正尖 | T3③:1216 | 骨锥 | 45.2 | 14.8 | 9.2 | 4.8 | 双尖 正尖 |
| T3③:1187 | 骨锥 | 48 | 17.6 | 8.3 | 5.4 | 双尖 正尖 | T3③:1217 | 骨锥 | 39.4 | 18.5 | 9 | 4 | 双尖 正尖 |
| T3③:1188 | 骨锥 | 40.4 | 21 | 8.5 | 4.8 | 双尖 正尖 | T3③:1218 | 骨锥 | 41 | 15 | 5.3 | 3.6 | 双尖 正尖 |
| T3③:1189 | 骨锥 | 63 | 33.6 | 12.7 | 18.4 | 双尖 正尖 | T3③:1219 | 骨锥 | 44 | 12.5 | 6 | 2.8 | 双尖 正尖 |
| T3③:1190 | 骨锥 | 60 | 17.6 | 8.8 | 7.8 | 双尖 正尖 | T3③:1220 | 骨锥 | 41.4 | 12.8 | 6.4 | 3.4 | 双尖 正尖 |
| T3③:1191 | 骨锥 | 66.2 | 17.5 | 5.6 | 6.4 | 双尖 正尖 | T3③:1221 | 骨锥 | 40 | 12.8 | 7.5 | 4.4 | 双尖 正尖 |
| T3③:1192 | 骨锥 | 58.6 | 17.7 | 11 | 8 | 双尖 正尖 | T3③:1222 | 骨锥 | 43.5 | 12.5 | 7.6 | 2.8 | 双尖 正尖 |
| T3③:1193 | 骨锥 | 43.5 | 19.5 | 12.4 | 7 | 双尖 正尖 | T3③:1223 | 骨锥 | 37.2 | 13.2 | 7.8 | 3.6 | 双尖 正尖 |
| T3③:1194 | 骨锥 | 62.5 | 19.8 | 11 | 11 | 双尖 正尖 | T3③:1224 | 骨锥 | 40.3 | 18 | 4.8 | 3 | 双尖 正尖 |
| T3③:1195 | 骨锥 | 70 | 21.8 | 13.2 | 17 | 双尖 正尖 | T3③:1225 | 骨锥 | 35.3 | 14.5 | 5.4 | 2.8 | 双尖 正尖 |
| T3③:1196 | 骨锥 | 71 | 32 | 14.8 | 20 | 双尖 正尖 | T3③:1226 | 骨锥 | 38.8 | 19.5 | 6.1 | 6.2 | 双尖 正尖 |

**续附表四**

| 器物号 | 名称 | 长 | 宽 | 厚 | 重 | 类型 | 器物号 | 名称 | 长 | 宽 | 厚 | 重 | 类型 |
|---|---|---|---|---|---|---|---|---|---|---|---|---|---|
| T3③：1227 | 骨锥 | 36.6 | 14.9 | 9 | 3.6 | 双尖 正尖 | T3③：1257 | 骨锥 | 53.5 | 31 | 9.5 | 12.8 | 双尖 角尖 |
| T3③：1228 | 骨锥 | 32.5 | 14.5 | 6.4 | 2.8 | 双尖 正尖 | T3③：1258 | 骨锥 | 64 | 18 | 8 | 7.4 | 双尖 角尖 |
| T3③：1229 | 骨锥 | 40.5 | 15 | 5 | 2.8 | 双尖 正尖 | T3③：1259 | 骨锥 | 42 | 29 | 16 | 11.4 | 双尖 角尖 |
| T3③：1230 | 骨锥 | 41.8 | 11.3 | 7 | 3 | 双尖 正尖 | T3③：1260 | 骨锥 | 49 | 21 | 11.5 | 9.6 | 双尖 角尖 |
| T3③：1231 | 骨锥 | 32.3 | 12.5 | 7 | 2.2 | 双尖 正尖 | T3③：1261 | 骨锥 | 50 | 20 | 7.8 | 6 | 双尖 角尖 |
| T3③：1232 | 骨锥 | 27.2 | 16 | 5 | 1.6 | 双尖 正尖 | T3③：1262 | 骨锥 | 40.4 | 19 | 16.2 | 10.4 | 双尖 角尖 |
| T3③：1233 | 骨锥 | 31.8 | 15.3 | 10 | 4 | 双尖 正尖 | T3③：1263 | 骨锥 | 36.5 | 14.2 | 7.4 | 4.6 | 双尖 角尖 |
| T3③：1234 | 骨锥 | 37.6 | 16 | 8 | 4.4 | 双尖 正尖 | T3③：1264 | 骨锥 | 52.8 | 21 | 7 | 6.4 | 双尖 角尖 |
| T3③：1235 | 骨锥 | 28.4 | 24.4 | 11.3 | 3.8 | 双尖 正尖 | T3③：1265 | 骨锥 | 46.1 | 26 | 8 | 6.6 | 双尖 角尖 |
| T3③：1236 | 骨锥 | 29 | 18.8 | 9 | 2.2 | 双尖 正尖 | T3③：1266 | 骨锥 | 41 | 18.3 | 10.2 | 6 | 双尖 角尖 |
| T3③：1237 | 骨锥 | 31 | 8.2 | 6.6 | 1.8 | 双尖 正尖 | T3③：1267 | 骨锥 | 42.8 | 16 | 8 | 5.8 | 双尖 角尖 |
| T3③：1238 | 骨锥 | 32.8 | 15 | 16.5 | 2.6 | 双尖 正尖 | T3③：1268 | 骨锥 | 47 | 16 | 8.8 | 6.4 | 双尖 角尖 |
| T3③：1239 | 骨锥 | 27 | 13.2 | 8.1 | 2.2 | 双尖 正尖 | T3③：1269 | 骨锥 | 41 | 23 | 10 | 4.8 | 双尖 角尖 |
| T3③：1240 | 骨锥 | 26.5 | 12.5 | 4.8 | 1.8 | 双尖 正尖 | T3③：1270 | 骨锥 | 52 | 18.8 | 7.8 | 5.6 | 双尖 角尖 |
| T3③：1241 | 骨锥 | 26 | 13 | 3.5 | 1.2 | 双尖 正尖 | T3③：1271 | 骨锥 | 37.2 | 16.2 | 11 | 4.4 | 双尖 角尖 |
| T3③：1242 | 骨锥 | 22.7 | 10.5 | 5.2 | 1.4 | 双尖 正尖 | T3③：1272 | 骨锥 | 46.8 | 16.5 | 10 | 5.2 | 双尖 角尖 |
| T3③：1243 | 骨锥 | 20.7 | 12.5 | 3.6 | 1 | 双尖 正尖 | T3③：1273 | 骨锥 | 44 | 19 | 6.8 | 4 | 双尖 角尖 |
| T3③：1244 | 骨锥 | 49.5 | 46.8 | 16.8 | 22.8 | 双尖 正尖 | T3③：1274 | 骨锥 | 38.8 | 20.4 | 6.5 | 4.6 | 双尖 角尖 |
| T3③：1245 | 骨锥 | 66 | 22 | 10 | 11.8 | 双尖 角尖 | T3③：1275 | 骨锥 | 43 | 22 | 7.5 | 5.4 | 双尖 角尖 |
| T3③：1246 | 骨锥 | 53.5 | 21.5 | 9.6 | 8.4 | 双尖 角尖 | T3③：1276 | 骨锥 | 43.4 | 13.7 | 5.4 | 3.6 | 双尖 角尖 |
| T3③：1247 | 骨锥 | 58 | 21.2 | 8.2 | 5.8 | 双尖 角尖 | T3③：1277 | 骨锥 | 45.5 | 15.5 | 7.5 | 4.8 | 双尖 角尖 |
| T3③：1248 | 骨锥 | 72 | 39 | 19.5 | 31.8 | 双尖 角尖 | T3③：1278 | 骨锥 | 40 | 16 | 9.8 | 3.6 | 双尖 角尖 |
| T3③：1249 | 骨锥 | 38.4 | 10.5 | 6.8 | 3.2 | 双尖 角尖 | T3③：1279 | 骨锥 | 35.5 | 18 | 11.8 | 5.8 | 双尖 角尖 |
| T3③：1250 | 骨锥 | 71.8 | 35.2 | 7 | 11.2 | 双尖 角尖 | T3③：1280 | 骨锥 | 33.8 | 17.2 | 9 | 4.4 | 双尖 角尖 |
| T3③：1251 | 骨锥 | 56.7 | 23 | 11 | 9.6 | 双尖 角尖 | T3③：1281 | 骨锥 | 37 | 14.8 | 7.8 | 4.2 | 双尖 角尖 |
| T3③：1252 | 骨锥 | 65 | 16 | 7.5 | 6 | 双尖 角尖 | T3③：1282 | 骨锥 | 32.5 | 18.5 | 8.8 | 6.6 | 双尖 角尖 |
| T3③：1253 | 骨锥 | 68.8 | 41 | 13 | 21.8 | 双尖 角尖 | T3③：1283 | 骨锥 | 30 | 14.2 | 15 | 4.4 | 双尖 角尖 |
| T3③：1254 | 骨锥 | 56.5 | 17.6 | 9.5 | 9.8 | 双尖 角尖 | T3③：1284 | 骨锥 | 34 | 17 | 8 | 3.6 | 双尖 角尖 |
| T3③：1255 | 骨锥 | 54.8 | 21.8 | 10.6 | 8 | 双尖 角尖 | T3③：1285 | 骨锥 | 37.8 | 14.3 | 5 | 2.6 | 双尖 角尖 |
| T3③：1256 | 骨锥 | 57 | 25.4 | 11.4 | 11.8 | 双尖 角尖 | T3③：1286 | 骨锥 | 33.8 | 20 | 6 | 2.8 | 双尖 角尖 |

**续附表四**

| 器物号 | 名称 | 长 | 宽 | 厚 | 重 | 类型 | 器物号 | 名称 | 长 | 宽 | 厚 | 重 | 类型 |
|---|---|---|---|---|---|---|---|---|---|---|---|---|---|
| T3③：1287 | 骨锥 | 33 | 13.5 | 7.5 | 3 | 双尖 角尖 | T3③：1304 | 骨锥 | 30.8 | 10.8 | 6.3 | 2 | 双尖 角尖 |
| T3③：1288 | 骨锥 | 34 | 15 | 6.4 | 2.4 | 双尖 角尖 | T3③：1305 | 骨锥 | 20.4 | 15.5 | 11 | 1.6 | 双尖 角尖 |
| T3③：1289 | 骨锥 | 42.4 | 14.4 | 5.5 | 3.4 | 双尖 角尖 | T3③：1306 | 骨锥 | 24.5 | 11.8 | 6.8 | 1.8 | 双尖 角尖 |
| T3③：1290 | 骨锥 | 38 | 12.4 | 8 | 3.8 | 双尖 角尖 | T3③：1307 | 骨锥 | 27.8 | 9.5 | 5.3 | 1.4 | 双尖 角尖 |
| T3③：1291 | 骨锥 | 44.2 | 9.5 | 5.8 | 3 | 双尖 角尖 | T3③：1308 | 骨锥 | 24.8 | 10 | 6 | 1 | 双尖 角尖 |
| T3③：1292 | 骨锥 | 37 | 13 | 9.5 | 3.2 | 双尖 角尖 | T3③：1309 | 骨锥 | 22 | 7 | 6.2 | 0.8 | 双尖 角尖 |
| T3③：1293 | 骨锥 | 40.4 | 14.5 | 6 | 3 | 双尖 角尖 | T3③：1310 | 骨锥 | 26.8 | 12 | 6 | 1.8 | 双尖 角尖 |
| T3③：1294 | 骨锥 | 29 | 12.5 | 8 | 2.8 | 双尖 角尖 | T3③：1311 | 骨锥 | 38.4 | 10.5 | 6.8 | 3.2 | 双尖 角尖 |
| T3③：1295 | 骨锥 | 52.2 | 24.2 | 6.8 | 9.4 | 双尖 角尖 | T3③：1439 | 骨锥 | 84.2 | 43.2 | 38.9 | 77.4 | |
| T3③：1296 | 骨锥 | 33 | 15 | 17.8 | 2.6 | 双尖 角尖 | T3③：1440 | 骨锥 | 95.1 | 55.8 | 33.4 | 65.4 | |
| T3③：1297 | 骨锥 | 34.2 | 11.8 | 5.8 | 2.2 | 双尖 角尖 | T3③：1441 | 骨锥 | 62.2 | 46.3 | 44.5 | 65.2 | |
| T3③：1298 | 骨锥 | 29.2 | 11.8 | 5 | 1.8 | 双尖 角尖 | T3③：1442 | 骨锥 | 50.9 | 56.9 | 63.9 | 126.6 | |
| T3③：1299 | 骨锥 | 29.8 | 12.8 | 6.8 | 2.2 | 双尖 角尖 | T3③：1445 | 骨锥 | 90 | 32.5 | 24.6 | 66.8 | |
| T3③：1300 | 骨锥 | 28.7 | 15.8 | 6.2 | 2.2 | 双尖 角尖 | T3③：1446 | 骨锥 | 60.8 | 57.9 | 41.9 | 62.4 | |
| T3③：1301 | 骨锥 | 21 | 20 | 10.5 | 1.6 | 双尖 角尖 | T3③：1447 | 骨锥 | 88.6 | 35.2 | 30 | 37.2 | |
| T3③：1302 | 骨锥 | 25 | 12.4 | 4.5 | 1.2 | 双尖 角尖 | T3③：1448 | 骨锥 | 69 | 52.9 | 50.4 | 53.8 | |
| T3③：1303 | 骨锥 | 33.3 | 14 | 6.8 | 2.2 | 双尖 角尖 | T3③：1449 | 骨锥 | 36 | 24 | 13 | 5.8 | 单尖 角尖 |

# 后 记

因为怒江州此前从来没有开展过科学的考古发掘工作，2001年5月，云南省文物考古研究所杨德聪所长、刘旭、何金龙、闵锐等一行到兰坪县进行发掘选点调查。先到马鞍山遗址，因为遗址遭受破坏严重，不适于进行主动发掘；后到通甸玉水坪遗址，发现遗址虽受到扰动，但保存状况尚好，当时认为其可能是新石器时代晚期遗址，为兰坪县时代最早遗址，将其选定为发掘点。2005年10~11月对遗址进行发掘，2007、2009年对发掘资料进行整理。期间，笔者到保山市和施甸县查看塘子沟、老虎洞、万仞岗等遗址出土石器和骨制品，同玉水坪遗址出土物进行比对。吉林大学的陈全家老师对整理工作给予指导，并派出学生王欢参加资料整理工作，报告于2009年完成编写。报告至2018年才交付出版社，因为报告编写时间较长，其中一些问题修改起来会有不小的困难。报告中也存在一些问题，希望专家学者给予批评指正。

本次发掘项目负责人为闵锐，参加发掘的人员有李炳涛、成应辉、周龙三、杨淑芝、和中华、杨嗣宝、尹域等；参加整理工作的有闵锐、刘建辉、王欢、段灿英、李文静等；器物图由李文静、王欢等完成，照相由闵锐完成，石器石料由大理南方地勘工程公司陈兆福总工程师鉴定。报告的动物群部分由刘建辉完成，石器部分主要由王欢完成，闵锐完成少部分，其他部分由闵锐完成。英文提要由南开大学历史学院考古学与博物馆学系王音博士翻译。在此要特别感谢怒江州文化旅游局、兰坪县文化旅游局、通甸镇人民政府及其他单位、部门给予的支持和帮助。

编者

# Abstract

Yushuiping Site is located on the east bank of Tongdian River in Lanping County, Yunnan Province, on Jinjiyan Hill which is on the right side of the highway from Tongdian to Hexi Village. The entrance of the cave is about 20 meters higher than Tongdian River, facing the southeast. West of Tongdian River is relatively flat, and the river flows northwestwards into Lancang River.

From October to November of 2005, Yunnan provincial institute of cultural relics and archaeology, together with the administration bureau of cultural relics of Nujiang Prefecture and the administration bureau of cultural relics of Lanping County, conducted scientific archaeological excavation on the site, with a large number of stone tools, bone products and animal bones unearthed. This book is a detailed report on the findings of this excavation.

This is the first scientific excavation of Paleolithic sites in the upper reaches of Lancang River. The upper layer of the accumulation is the late Neolithic remains, while the lower layer belongs to the late Paleolithic Period. The age of the lower layer is about 30,000-15,000 B.P. The general characteristics of the stone products of the site are basically consistent with those of the late Paleolithic Period in southwest China. The processing techniques of bone products constitute the important characteristics of this area.

The excavation of Yushuiping Site in Lanping County is also the first archaeological excavation within Nujiang Prefecture, which is of milestone significance. This excavation changed people's traditional understanding of the site, pushed the history of local human activities forward for at least 10,000 years, and provided important information for the study of human activities and archaeological culture in the Lancang River Basin.

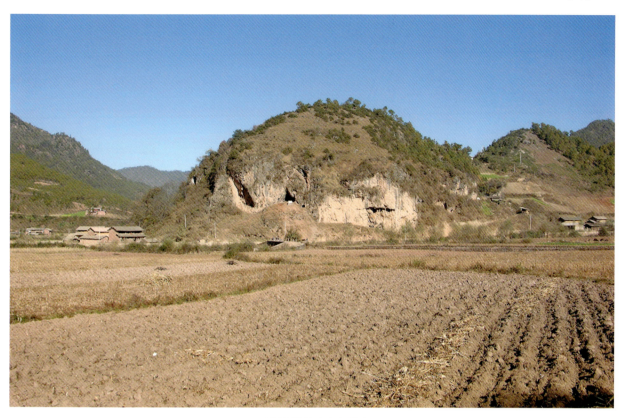

1. 遗址远景（南向北）

2. 近景

遗址外景

彩版二

1. 发掘现场

2. T2南壁地层

3. T3北壁地层

地层及发掘现场

1. 石锛（CJ：08）　　　　　　　2. 石锛（CJ：09）

3. 石锛（CJ：010）　　　　　　　4. 石锛（CJ：011）

5. 陶片（T3①：9–1）　　　6. 陶片（T3①：9–2、9–3、9–4）（左—右）

新石器时代陶片、磨制石器
（彩版中除特殊标明者为新石器时代外，余均为旧石器时代）

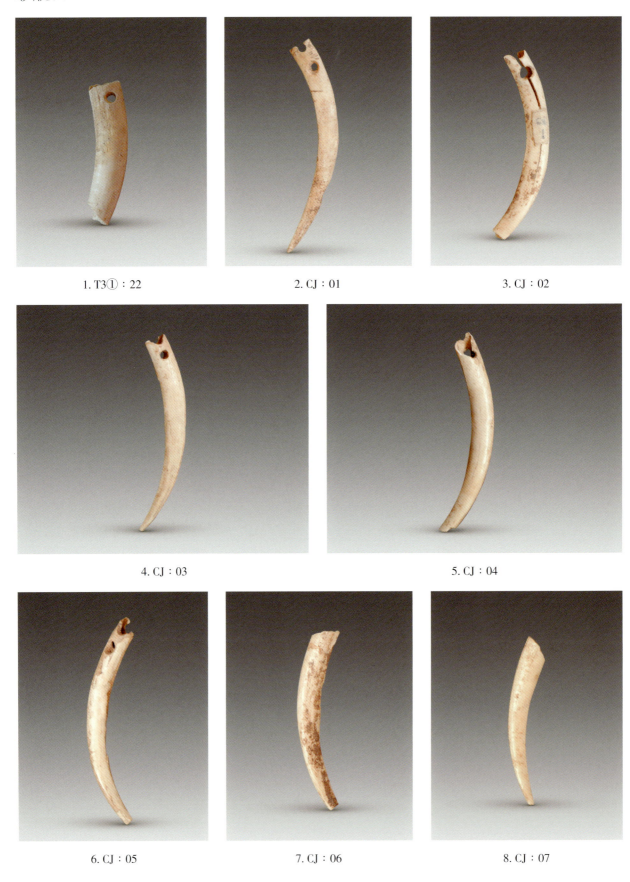

1. T3①：22          2. CJ：01          3. CJ：02

4. CJ：03                    5. CJ：04

6. CJ：05          7. CJ：06          8. CJ：07

新石器时代牙饰

1. 石核（T2③：14）　　　　2. 完整石片（T2⑤：16）

3. 完整石片（T2⑥：31）　　　4. 横向断片（T2④：18）

5. 砸击石片（T2⑥：35）　　　6. 砍砸器（T2②：15）

T2上文化层出土石器

1. 刮削器（T2⑤：11）　　　　　　　　　2. 砍砸器（T2②：19）

3. 单刃刮削器（T2④：40）　　4. 单刃刮削器（T2⑤：13）　　5. 单刃刮削器（T2⑥：20）

6. 单刃刮削器（T2②：21）　　　　　　　7. 双刃刮削器（T2③：3）

T2上文化层出土石刮削器、砍砸器

1. 双刃刮削器（T2⑥：23）

2. 双刃刮削器（T2⑥：4）

3. 尖刃器（T2④：1）

5. 尖刃器（T2⑥：1）

4. 尖刃器（T2⑤：4）

T2上文化层出土石器

1. 钻器（T2④：36）

2. 磨刃工具（T2⑥：18）

3. 完整石片（T2⑧：1）

4. 完整石片（T2⑦：10）

5. 横向断片（T2⑦：64）

6. 横向断片（T2⑦：17）

7. 纵向断片（T2⑦：94）

8. 似细石叶（T2⑦：50）

T2文化层出土石器

（1、2为上文化层，余为下文化层）

1. 砍砸器（T2⑦：12）

2. 单刃刮削器（T2⑦：19）

3. 单刃刮削器（T2⑦：125）

4. 双刃刮削器（T2⑦：26）

5. 尖刃器（T2⑦：6）

6. 铲形器（T2⑦：18）

T2下文化层出土石器

1. 石片石核（T3②：232）

2. 石叶石核（T3②：11）

4. 砍砸器（T3②：283）

3. 石锤（T3②：220）

5. 单刃刮削器（T3②：463）

T3第2层出土石器

1. 单刃刮削器（T3②：503）　　　　2. 双刃刮削器（T3②：194）

3. 直刃砍砸器（T3②：223）　　　　4. 直刃砍砸器（T3②：227）

5. 凸刃砍砸器（T3②：7）　　　　6. 凸刃砍砸器（T3②：393）

T3第2层出土石刮削器、砍砸器

1. T3②：43

2. T3②：301

3. T3②：251

4. T3②：456

5. T3②：504

6. T3②：510

T3第2层出土单刃石刮削器

1. 双刃刮削器（T3②：206）

2. 双刃刮削器（T3②：19）

3. 双刃刮削器（T3②：204）

4. 双刃刮削器（T3②：203）

5. 复刃刮削器（T3②：9）

6. 复刃刮削器（T3②：452）

T3第2层出土石刮削器

1. T3②：378

2. T3②：178

3. T3②：394

4. T3②：31

5. T3②：25

6. T3②：139

T3第2层出土单尖石尖刃器

1. 单尖尖刃器（T3②：320）

2. 双尖尖刃器（T3②：18）

3. 双尖尖刃器（T3②：202）

4. 双尖尖刃器（T3②：338）

5. 双尖尖刃器（T3②：47）

6. 多尖尖刃器（T3②：23）

T3第2层出土石尖刃器

1. 雕刻器（T3②：309）

2. 雕刻器（T3②：332）

3. 钻器（T3②：168）

4. 钻器（T3②：236）

5. 手镐（T3②：249）

6. 铲形器（T3②：49）

T3第2层出土石器

1. 石核（T3③：142）

4. 直刃砍砸器（T3③：156）

2. 石锤（T3③：108）

5. 凸刃砍砸器（T3③：117）

3. 刮削器（T3③：228）

6. 单刃刮削器（T3③：126）

T3第3层出土石器

1. 单刃刮削器（T3③：148）

2. 单刃刮削器（T3③：225）

3. 双刃刮削器（T3③：155）

4. 双刃刮削器（T3③：9）

5. 双刃刮削器（T3③：145）

6. 复刃刮削器（T3③：14）

T3第3层出土石刮削器

1. T3③：130

2. T3③：119

3. T3③：136

4. T3③：18

5. T3③：217

T3第3层出土单尖石尖刃器

1. 单尖尖刃器（T3③：124）

3. 双尖尖刃器（T3③：16）

4. 双尖尖刃器（T3③：235）

2. 单尖尖刃器（T3③：131）

5. 双尖尖刃器（T3③：205）

T3第3层出土石尖刃器

1. 双尖尖刃器（T3③：127）

2. 多尖尖刃器（T3③：19）

3. 雕刻器（T3③：146）

4. 钻器（T3③：109）

5. 钻器（T3③：10）

T3第3层出土石器

1. Aa型（T2⑤：112）

3. Ab型（T2⑤：633）

2. Aa型（T2⑤：69）

T2第5层出土A型骨铲

1. T2⑤：410

2. T2⑤：483

3. T2⑤：361

4. T2⑤：56

5. T2⑤：331

6. T2⑤：221

T2第5层出土Ba型骨铲

1. Bb型铲（T2⑤：65）　　　　2. C型铲（T2⑤：387）　　　　3. A型锥（T2⑤：95）

4. Ba型锥（T2⑤：521）　　　　5. Ba型锥（T2⑤：516）　　　　6. Ba型锥（T2⑤：40）

T2第5层出土骨铲、锥

1. Ba型（T2⑤：165）　　2. Bb型（T2⑤：105）　　3. Bb型（T2⑤：277）

4. Ca型（T2⑤：99）　　5. Ca型（T2⑤：525）　　6. Ca型（T2⑤：540）

7. Ca型（T2⑤：297）　　8. Ca型（T2⑤：205）　　9. Ca型（T2⑤：181）

T2第5层出土骨锥

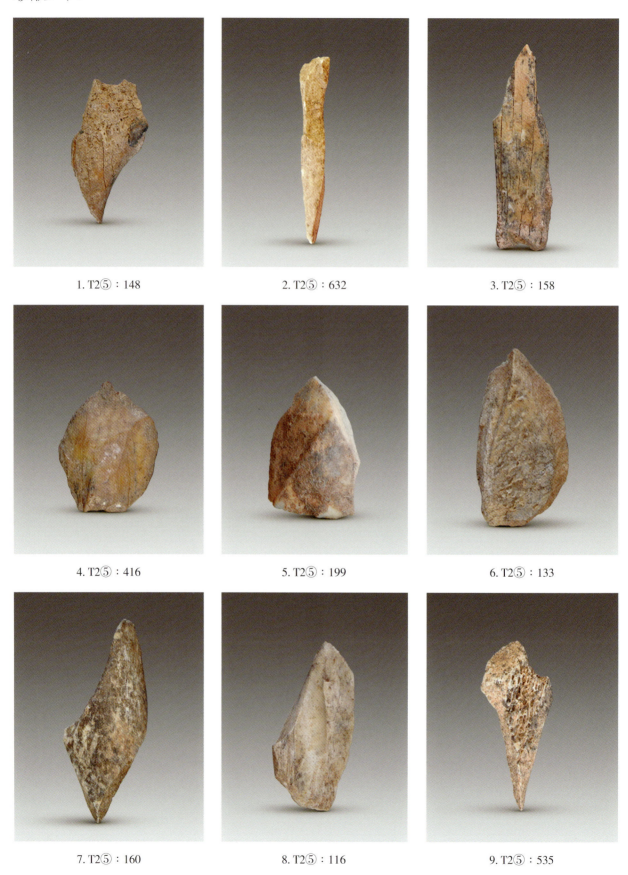

1. T2⑤：148　　2. T2⑤：632　　3. T2⑤：158

4. T2⑤：416　　5. T2⑤：199　　6. T2⑤：133

7. T2⑤：160　　8. T2⑤：116　　9. T2⑤：535

T2第5层出土Ca型骨锥

1. Ca型锥（T2⑤：62）　　2. Ca型锥（T2⑤：246）　　3. Ca型锥（T2⑤：401）

4. Cb型锥（T2⑤：114）　　5. Cb型锥（T2⑤：636）　　6. Cb型锥（T2⑤：167）

7. 钩形器（T2⑤：124）　　8. 镞形器（T2⑤：253）　　9. 镞形器（T2⑤：147）

T2第5层出土骨器

1. A型铲（T2⑥：432）

2. B型铲（T2⑥：420）

3. B型铲（T2⑥：229）

4. Aa型锥（T2⑥：145）

5. Aa型锥（T2⑥：370）

6. Aa型锥（T2⑥：442）

T2第6层出土骨器

1. T2⑥：452　　　　2. T2⑥：402　　　　3. T2⑥：178

4. T2⑥：390　　　　5. T2⑥：398　　　　6. T2⑥：107

T2第6层出土Aa型骨锥

1. Ab型（T2⑥：83）　　2. Ab型（T2⑥：429）　　3. Ab型（T2⑥：449）

4. Ba型（T2⑥：195）　　5. Ba型（T2⑥：451）　　6. Ba型（T2⑥：334）

T2第6层出土骨锥

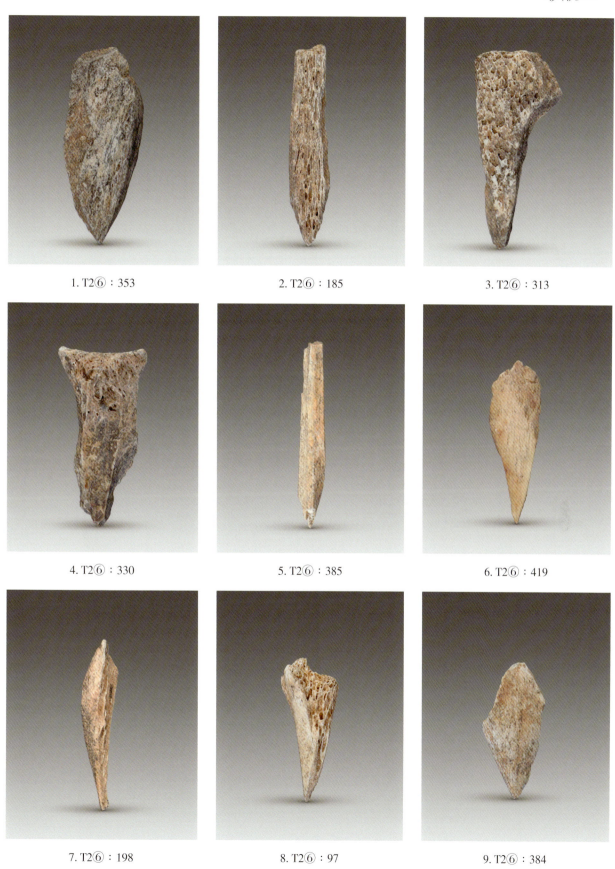

1. T2⑥：353

2. T2⑥：185

3. T2⑥：313

4. T2⑥：330

5. T2⑥：385

6. T2⑥：419

7. T2⑥：198

8. T2⑥：97

9. T2⑥：384

T2第6层出土Ba型骨锥

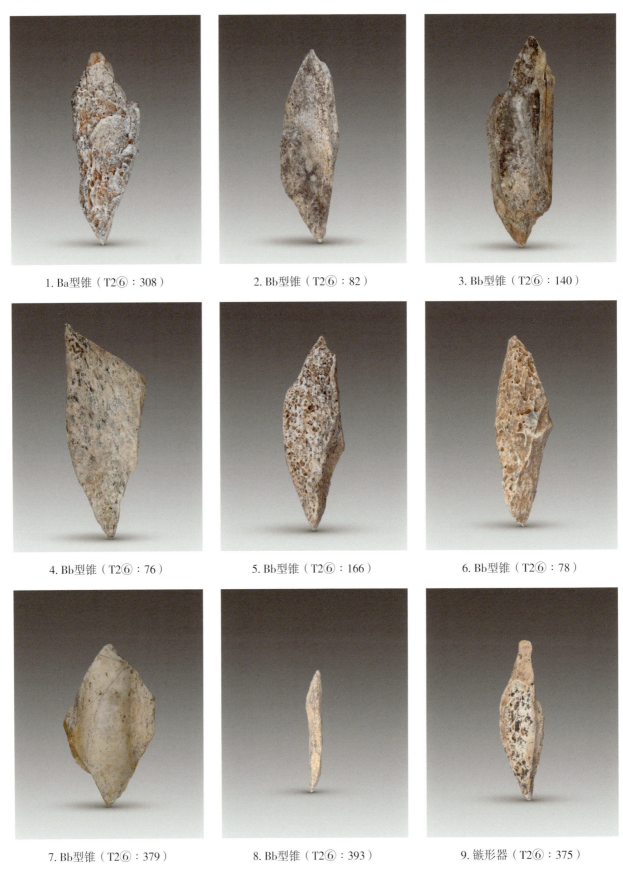

1. Ba型锥（T2⑥：308）　　　2. Bb型锥（T2⑥：82）　　　3. Bb型锥（T2⑥：140）

4. Bb型锥（T2⑥：76）　　　5. Bb型锥（T2⑥：166）　　　6. Bb型锥（T2⑥：78）

7. Bb型锥（T2⑥：379）　　　8. Bb型锥（T2⑥：393）　　　9. 镞形器（T2⑥：375）

**T2第6层出土骨锥、镞形器**

| 1. A型（T2⑦：191） | 2. Ba型（T2⑦：171） | 3. Ba型（T2⑦：196） |
| 4. Bb型（T2⑦：215） | 5. Bb型（T2⑦：713） | 6. C型（T2⑦：394） |

T2第7层出土骨铲

1. C型铲（T2⑦：160）　　2. C型铲（T2⑦：682）　　3. A型锥（T2⑦：211）

4. Ba型锥（T2⑦：821）　　5. Ba型锥（T2⑦：209）　　6. Ba型锥（T2⑦：391）

T2第7层出土骨铲、锥

1. T2⑦：185          2. T2⑦：146          3. T2⑦：754

4. T2⑦：361          5. T2⑦：298          6. T2⑦：727

T2第7层出土Ba型骨锥

1. Bb型（T2⑦：695）　　　2. Bb型（T2⑦：732）　　　3. Bb型（T2⑦：569）

4. Bb型（T2⑦：179）　　　5. Ca型（T2⑦：699）　　　6. Ca型（T2⑦：414）

T2第7层出土骨锥

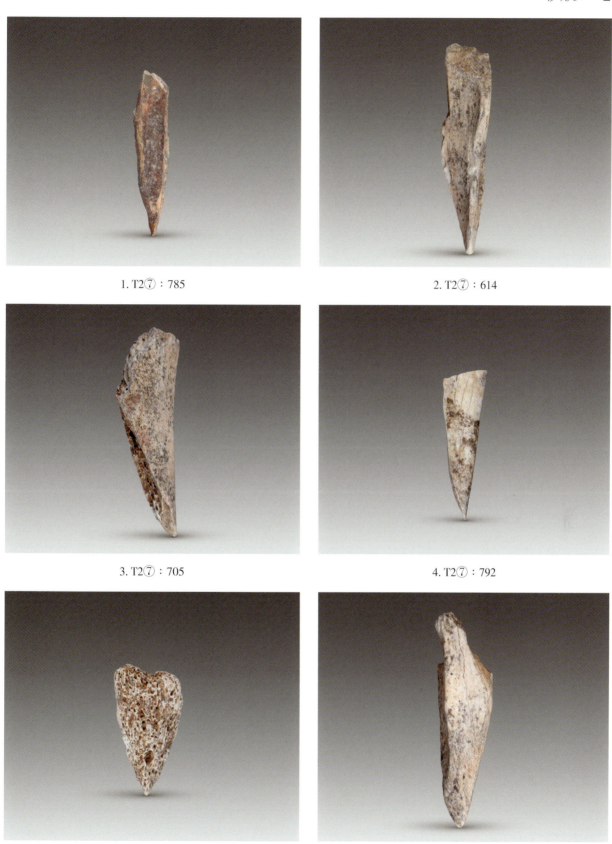

1. T2⑦：785

2. T2⑦：614

3. T2⑦：705

4. T2⑦：792

5. T2⑦：594

6. T2⑦：782

T2第7层出土Ca型骨锥

1. Ca型骨锥（T2⑦：799）

2. Ca型骨锥（T2⑦：589）

3. Ca型骨锥（T2⑦：781）

4. Cb型骨锥（T2⑦：758）

5. Cb型骨锥（T2⑦：725）

6. 角铲（T2⑦：371）

T2第7层出土骨锥、角铲

1. A型（T2⑧：64）　　　　2. Ba型（T2⑧：20）　　　　3. Ba型（T2⑧：28）

4. Bb型（T2⑧：17）　　　　5. Bb型（T2⑧：22）　　　　6. Bb型（T2⑧：36）

T2第8层出土骨锥

彩版四〇

1. Bb型锥（T2⑧：65）　　　　2. C型锥（T2⑧：40）　　　　3. A型铲（T2⑧：18）

4. A型铲（T2⑧：19）　　　　5. B型铲（T2⑧：26）　　　　6. B型铲（T2⑧：63）

T2第8层出土骨铲、锥

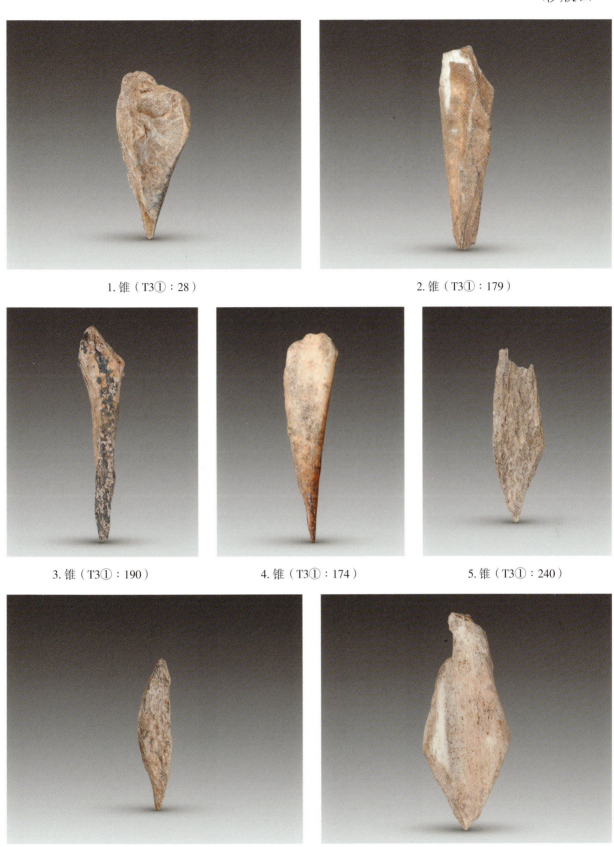

1. 锥（T3①：28）　　　　2. 锥（T3①：179）

3. 锥（T3①：190）　　4. 锥（T3①：174）　　5. 锥（T3①：240）

6. 锥（T3①：142）　　　　7. 矛头形器（T3①：170）

T3第1层出土骨锥、矛头形器

1. T3②：1151

2. T3②：1147

3. T3②：1389

4. T3②：1454

5. T3②：1197

T3第2层出土Aa型骨铲

1. Ab型（T3②：1141）

2. Ba型（T3②：1162）

3. Ba型（T3②：1212）

4. Ba型（T3②：1139）

5. Ba型（T3②：1146）

T3第2层出土骨铲

1. T3②：1166          2. T3②：1406          3. T3②：1381

4. T3②：1240                    5. T3②：1225

T3第2层出土Ba型骨铲

1. Ba型（T3②：1209）

2. Ba型（T3②：1233）

3. Ba型（T3②：1252）

4. Bb型（T3②：1159）

5. Bb型（T3②：1371）

T3第2层出土B型骨铲

1. Ca型铲（T3②：1130）

2. Cb型铲（T3②：1143）

4. Aa型锥（T3②：1167）

3. Aa型锥（T3②：1243）

5. Aa型锥（T3②：1277）

T3第2层出土骨铲、锥

1. Ab型（T3②：1242）

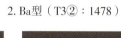

2. Ba型（T3②：1478）

3. Ba型（T3②：1372）

4. Ba型（T3②：1263）

5. Ba型（T3②：1215）

T3第2层出土骨锥

1. T3②：1303

2. T3②：1211

3. T3②：1145

4. T3②：1163

5. T3②：1231

6. T3②：1416

T3第2层出土Ba型骨锥

1. Bb型（T3②：1386）    2. Bb型（T3②：1144）    3. Ca型（T3②：1291）

4. Ca型（T3②：1397）    5. Ca型（T3②：1594）    6. Ca型（T3②：1241）

T3第2层出土骨锥

1. T3②：1295　　　　2. T3②：1702　　　　3. T3②：1618

4. T3②：1421　　　　5. T3②：1420　　　　6. T3②：1304

7. T3②：1305　　　　8. T3②：1296　　　　9. T3②：1608

T3第2层出土Ca型骨锥

1. Ca型（T3②：1556）

2. Ca型（T3②：1135）

3. Cb型（T3②：604）

4. Cb型（T3②：612）

5. Cb型（T3②：628）

6. Cb型（T3②：645）

7. Cb型（T3②：744）

8. Cb型（T3②：752）

T3第2层出土C型骨锥

1. 角铲（T3②：538）　　　　2. 角铲（T3②：1158）　　　　3. Aa型骨铲（T3③：265）

4. Aa型骨铲（T3③：580）　　　　5. Aa型骨铲（T3③：609）

T3第2、3层出土角铲、骨铲

1. Aa型（T3③：617）

2. Aa型（T3③：922）

3. Aa型（T3③：1121）

4. Ab型（T3③：921）

T3第3层出土A型骨铲

1. Ab型（T3③：547）　　2. Ba型（T3③：559）　　3. Ba型（T3③：598）

4. Ba型（T3③：621）　　　　　5. Ba型（T3③：927）

T3第3层出土骨铲

1. Bb型铲（T3③：323）

2. Bb型铲（T3③：620）

3. Bb型铲（T3③：372）

4. A型锥（T3③：858）

5. Ba型锥（T3③：390）

T3第3层出土骨铲、锥

1. T3③：389　　　　2. T3③：339　　　　3. T3③：430

4. T3③：1036　　　　5. T3③：861　　　　6. T3③：393

T3第3层出土Ba型骨锥

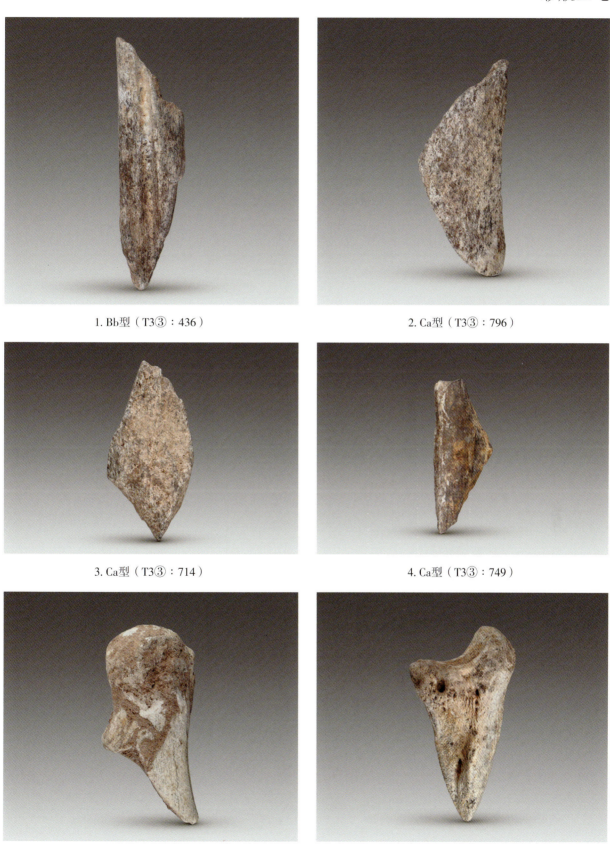

1. Bb型（T3③：436）　　　　　　　　　2. Ca型（T3③：796）

3. Ca型（T3③：714）　　　　　　　　　4. Ca型（T3③：749）

5. Ca型（T3③：563）　　　　　　　　　6. Ca型（T3③：907）

T3第3层出土骨锥

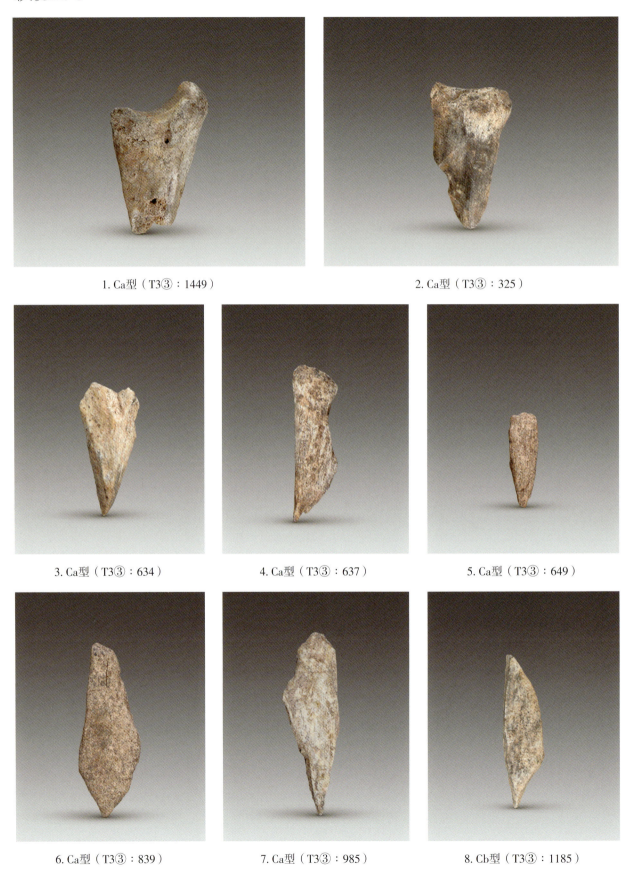

1. Ca型（T3③：1449）　　　　　　　　2. Ca型（T3③：325）

3. Ca型（T3③：634）　　4. Ca型（T3③：637）　　5. Ca型（T3③：649）

6. Ca型（T3③：839）　　7. Ca型（T3③：985）　　8. Cb型（T3③：1185）

T3第3层出土C型骨锥

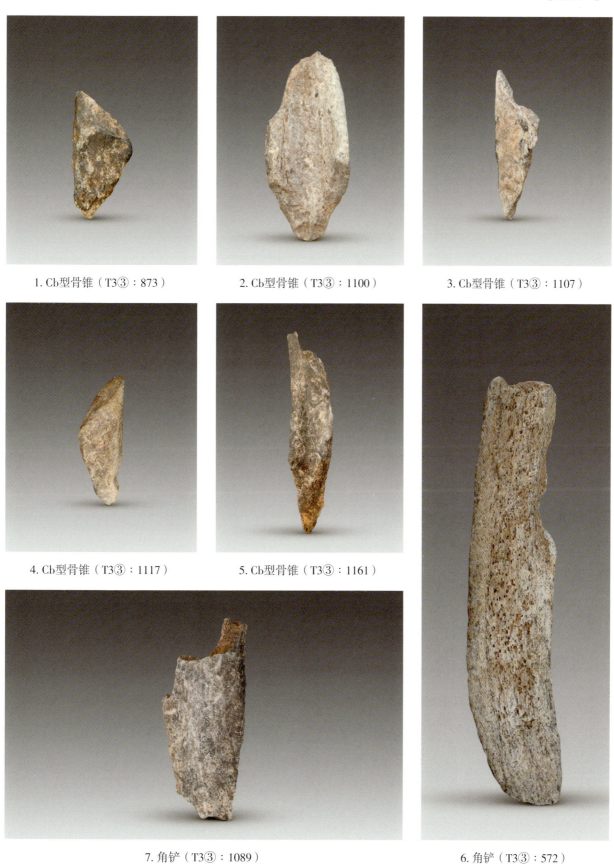

1. Cb型骨锥（T3③：873）　　2. Cb型骨锥（T3③：1100）　　3. Cb型骨锥（T3③：1107）

4. Cb型骨锥（T3③：1117）　　5. Cb型骨锥（T3③：1161）

7. 角铲（T3③：1089）

6. 角铲（T3③：572）

T3第3层出土骨锥、角铲

1. 西藏黑熊牙（T2⑧：60）

2. 西藏黑熊牙（T3①：63）

3. 最后斑鬣狗牙（T3③：81）

4. 最后斑鬣狗牙（T2②：49）

5. 最后斑鬣狗牙（T2②：48）

6. 剑齿象牙（T2⑦：871）

动物牙齿

1. 剑齿象牙（T2②：31）

2. 犀牛牙（T3①：54）

3. 犀牛牙（T3②：101）

4. 犀牛牙（T3③：25）

5. 犀牛牙（T3③：26）

6. 梅花鹿角（T3②：522）

动物牙齿、角

1. 梅花鹿角（T3②：115）

2. 梅花鹿角（T2②：24）

3. 梅花鹿下颌带牙（T3②：77）

4. 梅花鹿牙（T3③：45）

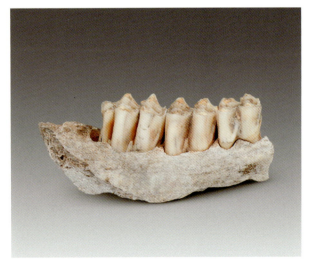

5. 梅花鹿下颌带牙（T3②：79）

6. 水鹿牙（T2⑦：858）

动物牙齿、角

1. 水鹿牙（T2⑥：71）

2. 羊牙（T3②：100）

3. 羊角（T3③：107）

4. 水牛牙（T3②：67）

5. 水牛牙（T3②：66）

6. 水牛牙（T3②：60）

7. 水牛牙（T2⑦：867）

动物牙齿、角

1. 大额牛牙（T3②：63）

2. 大额牛牙（T3①：55）

3. 大额牛牙（T2②：46）

4. 动物角（T2②：1）

5. 动物骨骼（T3②：112）

6. 动物骨骼（T3②：121）

7. 动物骨骼（T3③：100）

8. 动物骨骼（T3②：107）

动物牙齿、角及骨骼